Archetyp und Unbewußtes

C. G. Jung

Archetyp und Unbewußtes

Bechtermünz Verlag

Genehmigte Lizenzausgabe
für Weltbild Verlag GmbH, Augsburg 2000

Umschlaggestaltung: Külen & Grosche, Augsburg
Gesamtherstellung: Clausen & Bosse, Leck
Printed in Germany
ISBN 3-8289-4832-4

Inhalt

Theoretische Überlegungen zum Wesen des Psychischen . . . 7

Über die Archetypen des kollektiven Unbewußten 77

Der Begriff des kollektiven Unbewußten 114

Über den Archetypus mit besonderer Berücksichtigung des Animabegriffes 126

Die psychologischen Aspekte des Mutterarchetypus 143

Zur Psychologie des Kindarchetypus 176

Zur Phänomenologie des Geistes im Märchen 206

Die transzendente Funktion 251

Über Synchronizität 279

Anmerkungen 291

Register 314

Theoretische Überlegungen zum Wesen des Psychischen

A. Historisches zur Frage des Unbewußten

Es gibt wohl kaum ein Gebiet der Wissenschaften, welches die geistige Wandlung von der Antike zur Neuzeit deutlicher demonstriert als die Psychologie. Ihre Geschichte[1] bis zum 17. Jahrhundert besteht hauptsächlich in der Aufzeichnung der Lehrmeinungen über die Seele, ohne daß letztere als Objekt der Erforschung zu Wort gekommen wäre. Als unmittelbar Gegebenes schien sie jedem Denker in dem Maße etwas Bekanntes zu sein, daß er überzeugt sein konnte, keiner zusätzlichen oder gar objektiven Erfahrung mehr zu bedürfen. Diese Einstellung ist dem modernen Standpunkt ungemein befremdlich, denn man ist heutzutage der Meinung, daß über alle subjektive Gewißheit hinaus es noch der objektiven Erfahrung bedürfe, um eine Meinung, die auf Wissenschaftlichkeit Anspruch erhebt, zu begründen. Trotz alledem hält es aber auch heute noch schwer, in der Psychologie den rein empirischen, respektive phänomenologischen Standpunkt konsequent durchzuführen, weil die ursprüngliche, naive Ansicht, daß die Seele als das unmittelbar Gegebene das Allerbekannteste sei, noch zutiefst in unserer Überzeugung verwurzelt ist. Nicht nur jeder Laie maßt sich gegebenenfalls ein Urteil an, sondern auch jeder Psychologe, und zwar nicht nur etwa in bezug auf das Subjekt, sondern auch, was schwerer wiegt, auf das Objekt. Man weiß oder glaubt vielmehr zu wissen, wie es sich beim anderen verhält und was ihm frommt. Dies hängt weniger mit einer souveränen Übergehung des Andersartigen als vielmehr mit der stillschweigenden Voraussetzung des Gleichseins zusammen. Infolge letzterer Voraussetzung neigt man unbewußterweise zum Glauben an die Allgemeingültigkeit subjektiver Meinungen. Ich erwähne diesen Umstand nur, um darzutun, daß trotz einem während dreier Jahrhunderte zunehmenden Empirismus die ursprüngliche Einstellung noch keineswegs verschwunden ist. Ihr Nochvorhandensein zeigt nur, wie schwierig sich der Übergang von der alten, philosophischen zu der modernen, empirischen Auffassung gestaltet.

Es ist dem früheren Standpunkt natürlich nicht beigekommen, daß seine Lehrmeinungen nichts anderes als psychische Phänomene sind, insofern die naive Annahme bestand, daß mittels des Verstandes, beziehungsweise der Vernunft, der Mensch gewissermaßen aus seiner psychischen Bedingtheit herauszuklettern und sich in einen überpsychischen, rationalen Zustand zu versetzen vermöge. Man scheut sich noch, den Zweifel ernst zu nehmen, ob die Aussagen des Geistes nicht am Ende *Symptome* gewisser psychischer Bedingungen seien[2]. Diese Frage läge eigentlich auf der Hand, aber sie hat dermaßen weitreichende, revolutionierende Folgen, daß es nur zu begreiflich ist, wenn nicht nur die frühere Zeit, sondern auch die Neuzeit möglichst daran vorbeisieht. Wir sind heute noch weit davon entfernt, mit NIETZSCHE die Philosophie oder gar die Theologie als «ancilla psychologiae» zu betrachten, denn nicht einmal der Psychologe ist ohne weiteres gewillt, seine Aussagen wenigstens teilweise als subjektiv bedingtes Bekenntnis anzusehen. Man kann von einer Gleichartigkeit der Subjekte nur insoweit sprechen, als sie in höherem Maße unbewußt, das heißt ihrer tatsächlichen Verschiedenheit unbewußt sind. Je unbewußter nämlich ein Mensch ist, desto mehr wird er dem allgemeinen Kanon des psychischen Geschehens folgen. Je mehr er aber seiner Individualität bewußt wird, desto mehr tritt seine Verschiedenheit von anderen Subjekten in den Vordergrund und desto weniger wird er der allgemeinen Erwartung entsprechen. Auch können seine Reaktionen viel weniger vorausgesagt werden. Letzteres hängt damit zusammen, daß ein individuelles Bewußtsein immer höher differenziert und erweitert ist. Je weiter es aber wird, desto mehr wird es Verschiedenheiten erkennen und desto mehr wird es sich auch von der kollektiven Gesetzmäßigkeit emanzipieren, denn proportional seiner Erweiterung wächst der Grad der empirischen Willensfreiheit.

In dem Maße nun, in welchem die individuelle Differenzierung des Bewußtseins zunimmt, vermindert sich die objektive Gültigkeit und erhöht sich die Subjektivität der Anschauungen desselben, wenn nicht notwendigerweise de facto, so doch in den Augen der Umgebung. Denn wenn eine Ansicht gültig sein soll, so muß sie für die meisten den Beifall einer größtmöglichen Menge haben, unbekümmert der Argumente, die sie zu ihren Gunsten vorbringt. Wahr und gültig ist das, was die Vielen glauben, denn es bestätigt die Gleichheit aller. Für ein differenziertes Bewußtsein ist es aber nicht mehr selbstverständlich, daß die eigene Voraussetzung auch für den anderen und vice versa zutrifft. Diese logische Entwicklung brachte es mit sich, daß in dem für die Wissenschaftsentwicklung so bedeutsamen 17. Jahrhundert die Psychologie neben der Philosophie emporzukommen anfing, und es war CHRISTIAN AUGUST WOLFF (1679–1754), der zuerst von einer «empirischen» oder «experimentellen» Psychologie[3] sprach und damit die Notwendigkeit anerkannte, der Psychologie eine neue Grundlage zu geben. Sie mußte der rationalen Wahrheitsbestimmung der Philosophie entzogen werden, weil es allmählich klar wurde, daß keine Philosophie jene Allgemeingültigkeit besaß, welche der Verschiedenartigkeit der Individuen gleichmäßig gerecht wurde. Da auch in prinzipiellen Fragen eine unbestimmt große Anzahl subjektiv verschiedener Aussagen möglich war, deren Gültigkeit wiederum nur subjektiv bestritten werden konnte, so ergab sich natürlicherweise die Notwendigkeit, auf das philosophische Argument zu verzichten und an dessen Stelle die Erfahrung zu setzen. Damit aber wurde die Psychologie zu einer *Naturwissenschaft*.

Allerdings blieb zunächst der Philosophie das weite Gebiet der sogenannten rationalen oder spekulativen Psychologie und Theologie überlassen, und erst im Laufe der folgenden Jahrhunderte konnte sie sich allmählich zu einer Naturwissenschaft entwickeln. Dieser Wandlungsprozeß ist auch heute noch nicht vollendet. Noch ist die Psychologie als Lehrfach an vielen Universitäten der Philosophischen Fakultät I zugeteilt und in der Regel in der Hand von Fachphilosophen, und noch gibt es eine «medizinische» Psychologie, die bei der Medizinischen Fakultät einen Unterschlupf sucht. Offiziell ist also die Situation zum guten Teil noch mittelalterlich, indem sogar die Naturwissenschaften als «Phil. II» quasi unter dem Deckmantel der «Naturphilosophie» zugelassen sind[4]. Obschon es seit mindestens zwei Jahrhunderten klar ist, daß die Philosophie in allererster Linie von psychologischen Voraussetzungen abhängt, so wurde doch das mögliche getan, die Autonomie der Erfahrungswissenschaften wenigstens zu verschleiern, nachdem die Entdeckung der Erdrotation um die Sonne und die der Jupitermonde nicht mehr unterdrückt werden konnte. Am wenigsten von allen Naturwissenschaften hat es bis jetzt die Psychologie vermocht, sich ihre Selbständigkeit zu erobern.

Diese Rückständigkeit scheint mir bedeutsam zu sein. Die Lage der Psychologie läßt sich mit der einer psychischen Funktion vergleichen, welche von seiten des Bewußtseins gehemmt wird. Von einer solchen werden bekanntlich nur diejenigen Anteile als existenzberechtigt zugelassen, welche mit der im Bewußtsein vorherrschenden Tendenz übereinstimmen. Was damit nicht übereinstimmt, dem wird sogar die Existenz abgesprochen, trotz und entgegen der Tatsache, daß zahlreiche Phänomene respektive Symptome vorhanden sind, welche das Gegenteil beweisen. Jeder Kenner solcher psychischer Vorgänge weiß, mit was für Ausflüchten und Selbsttäuschungsmanövern die Abspaltung des Nichtkonvenierenden zuwege gebracht wird. Genau so geht es in der empirischen Psychologie: als Disziplin einer allgemeinen philosophischen Psychologie ist die experimentelle Psychologie als Konzession an die naturwissenschaftliche Empirie unter reichlicher Durchsetzung mit philosophischer Fachsprache zugelassen. Die Psychopathologie verbleibt aber der medizinischen Fakultät als seltenes Anhängsel der Psychiatrie. Die «medizinische» Psychologie vollends findet keine oder geringe Berücksichtigung an den Universitäten[5].

Ich drücke mich absichtlich etwas drastisch aus, um der Lage der Psychologie zu Ende des 19. und zu Anfang des 20. Jahrhunderts Relief zu geben. Für die damalige Situation ist der Standpunkt WUNDTS vor allem repräsentativ, auch darum, weil aus seiner Schule eine Reihe namhafter Psychologen, welche im Anfang des 20. Jahrhunderts den Ton angaben, hervorgegangen sind. In seinem *«Grundriß der Psychologie»* sagt WUNDT: «Irgend ein aus dem Bewußtsein verschwundenes psychisches Element wird aber insofern von uns als ein *unbewußt* gewordenes bezeichnet, als wir dabei die Möglichkeit seiner Erneuerung, d. h. seines Wiedereintritts in den actuellen Zusammenhang der psychischen Vorgänge, voraussetzen. Auf mehr als auf diese Möglichkeit der Erneuerung bezieht sich unsere Kenntnis der unbewußt gewordenen Elemente nicht. Sie bilden daher... lediglich *Anlagen* oder Dispositionen zur Entstehung künftiger Bestandtheile des psychischen Geschehens... Annahmen über den Zustand des ‹Unbewußten› oder über irgend welche ‹unbewußte Vorgänge›... sind deshalb *für die Psychologie durchaus unfruchtbar*[6]; wohl aber gibt es *psychische* Begleiterscheinungen jener psychischen Dispositionen, die sich theils direkt nachweisen, theils aus manchen Erfahrungen erschließen lassen[7].»

Ein Vertreter der WUNDTschen Schule meint, «daß ein psychischer Zustand nicht psychisch genannt werden kann, wenn er nicht mindestens die Schwelle des Bewußtseins erreicht hat». Dieses Argument setzt voraus, respektive entscheidet, daß nur das Bewußtsein psychisch und mithin alles Psychische bewußt sei. Es ist dem Autor dabei passiert, zu sagen: ein «psychischer» Zustand; er hätte logischerweise sagen sollen «ein Zustand», denn er bestreitet ja eben, daß ein solcher Zustand psychisch sei. Ein anderes Argument lautet, daß die einfachste seelische Tatsache die *Empfindung* sei. Sie lasse sich nicht in einfachere Tatsachen zerlegen. Deshalb sei das, was einer Empfindung vorausgeht oder zugrunde liegt, niemals psychisch, sondern physiologisch, ergo: es gibt kein Unbewußtes.

HERBART sagt einmal: «Wenn eine Vorstellung unter die Schwelle des Bewußtseins fällt, so fährt sie fort, in latenter Weise zu leben, in stetem Bestreben, über die Schwelle zurückzukehren und die übrigen Vorstellungen zu verdrängen[8].» In dieser Form ist der Satz zweifellos unrichtig, denn leider hat das genuin Vergessene keinerlei Tendenz, wieder zurückzukehren. Hätte HERBART aber statt «Vorstellung» «Komplex» in modernem Sinne gesagt, so wäre sein Satz unerhört richtig. Wir gehen wohl kaum fehl, wenn wir annehmen, daß er auch wirklich etwas Derartiges gemeint hat. Zu diesem Satz nun macht ein philosophischer Gegner des Unbewußten die sehr erleuchtende Bemerkung: «Giebt man dies einmal zu, so ist man allen möglichen Hypothesen über dieses unbewußte Leben preisgegeben, Hypothesen, die von keiner Beobachtung kontrolliert werden können[9].» Man sieht, daß es bei diesem Autor nicht etwa darum geht, eine Tatsache anzuerkennen, sondern daß die Angst, in alle möglichen Schwierigkeiten zu geraten, entscheidend ist. Und woher weiß er, daß diese Hypothese von keiner Beobachtung kontrolliert werden kann? Das steht für ihn lediglich a priori fest. Auf die HERBARTsche Beobachtung aber läßt er sich keineswegs ein.

Ich erwähne diesen Zwischenfall nicht, weil ihm irgendeine sachliche Bedeutung zukäme, sondern nur darum, weil er charakteristisch ist für die antiquierte philosophische Einstellung gegenüber der Erfahrungspsychologie. WUNDT selber ist der Ansicht, daß es sich bei den sogenannten «unbewußten Vorgängen» «nicht um unbewußte, sondern überall nur um *dunkler bewußte* psychische Elemente handelt» und daß «den hypothetischen unbewußten Vorgängen thatsächlich nachweisbare oder jedenfalls minder hypothetische Bewußtseinsvorgänge substituiert werden können»[10]. Diese Haltung bedeutet eine klare Ablehnung des Unbewußten als psychologische Hypothese. Die Fälle von double conscience erklärt es aus «*Veränderungen* des individuellen Bewußtseins... die nicht selten sogar continuirlich, in stetigen Übergängen erfolgen, und denen hier durch eine gewaltsame und den Thatsachen widerstreitende Umdeutung eine Mehrheit von Bewußtseinsindividuen substituirt wird». Die letzteren – so argumentiert WUNDT – «müßten doch... *gleichzeitig* in einem und demselben Individuum vorkommen können.» Dies sei, sagt er, «zugestandenermaßen nicht der Fall»[11]. Es ist ohne Zweifel wohl nicht möglich, daß in grob erkennbarer Weise zwei Bewußtseine zugleich in *einem* Individuum sich äußern. Darum alternieren diese Zustände in der Regel. JANET hat aber nachgewiesen, daß, während das eine Bewußtsein sozusagen den Kopf beherrschte, das andere Bewußtsein sich gleichzeitig mittels eines durch Fingerbewegungen ausgedrückten Code mit dem Beobachter in Beziehung setzte[12]. Das Doppelbewußtsein kann also sehr wohl gleichzeitig sein.

WUNDT meint, daß der Gedanke eines Doppelbewußtseins, also eines «Ober-» und «Unterbewußtseins» im Sinne FECHNERS noch ein «Überlebniss aus dem psychologischen Mysticismus» der SCHELLINGschen Schule sei. Er stößt sich offenkundig an der Tatsache, daß eine unbewußte Vorstellung eine solche ist, die niemand «hat»[13]. In diesem Falle wird natürlich auch das Wort «Vorstellung» obsolet, indem es an sich schon ein Subjekt, dem etwas vorgestellt ist, suggeriert. Hier liegt wohl der wesentliche Grund, warum WUNDT das Unbewußte ablehnt. Man könnte aber diese Schwierigkeit leicht dadurch umgehen, daß man statt von «Vorstellungen» oder «Empfindungen» von *Inhalten* spräche, wie ich dies in der Regel tue. Ich muß hier allerdings vorwegnehmen, was ich weiter unten noch ausführlich behandeln werde, nämlich die Tatsache, daß den unbewußten Inhalten etwas wie Vorgestelltsein respektive Bewußtsein anhaftet, weshalb die Möglichkeit eines unbewußten Subjektes ernsthaft in Frage kommt. Letzteres ist aber nicht identisch mit dem Ich. Daß es hauptsächlich die «Vorstellungen» sind, die es WUNDT angetan haben, sieht man auch in seiner emphatischen Ablehnung der Idee der «angeborenen Vorstellungen». Wie wörtlich er diesen Gedanken nimmt, zeigt sich in seiner Ausdrucksweise: «Wenn das neugeborene Thier wirklich von allen den Handlungen, die es vornimmt, im voraus eine Vorstellung hätte, welch' ein Reichthum anticipirter Lebenserfahrungen würde dann in den thierischen und menschlichen Instincten liegen, und wie unbegreiflich erschiene es, daß nicht bloß der Mensch, sondern auch die Thiere immerhin das meiste erst durch Erfahrung und Übung sich aneignen[14]!» Es gibt aber trotzdem ein angeborenes pattern of behaviour und einen ebensolchen Schatz nicht antizipierter, sondern aufgehäufter Lebenserfahrung, nur handelt es sich nicht um «Vorstellungen», sondern um Zeichnungen, Pläne oder Bilder, welche, wenn auch nicht dem Ich vorgestellt, doch so real sind wie die im Rocksaum eingenähten hundert Taler KANTS, die der Eigentümer vergessen hat. WUNDT hätte sich hier an WOLFF erinnern können, welchen er selber erwähnt und an dessen Unterscheidung von «unbewußten» Zuständen, auf die man nur aus demjenigen schließen dürfe, was wir in unserem Bewußtsein finden[15].

Zu den «angeborenen Vorstellungen» gehören auch ADOLF BASTIANS «Elementargedanken»[16], worunter die überall sich findenden analogen Grundformen der Anschauung zu verstehen sind, also etwa dasselbe, was wir heute als «Archetypen» formulieren. Selbstverständlich lehnt WUNDT diese Anschauung ab, immer unter der Suggestion, daß es sich um «Vorstellungen» und nicht um *Dispositionen* handle. Er sagt, der «Ursprung ein und derselben Erscheinung an verschiedenen Orten» sei «zwar nicht absolut unmöglich, aber nach empirisch psychologischen Gesichtspunkten im höchsten Grade unwahrscheinlich»[17]. Er leugnet einen «seelischen Gesamtbesitz der Menschheit» in diesem Sinne und verwirft auch die Idee eines deutbaren Mythensymbolismus mit der charakteristischen Begründung, daß die Annahme, es verberge sich hinter dem Mythus ein «Begriffssystem», unmöglich sei[18]. Die schulmeisterliche Annahme, daß das Unbewußte ausgerechnet ein Begriffssystem sei, bestand nicht einmal zu WUNDTS Zeiten, geschweige denn vorher oder nachher.

Es wäre unrichtig, anzunehmen, daß die Ablehnung der Idee des Unbewußten in der akademischen Psychologie um die Jahrhundertwende etwa durchgängig gewesen wäre. Das ist keineswegs der Fall, indem nicht nur schon etwa THEODOR FECHNER[19], sondern auch der spätere THEODOR LIPPS dem Unbewußten sogar eine entscheidende Bedeutung zumessen[20]. Obschon für ihn die Psychologie eine «Wissenschaft vom Bewußtsein» ist, so spricht er doch von «unbewußten» Empfindungen und Vorstellungen, die er aber als «Vorgänge» betrachtet. «Ein ‹psychischer Vorgang› ist», sagt er, «seiner Natur, oder richtiger seinem *Begriffe* nach, nicht ein Bewußtseinsinhalt oder Bewußtseinserlebnis, sondern er ist das dem Dasein eines solchen zugrunde liegende... notwendig *mitgedachte* psychisch *Reale*[21]... Die Betrachtung des Bewußtseinslebens führt aber zur Überzeugung, daß unbewußte Empfindungen und Vorstellungen... nicht nur gelegentlich in uns sich finden, sondern daß der psychische Lebenszusammenhang jederzeit der Hauptsache nach *in solchen sich abspielt, und nur gelegentlich, an ausgezeichneten Punkten, das, was in uns wirkt, in zugehörigen Bildern sein Dasein unmittelbar kundgibt*[22]... So geht das psychische Leben jederzeit weit hinaus über das Maß dessen, was in Gestalt von Bewußtseinsinhalten oder Bildern in uns gegenwärtig ist oder gegenwärtig sein kann.»

Die Ausführungen von LIPPS stehen in keinem Widerspruch zu den heutigen Auffassungen; im Gegenteil stellen sie die theoretische Grundlage für die Psychologie des Unbewußten im allgemeinen dar. Trotzdem dauerte der Widerstand gegen die Hypothese des Unbewußten noch recht lange. So ist es zum Beispiel charakteristisch, daß MAX DESSOIR in seiner *«Geschichte der Neueren Deutschen Psychologie»* CARL GUSTAV CARUS und EDUARD HARTMANN nicht einmal erwähnt.

B. Die Bedeutung des Unbewußten für die Psychologie

Die Hypothese des Unbewußten bedeutet ein großes Fragezeichen, das hinter den Begriff der Psyche gesetzt ist. Die bis dahin vom philosophischen Intellekt gesetzte und mit allen nötigen Vermögen ausgestattete Seele drohte sich als ein Ding mit unerwarteten und unerforschten Eigenschaften zu entpuppen. Sie stellte nicht mehr das unmittelbar Gewußte und Bekannte dar, an dem nichts weiter aufzufinden war als mehr oder weniger befriedigende Definitionen. Vielmehr erschien sie jetzt in seltsamer Doppelgestalt, als ein Allbekanntes und zugleich Unbekanntes. Damit war die alte Psychologie aus dem Sattel gehoben und ebenso revolutioniert[23] wie die klassische Physik durch die Entdeckung der Radioaktivität. Es ist diesen ersten Erfahrungspsychologen etwa so gegangen wie dem mythischen Entdecker der Zahlenreihe, der eine Erbse an die andere reihte und nichts anderes tat, als daß er jeweils eine weitere Einheit an die schon vorhandene anfügte. Als er aber das Resultat betrachtete, da war es wohl so, daß anscheinend nichts vorhanden war als hundert identische Einheiten; aber die Zahlen, die er nur als Namen gedacht hatte, stellten sich unerwarteter- und unvorhergesehenerweise als eigentümliche Wesenheiten mit unabdingbaren Eigenschaften heraus. Da gab es zum Beispiel gerade, ungerade, Primzahlen, positive, negative, irrationale, imaginäre Zahlen usw.[24]. So steht es auch mit der Psychologie: wenn die Seele wirklich nur ein Begriff ist, so hat dieser Begriff allein schon eine unsympathische Unabsehbarkeit; er ist ein Wesen mit Eigenschaften, die ihm niemand zugetraut hätte. Man kann lange feststellen, daß die Seele das Bewußtsein und dessen Inhalte sei; das hindert keineswegs, sondern fördert sogar die Entdeckung eines vordem nicht geahnten Hintergrundes, einer wahren Matrix aller Bewußtseinsphänomene, ein Vorher und Nachher, ein Ober- und Unterhalb des Bewußtseins. Im Augenblick, wo man sich einen Begriff von einer Sache macht, ist es gelungen, einen ihrer Aspekte einzufangen, wobei man regelmäßig der Täuschung unterliegt, das Ganze erwischt zu haben. Man pflegt dabei sich keinerlei Rechenschaft darüber zu geben, daß eine totale Erfassung vollkommen unmöglich ist. Nicht einmal ein als total gesetzter Begriff ist total, denn er ist ja noch jenes Eigenwesen mit den unabsehbaren Eigenschaften. Diese Selbsttäuschung fördert allerdings die Ruhe und den Seelenfrieden: das Unbekannte ist benannt, das Ferne in die Nähe gerückt, so daß man die Hand darauflegen kann. Man hat es in Besitz genommen, und es ist zum unverrückbaren Eigentum geworden, wie ein getötetes Wild, das nicht mehr davonlaufen wird. Es ist eine magische Prozedur, die der Primitive an den Dingen ausübt und der Psychologe an der Seele. Man ist nicht mehr preisgegeben, weil man ja nicht ahnt, daß gerade durch die begriffliche Erfassung des Objektes dieses nunmehr die beste Gelegenheit erhält, alle jene Eigenschaften zu entwickeln, die gar nie in Erscheinung getreten wären, wenn man es nicht durch Auffassung gebannt hätte.

Die Versuche zur Erfassung der Seele in den letzten drei Jahrhunderten gehören mit zu jener gewaltigen Ausdehnung der Naturerkenntnis, welche uns den Kosmos in fast unvorstellbarem Maße nähergerückt hat. Die vieltausendfachen Vergrößerungen mittels des Elektronenmikroskopes wetteifern mit den Distanzen von fünfhundert Millionen Lichtjahren, welche das Teleskop durchdringt. Die Psychologie ist aber weit davon entfernt, eine ähnliche Entwicklung erfahren zu haben wie die übrigen Naturwissenschaften; auch hat sie sich bisher weit weniger aus dem Banne der Philosophie zu befreien vermocht, wie wir gesehen haben. Alle Wissenschaft jedoch ist Funktion der Seele, und alle Erkenntnis wurzelt in ihr. Sie ist das größte aller kosmischen Wunder und die conditio sine qua non der Welt als Objekt. Es ist im höchsten Grade merkwürdig, daß die abendländische Menschheit bis auf wenige verschwindende Ausnahmen diese Tatsache anscheinend so wenig würdigt. Vor lauter äußeren Erkenntnisobjekten trat das Subjekt aller Erkenntnis zeitweise bis zur scheinbaren Nichtexistenz in den Hintergrund.

Die Seele war stillschweigende Voraussetzung, die sich selber in allen Stücken bekannt schien. Mit der Entdeckung der Möglichkeit eines unbewußten seelischen Bereiches war die Gelegenheit zu einem großen Abenteuer des Geistes geschaffen, und man hätte erwarten können, daß ein leidenschaftliches Interesse sich dieser Möglichkeit zuwenden würde. Bekanntlich war dies nicht nur nicht der Fall, sondern es erhob sich im Gegenteil ein allgemeiner Widerstand gegen diese Hypothese. Niemand zog den Schluß, daß, wenn tatsächlich das Subjekt des Erkennens, nämlich die Seele, auch eine dunkle, dem Bewußtsein nicht unmittelbar zugängliche Existenzform besitzt, alle unsere Erkenntnis in einem unbestimmbaren Grade unvollständig sein muß. Die Gültigkeit des bewußten Erkennens war in einem ganz anderen und bedrohlicheren Maße in Frage gestellt als durch die kritischen Überlegungen der Erkenntnistheorie. Letztere setzte zwar dem menschlichen Erkennen überhaupt gewisse Grenzen, von denen sich die deutsche idealistische Philosophie nach KANT zu emanzipieren trachtete; aber die Naturwissenschaft und der common sense fanden sich damit ohne Schwierigkeiten ab, wenn sie überhaupt Notiz davon nahmen. Die Philosophie wehrte sich dagegen zugunsten eines antiquierten Anspruches des menschlichen Geistes, sich selber über den Kopf steigen und Dinge erkennen zu können, die schlechterdings jenseits der Reichweite menschlichen Verstandes liegen. Der Sieg HEGELS über KANT bedeutete für die Vernunft und die weitere geistige Entwicklung, zunächst des deutschen Menschen, eine schwerste Bedrohung, um so gefährlicher, als HEGEL ein verkappter Psychologe war und große Wahrheiten aus dem Bereich des Subjektes in einen selbstgeschaffenen Kosmos hinausprojizierte. Wir wissen, wie weit heute HEGELsche Wirkung reicht. Die diese unheilvolle Entwicklung kompensierenden Kräfte personifizieren sich zum Teil im späteren SCHELLING, zum Teil in SCHOPENHAUER und CARUS, während dagegen bei NIETZSCHE jener hemmungslose «bacchantische Gott», den schon HEGEL in der Natur witterte, vollends durchbrach.

Die CARUSsche Hypothese des Unbewußten mußte die damals vorherrschende Richtung der deutschen Philosophie um so härter treffen, als diese soeben die KANTsche Kritik anscheinend überwunden und die nahezu göttliche Souveränität des menschlichen Geistes – des Geistes schlechthein – nicht wiederhergestellt, sonderen *neu aufgestellt* hatte. Der Geist des mittelalterlichen Menschen war im Guten wie im Bösen noch der Geist Gottes, dem er diente. Die Erkenntniskritik war einerseits noch der Ausdruck der Bescheidenheit des mittelalterlichen Menschen, andererseits schon ein Verzicht auf oder eine Absage an den Geist Gottes, also eine moderne Erweiterung und Verstärkung des menschlichen Bewußtseins innerhalb der Grenzen der Vernunft. Wo immer der Geist Gottes aus der menschlichen Berechnung ausscheidet, tritt eine unbewußte Ersatzbildung auf. Bei SCHOPENHAUER finden wir den bewußtlosen Willen als neue Gottesdefinition, bei CARUS das Unbewußte und bei HEGEL die Identifikation und Inflation, die praktische Ineinssetzung des philosophischen Verstandes mit dem Geist schlechthin, wodurch jene Bannung des Objektes anscheinend möglich wurde, welche in seiner Staatsphilosophie die schönste Blüte trieb. HEGEL stellt eine Lösung des durch die Erkenntniskritik aufgeworfenen Problems dar, welche den Begriffen eine Chance gab, ihre unbekannte Eigenständigkeit zu erweisen. Sie verschafften dem Verstande jene Hybris, welche zum Übermenschen NIETZSCHES führte und damit zur Katastrophe, die den Namen Deutschland trägt. Nicht nur die Künstler, sondern auch die Philosophen sind gelegentlich Propheten.

Es ist ja klar ersichtlich, daß alle philosophischen Aussagen, welche den Bereich der Vernunft überschreiten, anthropomorph sind und keine andere Gültigkeit besitzen als diejenige, welche psychisch bedingten Aussagen zukommt. Eine Philosophie wie die HEGELsche ist eine Selbstoffenbarung psychischer Hintergründe und philosophisch eine Anmaßung. Sie bedeutet psychologisch soviel wie einen Einbruch des Unbewußten. Mit dieser Auffassung trifft die sonderbare, überspitzte HEGELsche Sprache zusammen. Sie erinnert bereits an die schizophrene «Machtsprache», welche sich kräftiger Bannwörter bedient, um Transzendentes einer subjektiven Form gefügig zu machen oder dem Banalen den Charme der Neuheit zu verschaffen oder das Unbedeutende als grüblerische Weisheit erscheinen zu lassen. Eine derartig geschraubte Sprache ist ein Symptom der Schwäche, des Unvermögens und des Mangels an Substanz. Das hindert aber nicht, daß gerade die neueste deutsche Philosophie sich wieder derselben «Macht»- und «Kraft»wörter bedient, um sich den Anschein zu geben, als ob sie keine unwillkürliche Psychologie wäre. Ein FRIEDRICH THEODOR VISCHER kannte noch eine liebenswürdigere Verwendung der deutschen Kauzigkeit.

Neben diesem elementaren Einbruch des Unbewußten in den abendländischen Bereich der Menschheitsvernunft hatten SCHOPENHAUER sowohl wie CARUS keinen Boden, auf dem sie weiterwachsen und ihre kompensatorische Wirkung entfalten konnten. Die heilsame Unterworfenheit unter einen guten Gott und die schützende Distanz vom finsteren Dämon – diese große Erbschaft der Vergangenheit – blieb bei SCHOPENHAUER im Prinzip gewahrt, bei CARUS insofern unangetastet, als er das Problem dadurch an der Wurzel zu fassen versuchte, daß er es von dem allzu anmaßlichen philosophischen Standpunkt auf den der Psychologie überleitete. Wir dürfen hier wohl von der philosophischen Allüre absehen, um seiner wesentlich psychologischen Hypothese das volle Gewicht zu verleihen. Er hatte sich jener vorhin angedeuteten Schlußfolgerung wenigstens angenähert, indem er anfing ein Weltbild, das den dunklen Teil der Seele enthielt, aufzubauen. An diesem Gebäude fehlte allerdings etwas ebenso Wesentliches wie Unerhörtes, das ich nun dem Verständnis näherbringen möchte.

Zu diesem Zwecke müssen wir uns zunächst klarmachen, daß Erkenntnis überhaupt dadurch zustande kommt, daß die dem Bewußtsein zuströmenden Reaktionen des psychischen Systems in eine Ordnung gebracht werden, welche dem Verhalten der metaphysischen, respektive der an sich realen Dinge entspricht. Ist das psychische System nun, wie es auch noch neuere Standpunkte haben wollen, koinzident und identisch mit dem Bewußtsein, so vermögen wir im Prinzip alles zu erkennen, was überhaupt erkenntnisfähig ist, das heißt, was innerhalb der erkenntnistheoretischen Schranken liegt. In diesem Fall besteht kein Grund zu einer Beunruhigung, die weiter ginge als jene, welche die Anatomie und Physiologie hinsichtlich der Funktion des Auges oder des Gehörorganes empfinden. Sollte es sich aber bewahrheiten, daß die Seele *nicht* mit dem

Bewußtsein koinzidiert, sondern darüber hinaus unbewußt ähnlich oder *anders* als ihr bewußtseinsfähiger Anteil funktioniert, dann müßte unsere Beunruhigung wohl einen höheren Grad erreichen. In diesem Falle nämlich handelt es sich nicht mehr um allgemeine erkenntnistheoretische Grenzen, sondern um eine bloße *Bewußtseinsschwelle,* die uns von den unbewußten psychischen Inhalten trennt. Die Hypothese der Bewußtseinsschwelle und des Unbewußten bedeutet, daß jener unerläßliche Rohstoff aller Erkenntnis, nämlich psychische Reaktionen, ja sogar unbewußte «Gedanken» und «Erkenntnisse» unmittelbar neben, unter oder über dem Bewußtsein liegen, nur durch eine «Schwelle» von uns getrennt und doch anscheinend unerreichbar. Man weiß zunächst nicht, wie dieses Unbewußte funktioniert, aber da es als ein psychisches System vermutet wird, so hat es möglicherweise alles, was das Bewußtsein auch hat, nämlich Perzeption, Apperzeption, Gedächtnis, Phantasie, Willen, Affekt, Gefühl, Überlegung, Urteil usw., aber all dies in subliminaler Form[25].

Hier erhebt sich nun allerdings der schon von WUNDT gemachte Einwand, daß man von unbewußten «Empfindungen», «Vorstellungen», «Gefühlen» und gar «Willensakten» unmöglich sprechen könne, da diese Phänomene doch gar nicht ohne ein erlebendes Subjekt vorgestellt werden könnten. Überdies setzt die Idee einer Bewußtseinsschwelle eine energetische Betrachtungsweise voraus, nach welcher die Bewußtheit von psychischen Inhalten wesentlich von deren Intensität, das heißt deren Energie abhängt. Wie nur ein Reiz von einer gewissen Stärke Überschwelligkeit besitzt, so müssen auch, wie man mit einiger Berechtigung annehmen kann, sonstige psychische Inhalte eine bestimmte höhere Energie besitzen, um die Schwelle überschreiten zu können. Besitzen sie diese Energie nur in minderem Maße, so bleiben sie, wie entsprechende Sinnesreize, subliminal.

Wie bereits LIPPS hervorgehoben hat, erledigt sich ersterer Einwand durch den Hinweis auf die Tatsache, daß der psychische Vorgang an und für sich derselbe bleibt, ob er vorgestellt sei oder nicht. Wer nun auf dem Standpunkt steht, daß die Phänomene des Bewußtseins die ganze Psyche ausmachen, der muß allerdings darauf dringen, daß jene «Vorstellungen», die wir nicht haben[26], auch nicht als «Vorstellungen» bezeichnet werden dürfen. Er muß auch dem, was dann noch davon übrig bleibt, jede psychische Eigenschaft versagen. Für diesen rigorosen Standpunkt kann die Psyche nur die phantasmagorische Existenz vorüberhuschender

Bewußtseinsphänomene haben. Diese Auffassung verträgt sich aber schlecht mit der allgemeinen Erfahrung, welche zugunsten einer auch ohne Bewußtsein möglichen psychischen Tätigkeit spricht. Die LIPPSsche Ansicht von der Existenz psychischer Vorgänge an sich wird den Tatsachen besser gerecht. Ich möchte hier keine Mühe darauf verwenden, Beweise anzuführen, sondern begnüge mich mit dem Hinweis auf die Tatsache, daß noch nie ein vernünftiger Mensch an dem Vorhandensein psychischer Vorgänge beim Hunde zweifelte, obschon noch nie ein Hund sich über die Bewußtheit seiner psychischen Inhalte ausgesprochen hat[27].

C. Die Dissoziabilität der Psyche

Es besteht a priori kein Grund zur Annahme, daß unbewußte Vorgänge unbedingt ein Subjekt haben müssen, und ebensowenig haben wir Anlaß, an der Realität psychischer Vorgänge zu zweifeln. Zugegebenermaßen schwierig wird das Problem aber bei den supponierten unbewußten Willensakten. Wenn es sich nicht um bloße «Triebe» und «Neigungen», sondern um anscheinend überlegte «Wahl» und «Entscheidung», die ja dem Willen eignen, handelt, kommt man um die Notwendigkeit eines disponierenden Subjektes, dem etwas «vorgestellt» ist, wohl nicht herum. Damit aber wäre – per definitionem – ein Bewußtsein im Unbewußten gesetzt, eine gedankliche Operation, die dem Psychopathologen allerdings nicht zu schwer fällt. Er kennt nämlich ein psychisches Phänomen, welches der «akademischen» Psychologie meist unbekannt zu sein pflegt: das ist die Dissoziation oder Dissoziabilität der Psyche. Diese Eigentümlichkeit besteht darin, daß der Zusammenhang der psychischen Vorgänge unter sich nur ein sehr bedingter ist. Nicht nur sind unbewußte Vorgänge oft von bemerkenswerter Unabhängigkeit von den Erlebnissen des Bewußtseins, sondern auch die bewußten Vorgänge lassen schon eine deutliche Lockerung, beziehungsweise Getrenntheit, erkennen. Ich erinnere nur an alle jene durch Komplexe verursachten Ungereimtheiten, welche beim Assoziationsexperiment mit aller wünschenswerten Genauigkeit beobachtet werden können. Wie die von WUNDT angezweifelten Fälle von double conscience doch wirklich vorkommen, so sind solche Fälle, wo nicht geradezu die ganze Persönlichkeit gespalten ist, sondern nur kleinere Teile abgesprengt sind, noch um vieles wahrscheinlicher und in der Tat auch viel häufiger. Es handelt sich sogar um uralte Erfahrungen der Menschheit, welche sich in der allgemein verbreiteten Annahme einer Mehrheit von Seelen in einem und demselben Individuum widerspiegeln. Wie die auf primitiver Stufe empfundene Vielheit der seelischen Komponenten zeigt, entspricht der ursprüngliche Zustand einem sehr lockeren Zusammenhang der psychischen Vorgänge unter sich und keineswegs einer geschlossenen Einheit derselben. Überdies beweist die psychiatrische Erfahrung, daß es oft nur wenig braucht, um die im Laufe der Entwicklung mühsam erreichte Einheit des Bewußtseins zu sprengen und sie wieder in ihre ursprünglichen Elemente aufzulösen.

Von der Tatsache der Dissoziabilität aus lassen sich nun auch die Schwierigkeiten, welche sich durch die an sich notwendige Annahme einer Bewußtseinsschwelle ergeben, unschwer beseitigen. Wenn es an und für sich wohl richtig ist, daß Bewußtseinsinhalte durch Energieverlust unterschwellig und damit unbewußt, und umgekehrt, durch Energiezuwachs unbewußte Vorgänge bewußt werden, so müßte, wenn zum Beispiel unbewußte Willensakte möglich sein sollten, doch erwartet werden, daß diese eine Energie besitzen, welche sie zur Bewußtheit befähigt; allerdings zu einer sekundären Bewußtheit, welche darin besteht, daß der unbewußte Vorgang einem wählenden und entscheidenden Subjekt «vorgestellt» ist. Dieser Vorgang müßte sogar notwendigerweise jenen Energiebetrag besitzen, welcher zur Bewußtheit unbedingt erforderlich ist. Er müßte seinen «bursting point» einmal erreichen[28]. Ist dem aber so, so muß man die Frage aufwerfen, warum dann der unbewußte Vorgang nicht überhaupt die Schwelle überschreitet und damit dem Ich wahrnehmbar wird? Da er dies offenkundig nicht tut, sondern, wie es scheint, in der Reichweite eines subliminalen sekundären Subjektes hängenbleibt, so muß nunmehr erklärt werden, warum dieses Subjekt, dem die Hypothese doch den zur Bewußtheit nötigen Energiebetrag zugedacht hat, nicht seinerseits sich über die Schwelle erhebt und sich dem primären Ichbewußtsein eingliedert. Zur Beantwortung dieser Frage hat die Psychopathologie das nötige Material bereit. Dieses sekundäre Bewußtsein nämlich stellt eine Persönlichkeitskomponente dar, welche nicht zufälligerweise vom Ichbewußtsein getrennt ist, sondern ihre Abtrennung bestimmten Gründen verdankt. Eine solche Dissoziation hat zwei verschiedene Aspekte: im einen Fall handelt es sich um einen ursprünglich bewußten Inhalt, der aber um seiner inkompatiblen Natur willen durch Verdrängung unterschwellig wurde; im anderen Fall besteht das sekundäre Subjekt in einem Vorgang, der noch keinen Eingang ins Bewußtsein gefunden hat, weil dort keine Möglichkeiten seiner Apperzeption bestehen, das heißt das Ichbewußtsein kann ihn infolge Mangels an Verständnis nicht rezipieren, weshalb er in der Hauptsache subliminal bleibt, obschon er, energetisch betrachtet, wohl bewußtseinsfähig wäre. Er verdankt seine Existenz nicht der Verdrängung, sondern stellt ein Resultat subliminaler Vorgänge dar, das als solches vordem nie bewußt war. Weil aber in beiden Fällen ein zur Bewußtheit befähigender Energiebetrag vorhanden ist, so wirkt das sekundäre Subjekt doch aufs Ichbewußtsein, aber indirekt, das heißt durch «Symbole» vermittelt, welcher Ausdruck allerdings nicht sehr glücklich ist. Die im Bewußtsein erscheinenden Inhalte sind nämlich zunächst *symptomatisch*. Insofern man weiß oder zu wissen glaubt, worauf sie hinweisen oder worauf sie beruhen, sind sie *semiotisch*, wofür die FREUDsche Literatur immer den Ausdruck «symbolisch» gebraucht, uneingedenk der Tatsache, daß stets das symbolisch ausgedrückt wird, was man in Wirklichkeit nicht weiß. Die symptomatischen Inhalte sind zum Teil nun wirklich symbolisch und stellen indirekte Repräsentanten unbewußter Zustände oder Vorgänge dar, deren Natur aus den im Bewußtsein erscheinenden Inhalten nur unvollständig erschlossen und bewußtgemacht werden kann. Es ist also möglich, daß das Unbewußte Inhalte beherbergt, welche eine so große energetische Spannung besitzen, daß sie unter anderen Umständen dem Ich wahrnehmbar werden müßten. Meist handelt es sich dabei keineswegs um verdrängte, sondern um *noch nicht bewußte*, das heißt als subjektiv realisierte Inhalte, wie zum Beispiel die Dämonen und Götter der Primitiven oder die fanatisch geglaubten -ismen der Modernen. Dieser Zustand ist weder pathologisch noch sonstwie absonderlich, sondern der *ursprüngliche Normalzustand*, während die in der Einheit des Bewußtseins zusammengefaßte Ganzheit der Psyche ein ideales und nie erreichtes Ziel darstellt.

Wir setzen das Bewußtsein in nicht unberechtigter Weise gerne in Analogie mit den Sinnesfunktionen, von deren Physiologie der Begriff der «Schwelle» überhaupt hergenommen ist. Die durch das menschliche Ohr wahrnehmbaren Schwingungszahlen des Tones reichen etwa von 20 bis 20000, und die Wellenlängen des sichtbaren Lichtes reichen von 7700 bis zu 3900 Angström. Aus dieser Analogie heraus erscheint es als denkbar, daß es für psychische Vorgänge nicht nur eine untere, sondern auch eine obere Schwelle gibt und daß mithin das Bewußtsein, welches ja das Wahrnehmungssystem par excellence ist, der wahrnehmbaren Ton- oder Lichtskala verglichen werden kann, wobei ihm, ähnlich wie bei Ton und Licht, nicht nur eine untere, sondern auch eine obere Grenze gesetzt wäre. Vielleicht ließe sich dieser Vergleich auf die Psyche überhaupt ausdehnen, was dann möglich wäre, wenn es *psychoide* Vorgänge an beiden Enden der psychischen Skala gäbe. Nach dem Grundsatz «natura non facit saltus» dürfte diese Hypothese nicht ganz abwegig sein.

Wenn ich den Ausdruck «psychoid» gebrauche, so bin ich mir bewußt, dadurch mit dem von DRIESCH aufgestellten Begriff des Psychoids zu kollidieren. Er versteht darunter das Lenkende, «Reaktionsbestimmende», die «prospektive Potenz» des Keimelementes. Es ist «das elementare in der Handlung entdeckte Agens»[29], die «Handlungsentelechie»[30]. Wie EUGEN BLEULER treffend hervorhebt, ist der DRIESCHsche Begriff mehr philosophisch als naturwissenschaftlich. Demgegenüber verwendet BLEULER den Ausdruck «Psychoide»[31], welcher einen Sammelbegriff für jene hauptsächlich subkortikalen Vorgänge, soweit sie biologisch «Anpassungsfunktionen» betreffen, darstellt. Darunter versteht er «Reflex und Artentwicklung». Er definiert folgendermaßen: «Die Psychoide... ist die Summe aller zielgerichteten und gedächtnismäßigen und nach Lebenerhaltung strebenden körperlichen inkl. zentralnervösen Funktionen (mit Ausnahme derjenigen Rindenfunktionen, die wir von jeher gewohnt sind, als psychisch zu bezeichnen)[32].» An anderer Stelle sagt er: «Körperpsyche des einzelnen Individuums und Phylopsyche zusammen bilden wieder eine Einheit, die gerade in unserer jetzigen Betrachtung am meisten benutzt werden muß, und vielleicht am besten mit dem Namen der *Psychoide* bezeichnet wird. Gemeinsam ist der Psychoide und der Psyche... die Zielstrebigkeit und die Benutzung früherer Erfahrungen zum... Erreichen des Zieles, was Gedächtnis (Engraphie und Ekphorie) und Assoziation, also etwas dem Denken Analoges in sich schließt[33].» Obschon es klar ist, was mit «Psychoide» gemeint ist, so vermischt sich dieser Ausdruck im Gebrauche doch mit dem Begriff der «Psyche», wie diese Stelle zeigt. Damit wird es unersichtlich, warum diese subkortikalen Funktionen dann eigentlich als «seelenähnlich» bezeichnet werden sollen. Die Vermischung stammt offenbar von der bei BLEULER noch fühlbaren Auffassung her, die mit Begriffen wie «Rinden-» und «Hirnstammseele» operiert und damit die deutliche Neigung bekundet, die entsprechenden psychischen Funktionen aus diesen Hirnteilen hervorgehen zu lassen, obschon es stets die Funktion ist, welche sich ihr Organ erschafft, erhält und modifiziert. Die organologische Auffassung hat den Nachteil, daß schließlich alle zielgebundenen Tätigkeiten der Materie als «psychisch» gelten, so daß «Leben» und «Psyche» in eins fallen, wie zum Beispiel im BLEULERschen Sprachgebrauch Phylopsyche und Reflexe. Es ist gewiß nicht nur schwierig, sondern sogar unmöglich, sich das Wesen einer psychischen Funktion unabhängig von ihrem Organ zu denken, obwohl wir tatsächlich den psychischen Vorgang ohne dessen Beziehung zum organischen Substrat erleben. Für den Psychologen ist aber eben die Gesamtheit dieser Erlebnisse der Gegenstand seiner Wissenschaft, weshalb er auf eine der Anatomie entlehnte Terminologie verzichten muß. Wenn ich also den Terminus «psychoid» in Gebrauch nehme[34], so geschieht dies erstens nicht in substantivischer, sondern *adjektivischer* Form; zweitens ist damit keine eigentlich psychische respektive seelische Qualität gemeint, sondern eine *seelenähnliche,* wie sie die reflektorischen Vorgänge besitzen, und drittens soll damit eine Kategorie von Phänomenen einerseits von den bloßen Lebenserscheinungen und andererseits von den eigentlich *seelischen* Vorgängen unterschieden werden. Letztere Unterscheidung wird uns auch nötigen, Art und Umfang des Psychischen und ganz besonders des *unbewußt Psychischen* zu definieren.

Wenn das Unbewußte alles enthalten kann, was als Funktion des Bewußtseins bekannt ist, so drängt sich die Möglichkeit auf, daß es am Ende, wie das Bewußtsein, sogar ein *Subjekt,* das heißt eine Art von *Ich,* besitzt. Dieser Schluß drückt sich in dem häufig und immer wieder gebrauchten Begriff des «Unterbewußtseins» aus. Der Terminus ist allerdings etwas mißverständlich, indem er nämlich entweder das bezeichnet, was «unter dem Bewußtsein» ist, oder ein «unteres», das heißt sekundäres Bewußtsein setzt. Zugleich deutet die Vermutung eines «Unterbewußtseins», dem sich sofort auch ein «Überbewußtsein» zugesellt[35], auf das hin, worauf es mir hier eigentlich ankommt, nämlich auf die Tatsache, daß ein neben dem Bewußtsein existierendes zweites psychisches System – gleichviel, welcher Eigenschaften wir es verdächtigen – insofern von absolut revolutionierender Bedeutung ist, als dadurch unser Weltbild von Grund auf verändert werden könnte. Vermöchten wir allein nur die Perzeptionen, die in einem zweiten psychischen System stattfinden, in das Ich-Bewußtsein überzuleiten, so wäre damit die Möglichkeit unerhörter Erweiterungen des Weltbildes gegeben.

Ziehen wir die Hypothese des Unbewußten ernstlich in Betracht, so müssen wir einsehen, daß unser Weltbild nur als vorläufig gelten darf; denn wenn man am Subjekt des Wahrnehmens und Erkennens eine so grundlegende Veränderung wie die einer ungleichen Verdoppelung vollzieht, so muß ein Weltbild, das von dem bisherigen verschieden ist, entstehen. Dies ist allerdings nur dann möglich, wenn die Hypothese des Unbewußten zu Recht besteht, und dies kann nur dann erwiesen werden, wenn unbewußte Inhalte sich in bewußte verwandeln lassen, also wenn es gelingt, die vom Unbewußten ausgehenden Störungen, nämlich die Wirkungen der Spontanmanifestationen, von Träumen, Phantasien und Komplexen, dem Bewußtsein durch Deutung zu integrieren.

D. Trieb und Wille

Während es sich im Laufe des 19. Jahrhunderts noch wesentlich um die philosophische Begründung des Unbewußten handelte (besonders bei EDUARD VON HARTMANN[36]), setzten gegen Ende des Jahrhunderts ungefähr gleichzeitig und unabhängig voneinander an verschiedenen Orten Europas Versuche ein, das Unbewußte experimentell oder empirisch zu erfassen. Die Pioniere auf diesem Gebiete waren in Frankreich PIERRE JANET[37] und im alten Österreich SIGMUND FREUD[38]. Ersterer hat sich hauptsächlich um die Erforschung des formalen Aspektes, letzterer um die Inhalte psychogener Symptome verdient gemacht.

Ich bin hier nicht in der Lage, die Umwandlung unbewußter Inhalte in bewußte mit Ausführlichkeit zu schildern, sondern muß mich mit Andeutungen begnügen. Zuerst gelang es, die Struktur sogenannter *psychogener Symptome* durch die Hypothese unbewußter Prozesse zu erklären. Von der Neurosensymptomatologie aus hat FREUD auch die *Träume* als Übermittler unbewußter Inhalte wahrscheinlich gemacht. Was er dabei als Inhalte des Unbewußten auffand, schien aus an sich durchaus bewußtseinsfähigen und darum unter anderen Bedingungen auch bewußten Elementen persönlicher Natur zu bestehen. Sie waren, wie es ihm schien, infolge ihrer moralisch inkompatibeln Natur «in Verdrängung geraten». Sie waren also, ähnlich wie vergessene Inhalte, einmal bewußt gewesen und infolge einer Gegenwirkung seitens der Bewußtseinseinstellung unterschwellig und relativ unreproduzierbar geworden. Durch eine geeignete Konzentration der Aufmerksamkeit auf wegleitende Assoziationen, das heißt im Bewußtsein erhaltene Merkmale, gelang die assoziative Reproduktion der in Verlust geratenen Inhalte etwa ähnlich wie bei einer mnemotechnischen Übung. Während vergessene Inhalte wegen Absinkens ihres Schwellenwertes unreproduzierbar werden, verdanken die verdrängten Inhalte ihre relative Unreproduzierbarkeit einer vom Bewußtsein ausgehenden Hemmung.

Dieser erste Befund führte logischerweise zu der Deutung des Unbewußten als eines personalistisch zu verstehenden Verdrängungsphänomens. Seine Inhalte waren in Verlust geratene, ehemals bewußt gewesene Elemente. Später hat FREUD auch das Weiterbestehen archaischer Reste in Form primitiver Funktionsweisen anerkannt. Aber auch diese wurden personalistisch erklärt. Dieser Auffassung erscheint die unbewußte Psyche als ein subliminaler Appendix der bewußten Seele.

Die von FREUD bewußtgemachten Inhalte sind solche, die wegen ihrer Bewußtseinsfähigkeit und ihrer ursprünglichen Bewußtheit am leichtesten reproduzierbar sind. Sie beweisen für die unbewußte Psyche also nur soviel, daß es ein Psychisches jenseits des Bewußtseins gibt. Vergessene Inhalte, die noch reproduzierbar sind, beweisen das gleiche. Für die Natur der unbewußten Psyche ergäbe sich daraus so gut wie nichts, wenn nicht eine unzweifelhafte Bindung dieser Inhalte an die *Triebsphäre* bestünde. Man denkt sich letztere als physiologisch, nämlich hauptsächlich als *Drüsenfunktion.* Diese Ansicht wird durch die moderne Lehre von der inneren Sekretion, der Hormone, aufs kräftigste unterstützt. Die Lehre von den menschlichen Trieben befindet sich allerdings insofern in einer etwas mißlichen Situation, als es ungemein schwerhält, nicht nur die Triebe begrifflich zu bestimmen, sondern auch ihre Anzahl und ihre Begrenzung festzustellen[39]. In dieser Hinsicht gehen die Meinungen weit auseinander. Es läßt sich mit einiger Sicherheit nur feststellen, daß die Triebe einen physiologischen und einen psychologischen Aspekt haben[40]. Recht nützlich hinsichtlich der Beschreibung ist die Anschauung PIERRE JANETS von der «partie supérieure» und «inférieure d'une fonction»[41].

Die Tatsache, daß alle der Beobachtung und Erfahrung zugänglichen psychischen Vorgänge an ein organisches Substrat irgendwie gebunden sind, beweist, daß sie dem Gesamtleben des Organismus eingegliedert sind und daher an dessen Dynamismus, nämlich an den Trieben, Anteil haben, respektive in einer gewissen Hinsicht Resultate der Aktion derselben sind. Das will keineswegs bedeuten, daß damit die Psyche ausschließlich aus der Triebsphäre und mithin aus ihrem organischen Substrat abzuleiten sei. Die Seele als solche kann schon darum nicht durch den physiologischen Chemismus erklärt werden, weil sie mit dem «Leben» überhaupt der einzige Naturfaktor ist, welcher naturgesetzliche, das heißt statistische Ordnungen in «höhere» respektive «unnatürliche» Zustände verwandeln kann, im Gegensatz zu dem die anorganische Natur beherrschenden Entropiegesetz. Wie das Leben aus dem anorganischen Zustand die organischen Komplexitäten hervorbringt, wissen wir nicht, wohl aber erfahren wir unmittelbar, wie die Psyche es tut. Das Leben hat daher eine Eigengesetzlichkeit, die aus den bekannten physikalischen Naturgesetzen nicht abgeleitet werden kann. Trotzdem befindet sich die Psyche in einer gewissen Abhängigkeit von ihren organischen Substratvorgängen. Auf alle Fälle besteht eine hohe Wahrscheinlichkeit, daß dem so ist. Die Triebgrundlage beherrscht die partie inférieure der Funktion. Der partie supérieure dagegen entspricht der überwiegend «psychische» Anteil derselben. Als partie inférieure erweist sich der relativ unveränderliche, automatische, als partie supérieure der willkürliche und veränderliche Teil der Funktion[42].

Hier drängt sich nun die Frage auf: wann dürfen wir von «psychisch» sprechen, und wie definieren wir überhaupt das «Psychische» im Gegensatz zum «Physiologischen»? Beides sind Lebenserscheinungen, die sich aber darin unterscheiden, daß derjenige Funktionsanteil, welcher als partie inférieure bezeichnet wird, einen unverkennbar physiologischen Aspekt hat. Sein Sein oder Nichtsein scheint an die Hormone gebunden zu sein. Sein Funktionieren hat *Zwangscharakter;* daher stammt die Bezeichnung «Trieb». RIVERS schreibt ihm die Natur der «all-or-none reaction»[43] zu, das heißt die Funktion agiert entweder ganz oder gar nicht, was eine Spezifikation des Zwangscharakters bedeutet. Die partie supérieure dagegen, die man am besten als psychisch beschreibt und auch als das empfindet, hat den Zwangscharakter verloren, kann der Willkür[44] unterworfen und sogar zu einer Anwendung gebracht werden, die im Gegensatz zum ursprünglichen Trieb steht.

Das Psychische erscheint nach dieser Überlegung als eine Emanzipation der Funktion aus der Instinktform und deren Zwangsläufigkeit, welche, als alleinige Bestimmung der Funktion, diese zu einem Mechanismus erstarren läßt. Die psychische Kondition oder Qualität beginnt dort, wo sich die Funktion von ihrer äußeren und inneren Bedingtheit zu lösen beginnt und erweiterter und freier Anwendung fähig wird, das heißt, wo sie dem aus anderen Quellen motivierten Willen als zugänglich zu erweisen sich anschickt. Auf die Gefahr hin, meinem historischen Programm vorzugreifen, kann ich nicht umhin, darauf hinzuweisen, daß, wenn wir das Psychische von der physiologischen Triebsphäre, also gewissermaßen nach unten abgrenzen, eine ebensolche Abgrenzung nach oben sich aufdrängt. Mit zunehmender Befreiung vom bloß Triebhaften erreicht nämlich die partie supérieure schließlich ein Niveau, wo die der Funktion innewohnende Energie gegebenenfalls überhaupt nicht nach dem ursprünglichen Sinne des Triebes orientiert ist, sondern eine sogenannte *geistige* Form erlangt. Damit ist keine substantielle Veränderung der Triebenergie, sondern bloß eine Änderung ihrer Anwendungsformen gemeint. Der Sinn oder Zweck des Triebes ist insofern keine eindeutige Sache, als im Trieb ein vom Biologischen verschiedener Zwecksinn, der erst im Laufe der Entwicklung sichtbar wird, verborgen sein kann.

Innerhalb der psychischen Sphäre kann die Funktion durch die Einwirkung des Willens abgebogen und in mannigfachster Weise modifiziert werden. Dies ist darum möglich, weil das System der Triebe keine eigentlich harmonische Komposition darstellt, sondern vielen inneren Kollisionen ausgesetzt ist. Ein Trieb stört und verdrängt den anderen, und obschon die Triebe im ganzen genommen das Dasein des Individuums ermöglichen, so gibt doch ihr blinder Zwangscharakter häufig Anlaß zu gegenseitigen Beeinträchtigungen. Die Differenzierung der Funktion von der zwangsläufigen Triebhaftigkeit zur willkürlichen Verwendbarkeit ist von eminenter Bedeutung hinsichtlich der Daseinserhaltung. Sie vermehrt aber die Möglichkeit von Kollisionen und erzeugt Spaltungen, eben jene Dissoziationen, welche die Einheitlichkeit des Bewußtseins immer wieder in Frage stellen.

Innerhalb der psychischen Sphäre wirkt, wie wir gesehen haben, der *Wille* auf die Funktion ein. Er tut dies vermöge der Tatsache, daß er selber eine Energieform darstellt, welche eine andere überwältigen oder wenigstens beeinflussen kann. In dieser Sphäre, die ich als psychisch definiere, ist der Wille in letzter Linie *durch Instinkte motiviert,* allerdings nicht absolut, denn sonst wäre er kein Wille, welchem definitionsgemäß eine gewisse Wahlfreiheit anhaften muß. *Er bedeutet einen beschränkten Energiebetrag, welcher dem Bewußtsein zu freier Verfügung steht.* Es muß einen derartigen zur Disposition stehenden Libido-(= Energie-)betrag geben, sonst wären Veränderungen der Funktionen unmöglich, indem letztere an die an sich äußerst konservativen und entsprechend unveränderlichen Instinkte derart ausschließlich gebunden wären, daß keinerlei Variationen stattfinden könnten, es sei denn durch organische Veränderungen. Wie schon erwähnt, ist die Willensmotivierung zunächst als wesentlich biologisch zu bewerten. An der – wenn dieser Ausdruck gestattet ist – «oberen» Grenze des Psychischen, wo sich die Funktion sozusagen von ihrem ursprünglichen Ziel löst, verlieren die Instinkte als Willensmotive ihren Einfluß. Durch diese Veränderung ihrer Form tritt die Funktion in den Dienst anderer Bestimmungen oder Motivationen, welche anscheinend mit den Instinkten nichts mehr zu tun haben. Damit möchte ich nämlich die bemerkenswerte Tatsache beschreiben, daß der Wille die Grenzen der psychischen Sphäre nicht überschreiten kann; er vermag den Instinkt nicht zu erzwingen, noch hat er Macht über den Geist, insofern man unter letzterem nicht etwa nur den Intellekt versteht. *Geist und Instinkt sind in ihrer Art autonom,* und beide beschränken gleicherweise das Anwendungsgebiet des Willens. Ich werde später zeigen, worin mir die Beziehung des Geistes zum Trieb zu bestehen scheint.

Wie die Seele sich nach unten in die organisch-stoffliche Basis verliert, so geht sie nach oben in eine sogenannte geistige Form über, die uns in ihrem Wesen genau so wenig bekannt ist wie die organische Grundlage des Triebes. Was ich als eigentliche Psyche bezeichnen möchte, reicht so weit, als *Funktionen durch einen Willen beeinflußt* werden. Reine Triebmäßigkeit läßt keine Bewußtheit vermuten und bedarf auch keiner solchen. Wohl aber bedarf der Wille, wegen seiner empirischen Wahlfreiheit, einer übergeordneten Instanz, etwas wie einer *Bewußtheit seiner selbst,* um die Funktion zu modifizieren. Er muß um ein Ziel «wissen», das von demjenigen der Funktion verschieden ist. Wäre dem nicht so, so würde er mit der Triebkraft derselben in eins fallen. Mit Recht hebt DRIESCH hervor: «Kein Wollen ohne Wissen[45].» Willkür setzt ein wählendes Subjekt, welches sich verschiedene Möglichkeiten vorstellt, voraus. Von dieser Seite betrachtet, ist Psyche wesentlich *Konflikt zwischen blindem Trieb und Willen, respektive Wahlfreiheit.* Wo der Trieb vorherrscht, beginnen die *psychoiden Vorgänge,* welche zur Sphäre des Unbewußten als *bewußtseinsunfähige* Elemente gehören. Der psychoide Vorgang dagegen ist nicht das Unbewußte schlechthin, denn letzteres dürfte eine bedeutend größere Ausdehnung haben. Im Unbewußten gibt es außer den psychoiden Vorgängen Vorstellungen und Willkürakte, also etwas wie Bewußtseinsvorgänge[46]; in der Triebsphäre dagegen treten diese Phänomene so weit in den Hintergrund, daß sich der Terminus «psychoid» wohl rechtfertigen läßt. Wenn wir aber die Psyche auf die Reichweite der Willensakte beschränken, so würden wir zunächst zu dem Schluß gelangen, daß die Psyche mehr oder weniger mit dem Bewußtsein identisch sei, denn man kann sich einen Willen und eine Wahlfreiheit nicht gut ohne ein Bewußtsein vorstellen. Damit lande ich anscheinend dort, wo man schon immer stand, nämlich bei dem Axiom: Psyche = Bewußtsein. Wo bleibt aber dann die postulierte psychische Natur des Unbewußten?

E. Bewußtsein und Unbewußtes

Mit der Frage nach der Natur des Unbewußten beginnen die außergewöhnlichen Denkschwierigkeiten, welche die Psychologie der unbewußten Vorgänge uns bereitet. Solche Hemmnisse treten immer dann auf, wenn der Verstand den kühnen Versuch unternimmt, in die Welt des Unbekannten und Unsichtbaren vorzudringen. Unser Philosoph hat wahrhaftig klüglich daran getan, daß er durch einfache Leugnung des Unbewußten allen Komplikationen kurzerhand aus dem Wege gegangen ist. Ähnliches ist ja auch dem Physiker der alten Schule passiert, der ausschließlich an die Wellennatur des Lichtes glaubte und entdecken mußte, daß es Phänomene gibt, die gar nicht anders zu erklären sind als durch Lichtkorpuskeln. Glücklicherweise hat die Physik dem Psychologen gezeigt, daß sie auch mit einer scheinbaren contradictio in adiecto umgehen kann. Durch dieses Beispiel ermutigt, darf sich daher der Psychologe an die Lösung dieses widerspruchsvollen Problems heranwagen, ohne das Gefühl zu haben, mit seinem Abenteuer aus der Welt des naturwissenschaftlichen Geistes herauszufallen. Es handelt sich ja nicht darum, eine *Behauptung* aufzustellen, sondern vielmehr ein *Modell* zu entwerfen, welches eine mehr oder weniger nützliche Fragestellung verspricht. Ein

Modell sagt nicht, es sei so, sondern es veranschaulicht nur einen bestimmten Betrachtungsmodus.

Bevor wir unser Dilemma näher ins Auge fassen, möchte ich den *Begriff des Unbewußten* in einer gewissen Hinsicht klären. Das Unbewußte ist nicht das schlechthin Unbekannte, sondern es ist vielmehr einerseits das *unbekannte Psychische,* das heißt all das, von dem wir voraussetzen, daß es, wenn es zum Bewußtsein käme, sich in nichts von den uns bekannten psychischen Inhalten unterscheiden würde. Andererseits müssen wir auch das psychoide System dazurechnen, über dessen Beschaffenheit wir direkt nichts auszusagen wissen. Dieses so definierte Unbewußte beschreibt einen ungemein schwankenden Tatbestand: alles, was ich weiß, an das ich aber momentan nicht denke; alles, was mir einmal bewußt war, jetzt aber vergessen ist; alles, was von meinen Sinnen wahrgenommen, aber von meinem Bewußtsein nicht beachtet wird; alles, was ich absichts- und aufmerksamkeitslos, das heißt unbewußt fühle, denke, erinnere, will und tue; alles Zukünftige, das sich in mir vorbereitet und später erst zum Bewußtsein kommen wird; all das ist Inhalt des Unbewußten. Diese Inhalte sind sozusagen alle mehr oder weniger bewußtseinsfähig oder waren wenigstens einmal bewußt und können im nächsten Moment wieder bewußt werden. Insoweit ist das Unbewußte «a fringe of consciousness», wie es WILLIAM JAMES einmal bezeichnete[47]. Zu diesem Randphänomen, welches durch wechselnde Erhellung und Verdunkelung entsteht, gehört ebenfalls der FREUDsche Befund, wie wir gesehen haben. Zum Unbewußten müssen wir aber auch, wie schon erwähnt, die bewußtseinsunfähigen, psychoiden Funktionen, von deren Existenz wir nur indirekt Kunde haben, rechnen.

Wir kommen nun zu der Frage: in welchem Zustand befinden sich psychische Inhalte, wenn sie nicht auf das bewußte Ich bezogen sind? Dieser Bezug nämlich macht das aus, was als Bewußtsein bezeichnet werden kann. Nach dem Satz des WILHELM VON OCKHAM «Entia praeter necessitatem non sunt multiplicanda»[48] wäre der vorsichtigste Schluß der, daß sich außer dem Bezug auf das bewußte Ich überhaupt nichts ändere, wenn ein Inhalt unbewußt wird. Aus diesem Grund lehne ich die Auffassung ab, daß momentan unbewußte Inhalte nur physiologisch seien. Dafür fehlen die Beweise. Die Neurosenpsychologie aber liefert schlagende Gegenargumente. Man denke nur zum Beispiel an die Fälle von double personnalité, automatisme ambulatoire usw. Die

JANETschen wie die FREUDschen Befunde zeigen, daß im unbewußten Zustand anscheinend alles so weiterfunktioniert, wie wenn es bewußt wäre. Es wird wahrgenommen, gedacht, gefühlt, gewollt, beabsichtigt, wie wenn ein Subjekt vorhanden wäre. Ja, es gibt sogar nicht wenige Fälle, wie zum Beispiel die eben erwähnte double personnalité, wo ein zweites Ich auch tatsächlich erscheint und dem ersten Ich Konkurrenz macht. Solche Befunde scheinen zu beweisen, daß das Unbewußte in der Tat ein «Unterbewußtsein» ist. Gewisse Erfahrungen, die zum Teil schon FREUD gemacht hat, zeigen aber, daß der Zustand der unbewußten Inhalte doch nicht ganz der gleiche ist wie der bewußte. So verändern sich zum Beispiel gefühlsbetone Komplexe im Unbewußten nicht in demselben Sinne wie im Bewußtsein. Sie können sich zwar mit Assoziationen anreichern, werden aber nicht korrigiert, sondern in ursprünglicher Form konserviert, was sich leicht an ihrer beständigen und gleichmäßigen Wirkung auf das Bewußtsein feststellen läßt. Ebenso nehmen sie den unbeeinflußbaren Zwangscharakter eines Automatismus an, den man ihnen erst abstreifen kann, wenn man sie bewußtmacht. Letztere Prozedur gehört daher mit Recht zu den wichtigsten therapeutischen Faktoren. Schließlich nehmen solche Komplexe, vermutlich proportional ihrer Distanz vom Bewußtsein durch Selbstamplifikation, einen archaisch-mythologischen Charakter und damit *Numinosität* an, was man unschwer bei schizophrenen Abspaltungen feststellen kann. Numinosität aber ist bewußter Willkür gänzlich entzogen, denn sie versetzt das Subjekt in den Zustand der Ergriffenheit, das heißt der willenlosen Ergebenheit.

Diese Eigentümlichkeiten des unbewußten Zustandes stehen im Gegensatz zum Verhalten der Komplexe im Bewußtsein. Hier werden sie korrigierbar, sie verlieren ihren automatischen Charakter und können wesentlich umgestaltet werden. Sie streifen ihre mythologische Hülle ab, spitzen sich personalistisch zu und, indem sie in den im Bewußtsein stattfindenden Anpassungsprozeß hineingeraten, rationalisieren sie sich, so daß eine dialektische Auseinandersetzung möglich wird[49]. Der unbewußte Zustand ist daher offensichtlich doch ein anderer als der bewußte. Obschon im Unbewußten der Vorgang zunächst weitergeht, wie wenn er bewußt wäre, so scheint er doch mit zunehmender Dissoziation gewissermaßen auf eine primitivere (das heißt archaisch-mythologische) Stufe abzusinken, sich in seinem Charakter der zugrunde liegenden Instinktform anzunähern und die den Trieb kennzeichnenden Eigenschaften anzunehmen, nämlich Automatismus, Unbeeinflußbarkeit, all-or-none reaction usw. Benützen wir hier die Analogie des Spektrums, so können wir das Absinken der unbewußten Inhalte mit einer Verschiebung nach dem roten Ende vergleichen, welcher Vergleich insofern besonders suggestiv ist, als Rot von jeher als Blutfarbe die Emotions- und Triebsphäre charakterisiert[50].

Das Unbewußte bedeutet demnach ein anderes Medium als das Bewußtsein. In den bewußtseinsnahen Bezirken ändert sich allerdings nicht viel, denn hier wechseln Hell und Dunkel zu häufig. Es ist aber gerade diese Grenzschicht, welche für die Beantwortung unseres großen Problems von Psyche = Bewußtsein von größtem Wert ist. Sie zeigt uns nämlich, wie relativ der unbewußte Zustand ist, und zwar ist er dermaßen relativ, daß man sich sogar verlockt fühlt, einen Begriff wie «Unter-Bewußtsein» zu verwenden, um den dunkeln Seelenteil richtig zu charakterisieren. Ebenso relativ ist aber auch das Bewußtsein, denn es gibt innerhalb seiner Grenzen nicht ein Bewußtsein schlechthin, sondern eine ganze Intensitätsskala von Bewußtsein. Zwischen dem «ich tue» und dem «ich bin mir bewußt, was ich tue» besteht nicht nur ein himmelweiter Unterschied, sondern bisweilen sogar ein ausgesprochener Gegensatz. Es gibt daher ein Bewußtsein, in welchem das Unbewußtsein überwiegt, wie ein Bewußtsein, in welchem die Bewußtheit dominiert. Diese Paradoxie ist sofort verständlich, wenn man sich klarmacht, daß es keinen bewußten Inhalt gibt, von dem man mit Sicherheit behaupten könnte, daß er einem total bewußt sei[51], denn dazu wäre eine unvorstellbare Totalität des Bewußtseins erforderlich, und eine solche würde eine ebenso undenkbare Ganzheit oder Vollständigkeit des menschlichen Geistes voraussetzen. So gelangen wir zu dem paradoxen Schluß, daß es *keinen Bewußtseinsinhalt gibt, der nicht in einer anderen Hinsicht unbewußt wäre.* Vielleicht gibt es auch kein unbewußtes Psychisches, das nicht zugleich bewußt ist[52]. Letzteren Satz zu beweisen, ist aber schwieriger, als ersteren, denn unser Ich, welches allein eine solche Feststellung machen könnte, ist ja der Bezugspunkt des Bewußtseins und befindet sich gerade nicht in solcher Assoziation mit den unbewußten Inhalten, daß es über deren Natur aussagen könnte. Letztere sind ihm *praktisch* unbewußt, was aber nicht heißen will, daß sie ihm nicht in einer anderen Hinsicht bewußt seien, das heißt es kennt gegebenenfalls diese Inhalte unter einem gewissen Aspekt, weiß aber nicht, daß diese es sind, die unter einem anderen

Aspekt Störungen im Bewußtsein verursachen. Außerdem gibt es Vorgänge, bei denen irgendeine Beziehung zum bewußten Ich nicht nachzuweisen ist und die trotzdem «vorgestellt» respektive bewußtseinsähnlich erscheinen. Schließlich gibt es Fälle, wo auch ein unbewußtes Ich und damit eine zweite Bewußtheit vorhanden ist, wie wir gesehen haben. Aber letztere sind Ausnahmen[53].

Im psychischen Gebiete tritt das pattern of behaviour mit seiner Zwangsläufigkeit zurück zugunsten von Verhaltensvarianten, welche durch Erfahrung und durch Willkürakte, das heißt durch Bewußtseinsvorgänge bedingt sind. Hinsichtlich des psychoiden, reflektorisch-instinkthaften Zustandes bedeutet die Psyche daher eine Auflockerung der Gebundenheit und eine zunehmende Zurückdrängung der unfreien Vorgänge zugunsten von «gewählten» Modifikationen. Die wählende Tätigkeit findet einerseits innerhalb des Bewußtseins statt, andererseits außerhalb desselben, das heißt ohne Bezug auf das bewußte Ich, also unbewußt. Letzterer Vorgang ist nur bewußtseinsähnlich, wie wenn er «vorgestellt», respektive bewußt wäre.

Da nun keinerlei hinreichende Gründe zu der Annahme vorliegen, daß ein zweites Ich in jedem Individuum bestehe, beziehungsweise daß jedermann eine Dissoziation der Persönlichkeit besitze, so müßten wir von der Idee eines zweiten Ichbewußtseins, von dem Willensentscheidungen ausgehen könnten, absehen. Da nun aber die Existenz höchst komplexer, bewußtseinsähnlicher Vorgänge im Unbewußten durch die Erfahrung der Psychopathologie sowohl wie der Traumpsychologie zum mindesten ungemein wahrscheinlich gemacht ist, so sind wir wohl oder übel zum Schlusse genötigt, daß der Zustand unbewußter Inhalte demjenigen bewußter zwar nicht gleich, aber doch irgendwie ähnlich sei. Es bleibt unter diesen Umständen wohl nichts anderes übrig, als zwischen dem Begriff eines unbewußten und eines bewußten Zustandes ein Mitteldding anzunehmen, nämlich ein *approximatives Bewußtsein.* Da unserer unmittelbaren Erfahrung nur ein reflektierter, das heißt als solcher bewußter und erkannter Zustand, nämlich die Beziehung von Vorstellungen oder Inhalten auf einen Ichkomplex, der die empirische Persönlichkeit darstellt, gegeben ist, so erscheint ein andersartiges Bewußtsein – entweder ein solches ohne Ich oder ein solches ohne Inhalt – kaum denkbar. Man braucht aber die Frage nicht so absolut zu fassen. Schon auf einer etwas primitiveren menschlichen Stufe verliert der Ichkomplex erheblich an Bedeutung, und das Bewußtsein verändert sich dadurch in charakteristischer Weise. Vor allem hört es auf, reflektiert zu sein. Beobachten wir vollends die psychischen Prozesse bei den höheren Vertebraten und insbesondere bei domestizierten Tieren, so begegnen wir bewußtseinsähnlichen Erscheinungen, welche die Existenz eines Ich kaum vermuten lassen. Das Licht des Bewußtseins hat, wie wir aus unmittelbarer Erfahrung wissen, viele Helligkeitsgrade, und der Ichkomplex viele Abstufungen seiner Betonung. Auf animalischer und primitiver Stufe herrscht eine bloße «luminositas», welche sich kaum noch von der Helligkeit dissoziierter Ichfragmente unterscheidet, wie auf infantiler und primitiver Stufe das Bewußtsein noch keine Einheit ist, indem es von keinem festgefügten Ichkomplex zentriert wird, sondern da und dort aufflackert, wo es äußere oder innere Ereignisse, Instinkte und Affekte gerade wachrufen. Auf dieser Stufe hat es noch einen insulären beziehungsweise archipelagischen Charakter. Auch auf höherer und höchster Stufe ist das Bewußtsein noch keine völlig integrierte Ganzheit, sondern vielmehr unbestimmter Erweiterung fähig. Noch immer können aufdämmernde Inseln, wenn nicht ganze Kontinente, auch dem modernen Bewußtsein hinzugefügt werden; eine Erscheinung, die dem Psychotherapeuten zur täglichen Erfahrung geworden ist. Man tut daher wohl daran, sich das Ichbewußtsein als von vielen kleinen Luminositäten umgeben zu denken.

F. Das Unbewußte als multiples Bewußtsein

Die Hypothese multipler Luminositäten beruht einerseits, wie wir gesehen haben, auf dem bewußtseinsähnlichen Zustand unbewußter Inhalte, andererseits auf dem Vorkommen gewisser als symbolisch aufzufassender Bilder, die in Träumen und visuellen Phantasien moderner Individuen oder in historischen Dokumenten festgestellt werden können. Wie bekannt, ist eine der Hauptquellen symbolischer Vorstellungen in der Vergangenheit die Alchemie. Dieser entnehme ich vor allem die Vorstellung der scintillae, der Funken, welche als visuelle Illusionen in der «Wandlungssubstanz»[54] auftauchen. So sagt die *«Aurora consurgens»*: «Wisse, daß die faulige Erde rasch weiße Fünklein enthält[55]». Diese Funken erklärt KHUNRATH als «radii atque scintillae», der «Anima Catholica», der

Allseele, die mit dem Geiste Gottes identisch sei[56]. Aus dieser Deutung geht klar hervor, daß schon gewisse Alchemisten die psychische Natur dieser Luminositäten geahnt haben. Es seien Lichtsamen im Chaos, das KHUNRATH «mundi futuri seminarium» nennt, ausgestreut[57]. Eine solche scintilla ist auch der menschliche Verstand[58]. Vom «Fewerfunck der Seele der Weld» ist die Arkansubstanz (des «Catholischen Entis Wesserige Erde/oder Irdisches Wasser {limus, Schlam}») «Universalisch geseeliget» entsprechend *Sapientia* 1, 7: «denn der Weltkreis ist voll Geistes des Herrn[59].» Im «Wasser der Kunst», in «unserm Wasser», welches auch das Chaos ist[60], finden sich die «Fewerfuncken der Seele der Weld als reine Formae Rerum essentiales»[61]. Diese formae[62] entsprechen den Platonischen Ideen, woraus sich also eine *Gleichsetzung der scintillae mit den Archetypen ergäbe*, wenn man annimmt, daß die ewigen, «an überhimmlischem Orte aufbewahrten» Bilder PLATONS eine philosophische Ausprägung der psychologischen Archetypen seien. Aus dieser alchemistischen Schau müßte man den Schluß ziehen, daß die Archetypen an sich eine gewisse Helligkeit oder Bewußtseinsähnlichkeit besäßen und daß mithin der *numinositas* eine *luminositas* entspräche. Etwas Derartiges scheint auch PARACELSUS geahnt zu haben. In seiner *«Philosophia sagax»* findet sich folgende Stelle: «Und als wenig im menschen etwas sein mag on das götlich numen, als wenig mag auch im menschen sein on das natürlich lumen. dan numen und lumen müssen den menschen volkomen machen, die zwei stück alein. von den zweien kompt alles und die zwei seind in dem menschen, der mensch aber ist on sie nichts und sie aber seind on den menschen[63].» In Bestätigung dieses Gedankens schreibt KHUNRATH: «Es seind... Scintillae Animae Mundi igneae, Luminis nimirum Naturae, Fewrige Funcken der Seele der Weld... dispergiret oder ausgesprenget in und durch das Gebew der großen Weld in alle früchte der Elementen allenthalben[64].» Die Funken stammen aus der «Ruach Elohim», dem Gottesgeiste[65]. Unter den scintillae unterscheidet er einen «vollkommenen Funken des Einen Mächtigen und Starken», welcher das Elixier, also die Arkansubstanz selber ist[66]. Wenn wir die Archetypen mit den Funken in Vergleich setzen dürfen, so hebt hier KHUNRATH *einen* ganz besonders hervor. Dieser eine wird dann auch als Monas und Sonne bezeichnet, welche beide auf die Gottheit deuten. Ein ähnliches Bild findet sich im Briefe des IGNATIUS VON ANTIOCHIA an die Epheser, wo er vom Kommen Christi schreibt: «Wie nun ward das den Äonen offenbar?

Ein Stern leuchtete auf am Himmel, heller als alle Sterne, und sein Licht war unaussprechlich, und solche Erscheinung erregte Befremden. Alle übrigen Sterne mit Sonne und Mond umstanden den Stern im Chore...[67]» Psychologisch ist die *eine* scintilla oder Monas als Symbol des *Selbst* aufzufassen – ein Aspekt, den ich hier nur andeuten möchte.

Für Dorn haben die Funken eine klare psychologische Bedeutung. So sagt er: «So wird er mit seinen geistigen Augen wahrnehmen, wie einige Funken mehr und mehr ⟨und⟩ von Tag zu Tag durchschimmern und zu einem so großen Licht anwachsen, daß in der Folgezeit alles bekannt wird, was ihm ⟨dem Adepten⟩ notwendig ist[68]» [lat. Text s. GW]. Dieses Licht ist das lumen naturae, welches das Bewußtsein erleuchtet, und die scintillae sind keimhafte Luminositäten, die aus dem Dunkel des Unbewußten hervorleuchten. Dorn ist, wie Khunrath, Paracelsus verpflichtet. Er stimmt mit letzterem überein, wenn er einen «invisibilem solem plurimis incognitum» [eine den meisten unbekannte, unsichtbare Sonne] im Menschen annimmt[69]. Von diesem natürlichen, dem Menschen eingeborenen Lichte sagt Dorn: «Es leuchtet in uns nämlich dunkel das Leben als ein Licht der Menschen[70], gleichsam in der Finsternis, ⟨ein Licht⟩ das nicht aus uns zu nehmen ist, obschon es *in uns und* ⟨doch⟩ nicht von uns ist, sondern von jenem ⟨stammt⟩, der sogar in uns sich gewürdigt hat, seine Wohnstätte aufzuschlagen... Dieser hat sein Licht in uns gepflanzt, damit wir in seinem Lichte, der das unzugängliche Licht bewohnt, das Licht sähen; gerade dadurch sind wir von allen Kreaturen ausgezeichnet. Aus diesem Grunde sind wir ihm in Wahrheit ähnlich gemacht, weil er uns *einen Funken seines Lichtes* gegeben hat. Die Wahrheit ist also *nicht in uns zu suchen, sondern im Bilde Gottes, das sich in uns befindet*[71].»

Den einen Archetypus, den Khunrath hervorhebt, kennt also auch Dorn als den sol invisibilis respektive die imago Dei. Bei Paracelsus stammt das lumen naturae zunächst aus dem «astrum» oder «sydus», dem «gestirn» im Menschen[72]. Das «firmament» (ein Synonym von Gestirn) ist das natürliche Licht[73]. Darum ist der «Eckstein» aller Wahrheit die «astronomia», welche «ein muter sei anderer künsten aller... nach ir fehet an die götliche weisheit, nach ir fehet an das liecht der natur»[74], ja sogar die «treffentlichen religiones» hängen von der «astronomia» ab[75]. Das Gestirn nämlich «begert den menschen zu treiben in grosse weisheit... auf das er im liecht der natur wunderbarlich erschein und die mysteria der wunderwerk gottes gross erfunden und eröfnet werden»[76]. Ja, der Mensch selber ist ein «astrum»: «nicht alein also, sonder dermassen für und für mit allen aposteln und heiligen; ist ein jetlicher ein astrum, der himel ein stern... darumb sagt auch die geschrift: ir seit liechter der welt[77].» «So nun in dem gestirn das ganz natürlich liecht ligt, und der mensch muss das selbig aus im nemen wie die speis von der erden, in die er also geborn ist, also auch in das gestirn dermassen geborn[78].» Auch die Tiere haben das natürliche Licht, welches ein «angeborener Geist» ist[79]. Bei seiner Geburt ist der Mensch «mit volkomenem liecht der natur begabet»[80]. PARACELSUS nennt es «den ersten und wertvollsten Schatz, den die Natur in sich birgt» [lat. Text s. GW][81] (in Übereinstimmung mit den allgemein bekannten Bezeichnungen des «Einen» als kostbare Perle, verborgener Schatz, «schwer erreichbare Kostbarkeit» usw.). Das Licht ist dem «inwendigen Menschen», beziehungsweise dem inneren Leib (dem corpus subtile, Hauchkörper) gegeben, wie aus folgender Stelle hervorgeht: «darumb so ein mensch mit hochheit, weisheit etc. keme aus seinem eussern leib, dan alle weisheit und vernunft so der mensch gebraucht, die selbig ist mit disem leib ewig und als ein inwendiger mensch[82], so der mensch mag leben und nicht als ein auswendiger. dan solcher inwendiger mensch ist ewig clarificirt und wahrhaftig, und so er dem tötlichen leib nit volkomen erscheinet, so erscheinets im doch volkomen nach des selbigen abscheiden also. das, so wir jezt erzelet, heisst lumen naturae und ist ewig, das selbige hat got gegeben dem inwendigen leib, das er durch den inwendigen leib geregirt werde und das nach der vernunft... dan das liecht der natur ist alein die vernunft und nichts anders... das liecht ist das, das den glauben gibt... got hat einem ietlichen menschen liechts gnug geben, darauf er praedestinirt ist, also das er nicht irren kan... Damit wir aber beschreiben das herkomen des inwendigen menschen oder leibs, so merket uns also, das *alle inwendige leib nur ein leib sind und ein einiges ding in allen menschen*, aber ausgeteilt nach der wolgeordneten zalen des leibs, eim anders dan den andern. und so *sie alle zusamen komen, ist nur ein liecht, nur ein vernunft...*[83].»

«Nun ist weiter das liecht der natur ein liecht, das angezünt ist aus dem heiligen geist und lischt nicht ab, dan es ist wol angezünt... nun ist das liecht der art, das begert zu brennen[84] und ie lenger ie mer zu scheinen, und ie lenger ie grösser... also ist auch im liecht der natur ein hizige begirung des anzündens[85].» Es ist ein «unsichtbares» Licht: «also folgt nun, das der Mensch alein im unsichtbaren sein weisheit, sein kunst hat vom liecht der natur[86].» Der Mensch ist «ein prophet natürliches liechts»[87]. Man «lernt» das lumen naturae unter anderem durch Träume[88], «... wie das liecht der natur nit reden kan, so fürbilt es im schlaf aus kraft des worts» (Gottes)[89].

Ich habe mir erlaubt, etwas länger bei PARACELSUS zu verweilen und eine Anzahl authentischer Texte beizubringen, um dem Leser einen Eindruck davon zu vermitteln, wie dieser Autor das lumen naturae auffaßt. Es scheint mir vor allem wichtig zu sein hinsichtlich unserer Hypothese multipler Bewußtseinsphänomene, daß sich bei PARACELSUS die charakteristische Vision der Alchemisten – die in der schwarzen Arkansubstanz aufglühenden Funken – in den Anblick des «innern Firmaments» und seiner astra verwandelt. Er schaut die dunkle Psyche wie einen sternbesäten Nachthimmel, dessen Planeten und Fixsternkonstellationen die Archetypen in ihrer ganzen Luminosität und Numinosität darstellen[90]. Der Sternhimmel ist ja in der Tat das aufgeschlagene Buch der kosmischen Projektion, der Widerspiegelung der Mythologeme, eben der Archetypen. In dieser Anschauung reichen sich Astrologie und Alchemie, die beiden antiken Repräsentantinnen der Psychologie des kollektiven Unbewußten, die Hand.

PARACELSUS ist unmittelbar von AGRIPPA VON NETTESHEIM beeinflußt[91], welcher eine «luminositas sensus naturae» annimmt. Davon «stiegen Lichter der Weissagung auf die vierfüßigen Tiere, die Vögel und andere Lebewesen herunter» und befähigten diese der Vorhersage künftiger Dinge[92]. Für den sensus naturae beruft er sich auf GUILIELMUS PARISIENSIS, in welchem wir WILHELM VON AUVERGNE (G. ALVERNUS, †1249), der um 1228 Bischof von Paris war, erkennen. Er verfaßte viele Werke, von denen zum Beispiel ALBERTUS MAGNUS beeinflußt wurde. Vom sensus naturae nimmt ersterer an, daß er ein höherer Sinn sei als das menschliche Auffassungsvermögen, und insbesondere betont er, daß die Tiere ihn auch besäßen[93]. Die Lehre vom sensus naturae entwickelt sich aus der Idee der alles durchdringenden Weltseele, mit der sich ein anderer Guilielmus Parisiensis, ein Vorgänger des Alvernus, nämlich GUILLAUME DE CONCHES[94] (1080–1154), ein Platonischer Scholastiker, der in Paris lehrte, beschäftigt hat. Er hat die anima mundi, eben den sensus naturae, mit dem *Heiligen Geiste*, ähnlich wie ABÄLARD, identifiziert. Die Weltseele stellt eben eine *Naturkraft* dar, die für alle Erscheinungen des Lebens und der Psyche verantwortlich ist. Wie ich am angeführten Ort gezeigt habe, ist diese Auffassung der anima mundi der alchemistischen Tradition überhaupt geläufig, insofern der Mercurius bald als anima mundi, bald als Heiliger Geist gedeutet wird[95]. In Anbetracht der für die Psychologie des Unbewußten so wichtigen alchemistischen Vorstellungen dürfte es sich lohnen, einer für die Funkensymbolik sehr einleuchtenden Variante einige Aufmerksamkeit zu schenken.

Noch häufiger nämlich als das Motiv der scintillae ist das der *Fischaugen*, welche dieselbe Bedeutung haben. Wie ich schon oben erwähnte, wird von den Autoren als Quelle der «Lehre» von den scintillae eine MORIENUS-Stelle angegeben. Im Traktat des MORIENUS ROMANUS findet sich in der Tat diese Stelle. Sie lautet aber: «Der reine Laton wird solange gekocht, bis er wie Fischaugen hervorleuchtet[96]». Dieser Satz scheint schon hier ein Zitat aus einer noch früheren Quelle zu sein. Bei den späteren Autoren kommen die Fischaugen öfters vor. Bei Sir GEORGE RIPLEY findet sich die Variante, daß bei der «Austrocknung des Meeres» eine Substanz zurückbleibe, die «wie Fischaugen» leuchte[97], was ein deutlicher Hinweis auf das Gold und auf die Sonne (als Gottesauge) ist. Es liegt daher nicht mehr fern, wenn ein Alchemist des 17. Jahrhunderts seiner Ausgabe des NICOLAS FLAMMEL die Worte *Zacharias* 4, 10 als Motto voransetzt[98]: «Sie alle werden mit Freuden den Schlußstein in der Hand Serubbabels sehen. Diese sieben sind die Augen des Herrn, die über die ganze Erde schweifen»[99]. Bei diesen sieben Augen handelt es sich offenbar um die sieben Planeten, die wie Sonne und Mond Gottesaugen sind, die nie rasten, überallhin wandern und allsehend sind. Dasselbe Motiv dürfte der Vieläugigkeit des Riesen Argos zugrunde liegen. Er führte den Beinamen πανόπτης (der alles Sehende) und wird auf den Sternhimmel gedeutet. Er ist bald einäugig, bald vieräugig, bald hundertäugig und sogar μυριωπός (tausendäugig). Auch gilt er als schlaflos. Hera versetzte die Augen des Argos Panoptes in den Pfauenschwanz[100]. Wie Argos ein Wächter ist, so kommt auch dem Sternbild des Draco eine allesüberschauende Stellung zu in den Aratuszitaten des HIPPOLYTUS. Er wird dort als der geschildert, «der von der Höhe des Poles auf alles herunterschaut und in allem darauf sieht, daß ihm nichts von dem, was geschieht, verborgen bleibe»[101]. Dieser Drache ist sozusagen schlaflos, da der Pol «niemals untergeht». Er erscheint oft vermischt mit dem gewundenen Sonnenweg am Himmel. «C'est pour ce motif qu'on dispose parfois les signes du zodiaque entre les circonvolutions du reptile», sagt CUMONT[102]. Die Zodiakalzeichen werden von der Schlange gelegentlich auf dem Rücken getragen[103]. Wie EISLER hervorhebt, geht durch die Zeitsymbolik das Allsehende des Draco auf Chronos über, der bei SOPHOKLES ὁ παντ' ὁρῶν Χρόνος und in der Grabschrift für die Gefallenen von Chäronea πανεπίσκοπος δαίμων genannt wird[104]. Der οὐροβόρος bedeutet bei HORAPOLLO Ewigkeit (αἰών) und Kosmos. Von der Identität des Allessehenden mit der Zeit her erklärten sich die Augen auf den Rädern der Ezechielvision (*Ezechiel* 1, 21: «...ihre Felgen waren voll Augen ringsher um an allen vier Rädern»). Die Identifizierung der allsehenden Konstellation mit der *Zeit* soll um ihrer besonderen Bedeutung willen hier erwähnt werden; deutet sie doch auf die Beziehung des mundus archetypus des Unbewußten zum «Phänomen» der Zeit, nämlich auf die Synchronizität archetypischer Ereignisse, auf die ich in der am Schluß folgenden Zusammenfassung noch etwas eingehen werde.

Aus der Selbstbiographie von IGNATIUS VON LOYOLA, die er dem LOYS GONZALES diktiert hat[105], erfahren wir, daß er öfters einen hellen Schein sah, der, wie ihm vorkam, manchmal die Gestalt einer *Schlange* hatte. Sie schien voll leuchtender Augen zu sein, die doch eigentlich keine Augen waren. Zuerst fühlte er sich durch die Schönheit dieser Erscheinung sehr getröstet, später aber erkannte er, daß es ein böser Geist war[106]. Diese Vision enthält in summa alle hier behandelten Aspekte des Augenmotives und stellt eine überaus eindrückliche Gestaltung des Unbewußten mit seinen disseminierten Luminositäten dar. Man kann sich leicht die Perplexität vorstellen, die ein mittelalterlicher Mensch angesichts einer so eminent «psychologischen» Intuition empfinden mußte, um so mehr als kein dogmatisches Symbol und keine hinreichende Allegorik der Väter seinem Urteil zu Hilfe kam. IGNATIUS hatte aber nicht so sehr danebengeraten, denn die Tausendäugigkeit kommt als Eigenschaft auch dem Urmenschen, dem Purusa, zu. So heißt es *Ṛgveda,* X, 90: «Tausendköpfig ist der Purusa, tausendäugig, tausendfüßig. Er hält die Erde ringsum umschlossen und überragt den Zehnfingerraum[107]». Monoimos der Araber lehrte nach HIPPOLYTUS, daß der Urmensch (Ἄνθρωπος) eine einzige Monade (μία μονάς) sei, nicht zusammengesetzt, unteilbar und zugleich zusammengesetzt und teilbar. Diese Monade ist das i-Pünktchen (μία κεραία), und diese kleinste Einheit, welche der einen «scintilla» KHUNRATHS entspricht, hat «viele Antlitze» und «viele Augen»[108]. Dabei stützt sich Monoimos hauptsächlich auf den Prolog zum *Johannesevangelium*! Sein Urmensch ist, wie der Purusa, das Universum (ἄνθρωπον εἶναι τὸ πᾶν)[109].

Solche Visionen sind wohl als introspektive Intuitionen, welche den Zustand des Unbewußten erfassen, und zugleich als Rezeption der christlichen Zentralidee zu verstehen. Selbstverständlich kommt das Motiv in derselben Bedeutung auch in modernen Träumen und Phantasien vor, zum Beispiel als Sternhimmel, als Widerschein der Sterne im dunkeln Wasser, als in schwarzer Erde ausgestreute Goldklümpchen[110] oder Goldsand, als Seenachtfest, nämlich Lampions auf dunkler Wasserfläche, als einzelnes Auge in der Tiefe der Erde oder des Meeres oder als parapsychische Vision von Lichtkugeln usw. Da das Bewußtsein seit alters durch Ausdrücke, die von Lichterscheinungen genommen sind, charakterisiert wird, liegt die Annahme, daß die multiplen Luminositäten kleinen Bewußtseinsphänomenen entsprechen, meines Erachtens nicht zu fern. Erscheint die Luminosität als monadisch, zum Beispiel als einzelnes Gestirn oder als Sonne oder als Auge, dann nimmt sie gerne Mandalagestalt an und ist dann als *Selbst* zu deuten. Es handelt sich aber nicht um double conscience, weil dabei keine Persönlichkeitsdissoziation nachzuweisen ist. Im Gegenteil haben die Symbole des Selbst «vereinigende» Bedeutung[111].

G. Pattern of Behaviour und Archetypus

Wir haben den unteren Anfang der Psyche in jenen Zustand verlegt, in welchem die Funktion sich vom zwangsläufigen Trieb emanzipiert und sich durch den Willen beeinflussen läßt, und haben den Willen als einen disponibeln Energiebetrag definiert. Damit ist aber, wie schon gesagt, ein disponierendes, urteilsfähiges Subjekt vorausgesetzt, dem man Bewußtheit zuschreiben muß. Auf diesem Wege gelangten wir dazu, sozusagen gerade das zu beweisen, was wir eingangs verwarfen, nämlich die Identifizierung von Psyche mit Bewußtsein. Dieses Dilemma klärt sich nunmehr auf, indem wir verstehen, inwiefern das Bewußtsein relativ ist, weil dessen Inhalte *zugleich bewußt und unbewußt,* das heißt unter einem gewissen Aspekt bewußt und unter einem anderen unbewußt sind. Wie jedes Paradox, so erscheint auch diese Feststellung nicht leicht verständlich[112]. Wir müssen uns aber wohl an den Gedanken gewöhnen, daß das Bewußtsein kein Hier und das Unbewußte kein Dort ist. *Die Psyche stellt vielmehr eine bewußt-unbewußte Ganzheit dar.* Für die Grenzschicht, die ich als das «persönliche Unbewußte» bezeichnet habe, kann unschwer bewiesen werden, daß deren Inhalte genau unserer Definition des Psychischen entsprechen. Aber gibt es ein nach unserer Definition psychisches Unbewußtes, das nicht «fringe of consciousness» und nicht persönlich ist?

Ich habe bereits erwähnt, daß schon FREUD archaische Reste und primitive Funktionsweisen im Unbewußten festgestellt hat. Spätere Untersuchungen haben diese Feststellung bestätigt und ein reiches Anschauungsmaterial zusammengebracht. In Hinsicht auf die Struktur des Körpers wäre es erstaunlich, wenn die Psyche das einzige biologische Phänomen wäre, das nicht deutliche Spuren seiner Entwicklungsgeschichte aufwiese, und daß diese Merkmale gerade mit der Instinktgrundlage in nächster Beziehung stehen, entspricht durchaus der Wahrscheinlichkeit. Trieb und archaischer Modus koinzidieren im biologischen Begriff des pattern of behaviour. Es gibt nämlich keinen amorphen Trieb, indem jeder Trieb die Gestalt seiner Situation hat. Er erfüllt stets ein Bild, das feststehende Eigenschaften besitzt. Der Trieb der Blattschneiderameise erfüllt sich im Bilde der Ameise, des Baumes, des Blattes, des Abschneidens, des Transportes und des Pilzgartens[113]. Fehlt eine dieser Bestimmungen, so funktioniert der Trieb nicht, denn er kann ohne seine totale Gestalt, ohne sein Bild, gar nicht existieren. Ein solches Bild ist ein Typus apriorischer Natur. Er ist der Ameise eingeboren vor aller Betätigung, denn letztere kann überhaupt nur stattfinden, wenn ein entsprechend gestalteter Trieb Anlaß und Möglichkeit dazu gibt. Dieses Schema gilt für alle Triebe und ist in identischer Form in allen Individuen derselben Gattung vorhanden. Das gleiche gilt für den Menschen: er hat a priori Instinkttypen in sich, welche Anlaß und Vorlage seiner Tätigkeiten bilden, insofern er überhaupt instinktiv funktioniert. Als biologisches Wesen kann er überhaupt nicht anders als sich spezifisch menschlich verhalten und sein pattern of behaviour erfüllen. Damit sind den Möglichkeiten seiner Willkür enge Grenzen gesetzt, um so enger, je primitiver er ist und je mehr sein Bewußtsein von der Instinktsphäre abhängt. Obschon es unter einem gewissen Gesichtswinkel durchaus richtig ist, das pattern of behaviour als noch vorhandenen archaischen Rest anzusprechen, wie dies zum Beispiel NIETZSCHE von der Funktionsweise der Träume getan hat, so wird man damit aber der biologischen und psychologischen Bedeutung dieser Typen doch keineswegs gerecht. Sie sind nämlich nicht nur Relikte oder noch vorhandene Reste früherer Funktionsweisen, sondern *immer* vorhandene, biologisch unerläßliche Regulatoren der Triebsphäre, deren Wirksamkeit sich durch den ganzen Bereich der Psyche erstreckt und erst dort ihre Unbedingtheit einbüßt, wo sie von der relativen Freiheit des Willens beschränkt wird. Das Bild stellt den *Sinn* des Triebes dar.

So wahrscheinlich das Vorhandensein der Triebgestalt in der menschlichen Biologie ist, so schwierig erscheint der empirische Nachweis distinkter Typen. Denn dasjenige Organ, mit dem wir diese erfassen könnten, nämlich das Bewußtsein, ist an sich selber nicht nur eine Umgestaltung, sondern auch ein Umgestalter des ursprünglichen Triebbildes. Kein Wunder daher, daß es dem Verstande nicht gelingen will, ähnlich präzise Typen für den Menschen aufzustellen, wie wir sie aus dem Tierreich kennen. Ich muß gestehen, daß ich mir keinen direkten Weg zur Lösung dieser Aufgabe vorstellen kann. Und doch ist es mir, wie ich glaube, gelungen, einen wenigstens indirekten Zugang zum Triebbild aufzudecken.

Im folgenden möchte ich kurz den Verlauf dieser Entdeckung schildern. Ich habe öfters Patienten beobachtet, deren Träume ein reiches Phantasiematerial andeuteten. Ebenso erhielt ich von den Patienten selber den Eindruck, als ob sie von Phantasien förmlich vollgestopft wären, ohne angeben zu können, worin der innere Druck bestand. Ich habe daher ein Traumbild oder einen Einfall des Patienten zum Anlaß genommen, ihm den Auftrag zu geben, diesen Vorwurf in freier Phantasietätigkeit auszubauen oder zu entwickeln. Dies konnte je nach individueller Neigung und Begabung in dramatischer, dialektischer, visueller, akustischer, tänzerischer, malerischer, zeichnerischer oder plastischer Form geschehen. Das Ergebnis dieser Technik war eine Unzahl komplizierter Gestaltungen, in deren Vielfalt ich mich jahrelang nicht auskannte, nämlich solange nicht, als ich nicht zu erkennen vermochte, daß es sich bei dieser Methode um die spontane, durch das technische Können des Patienten nur unterstützte Manifestation eines an sich unbewußten Prozesses handelte, dem ich später den Namen «Individuationsprozeß» gab. Aber noch lange bevor mir diese Erkenntnis dämmerte, machte ich die Beobachtung, daß diese Methode oft in hohem Maße die Häufigkeit und Intensität der Träume herabsetzte und damit auch den unerklärlichen Druck von seiten des Unbewußten verminderte. Dies bedeutete in vielen Fällen einen erheblichen therapeutischen Erfolg, der sowohl mich selber wie den Patienten ermutigte, trotz der Unbegreiflichkeit der zutage geförderten Inhalte weiterzufahren[114]. Ich mußte auf dieser Unbegreiflichkeit insistieren, um mich selber zu hindern, auf Grund gewisser theoretischer Voraussetzungen Deutungen zu versuchen, von denen ich fühlte, daß sie nicht nur unzulänglich waren, sondern auch geeignet, die naiven Gestaltungen des Patienten zu präjudizieren. Je mehr ich ahnte, daß letzteren eine gewisse Zielrichtung innewohnte, desto weniger wagte ich es, darüber irgendwelche Theoreme aufzustellen. Diese Zurückhaltung wurde mir in manchen Fällen nicht leichtgemacht, indem es sich um Patienten handelte, welche gewisser Auffassungen bedurften, um sich im Dunkel nicht gänzlich zu verlieren. Ich mußte versuchen, wenigstens vorläufige Deutungen zu geben, so gut ich es eben konnte, aber durchsetzt mit vielen «Vielleicht», «Wenn» und «Aber» und niemals die Grenzen der jeweils vorliegenden Gestaltung überschreitend. Ich sah immer ängstlich darauf, die Deutung des Bildes in eine Frage ausklingen zu lassen, deren Beantwortung der freien Phantasietätigkeit des Patienten überlassen blieb.

Das anfänglich chaotische Vielerlei der Bilder verdichtete sich im Laufe der Arbeit zu gewissen Motiven und Formelementen, welche sich in identischer oder analoger Gestalt bei den verschiedensten Individuen wiederholten. Ich erwähne als hauptsächlichste Merkmale das chaotisch Vielfache und die Ordnung, die Dualität, den Gegensatz von Hell und Dunkel, Oben und Unten, Rechts und Links, die Einigung des Gegensatzes im Dritten, die Quaternität (Viereck, Kreuz), die Rotation (Kreis, Kugel) und schließlich die Zentrierung und radiäre Anordnung, in der Regel nach einem quaternären System. Triadische Bildungen waren, außer der complexio oppositorum (Gegensatzeinigung) in einem Dritten, relativ selten und bildeten ausgesprochene, durch besondere Bedingungen erklärliche Ausnahmen[115]. Die Zentrierung bildet den in meiner Erfahrung nie überschrittenen Höhepunkt der Entwicklung[116], welcher sich als solcher dadurch charakterisiert, daß er mit dem praktisch größtmöglichen therapeutischen Effekt zusammenfällt. Die angegebenen Merkmale bedeuten äußerste Abstraktionen und zugleich einfachste Ausdrücke für die operativen Gestaltungsprinzipien. Die konkrete Wirklichkeit der Gestaltungen ist unendlich vielfarbiger und anschaulicher. Ihre Mannigfaltigkeit übersteigt jedes Darstellungsvermögen. Ich kann davon nur soviel sagen, daß es wohl kein Motiv irgendwelcher Mythologie gibt, das nicht gelegentlich in diesen Produkten auftaucht. Wenn überhaupt nennenswerte Kenntnisse mythologischer Motive bei meinen Patienten vorhanden waren, so wurden sie von den Einfällen der gestaltenden Phantasie bei weitem überboten. In der Regel waren die mythologischen Kenntnisse meiner Patienten minimal.

Diese Tatsachen zeigten nun in unmißverständlicher Weise die Koinzidenz der von unbewußten Regulatoren geleiteten Phantasien mit den durch Tradition und ethnologische Forschung bekannten Monumenten menschlicher Geistestätigkeit überhaupt. Alle vorhin erwähnten abstrakten Merkmale sind in gewisser Hinsicht bewußt; jedermann kann auf vier zählen und weiß, was ein Kreis und was ein Viereck ist, aber als Gestaltungsprinzipien sind sie unbewußt, und ebenso ist ihre psychologische Bedeutung nicht bewußt. Meine wesentlichsten Anschauungen und Begriffe sind aus diesen Erfahrungen abgeleitet. Zuerst bestanden die Beobachtungen, und erst nachher habe ich mühsam mir darüber Auffassungen gebildet. Und so geht es auch der Hand, die den Zeichenstift oder den Pinsel führt, dem Fuß, der den Tanzschritt macht, dem Sehen und dem Hören, dem Wort und dem Gedanken: ein dunkler Impuls entscheidet letzthinnig über die Gestaltung, ein unbewußtes Apriori drängt zur Gestaltwerdung, und man weiß nicht, daß das Bewußtsein eines anderen von den gleichen Motiven angeleitet wird, wo man doch das Gefühl hat, einer grenzenlosen subjektiven Zufälligkeit ausgeliefert zu sein. Über der ganzen Prozedur scheint ein dunkles *Vorherwissen* nicht nur der Gestaltung, sondern auch ihres Sinnes zu schweben[117]. Bild und Sinn sind identisch, und wie ersteres sich formt, so verdeutlicht sich letzterer. Die Gestalt bedarf eigentlich keiner Deutung, sie stellt ihren eigenen Sinn dar. So gibt es Fälle, wo ich auf Deutung als therapeutisches Erfordernis überhaupt verzichten kann. Mit der wissenschaftlichen Erkenntnis ist es allerdings ein anderes. Hier müssen wir aus der Gesamtheit der Erfahrung gewisse, möglichst allgemeingültige Begriffe ermitteln, welche nicht a priori gegeben sind. Diese besondere Arbeit bedeutet Übersetzung des zeitlosen, stets vorhandenen und operativen *Archetypus* in die Wissenschaftssprache der jeweiligen Gegenwart.

Aus diesen Erfahrungen und Überlegungen habe ich erkannt, daß es gewisse *kollektiv vorhandene unbewußte Bedingungen gibt,* welche als Regulatoren und als Anreger der schöpferischen Phantasietätigkeit wirken und entsprechende Gestaltungen hervorrufen, indem sie das vorhandene Bewußtseinsmaterial ihren Zwecken dienstbar machen. Sie verfahren genauso wie die Motoren der Träume, weshalb die Aktive Imagination, wie ich diese Methode genannt habe, auch die Träume bis zu einem gewissen Grade ersetzt. Die Existenz dieser unbewußten Regulatoren, die ich um ihrer Funktionsweise willen auch gelegentlich als *Dominanten* bezeichnet habe[118], schien mir so wichtig zu sein, daß ich darauf meine Hypothese eines sogenannten *unpersönlichen, kollektiven Unbewußten* gründete. Höchst bemerkenswert erschien mir bei dieser Methode, daß sie keine reductio in primam figuram, sondern vielmehr eine durch eine willkürliche Einstellung nur unterstützte, im übrigen aber natürliche *Synthese* eines passiven Bewußtseinsmaterials mit unbewußten Einflüssen bedeutet, also eine Art *spontaner Amplifikation* der Archetypen. Diese Bilder lassen sich keineswegs etwa dadurch erkennen, daß die Inhalte des Bewußtseins auf ihren einfachsten Nenner gebracht werden, was jenen direkten Weg zu den Urbildern darstellen würde, den ich vorhin als unvorstellbar erwähnt habe, sondern sie treten erst durch Amplifikationen in die Erscheinung.

Auf den natürlichen Amplifikationsprozeß stützt sich auch meine Methode der Ermittlung des *Traumsinnes,* denn die Träume verfahren genau in derselben Weise wie die aktive Imagination, nur fehlt dabei die Unterstützung durch bewußte Inhalte. Insofern nun die Archetypen regulierend, modifizierend und motivierend in die Gestaltung der Bewußtseinsinhalte eingreifen, verhalten sie sich so wie Instinkte. Die Annahme liegt daher auf der Hand, diese Faktoren mit den Trieben in Beziehung zu setzen und die Frage aufzuwerfen, ob die typischen Situationsbilder, welche diese kollektiven Formprinzipien anscheinend darstellen, nicht am Ende mit den Triebgestalten, nämlich den patterns of behaviour, überhaupt identisch seien. Ich muß gestehen, daß ich bis jetzt noch keines Argumentes habhaft geworden bin, welches dieser Möglichkeit stichhaltig widerspräche.

Bevor ich mit meinen Überlegungen weitergehe, muß ich einen Aspekt der Archetypen hervorheben, welcher jedem, der sich praktisch mit dieser Materie befaßt hat, vor allem einleuchtet. Das Auftauchen der

Archetypen hat nämlich einen ausgesprochenen *numinosen* Charakter, den man, wenn nicht als «magisch», so doch geradezu als «geistig» bezeichnen muß. Daher ist dieses Phänomen für die Religionspsychologie von größter Bedeutung. Allerdings ist der Effekt nicht eindeutig. Er kann heilend sein oder zerstörend, aber indifferent ist er nie, ein gewisser Deutlichkeitsgrad natürlich vorausgesetzt[119]. Dieser Aspekt verdient die Bezeichnung «geistig» par excellence. Es kommt nämlich nicht selten vor, daß der Archetypus in der Gestalt eines *Geistes* in Träumen oder in Phantasiegestaltungen erscheint oder sich gar wie ein Spuk benimmt. Seine Numinosität hat häufig mystische Qualität und entsprechende Wirkung auf das Gemüt. Er mobilisiert philosophische und religiöse Anschauungen gerade bei Leuten, die sich himmelweit von solchen Schwächeanfällen wähnen. Er drängt oft mit unerhörter Leidenschaftlichkeit und unerbittlicher Konsequenz zu seinem Ziel und zieht das Subjekt in seinen Bann, den dieses trotz oft verzweifelter Gegenwehr nicht lösen kann und schließlich nicht mehr lösen will. Letzteres darum nicht, weil das Erlebnis eine bis dahin für unmöglich gehaltene *Sinnerfülltheit* mit sich bringt. Ich begreife zutiefst den Widerstand aller festgegründeten Überzeugungen gegenüber psychologischen Entdeckungen dieser Art. Mit mehr Ahnung als wirklichem Wissen empfinden die Leute Angst vor der bedrohlichen Macht, die im Innersten jedes Menschen gebunden liegt und gewissermaßen nur auf das Zauberwort wartet, welches den Bann bricht. Dieses Zauberwort reimt immer auf -ismus und wirkt am erfolgreichsten gerade bei den Menschen, welche den geringsten Zugang zu den inneren Tatsachen haben und am weitesten von ihrer Instinktgrundlage in die wirklich chaotische Welt des *kollektiven Bewußtseins* abgeirrt sind.

Trotz oder vielleicht gerade wegen der Verwandtschaft mit dem Instinkt stellt der Archetypus das eigentliche Element des Geistes dar; aber eines Geistes, welcher nicht mit dem Verstande des Menschen identisch ist, sondern eher dessen spiritus rector darstellt. Der wesentliche Inhalt aller Mythologien und aller Religionen und aller -ismen ist archetypischer Natur. Der Archetypus ist Geist oder Ungeist, und es hängt meist von der Einstellung des menschlichen Bewußtseins ab, als was er sich endgültig herausstellen wird. Archetypus und Instinkt bilden die denkbar größten Gegensätze, wie man unschwer erkennen kann, wenn man einen Menschen, der unter der Herrschaft des Triebes steht, mit einem vergleicht, welcher vom Geiste ergriffen ist. Aber wie zwischen allen Gegensätzen eine so enge Beziehung besteht, daß eine Position ohne entsprechende Negation weder gefunden noch gedacht werden kann, so gilt auch hier der Satz «Les extrêmes se touchent». Als Entsprechungen gehören sie zusammen, und zwar nicht etwa derart, daß das eine aus dem anderen abgeleitet werden könnte, sondern sie bestehen vielmehr nebeneinander als jene Vorstellungen, die wir uns von dem Gegensatz machen, welcher dem psychischen Energetismus zugrunde liegt. Der Mensch findet sich mindestens als ein zu etwas Getriebenes und zugleich als ein etwas sich Vorstellendes vor. Dieser Gegensatz hat an sich keine moralische Bedeutung, denn der Trieb ist an sich nicht böse und der Geist nicht gut. Beide können beides sein. Positive Elektrizität ist so gut wie negative; sie ist vor allem Elektrizität. So wollen auch die psychologischen Gegensätze von einem naturwissenschaftlichen Standpunkte aus betrachtet sein. Wirkliche Gegensätze sind keine Inkommensurabilitäten, denn als solche könnten sie sich nie vereinigen; trotz aller Gegensätzlichkeit bekunden sie stets Neigung, sich zu vereinigen, und NICOLAUS CUSANUS hat selbst Gott als eine complexio oppositorum definiert.

Gegensätze sind extreme Eigenschaften eines Zustandes, vermöge welcher letzterer als wirklich wahrgenommen werden kann, denn sie bilden ein Potential. Die Psyche besteht aus Vorgängen, deren Energie dem Ausgleich verschiedenster Gegensätze entstammen kann. Der Gegensatz Geist–Trieb stellt nur eine der allgemeinsten Formulierungen dar, welche den Vorteil hat, die größte Anzahl der wichtigsten und kompliziertesten psychischen Vorgänge auf einen gemeinsamen Nenner zu bringen. Vom Standpunkt dieser Betrachtungsweise aus erscheinen die psychischen Vorgänge als energetische Ausgleiche zwischen Geist und Trieb, wobei es zunächst völlig dunkel bleibt, ob ein Vorgang als geistig oder als triebhaft bezeichnet werden kann. Diese Bewertung oder Deutung hängt ganz vom Bewußtseinsstandpunkt oder -zustand ab. Ein wenig entwikkeltes Bewußtsein zum Beispiel, welches wegen des Vorhandenseins massenhafter Projektionen von konkreten oder anscheinend konkreten Dingen und Zuständen in überwiegendem Maße beeindruckt ist, wird selbstverständlich die Triebe als Quelle der Wirklichkeit ansehen. Dabei ist es sich der Geistigkeit seiner philosophischen Konstatierung völlig unbewußt und bildet sich ein, durch sein Urteil die essentielle Triebhaftigkeit der psychischen Vorgänge gesetzt zu haben. Umgekehrt kann ein Bewußtsein, das sich in einem Gegensatz zu den Trieben befindet, infolge einer dann eintretenden übermäßigen Beeinflussung durch die Archetypen die Triebe dermaßen dem Geiste subsumieren, daß aus unzweifelhaft biologischen Vorgängen geradezu groteske «geistige» Komplikationen entstehen. Dabei wird die Triebhaftigkeit des zu einer solchen Operation nötigen Fanatismus nicht eingesehen.

Die psychischen Vorgänge verhalten sich daher wie eine Skala, welcher das Bewußtsein entlanggleitet. Bald befindet es sich in der Nähe der Triebvorgänge und gerät dann unter deren Einfluß; bald nähert es sich dem anderen Ende, wo der Geist überwiegt und sogar die ihm entgegengesetzten Triebvorgänge assimiliert. Diese illusionserzeugenden Gegensatzpositionen sind keineswegs abnorme Erscheinungen, sondern bilden die für den heutigen Normalmenschen typischen psychischen Einseitigkeiten. Letztere manifestieren sich selbstverständlich nicht nur im Bereich des Gegensatzes Geist–Trieb, sondern noch in vielen anderen Formen, die ich zum Teil in meinen *«Psychologischen Typen»* dargestellt habe.

Dieses «gleitende» Bewußtsein ist für den Menschen von heutzutage noch durchaus charakteristisch. Die dadurch bedingte Einseitigkeit kann aber behoben werden durch das, was ich als Realisierung des Schattens bezeichnet habe. Man hätte für diese Operation leicht ein weniger «poetisch» als wissenschaftlich klingendes graeco-lateinisches Hybrid ersinnen können. Von solchem Unterfangen ist aber in der Psychologie aus praktischen Gründen abzuraten, wenigstens da, wo es sich um eminent praktische Probleme handelt. Hierzu gehört die «Realisierung des Schattens», das heißt das Innewerden des inferioren Persönlichkeitsteiles, welches nicht in ein intellektualistisches Phänomen umgefälscht werden darf, weil es ein den ganzen Menschen angehendes Erleben und Erleiden bedeutet. Die Natur dessen, was eingesehen und assimiliert werden muß, hat die poetische Sprache mit dem Worte «Schatten» so trefflich und so plastisch ausgedrückt, daß es beinahe anmaßlich wäre, sich über den Gebrauch dieses Sprachgutes hinwegzusetzen. Schon der Ausdruck «inferiorer Persönlichkeitsanteil» ist ungeeignet und irreführend, wohingegen der Terminus «Schatten» nichts präsumiert, das ihn inhaltlich bestimmen würde. Der «Mann ohne Schatten» ist nämlich der statistisch häufigste Menschentypus, welcher wähnt, nur das zu sein, was er von sich selber zu wissen beliebt. Leider bilden weder der sogenannte religiöse Mensch noch der unzweifelhaft wissenschaftlich eingestellte eine Ausnahme von der Regel.

Die Konfrontation mit dem Archetypus oder dem Trieb bedeutet ein *ethisches Problem* erster Ordnung, dessen Dringlichkeit allerdings nur der zu spüren bekommt, welcher sich vor die Notwendigkeit gestellt sieht, sich über die Assimilation des Unbewußten und die Integration seiner Persönlichkeit zu entscheiden. Diese Not befällt allerdings nur den, der einsieht, daß er eine Neurose hat oder daß es mit seiner seelischen Beschaffenheit sonst nicht zum besten steht. Das ist gewiß nicht die Mehrzahl. Wer in etwas überwiegendem Maße Massenmensch ist, sieht prinzipiell nichts ein, braucht auch gar nichts einzusehen, denn der einzige, der wirklich Fehler begehen kann, ist der große Anonymus, konventionell als «Staat» oder «Gesellschaft» bezeichnet. Derjenige aber, der weiß, daß etwas von ihm abhängt oder wenigstens abhängen sollte, fühlt sich für seine seelische Beschaffenheit verantwortlich, und dies um so mehr, je klarer er sieht, wie er sein müßte, um gesünder, stabiler und tauglicher zu werden. Befindet er sich gar auf dem Wege zur Assimilation des Unbewußten, so kann er sicher sein, keiner Schwierigkeit zu entgehen, welche unerläßliche Komponente seiner Natur ist. Der Massenmensch dagegen hat das Vorrecht, an seinen großen politischen und sozialen Katastrophen, in die alle Welt verwickelt wird, jeweils völlig unschuldig zu sein. Seine Schlußbilanz fällt dementsprechend aus, während der andere die Möglichkeit hat, einen geistigen Standort zu finden, ein Reich, das «nicht von dieser Welt» ist.

Es wäre eine unverzeihliche Unterlassungssünde, sollte man den *Gefühlswert* des Archetypus übersehen. Er ist ebensosehr praktisch wie theoretisch von höchster Bedeutung. Als ein numinoser Faktor bestimmt der Archetypus die Art und den Ablauf der Gestaltung mit einem anscheinenden Vorwissen oder *im apriorischen Besitz des Zieles,* welches durch den Zentrierungsvorgang umschrieben wird[120]. Die Art und Weise, wie der Archetypus funktioniert, möchte ich an einem einfachen Beispiel darstellen: Als ich mich in Äquatorialafrika am Südabhang des Mount Elgon aufhielt, fand ich, daß die Leute beim Sonnenaufgang vor ihre Hütten traten, die Hände vor den Mund hielten und darein spuckten oder bliesen. Darauf erhoben sie die Arme und hielten die Handflächen gegen die Sonne. Ich fragte sie, was das bedeute, aber keiner konnte mir eine Erklärung geben. Sie hätten das immer so getan und es von ihren Eltern gelernt. Der Medizinmann wisse, was es bedeute. Darauf fragte ich den Medizinmann. Er wußte ebensowenig wie die anderen, versicherte mir aber, sein Großvater hätte es noch gewußt. Man mache das eben so, bei jedem Sonnenaufgang und wenn die erste Mondphase nach dem Neumond erscheint. Für diese Leute ist, wie ich nachweisen konnte, der Augenblick des Erscheinens der Sonne sowie des neuen Mondes «mungu», das dem melanesischen «mana» oder «mulungu» entspricht und von den Missionaren als «Gott» übersetzt wird. Tatsächlich bedeutet das Wort athîsta[121] bei den Elgonyi Sonne sowohl wie Gott, obwohl sie leugnen, daß die Sonne Gott sei. Nur der Moment des Aufganges ist mungu respektive athîsta. Speichel und Atem bedeuten Seelensubstanz. Sie bringen also Gott ihre Seele dar, wissen aber nicht, was sie tun und haben es nie gewußt. Sie tun es, motiviert durch den vorbewußten Typus, welchen die Ägypter auf ihren Denkmälern auch den die Sonne verehrenden Hundskopfaffen zuschrieben, allerdings mit der völligen Bewußtheit, daß es sich bei dieser rituellen Geste um Gottesverehrung handelt. Dieses Verhalten der Elgonyi will uns allerdings als sehr primitiv vorkommen, dabei vergessen wir aber, daß auch der gebildete Abendländer gar nicht anders verfährt. Was der Christbaum bedeuten könnte, haben unsere Vorfahren noch weniger gewußt als wir, und erst die neueste Zeit hat sich darum bemüht herauszufinden, was er bedeuten könnte.

Der Archetypus ist reine, unverfälschte Natur[122], und es ist die Natur, die den Menschen veranlaßt, Worte zu sprechen und Handlungen auszuführen, deren Sinn ihm unbewußt ist, und zwar so unbewußt, daß er nicht einmal darüber denkt. Eine spätere, bewußtere Menschheit kam angesichts so sinnvoller Dinge, deren Sinn doch niemand anzugeben wußte, auf die Idee, daß es sich um Reste eines sogenannten Goldenen Zeitalters handle, wo es Menschen gab, die wissend waren und den Völkern die Weisheit lehrten. Spätere, verkommene Zeiten hätten diese Lehren vergessen und nur noch mechanisch unverstandene Gesten wiederholt. Angesichts der Ergebnisse der modernen Psychologie kann kein Zweifel mehr darüber walten, daß es vorbewußte Archetypen gibt, die nie bewußt waren und nur indirekt durch ihre Wirkungen auf die Bewußtseinsinhalte festgestellt werden können. Es besteht meines Erachtens kein haltbarer Grund gegen die Annahme, daß alle psychischen Funktionen, die uns heute als bewußt erscheinen, einmal unbewußt waren und doch annähernd so wirkten, wie wenn sie bewußt gewesen wären. Man könnte auch sagen, daß alles, was der Mensch an psychischen Phänomenen hervorbringt, schon vorher in naturhafter Unbewußtheit vorhanden war.

Dagegen könnte man den Einwand erheben, daß es dann nicht einzusehen wäre, warum es überhaupt ein Bewußtsein gibt. Ich muß aber daran erinnern, daß, wie wir bereits festgestellt haben, alles unbewußte Funktionieren den automatischen Instinktcharakter hat und daß Triebe mehr oder weniger kollidieren oder infolge ihrer Zwanghaftigkeit unbeeinflußbar ablaufen, auch unter Bedingungen, welche für das Individuum unter Umständen lebensgefährlich sind. Demgegenüber ermöglicht das Bewußtsein geordnete Anpassungsleistungen, das heißt Triebhemmungen, und kann darum nicht vermißt werden. Daß der Mensch Bewußtseinsfähigkeit besitzt, macht ihn überhaupt erst zum Menschen.

Die Synthese von bewußten und unbewußten Inhalten und die Bewußtmachung archetypischer Effekte auf die Bewußtseinsinhalte stellt eine Höchstleistung der seelischen Bemühung und der Konzentration psychischer Kräfte dar, wenn sie bewußt vollzogen wird. Die Synthese kann unter Umständen aber auch unbewußt vorbereitet, in die Wege geleitet und bis zu einem gewissen Grade vollzogen werden, nämlich bis zum JAMESschen «bursting point», wo sie dann spontan ins Bewußtsein durchbricht und diesem die unter Umständen gewaltige Aufgabe auferlegt, die eingebrochenen Inhalte so zu assimilieren, daß die Existenzmöglichkeiten beider Systeme, des Ichbewußtseins einerseits und des eingebrochenen Komplexes andererseits, gewahrt bleiben. Klassische Beispiele für diesen Vorgang sind das Bekehrungserlebnis des Paulus und die sogenannte Dreifaltigkeitsvision des Niklaus von der Flüe.

Durch die «aktive Imagination» werden wir in den Stand gesetzt, den Archetypus zu entdecken, und gerade eben nicht durch ein Absinken in die Instinktsphäre, welches nur zu erkenntnisunfähiger Unbewußtheit führt, oder schlimmer noch, zu einem intellektualistischen Ersatz der Instinkte. Im Gleichnis des sichtbaren Spektrums ausgedrückt, würde das heißen, daß das Triebbild nicht am roten, sondern am violetten Ende der Farbenskala entdeckt wird. Die Triebdynamik liegt gewissermaßen im infraroten, das Triebbild aber im ultravioletten Teil des Spektrums. Denken wir dabei an die wohlbekannte Farbensymbolik, so paßt, wie schon erwähnt, Rot gar nicht übel zum Trieb. Zum Geist aber würde unserer Erwartung nach[123] Blau besser passen als Violett. Letzteres ist die sogenannte «mystische» Farbe, die nun allerdings den unzweifelhaft «mystischen» respektive paradoxen Aspekt des Archetypus befriedigend wiedergibt. Violett besteht aus Blau und Rot, obschon es im Spektrum eine Farbe an und für sich ist. Es ist nun leider keine bloß erbauliche Überlegung, wenn wir hervorheben müssen, daß der Archetypus mit Violett *genauer* charakterisiert wird: er ist eben ***nicht nur Bild an sich, sondern zugleich auch Dynamis,*** welche in der Numinosität, der faszinierenden Kraft, des archetypischen Bildes sich kundgibt. Die Realisierung und Assimilation des Triebes geschieht nie am roten Ende, das heißt nicht durch Absinken in die Triebsphäre, sondern nur durch die Assimilation des Bildes, welches zugleich auch den Trieb bedeutet und evoziert, jedoch in ganz anderer Gestalt als derjenigen, in der wir ihn auf der biologischen Ebene antreffen. Wenn Faust zu Wagner sagt:

> Du bist nur des einen Triebs bewußt,
> O lerne nie den andern kennen ...[124]

so läßt sich dieser Ausspruch auf den Trieb überhaupt anwenden; er hat zwei Aspekte: einerseits wird er als physiologische Dynamik erlebt, andererseits treten seine vielfachen Gestalten als Bilder und Bildzusammenhänge ins Bewußtsein und entfalten numinose Wirkungen, die im strengsten Gegensatz zum physiologischen Triebe stehen oder zu stehen scheinen. Für den Kenner religiöser Phänomenologie ist es ja kein Geheimnis, daß physische und geistige Leidenschaft zwar feindliche, aber eben doch Brüder sind und es darum oft nur eines Momentes bedarf, um das eine in das andere umschlagen zu lassen. Beide sind wirklich und bilden ein Gegensatzpaar, welches eine der ergiebigsten Quellen der psychischen Energie bildet. Es geht nicht an, das eine vom anderen abzuleiten, um dem einen oder dem anderen den Primat zu verleihen. Wenn man zunächst auch nur das eine weiß und vom anderen erst viel später etwas merkt, so beweist das nicht, daß nicht auch das andere schon längst vorhanden war. Man kann warm nicht von kalt, und oben nicht von unten ableiten. Ein Gegensatz besteht in einer Zweiteiligkeit oder überhaupt nicht, und ein Sein ohne Gegensätzlichkeit ist völlig undenkbar, da sein Vorhandensein überhaupt nicht festgestellt werden könnte.

Das Absinken in die Triebsphäre führt darum nicht zur bewußten Realisierung und Assimilation des Triebes, weil das Bewußtsein sich sogar mit Panik dagegen sträubt, von der Primitivität und Unbewußtheit der Triebsphäre verschlungen zu werden. Diese Angst ist ja der ewige Gegenstand des Heldenmythus und das Motiv zahlloser Tabus. Je näher man der Instinktwelt kommt, desto heftiger meldet sich der Drang, von ihr loszukommen und das Licht des Bewußtseins vor der Finsternis heißer Abgründe zu retten. Der Archetypus aber als das Bild des Triebes ist psychologisch ein geistiges Ziel, zu dem die Natur des Menschen drängt; das Meer, zu dem alle Flüsse ihre gewundenen Wege bahnen; der Preis, welchen der Held dem Kampfe mit dem Drachen abringt.

Weil der Archetypus ein Formprinzip der Triebkraft ist, so enthält er in seinem Blau ein Rot, das heißt er erscheint violett, oder man könnte das Gleichnis auch deuten auf eine Apokatastasis des Triebes auf der Ebene der höheren Schwingungszahl, so gut wie man den Trieb aus einem latenten (das heißt transzendenten) Archetypus, der sich im Gebiete größerer Wellenlänge manifestiert, ableiten könnte[125]. Obwohl es sich zugegebenermaßen nur um eine Analogie handeln kann, so fühle ich mich doch versucht, das Bild dieser violetten Farbe meinem Leser als einen illustrierenden Hinweis auf die innere Verwandtschaft des Archetypus mit seinem eigenen Gegensatz zu empfehlen. Die Phantasie der Alchemisten hat dieses schwerverständliche Naturgeheimnis mit einem andern, nicht minder anschaulichen Symbol auszudrücken versucht; nämlich mit dem *Uroboros,* der Schlange, die sich in den Schwanz beißt.

Ich möchte dieses Gleichnis nicht zu Tode reiten, aber, wie der Leser begreifen wird, ist man immer froh, bei der Erörterung schwieriger Probleme die Unterstützung einer hilfreichen Analogie zu finden. Überdies hilft uns dieses Gleichnis, eine Frage zu verdeutlichen, die wir bis jetzt noch nicht gestellt und noch weniger beantwortet haben, nämlich die Frage nach der *Natur des Archetypus.* Die archetypischen Vorstellungen, die uns das Unbewußte vermittelt, darf man nicht mit dem *Archetypus an sich* verwechseln. Sie sind vielfach variierte Gebilde, welche auf eine an sich *unanschauliche* Grundform zurückweisen. Letztere zeichnet sich durch gewisse Formelemente und durch gewisse prinzipielle Bedeutungen aus, die sich aber nur annähernd erfassen lassen. Der Archetypus an sich ist ein psychoider Faktor, der sozusagen zu dem unsichtbaren, ultravioletten Teil des psychischen Spektrums gehört. Er scheint als solcher nicht bewußtseinsfähig zu sein. Ich wage diese Hypothese, weil alles Archetypische, das vom Bewußtsein wahrgenommen wird, Variationen über ein Grundthema darzustellen scheint. Am eindrücklichsten wird einem dieser Umstand, wenn man die endlosen Varianten des Mandalamotives untersucht. Es handelt sich um eine relativ einfache Grundform, deren Bedeutung etwa als «zentral» angegeben werden kann. Obschon das Mandala als die Struktur eines Zentrums erscheint, so bleibt es doch unsicher, ob innerhalb der Struktur das Zentrum oder die Peripherie, die Teilung oder die Ungeteiltheit mehr betont ist. Da andere Archetypen zu ähnlichen Zweifeln Anlaß geben, so erscheint es mir wahrscheinlich, daß das eigentliche Wesen des Archetypus bewußtseinsunfähig, das heißt transzendent ist, weshalb ich es als psychoid bezeichne. Überdies ist jede Anschauung eines Archetypus bereits bewußt und darum in unbestimmbarem Maße verschieden von dem, was zur Anschauung Anlaß gegeben hat. Wie schon LIPPS betonte, ist das Wesen des Psychischen unbewußt. Alles Bewußte gehört zur Erscheinungswelt, welche, wie uns die moderne Physik belehrt, nicht jene Erklärungen liefert, wie sie die objektive Realität erfordert. Letztere verlangt eine mathematische Schablone, die auf unsichtbaren und unanschaulichen Faktoren beruht. Die Psychologie kann sich der universalen Gültigkeit dieser Tatsache nicht entziehen, um so weniger, als die beobachtende Psyche bereits in die Formulierung einer objektiven Realität einbezogen ist. Ihre Theorie kann allerdings keine mathematische Form annehmen, insofern als wir keinen Maßstab zur Messung psychischer *Quantitäten* besitzen. Wir sind ausschließlich auf *Qualitäten,* das heißt auf gestalthafte Anschaulichkeiten angewiesen. Dadurch aber ist der Psychologie jegliche Aussage über unbewußte Zustände verunmöglicht, das heißt, es besteht keine Hoffnung, daß die Gültigkeit irgendeiner Aussage über unbewußte Zustände oder Vorgänge wissenschaftlich je bewiesen werden könnte. Was immer wir von Archetypen aussagen, sind Veranschaulichungen oder Konkretisierungen, die dem Bewußtsein angehören. Aber anders können wir von Archetypen gar nicht reden. Man muß sich stets bewußt bleiben, daß das, was wir mit «Archetypus» meinen, an sich unanschaulich ist, aber Wirkungen hat, welche Veranschaulichungen, nämlich die archetypischen Vorstellungen ermöglichen. Einer ganz ähnlichen Situation begegnen wir in der Physik. Es gibt dort kleinste Teile, die an sich unanschaulich sind, aber Effekte haben, aus deren Natur man ein gewisses Modell ableiten kann. Einer derartigen Konstruktion entspricht die archetypische Vorstellung, das sogenannte Motiv oder Mythologem. Wenn das Vorhandensein von zwei oder mehreren Unanschaulichkeiten angenommen wird, so ist damit – wovon man sich nicht immer genügend Rechenschaft gibt – auch die Möglichkeit gesetzt, daß es sich nicht um zwei oder mehrere Faktoren handelt, sondern nur um *einen.* Die Identität oder Nicht-Identität zweier unanschaulicher Größen läßt sich nämlich nicht beweisen. Wenn die Psychologie auf Grund ihrer Beobachtungen das Vorhandensein gewisser unanschaulicher psychoider Faktoren annimmt, so tut sie im Prinzip dasselbe wie die Physik, wenn diese ein Atommodell konstruiert. Dabei passiert nicht nur der Psychologie das Mißgeschick, ihrem Gegenstand, nämlich dem «Unbewußten», eben diesen öfters kritisierten Namen, der ein Negativum darstellt, zu geben, sondern auch der Physik, indem sie nicht umhin konnte, die schon seit alters vorhandene Bezeichnung «Atom» (das Unteilbare) für die kleinsten Massenpartikel zu verwenden. Wie das Atom nicht unteilbar, so ist auch das Unbewußte nicht bloß unbewußt, wie wir noch sehen werden. Wie die Physik in psychologischer Hinsicht nicht mehr leistet, als das Vorhandensein eines Beobachters festzustellen, ohne eine Aussage über dessen Natur machen zu können, so kann auch die Psychologie die Beziehung der Psyche zur Materie nur andeuten, ohne dabei aber das Geringste über deren Wesen ausmachen zu können.

Da Psyche und Materie in einer und derselben Welt enthalten sind, überdies miteinander in beständiger Berührung stehen und schließlich beide auf unanschaulichen transzendentalen Faktoren beruhen, so besteht nicht nur die Möglichkeit, sondern sogar auch eine gewisse Wahrscheinlichkeit, daß Materie und Psyche zwei verschiedene Aspekte einer und derselben Sache sind. Die Synchronizitätsphänomene weisen, wie mir scheint, in diese Richtung, indem ohne kausale Verbindung Nicht-Psychisches sich wie Psychisches et vice versa verhalten kann[126]. Unsere gegenwärtigen Kenntnisse erlauben uns allerdings nicht viel mehr, als die Beziehung der psychischen und der materiellen Welt mit zwei Kegeln zu vergleichen, deren Spitzen sich in einem unausgedehnten Punkt, einem eigentlichen Nullpunkt, berühren und nicht berühren.

In meinen bisherigen Arbeiten habe ich archetypische Phänomene als psychische behandelt, weil es sich bei dem darzustellenden oder zu untersuchenden Material stets nur um Vorstellungen gehandelt hat. Die hier proponierte psychoide Natur des Archetypus steht daher nicht im Widerspruch zu früheren Formulierungen, sondern bedeutet nur eine weitere Differenzierung des Begriffes, welche in jenem Moment unumgänglich wird, in welchen ich zu einer allgemeineren Auseinandersetzung über das Wesen der Psyche und zu einer Klarstellung ihrer empirischen Begriffe und deren Verhältnis zueinander mich genötigt sehe.

Wie das «Psychisch-Infrarote», das heißt die biologische Triebseele, allmählich in die physiologischen Lebensvorgänge und damit in das System chemischer und physikalischer Bedingungen übergeht, so bedeutet das «Psychisch-Ultraviolette», das heißt der Archetypus, ein Gebiet, das einerseits keine Eigentümlichkeiten des Physiologischen aufweist, andererseits und in letzter Linie auch nicht mehr als psychisch angesprochen werden kann, obschon es sich psychisch manifestiert. Das tun aber auch die physiologischen Vorgänge, ohne daß man sie deshalb als psychisch erklärt. Obgleich es keine Existenzform gibt, die uns nicht ausschließlich psychisch vermittelt wäre, so kann man doch nicht alles als bloß psychisch erklären. Dieses Argument müssen wir folgerichtigerweise auch auf die Archetypen anwenden. Da ihr An-und-für-sich-Sein uns unbewußt ist und sie dennoch als ein spontanes Wirksames erfahren werden, so bleibt uns vorderhand wohl nichts anderes übrig, als ihre Natur nach ihrer hauptsächlichsten Wirkung als «Geist» zu bezeichnen, und zwar in jenem Sinne, den ich in meinem Aufsatz über die Phänomenologie des Geistes[127] zu verdeutlichen suchte. Damit wäre die Stellung des Archetypus jenseits der psychischen Sphäre bestimmt, analog der Stellung des physiologischen Triebes, welcher unmittelbar im stofflichen Organismus wurzelt und mit seiner psychoiden Natur die Brücke zum Stoff überhaupt bildet. In der archetypischen Vorstellung und in der Triebempfindung stehen sich Geist und Stoff auf der psychischen Ebene gegenüber. Stoff sowohl wie Geist erscheinen in der seelischen Sphäre als kennzeichnende Eigenschaften von Bewußtseinsinhalten. Beide sind ihrer letzten Natur nach transzendental, das heißt unanschaulich, indem die Psyche und ihre Inhalte die einzige Wirklichkeit darstellen, die uns unmittelbar gegeben ist.

H. Allgemeine Überlegungen und Ausblicke

Die Problematik der komplexen Psychologie, die ich hier zu schildern versuche, war für mich selber ein erstaunliches Ergebnis. Ich glaubte, Naturwissenschaft im besten Sinne zu treiben, Tatsachen festzustellen, zu beobachten, zu klassifizieren, kausale und funktionelle Zusammenhänge zu beschreiben, um zum Schluß zu entdecken, daß ich mich in einem Netzwerk von Überlegungen verfangen hatte, welche weit über alle Naturwissenschaft hinaus in das Gebiet der Philosophie, der Theologie, der vergleichenden Religionswissenschaft und der Geistesgeschichte überhaupt reichen. Dieser ebenso unvermeidliche wie bedenkliche Übergriff hat mir nicht geringe Besorgnis verursacht. Ganz abgesehen von meiner persönlichen Inkompetenz auf diesen Gebieten erschien mir die prinzipielle Überlegung auch darum fragwürdig, weil ich zutiefst von der bedeutenden Wirkung der sogenannten persönlichen Gleichung auf die Ergebnisse psychologischer Beobachtung überzeugt bin. Das Tragische ist, daß die Psychologie über keine überall mit sich selber identische Mathematik verfügt. Damit ermangelt sie jenes immensen Vorteils eines Archimedischen Punktes, dessen sich die Physik erfreut. Letztere beobachtet vom psychischen Standpunkt Physisches und kann dieses in Psychisches übersetzen. Die Psyche hingegen beobachtet sich selber und kann das Beobachtete nur wieder in ein anderes Psychisches übersetzen. Wäre die Physik in dieser Lage, so könnte sie nichts anderes tun, als den physischen Prozeß sich selber überlassen, weil er auf diese Weise am deutlichsten so sein kann, wie er ist. Die Psychologie kann sich in nichts abbilden; sie kann sich nur in sich selber darstellen und sich selber beschreiben. Das ist auch konsequenterweise das Prinzip meiner Methode überhaupt: sie ist im Grunde genommen ein reiner Erlebnisprozeß, bei dem der Eingriff und der Mißgriff, die Deutung und der Irrtum, die Theorie und die Spekulation, der Arzt und der Patient eine Symptosis (σύμπτωσις) oder ein Symptoma (σύμπτωμα), ein Zusammentreffen und zugleich Anzeichen von Prozessen sind. Was ich schildere, ist also im Grunde genommen nichts als eine Beschreibung von psychischen Vorkommnissen, die eine gewisse statistische Häufigkeit aufweisen. Dabei haben wir uns wissenschaftlich in keinerlei Weise auf ein dem psychischen Prozeß irgendwie über- oder nebengeordnetes Niveau begeben oder diesen gar in ein anderes Medium übersetzt. Die Physik hingegen ist in der Lage, durch rein psychische Tätigkeit erzeugte mathematische Formeln explodieren zu lassen und damit 78000 Menschen auf einen Schlag zu töten.

Dieses wahrhaft schlagende Argument sollte wohl die Psychologie zum Verstummen bringen. Sie darf aber in aller Bescheidenheit darauf hinweisen, daß das mathematische Denken eine psychische Funktion ist, dank welcher die Materie so angeordnet werden kann, daß sogar die mit ungeheuren Kräften gebundenen Atome zerplatzen, was ihnen von Natur wegen, wenigstens in dieser Form, keineswegs einfallen würde. Die Psyche ist ein Störer des naturgesetzlichen Kosmos, und sollte es einmal gelingen, dem Mond mittels Atomspaltung etwas anzutun, so wird dies die Psyche zuwege gebracht haben.

Die Psyche ist der Angelpunkt der Welt und nicht nur etwa die eine große Bedingung, daß es eine Welt überhaupt gibt, sondern sie bedeutet darüber hinaus einen Eingriff in die vorhandene Naturordnung, von dem niemand mit Sicherheit zu sagen wüßte, wo dessen letzte Grenzen zu finden wären. Es ist überflüssig, die Würde der Seele als Gegenstand einer Wissenschaft zu betonen. Dagegen müssen wir mit um so größerer Nachdrücklichkeit hervorheben, daß eine auch noch so kleine Änderung am psychischen Faktor, insofern sie prinzipieller Natur ist, höchste Bedeutung für die Erkenntnis und Gestaltung des Weltbildes hat. Die Integration unbewußter Inhalte ins Bewußtsein, welche die Hauptoperation der komplexen Psychologie darstellt, bedeutet insofern eine prinzipielle Änderung, als sie die Alleinherrschaft des subjektiven Ichbewußtseins beseitigt und ihm unbewußte kollektive Inhalte gegenüberstellt. Das Ichbewußtsein erscheint als von zwei Faktoren abhängig: erstens von den Bedingungen des kollektiven respektive sozialen Bewußtseins, und zweitens von den unbewußten kollektiven Dominanten, respektive Archetypen. Diese zerfallen phänomenologisch in zwei Kategorien, einerseits in die Trieb- und andererseits in die archetypische Sphäre. Erstere repräsentiert die natürlichen Antriebe, letztere jene Dominanten, die als allgemeine Ideen ins Bewußtsein treten. Zwischen den Inhalten des kollektiven Bewußtseins, die sich als allgemein anerkannte Wahrheiten präsentieren, und denen des kollektiven Unbewußten besteht ein Gegensatz, welcher dermaßen ausgeprägt ist, daß letztere als völlig irrational, ja als sinnlos verworfen und, in allerdings sehr ungerechtfertigter Weise, von der wissenschaftlichen Untersuchung und Betrachtung ausgeschlossen werden, gerade wie wenn sie überhaupt nicht existierten. Psychische Phänomene dieser Art existieren aber, und wenn sie uns als unsinnig erscheinen, so beweist das nur, daß wir sie nicht verstehen. Wenn ihre Existenz einmal erkannt ist, so können sie aus dem Weltbild nicht mehr verbannt werden, auch wenn die das Bewußtsein beherrschende Weltanschauung sich als unfähig erweist, die in Frage stehenden Phänomene zu erfassen. Eine gewissenhafte Untersuchung dieser Erscheinungen zeigt deren ungemeine Bedeutung und kann sich darum der Erkenntnis nicht entziehen, daß zwischen dem kollektiven Bewußtsein und dem kollektiven Unbewußten ein beinahe unüberbrückbarer Gegensatz besteht, in welchen das Subjekt sich hineingestellt sieht.

In der Regel nun obsiegt das kollektive Bewußtsein mit seinen «vernünftigen» Allgemeinbegriffen, welche dem Durchschnittsverständnis keine Schwierigkeiten bereiten. Es glaubt immer noch an den notwendigen Zusammenhang von Ursache und Wirkung und hat von der Relativierung der Kausalität kaum Kenntnis genommen. Immer noch ist die kürzeste Verbindung zwischen zwei Punkten eine Gerade, während die Physik mit zahllosen kürzesten Verbindungen rechnet, was dem Bildungsphilister von heute noch höchst ungereimt vorkommt. Immerhin hat das eindrucksvolle Ereignis von Hiroshima auch den abstrusesten Konstatierungen der modernen Physik einen beinahe unheimlichen Respekt verschafft. Die in ihren Auswirkungen weit furchtbarere Explosion, die wir in Europa zu beobachten Gelegenheit hatten, wird vorerst nur von sehr wenigen als rein psychische Katastrophe erkannt. Man bevorzugt dagegen die absurdesten politischen und national-ökonomischen Theorien, welche ebenso passend sind, wie wenn man die Explosion von Hiroshima als Zufallstreffer eines großen Meteoriten erklären wollte.

Wenn das subjektive Bewußtsein die Vorstellungen und Meinungen des kollektiven Bewußtseins vorzieht und sich damit identifiziert, dann werden die Inhalte des kollektiven Unbewußten verdrängt. Die Verdrängung hat typische Folgen: die energetische Ladung der verdrängten Inhalte addiert sich bis zu einem gewissen Grade[128] zu der des verdrängenden Faktors, wodurch dessen wirkungsmäßige Bedeutung entsprechend zunimmt. Je höher dessen Ladung steigt, desto mehr erhält die verdrängende Einstellung fanatischen Charakter und nähert sich damit dem Umschlag ins Gegenteil, der sogenannten Enantiodromie. Je größer die Ladung des kollektiven Bewußtseins, desto mehr verliert das Ich seine praktische Bedeutung. Es wird von den Meinungen und Tendenzen des kollektiven Bewußtseins gewissermaßen aufgesogen, und dadurch entsteht der Massenmensch, der stets einem -ismus verfallen ist. Das Ich bewahrt nur seine Selbständigkeit, wenn es sich nicht mit einem der Gegensätze identifiziert, sondern die Mitte zwischen den Gegensätzen zu halten versteht. Dies ist aber nur dann möglich, wenn es sich nicht nur des einen, sondern auch des anderen bewußt ist. Die Einsicht wird ihm allerdings nicht nur von seinen sozialen und politischen Führern schwer gemacht, sondern auch von seinen religiösen. Alle wollen die Entscheidung für das eine und damit die restlose Identifizierung des Individuums mit einer notwendigerweise einseitigen «Wahrheit». Selbst wenn es sich um eine große Wahrheit handeln sollte, so wäre die Identifizierung damit doch etwas wie eine Katastrophe, indem sie nämlich die weitere geistige Entwicklung stillstellt. Anstatt Erkenntnis hat man dann nur noch Überzeugung, und das ist manchmal viel bequemer und darum anziehender.

Wird hingegen der Inhalt des kollektiven Unbewußten bewußtgemacht, das heißt die Existenz und Wirksamkeit archetypischer Vorstellungen anerkannt, dann entsteht ein in der Regel heftiger Konflikt zwischen dem, was FECHNER als «Tag- und Nachtansicht» bezeichnet hat. Der mittelalterliche Mensch und auch noch der moderne, insofern er die Einstellung der Vergangenheit bewahrt hat, lebte im bewußten Gegensatz zwischen der Weltlichkeit, die dem «princeps huius mundi»[129] unterstand, und dem Willen Gottes. Dieser Widerspruch wurde ihm auch durch die Jahrhunderte hindurch vom Gegensatz zwischen kaiserlicher und päpstlicher Macht vordemonstriert. Auf moralischem Gebiet spitzte sich der Konflikt jeweils zu dem kosmischen Kampf zwischen dem Guten und dem Bösen zu, in welchen der Mensch durch das peccatum originale mitten hineingestellt war. Dieser Mensch war der Weltlichkeit noch nicht so eindeutig verfallen wie der Massenmensch von heute, denn gegenüber den offenkundigen und sozusagen tastbaren Mächten dieser Welt anerkannte er ebenso einflußreiche metaphysische Potenzen, die zu berücksichtigen waren. Obschon er auf der einen Seite politisch und sozial häufig unfrei und rechtlos war (zum Beispiel als Leibeigener) und auf der anderen Seite sich in einer gleichermaßen unerfreulichen Lage befand, insoweit er von finsterem Aberglauben tyrannisiert wurde, so war er wenigstens biologisch jener unbewußten Ganzheit näher, die das Kind und der Primitive in vollkommenerem Maße und das wildlebende Tier in vollendetem Grade besitzt. Vom Standpunkt des modernen Bewußtseins aus erscheint die Lage des mittelalterlichen Menschen als ebenso bedauernswert wie verbesserungsbedürftig. Die so notwendige Erweiterung des Bewußtseins durch die Wissenschaft hat nun aber die mittelalterliche Einseitigkeit, nämlich die seit alters vorherrschende und allmählich überfällig gewordene Unbewußtheit, durch eine andere Einseitigkeit ersetzt, nämlich durch eine Überwertung «wissenschaftlich» fundierter Anschauungen. Diese bezogen sich samt und sonders auf die Erkenntnis des äußeren Objektes, und zwar in einer dermaßen einseitigen Weise, daß heutzutage die rückständige Beschaffenheit der Psyche und vor allem der Selbsterkenntnis zu einem der dringendsten Zeitprobleme geworden ist. Infolge der vorherrschenden Einseitigkeit und trotz einer erschreckenden demonstratio ad oculos eines dem Bewußtsein fremd gegenüberstehenden Unbewußten, gibt es aber noch zahllose Menschen, welche diesen Konflikten blind und hilflos ausgeliefert sind und ihre wissenschaftliche Gewissenhaftigkeit nur dem äußeren Objekt, nicht aber dem eigenen seelischen Zustand gegenüber anwenden. Die psychischen Tatsachen bedürfen aber objektiver Erforschung und Anerkennung. Es gibt objektive seelische Faktoren, die praktisch mindestens soviel bedeuten wie das Automobil oder das Radio. Schließlich kommt es vor allem darauf an (besonders bei der Atombombe), was man für einen Gebrauch davon macht; und letzteres ist bedingt durch den jeweiligen Geisteszustand. Dieser ist aber am schwersten bedroht durch die vorherrschenden -ismen, welche nichts anderes sind als gefährliche Identitäten des subjektiven mit dem kollektiven Bewußtsein. Eine solche Identität produziert unfehlbar eine Massenpsyche mit ihrer unwiderstehlichen Katastrophenneigung. Das subjektive Bewußtsein muß, um dieser furchtbaren Bedrohung zu entgehen, die Identifizierung mit dem kollektiven Bewußtsein dadurch vermeiden, daß es seinen Schatten sowohl wie die Existenz und Bedeutung der Archetypen erkennt. Letztere bilden einen wirksamen Schutz gegen die Übermacht des sozialen Bewußtseins und der damit korrespondierenden Massenpsyche. In puncto des Effektes entspricht die religiöse Überzeugung und Haltung des mittelalterlichen Menschen ungefähr derjenigen Einstellung des Ich, welche durch die Integration unbewußter Inhalte erzeugt wird, allerdings mit dem Unterschiede, daß in letzterem Falle an Stelle der Milieusuggestion und der Unbewußtheit wissenschaftliche Objektivität und Bewußtheit getreten sind. Insoweit aber Religion im heutigen Bewußtsein noch wesentlich *Konfession* bedeutet, mithin also ein kollektiv anerkanntes System kodifizierter und in dogmatische Sätze abgezogener religiöser Aussagen darstellt, gehört sie eher in den Bereich des kollektiven Bewußtseins, obwohl ihre Symbole die ursprünglich wirksamen Archetypen ausdrücken. Solange ein kirchliches Gemeinschaftsbewußtsein objektiv vorhanden ist, erfreut sich die Psyche (wie oben ausgeführt) einer gewissen Gleichgewichtslage. Auf alle Fälle besteht ein hinlänglich wirksamer Schutz gegen die *Inflation* des Ich. Fällt aber die Ecclesia und ihr mütterlicher Eros weg, so ist das Individuum schutzlos irgendeinem kollektiven -ismus und der dazugehörigen Massenpsyche ausgeliefert. Es verfällt einer sozialen oder nationalen Inflation, und dies in tragischer Weise mit derselben seelischen Einstellung, mit der es zuvor einer Kirche angehört hat.

Ist es dagegen selbständig genug, die Borniertheit des sozialen -ismus zu erkennen, dann ist es von subjektiver Inflation bedroht; denn es ist in der Regel nicht imstande zu sehen, daß die religiösen Ideen in der psychologischen Wirklichkeit keineswegs bloß auf Tradition und Glauben beruhen, sondern sich von den Archetypen herleiten, deren «sorgfältige Beachtung» (religere!) das Wesen der Religion ausmacht. Die Archetypen sind beständig vorhanden und wirksam, sie bedürften an sich keines Glaubens, sondern des Wissens um ihren Sinn und einer weisen Scheu, einer δεισιδαιμονία, welche deren Bedeutung nie aus den Augen verliert. Ein gewitzigtes Bewußtsein weiß um die katastrophalen Folgen, welche eine Nichtbeachtung für den einzelnen sowohl wie für die Gesellschaft hat. Wie der Archetypus einesteils ein geistiger Faktor, anderenteils wie ein dem Trieb innewohnender, verborgener Sinn ist, so ist auch der Geist, wie ich gezeigt habe, zwiespältig und paradox: eine große Hilfe und eine ebenso große Gefahr[130]. Es scheint, als ob es dem Menschen beschieden wäre, bei der Lösung dieses Zweifels eine entscheidende Rolle zu spielen, und zwar vermöge seines Bewußtseins, das wie ein Licht im finsteren Abgrund der Urwelt aufgegangen ist. Man weiß allerdings sozusagen nirgends um diese Dinge, am wenigsten aber dort, wo der -ismus blüht, welcher einen erklügelten Ersatz für einen verlorengegangenen Zusammenhang mit der seelischen Wirklichkeit darstellt. Die daraus unfehlbar entstehende Vermassung der Seele zerstört den Sinn des Individuums und damit den der Kultur überhaupt.

Die Psyche stört also nicht nur die Naturordnung, sondern sie zerstört auch ihre eigene Schöpfung, wenn sie das Gleichgewicht verliert. Darum hat die sorgfältige Beachtung der seelischen Faktoren eine Bedeutung für die Gleichgewichtsherstellung nicht nur im Individuum, sondern auch in der Sozietät, ansonst die destruktiven Tendenzen leicht die Oberhand gewinnen. Wie die Atombombe ein bisher unerreichtes Mittel zur *physischen* Massenvernichtung ist, so führt die fehlgeleitete Entwicklung der Psyche zur *seelischen* Massenverwüstung. Die heutige Situation ist dermaßen bedenklich, daß man den Verdacht nicht unterdrücken kann, der Weltschöpfer plane wieder einmal eine Sintflut, um die gegenwärtige Menschheit auszurotten. Wer aber glauben sollte, daß man den Menschen die heilsame Überzeugung von der Existenz der Archetypen beibringen könnte, der denkt ebenso naiv wie diejenigen Leute, welche den Krieg oder die Atombombe ächten wollen. Diese Maßnahme erinnert an jenen Bischof, der die Maikäfer wegen unzulässiger Vermehrung mit dem Kirchenbann belegte. Die Änderung des Bewußtseins beginnt beim Einzelmenschen und ist eine säkulare Angelegenheit, die hauptsächlich von der Frage abhängt, wie weit die Entwicklungsfähigkeit der Psyche reicht. Wir wissen heute nur, daß es vorerst einzelne Individuen gibt, welche entwicklungsfähig sind. Wie groß deren Anzahl im ganzen ist, entzieht sich unserer Kenntnis, ebenso wissen wir nicht, welches die Suggestivkraft einer Bewußtseinserweiterung ist, das heißt welchen Einfluß eine solche auf die weitere Umgebung hat. Dergleichen Wirkungen hängen ja nie von der Vernünftigkeit einer Idee ab, sondern vielmehr von der nur ex effectu zu beantwortenden Frage, ob eine Zeit reif ist für eine Wandlung oder nicht.

Die Psychologie befindet sich, wie ich auseinandergesetzt habe, im Vergleich zu den anderen Naturwissenschaften insofern in einer mißlichen Lage, als sie einer außerhalb ihres Objektes befindlichen Basis ermangelt. Sie kann sich nur in sich selber übersetzen oder sich nur in sich selber abbilden. Je mehr sie das Gebiet ihrer Forschungsobjekte erweitert und je komplexer diese werden, desto mehr fehlt ihr ein von ihrem Objekt unterschiedener Standpunkt. Erreicht die Komplexität gar die des empirischen Menschen, so mündet seine Psychologie unvermeidlicherweise in den psychischen Prozeß selber. Sie kann sich von letzterem nicht mehr unterscheiden, sondern wird zu ihm selber. Der Effekt aber ist, daß dadurch der Prozeß Bewußtsein erlangt. Damit verwirklicht die Psychologie den Drang des Unbewußten nach Bewußtheit. Sie ist Bewußtwerdung des psychischen Prozesses, aber in tieferem Sinne keine Erklärung desselben, indem alle Erklärung des Psychischen nichts anderes sein kann als eben der Lebensprozeß der Psyche selber. Sie muß sich als Wissenschaft selber aufheben, und gerade darin erreicht sie ihr wissenschaftliches Ziel. Jede andere Wissenschaft hat ein Außerhalb ihrer selbst; nicht so die Psychologie, deren Objekt das Subjekt aller Wissenschaft überhaupt ist.

Die Psychologie gipfelt notwendigerweise in dem der Psyche eigentümlichen Entwicklungsprozeß, welcher in der Integration der bewußtseinsfähigen Inhalte besteht. Er bedeutet die Ganzwerdung des psychischen Menschen, welche für das Ichbewußtsein ebenso merkwürdige wie schwer zu beschreibende Folgen hat. Ich zweifle daran, ob es mir möglich ist, die Veränderung des Subjektes unter dem Einfluß des Individuationsprozesses gebührend darzustellen; handelt es sich doch um ein relativ seltenes Vorkommnis, welches nur der erfährt, welcher die langwierige, zur Integrierung des Unbewußten aber unerläßliche Auseinandersetzung mit den unbewußten Persönlichkeitskomponenten durchlaufen hat. Wenn unbewußte Teile der Persönlichkeit bewußtgemacht werden, so ergibt sich daraus nicht etwa nur eine Assimilation derselben an die schon längst bestehende Ichpersönlichkeit, sondern vielmehr eine Veränderung letzterer. Die große Schwierigkeit besteht nun eben darin, die *Art* der Veränderung zu charakterisieren. Das Ich ist in der Regel ein festgefügter Komplex, welcher wegen des damit verbundenen Bewußtseins und dessen Kontinuität nicht leicht verändert werden kann und darf, wenn man nicht pathologische Störungen gewärtigen will. Die nächsten Analogien zu einer Ichveränderung liegen nämlich im Gebiet der Psychopathologie, wo wir nicht nur den neurotischen Dissoziationen, sondern auch der schizophrenen Fragmentierung und sogar der Auflösung des Ich begegnen. Auf demselben Gebiete beobachten wir auch pathologische Integrationsversuche – wenn dieser Ausdruck gestattet ist. Diese bestehen aber in mehr oder weniger vehementen *Einbrüchen* unbewußter Inhalte ins Bewußtsein, wobei das Ich sich als unfähig erweist, die Eindringlinge zu assimilieren. Ist dagegen die Struktur des Ichkomplexes so kräftig, daß er den Ansturm unbewußter Inhalte ertragen kann, ohne in seinem Gefüge fatal gelockert zu werden, dann kann Assimilation stattfinden. In diesem Falle aber werden nicht nur die unbewußten Inhalte alteriert, sondern auch das Ich. Es vermag zwar seine Struktur zu bewahren, wird aber aus seiner zentralen und beherrschenden Stellung quasi zur Seite geschoben und gerät dadurch in die Rolle des erleidenden Zuschauers, dem die nötigen Mittel fehlen, seinen Willen unter allen Umständen geltend zu machen; letzteres weniger darum, weil der Wille etwa an sich geschwächt würde, als vielmehr, weil ihm gewisse Überlegungen hindernd in den Arm fallen. Das Ich kann nämlich nicht umhin zu entdekken, daß der Zustrom an unbewußten Inhalten die Persönlichkeit belebt und bereichert und eine Gestalt aufbaut, welche an Umfang und Intensität das Ich irgendwie überragt. Diese Erfahrung lähmt einen allzu egozentrischen Willen und überzeugt das Ich, daß sein Zurücktreten auf den zweiten Rang trotz aller Schwierigkeiten immer noch besser ist als ein aussichtsloser Kampf, in welchem man schließlich doch den kürzeren zieht. Auf diese Weise unterstellt sich der Wille als disponible Energie allmählich dem stärkeren Faktor, das heißt der neuen ganzheitlichen Gestalt, die ich als das *Selbst* bezeichnet habe. Bei dieser Sachlage besteht natürlich die größte Versuchung, einfach dem Machtinstinkt zu folgen und das Ich kurzerhand mit dem Selbst zu identifizieren, um damit die Illusion eines beherrschenden Ich aufrechtzuerhalten. In anderen Fällen erweist sich das Ich als zu schwach, um dem einbrechenden Zustrom unbewußter Inhalte den nötigen Widerstand zu leisten, und wird dann vom Unbewußten assimiliert, wodurch eine Verwischung und Verdunkelung des Ichbewußtseins und eine Identität desselben mit einer vorbewußten Ganzheit entsteht[131]. Beide Entwicklungen verunmöglichen die Verwirklichung des Selbst einerseits und beschädigen andererseits die Existenz des Ichbewußtseins. Sie bedeuten daher pathologische Effekte. Die psychischen Phänomene, welche vor kurzem in Deutschland zu beobachten waren, gehören in diese Kategorie. Es hat sich dabei in größtem Maßstabe gezeigt, daß ein solches «abaissement du niveau mental», eben die Überwältigung des Ich durch unbewußte Inhalte und die daraus erfolgende Identität mit der vorbewußten Ganzheit, eine ungeheure psychische Virulenz, das heißt Ansteckungskraft, besitzt und deshalb der unheilvollsten Wirkung fähig ist. Solche Entwicklungen wollen also sorgfältig beobachtet sein und bedürfen genauester Überwachung. Wen solche Tendenzen gefährden, dem möchte ich empfehlen, ein Bild des heiligen Christophoros an die Wand zu hängen und darüber zu meditieren. Das Selbst hat nämlich nur dann einen funktionellen Sinn, wenn es als *Kompensation* eines Ichbewußtseins wirken kann. Wird nämlich das Ich durch Identifikation mit dem Selbst aufgelöst, so entsteht daraus eine Art von vagem Übermenschen mit einem aufgeblasenen Ich und einem verblasenen Selbst. Einem solchen Menschen, so heilandmäßig oder so unheilvoll er sich auch gebärden mag, fehlt die scintilla, das Seelenfünklein, jenes kleine, göttliche Licht, das nie heller leuchtet, als wenn es sich gegen den Ansturm der Dunkelheit behaupten muß. Was wäre der Regenbogen, wenn er nicht vor einer dunkeln Wolke stünde?

Mit diesem Gleichnis möchte ich daran erinnern, daß die pathologischen Analogien des Individuationsprozesses nicht die einzigen sind. Es gibt geistesgeschichtliche Monumente ganz anderer Art, welche positive Veranschaulichungen unseres Prozesses darstellen. Vor allem möchte ich auf die Koans des Zenbuddhismus hinweisen, welche gerade durch ihre Paradoxie blitzartig die schwer durchschaubaren Beziehungen zwischen Ich und Selbst erhellen. In einer ganz anderen und dem Abendländer viel zugänglicheren Sprache hat JOHANNES VOM KREUZ dasselbe Problem als die «dunkle Nacht der Seele» beschrieben. Daß wir genötigt sind, Analogien einerseits aus dem Gebiete der Psychopathologie, andererseits aus demjenigen der östlichen und westlichen Mystik heranzuholen, liegt in der Natur der Sache: der Individuationsprozeß ist ein psychisches Grenzphänomen, das ganz besonderer Bedingungen bedarf, um bewußtzuwerden. Es ist vielleicht das Anfangsstück eines Entwicklungsweges, den eine zukünftige Menschheit nehmen wird, der aber als pathologischer Abweg zunächst in die europäische Katastrophe geführt hat.

Es mag vielleicht dem Kenner der komplexen Psychologie als überflüssig erscheinen, die schon längst festgestellte Verschiedenheit von Bewußtwerdung und Selbstwerdung (Individuation) nochmals zu erörtern. Ich sehe aber immer wieder, daß der Individuationsprozeß mit der Bewußtwerdung des Ich verwechselt und damit das Ich mit dem Selbst identifiziert wird, woraus natürlich eine heillose Begriffsverwirrung entsteht. Denn damit wird die Individuation zu bloßem Egozentrismus und Autoerotismus. Das Selbst aber begreift unendlich viel mehr in sich als bloß ein Ich, wie die Symbolik seit alters beweist: es ist ebenso der oder die anderen wie das Ich. Individuation schließt die Welt nicht aus, sondern ein.

Damit möchte ich meine Ausführungen abschließen. Ich habe die Entwicklung und die wesentliche Problematik unserer Psychologie im Abriß zu schildern und damit eine Anschauung der Quintessenz, eben des Geistes dieser Wissenschaft, zu vermitteln versucht. In Ansehung der ungewöhnlichen Schwierigkeiten meines Themas möge mir der Leser den ungebührlichen Anspruch auf seine Bereitwilligkeit und Aufmerksamkeit verzeihen. Grundsätzliche Erörterungen gehören zu der Selbstbesinnung einer Wissenschaft, aber unterhaltend sind sie selten.

Nachwort

Die für die Erklärung des Unbewußten in Betracht kommenden Auffassungen werden oft mißverstanden. Ich möchte darum gerade im Zusammenhang meiner vorausgehenden prinzipiellen Erörterungen wenigstens zwei der hauptsächlichsten Präjudizien etwas näher besprechen.

Vor allem verunmöglicht das Verständnis die oft sture Voraussetzung, daß mit dem Archetypus eine *angeborene Vorstellung* gemeint sei. Es wird keinem Biologen einfallen, anzunehmen, daß jedes Individuum seine allgemeine Verhaltensweise jeweils aufs neue erwirbt. Vielmehr besteht die Wahrscheinlichkeit, daß der junge Webervogel sein charakteristisches Nest darum baut, weil er ein Webervogel und kein Kaninchen ist. So ist es auch wahrscheinlicher, daß ein Mensch mit einer spezifisch menschlichen Verhaltensweise, und nicht mit der eines Hippopotamus oder mit gar keiner geboren wird. Zu seinem charakteristischen Verhalten gehört auch seine physische Phänomenologie, welche sich von der eines Vogels oder eines Vierfüßers unterscheidet. *Archetypen sind typische Verhaltensformen,* die, wenn sie bewußtwerden, als Vorstellung erscheinen, wie alles, was Bewußtseinsinhalt wird. Weil es sich um charakteristisch menschliche modi handelt, so ist es daher weiter nicht erstaunlich, daß wir im Individuum psychische Formen feststellen können, welche nicht nur bei den Antipoden vorkommen, sondern auch in anderen Jahrtausenden, mit denen uns nur die Archäologie verbindet.

Wenn wir nun beweisen wollen, daß eine bestimmte psychische Form nicht nur ein einmaliges, sondern ein typisches Vorkommnis ist, so kann dies nur dadurch geschehen, daß zunächst ich selber bezeuge, bei verschiedenen Individuen unter den nötigen Kautelen das gleiche beobachtet zu haben. Sodann müssen andere Beobachter ebenfalls bestätigen, ähnliche oder gleiche Beobachtungen gemacht zu haben. Schließlich muß noch festgestellt werden, daß ähnliche oder gleiche Erscheinungen in der Folklore anderer Völker und Rassen und in den Texten, die aus früheren Jahrhunderten und Jahrtausenden überliefert sind, nachgewiesen werden können. Meine Methode und allgemeine Überlegung geht daher von individuellen psychischen Tatsachen, die nicht nur ich selber, sondern auch andere Beobachter festgestellt haben, aus. Das beigebrachte folkloristische, mythologische und historische Material dient in erster Linie dem Nachweis der Gleichförmigkeit psychischen Geschehens in

Raum und Zeit. Insofern nun der Sinngehalt der individuell entstandenen typischen Formen praktisch von großer Bedeutung ist und die Erkenntnis desselben im Einzelfall eine beträchtliche Rolle spielt, so ist es unvermeidlich, daß dadurch auch das Mythologem bezüglich seines Inhaltes sekundär in eine gewisse Beleuchtung gerückt wird. Das will aber keineswegs besagen, daß der Zweck der Untersuchung etwa die Deutung des Mythologems wäre. Aber gerade in dieser Beziehung herrscht das verbreitete Vorurteil, daß die Psychologie der sogenannten unbewußten Vorgänge eine Art Philosophie sei, dazu bestimmt, die Mythologeme zu erklären. Dieses leider ziemlich verbreitete Vorurteil übersieht geflissentlich, daß unsere Psychologie von beobachtbaren Tatsachen und keineswegs von philosophischen Spekulationen ausgeht. Betrachten wir zum Beispiel die in Träumen und Phantasien vorkommenden Mandalastrukturen, so könnte eine unüberlegte Kritik den Einwand erheben – den sie auch tatsächlich erhoben hat –, man deute indische oder chinesische Philosophie in die Psyche hinein. In Wirklichkeit hat man aber nur psychische Einzelvorkommnisse zu offenkundig verwandten Kollektiverscheinungen in Vergleich gesetzt. Die introspektive Tendenz der östlichen Philosophie hat eben jenes Material zutage gefördert, das im Prinzip alle introspektiven Einstellungen zu allen Zeiten und an allen Orten der Erde zum Vorschein bringen. Die große Schwierigkeit für den Kritiker besteht natürlich darin, daß er die in Frage stehenden Tatsachen aus eigener Erfahrung so wenig kennt wie den Geisteszustand eines Lama, der ein Mandala «aufbaut». Diese beiden Vorurteile verunmöglichen nicht wenigen sonst wissenschaftlich veranlagten Köpfen den Zugang zur modernen Psychologie. Daneben gibt es aber noch viele andere Hindernisse, denen mit Vernunft allerdings nicht beizukommen ist. Sie sollen daher unerwähnt bleiben.

Die Unfähigkeit, zu begreifen, oder die Unwissenheit des Publikums kann die Wissenschaft nicht daran hindern, gewisse Wahrscheinlichkeitsüberlegungen anzustellen, von deren Unsicherheit sie hinlänglich unterrichtet ist. Wir wissen genau, daß wir die Zustände und Vorgänge des Unbewußten an sich ebensowenig erkennen können, wie die Physiker den der physischen Erscheinung zugrunde liegenden Vorgang. Was jenseits der Erscheinungswelt liegt, können wir uns schlechterdings nicht vorstellen, denn es gibt keine Vorstellung, die einen anderen Ursprungsort als die Erscheinungswelt hätte. Wenn wir aber über das Wesen des

Psychischen prinzipielle Überlegungen anstellen wollen, so bedürfen wir eines archimedischen Punktes, der überhaupt erst ein Urteil ermöglicht. Dieser kann nur das *Nicht-Psychische* sein, denn als Lebenserscheinung liegt das Psychische eingebettet in einer anscheinend nichtpsychischen Natur. Obschon wir letztere nur als psychische Gegebenheit wahrnehmen, so bestehen doch hinreichende Gründe, von ihrer objektiven Realität überzeugt zu sein. Allerdings ist uns diese, soweit sie jenseits unserer Körpergrenzen liegt, in der Hauptsache nur durch Lichtteilchen vermittelt, die auf unsere Retina treffen. Die Anordnung dieser Partikel beschreibt ein Bild der Erscheinungswelt, dessen Wesen einerseits von der Beschaffenheit der apperzipierenden Psyche, andererseits von der des übermittelnden Lichtes abhängt. Das apperzipierende Bewußtsein hat sich als in hohem Grade entwickelbar erwiesen und hat Instrumente konstruiert, mit deren Hilfe die Perzeption des Sehens und Hörens um viele Grade erweitert wurde. Damit dehnte sich die als real gesetzte Erscheinungswelt sowohl wie die subjektive Bewußtseinswelt in unerhörtem Maße aus. Die Existenz dieser bemerkenswerten Korrelation zwischen Bewußtsein und Erscheinungswelt, zwischen der subjektiven Wahrnehmung und den objektiv realen Vorgängen, das heißt deren energetischen Wirkungen, braucht wohl nicht weiter bewiesen zu werden.

Da die Erscheinungswelt eine Häufung von Vorgängen atomarer Größenordnung darstellt, so ist es natürlich von größter Wichtigkeit, zu erfahren, ob und wie zum Beispiel die Photone uns eine eindeutige Erkenntnis der den übermittelnden energetischen Vorgängen zugrunde liegenden Realität ermöglichen. Die Erfahrung hat gezeigt, daß sowohl das Licht als auch die Materie sich einerseits wie separate Partikel, andererseits wie Wellen verhalten. Dieses paradoxe Ergebnis machte auf der Stufe atomarer Größenordnung den Verzicht auf eine kausale Naturbeschreibung im gewöhnlichen Raum-Zeit-Kontinuum notwendig, an deren Stelle unanschauliche Wahrscheinlichkeitsfelder in mehrdimensionalen Räumen treten, die eigentlich den Stand unserer derzeitigen Kenntnis darstellen. Diesem abstrakten Erklärungsschema liegt ein Realitätsbegriff zugrunde, welcher grundsätzlich unvermeidliche Wirkungen des Beobachters auf das zu beobachtende System in Betracht zieht, wodurch die Realität ihren objektiven Charakter zum Teil einbüßt und dem physikalischen Weltbild ein subjektives Moment anhaftet[132].

Die Anwendung statistischer Gesetzmäßigkeiten auf Vorgänge atomarer Größenordnung in der Physik hat eine merkwürdige Entsprechung in der Psychologie, insofern diese die Grundlagen des Bewußtseins erforscht, das heißt die bewußten Vorgänge bis dahin verfolgt, wo sie sich bis zur Unvorstellbarkeit verdunkeln und nur noch Wirkungen, die einen *anordnenden* Einfluß auf Bewußtseinsinhalte haben, festzustellen sind[133]. Die Untersuchung dieser Wirkungen ergibt die seltsame Tatsache, daß sie von einer unbewußten, das heißt objektiven Realität ausgehen, welche sich aber zugleich auch wie eine subjektive, also wie eine Bewußtheit verhält. Die den Wirkungen des Unbewußten zugrunde liegende Realität schließt also ebenfalls das beobachtende Subjekt ein und ist daher von unvorstellbarer Beschaffenheit. Sie ist in der Tat das allerintimst Subjektive und zugleich allgemein wahr, das heißt im Prinzip überall als vorhanden nachweisbar, was von den Bewußtseinsinhalten personalistischer Natur keineswegs gilt. Die Flüchtigkeit, Willkürlichkeit, Dunstigkeit und Einmaligkeit, die der Laienverstand stets mit der Vorstellung des Psychischen verbindet, hat nur für das Bewußtsein Geltung, nicht aber für das absolut Unbewußte. Die nicht quantitativ, sondern nur qualitativ zu bestimmenden Wirkungseinheiten des Unbewußten, nämlich die sogenannten *Archetypen,* haben daher eine Natur, *die man nicht mit Sicherheit als psychisch bezeichnen kann.*

Obschon ich durch rein psychologische Überlegung dazu gelangt bin, an der nur psychischen Natur der Archetypen zu zweifeln, so sieht sich die Psychologie aber auch durch die Ergebnisse der Physik dazu gezwungen, ihre bloß psychischen Voraussetzungen zu revidieren. Die Physik hat ihr nämlich den Schluß vordemonstriert, daß auf der Stufe atomarer Größenordnung der Beobachter in der objektiven Realität vorausgesetzt und nur unter dieser Bedingung ein befriedigendes Erklärungsschema möglich ist. Das bedeutet einerseits ein dem physikalischen Weltbild anhaftendes subjektives Moment, andererseits eine für die Erklärung der Psyche unerläßliche Verbindung derselben mit dem objektiven Raum-Zeit-Kontinuum. Sowenig das physikalische Kontinuum vorgestellt werden kann, so unanschaulich ist auch der notwendig vorhandene psychische Aspekt desselben. Von größtem theoretischem Belange ist aber die relative oder partielle Identität von Psyche und physikalischem Kontinuum, denn sie bedeutet insofern eine gewaltige *Vereinfachung,* als sie die scheinbare Inkommensurabilität zwischen der physikalischen Welt und der psychischen überbrückt; dies allerdings nicht in anschaulicher Weise, sondern auf der physikalischen Seite durch mathematische Gleichungen, auf der psychologischen durch aus der Empirie abgeleitete Postulate, nämlich Archetypen, deren Inhalte, wenn überhaupt solche vorhanden sind, nicht vorgestellt werden können. Archetypen erscheinen erst in der Beobachtung und Erfahrung, nämlich dadurch, daß sie Vorstellungen *anordnen,* was jeweils unbewußt geschieht und darum immer erst nachträglich erkannt wird. Sie assimilieren Vorstellungsmaterial, dessen Herkunft aus der Erscheinungswelt nicht bestritten werden kann, und werden dadurch sichtbar und *psychisch.* Sie werden darum zunächst nur als psychische Größen erkannt und als solche aufgefaßt, mit demselben Recht, mit dem wir unseren unmittelbar wahrgenommenen physikalischen Erscheinungen den Euklidischen Raum zugrunde legen. Erst die Erklärung psychischer Erscheinungen von minimaler Helligkeit nötigt zur Annahme, daß Archetypen einen nicht-psychischen Aspekt besitzen müssen. Anlaß zu diesem Schluß geben die Synchronizitätsphänomene[134], die mit der Tätigkeit unbewußter Faktoren verknüpft sind und die man bis jetzt als «Telepathie» usw. aufgefaßt respektive verworfen hat[135]. Der Skeptizismus sollte aber nur der unrichtigen Theorie, nicht den zu Recht bestehenden Tatsachen gelten. Kein vorurteilsloser Beobachter kann diese leugnen. Der Widerstand gegen ihre Anerkennung beruht hauptsächlich auf der Abneigung, die man gegen die Annahme einer der Psyche angedichteten übernatürlichen Fähigkeit, nämlich des sogenannten Hellsehens, empfindet. Die sehr verschiedenen und verwirrenden Aspekte solcher Phänomene klären sich, soweit ich dies bis jetzt festzustellen vermochte, so gut wie restlos auf durch die Annahme eines psychisch relativen Raum-Zeit-Kontinuums. Insofern ein psychischer Inhalt die Bewußtseinsschwelle überschreitet, verschwinden dessen synchronistische Randphänomene. Raum und Zeit nehmen ihren gewohnten absoluten Charakter an, und das Bewußtsein ist wieder in seiner Subjektivität isoliert. Es liegt hier einer jener Fälle vor, welche man am ehesten mit dem der Physik bekannten Begriffe der «Komplementarität» erfassen kann. Wenn ein unbewußter Inhalt ins Bewußtsein übertritt, dann hört seine synchronistische Manifestation auf, und umgekehrt können durch Versetzung des Subjektes in einen unbewußten Zustand (trance) synchronistische Phänomene hervorgerufen werden. Das gleiche Komplementaritätsverhältnis läßt sich übrigens ebensogut beobachten in allen jenen häufigen und der ärztlichen Erfahrung geläufigen Fällen, in denen gewisse klinische Symptome verschwinden, wenn die ihnen entsprechenden unbewußten Inhalte bewußtwerden. Bekanntlich können auch eine Reihe von psychosomatischen Erscheinungen, die sonst dem Willen durchaus entzogen sind, durch Hypnose, das heißt eben durch Einschränkung des Bewußtseins, hervorgerufen werden. PAULI formuliert das Komplementaritätsverhältnis, das hierin zum Ausdruck kommt, von der physikalischen Seite her folgendermaßen: «Es ist der freien Wahl des Experimentators (respektive Beobachters) überlassen..., welche Kenntnisse er gewinnen und welche er einbüßen will; oder, populär ausgedrückt, ob er A messen und B ruinieren oder ob er A ruinieren und B messen will. Es ist ihm aber *nicht* anheimgestellt, nur Kenntnisse zu gewinnen, ohne auch welche zu verlieren[136].» Dies gilt in besonderem Maße vom Verhältnis des physikalischen Standpunktes zum psychologischen. Die Physik bestimmt Quantitäten und deren Verhältnis zueinander, die Psychologie aber Qualitäten, ohne irgendwelche Mengen messen zu können. Trotz alledem gelangen beide Wissenschaften zu Begriffen, die sich bedeutsam einander annähern. Auf den Parallelismus der psychologischen und der physikalischen Erklärung hat C. A. MEIER schon in seinem Aufsatz *«Moderne Physik – Moderne Psychologie»* hingewiesen[137]. Er sagt: «Beide Wissenschaften haben in vieljähriger getrennter Arbeit Beobachtungen und dazu adäquate Denksystematiken aufgehäuft. Beide Wissenschaften sind an gewisse Grenzen gestoßen, die... ähnlichen prinzipiellen Charakter tragen. Das zu Untersuchende und der Mensch mit seinen Sinnes- und Erkenntnisorganen und ihren Erweiterungen – den Meßinstrumenten und Meßverfahren – stehen in unlösbarem Zusammenhang. Das ist Komplementarität in der Physik sowohl wie in der Psychologie.» Zwischen Physik und Psychologie bestehe sogar «ein echtes und rechtes Komplementaritätsverhältnis».

Sobald man sich einmal von der unwissenschaftlichen Ausrede, es handle sich bloß um eine *zufällige* Koinzidenz, befreien kann, so wird man sehen, daß die fraglichen Phänomene keineswegs seltene, sondern relativ häufige Vorkommnisse sind. Dieser Umstand stimmt durchaus mit den über der Wahrscheinlichkeit liegenden RHINEschen Resultaten überein. Die Psyche ist keineswegs ein aus Willkürlichkeiten und Zufälligkeiten bestehendes Chaos, sondern eine objektive Realität, welche der Erforschung mittels naturwissenschaftlicher Methoden zugänglich ist. Gewisse Anzeichen sprechen dafür, daß psychische Vorgänge in einer energetischen Relation zu der physiologischen Grundlage stehen. Insofern es sich um objektive Ereignisse handelt, lassen sich diese nicht anders deuten denn als energetische Vorgänge[138], das heißt, es will uns nicht gelingen, trotz der Unmeßbarkeit psychischer Vorgänge die Tatsache wahrnehmbarer, durch die Psyche bewirkter Veränderungen anders denn als ein energetisches Geschehen zu begreifen. Dadurch entsteht für den Psychologen eine Situation, die dem Physiker höchst anstößig ist: ersterer spricht auch von Energie, obschon er nichts Meßbares in den Händen hat und zudem der Energiebegriff eine mathematisch genau definierte Größe darstellt, die sich auf Psychisches überhaupt als solche nicht anwenden läßt. Die Formel der kinetischen Energie, $L = \frac{mv^2}{2}$ enthält die Faktoren m (Masse) und v (Geschwindigkeit), welche uns als dem Wesen der empirischen Psyche inkommensurabel erscheinen. Wenn die Psychologie trotzdem darauf besteht, einen eigenen Energiebegriff anzuwenden, um die Wirksamkeit (ἐνέργεια) der Seele auszudrücken, so benützt sie selbstverständlich keine mathematisch-physikalische Formel, sondern nur deren Analogie. Diese ist aber zugleich eine ältere Anschauung, aus welcher der physikalische Energiebegriff sich ursprünglich entwickelt hat. Letzterer beruht nämlich auf früheren Verwendungen einer nicht mathematisch definierten ἐνέργεια, welche in letzter Linie zu einer primitiven respektive archaischen Anschauung des «außerordentlich Wirkungsvollen» zurückführt. Dies ist der sogenannte Manabegriff, der sich nicht etwa auf Melanesien beschränkt, sondern sich auch in Niederländisch Indien sowohl wie an der afrikanischen Ostküste findet[139] und im lateinischen «numen» zum Teil auch in «genius» (zum Beispiel genius loci) noch nachklingt. Die Verwendung des Terminus Libido in der neueren medizinischen Psychologie hat sogar eine überraschende geistige Verwandtschaft mit dem primitiven «mana»[140]. Diese archetypische Anschauung ist also keineswegs nur primitiv, sondern unterscheidet sich vom physikalischen Energiebegriff dadurch, daß sie *nicht quantitativ*, sondern *hauptsächlich qualitativ* ist. An die Stelle der exakten Messung von Quantitäten tritt in der Psychologie eine schätzungsweise Bestimmung von Intensitäten, wozu die *Gefühlsfunktion* (Wertung) benützt wird. Letztere vertritt in der Psychologie die Stelle des *Messens* in der Physik. Die psychischen Intensitäten und ihre graduellen Unterschiede deuten auf quantitativ charakterisierte Vorgänge hin, welche aber direkter Beobachtung, respektive Messung, unzugänglich sind. Während die psychologische Feststellung im wesentlichen qualitativ ist, besitzt sie aber auch eine sozusagen latente «physikalische» Energetik, denn die psychischen Phänomene lassen einen gewissen quantitativen Aspekt erkennen. Könnten diese Quantitäten irgendwie gemessen werden, so müßte die Psyche als etwas im Raume Bewegtes, auf das die Energieformel Anwendung hat, erscheinen; das heißt da Masse und Energie gleichen Wesens sind, so müßten der Psyche, insofern diese überhaupt im Raum feststellbare Wirkungen hat, Masse und Geschwindigkeit adäquate Begriffe sein; mit anderen Worten, sie müßte einen Aspekt besitzen, unter welchem sie als *bewegte Masse* erscheint. Wenn man in bezug auf physisches und psychisches Geschehen nicht direkt eine prästabilierte Harmonie postulieren will, so kann es nur eine interactio sein. Letztere Hypothese fordert aber eine Psyche, welche irgendwie die Materie berüht, und umgekehrt, eine Materie mit *latenter Psyche,* von welchem Postulat gewisse Formulierungen der modernen Physik nicht mehr allzu weit entfernt sind (EDDINGTON, JEANS und andere). Ich muß in diesem Zusammenhang an das Vorhandensein parapsychischer Phänomene erinnern, deren Wirklichkeitswert allerdings nur von denen anerkannt werden kann, welche Gelegenheit zu genügender eigener Beobachtung hatten.

Bestehen diese Überlegungen zu Recht, so würden sich daraus folgenschwere Schlüsse für das Wesen der Psyche ergeben, indem dann deren Objektivität nicht nur in engstem Zusammenhang mit den physiologischen und biologischen Phänomenen, sondern auch mit den physikalischen stünde, und zwar, wie es scheint, zu allermeist mit denjenigen der Atomphysik. Wie aus meiner Darlegung ersichtlich sein dürfte, handelt es sich vorerst bloß um die Feststellung gewisser Analogien, aus deren Vorhandensein man ja nicht etwa den Schluß ziehen darf, daß damit ein Zusammenhang schon nachgewiesen wäre. Bei dem gegenwärtigen Stand der physikalischen sowohl wie der psychologischen Erkenntnis muß man sich mit der bloßen Ähnlichkeit gewisser grundsätzlicher Überlegungen begnügen. Die bestehenden Analogien sind aber als solche bedeutend genug, um ihre Hervorhebung zu rechtfertigen.

Über die Archetypen des kollektiven Unbewußten

Die Hypothese eines kollektiven Unbewußten gehört zu jenen Begriffen, die zuerst das Publikum befremden, dann aber bald als geläufige Vorstellungen in dessen Besitz und Gebrauch übergehen, wie dies mit dem Begriff des Unbewußten überhaupt geschehen ist. Nachdem die philosophische Idee des Unbewußten, wie sie sich hauptsächlich bei C. G. CARUS und E. v. HARTMANN findet, unter der überbordenden Woge des Materialismus und Empirismus, ohne erhebliche Spuren zu hinterlassen, untergegangen war, tauchte sie innerhalb der naturwissenschaftlich orientierten, medizinischen Psychologie wieder allmählich auf.

Zunächst beschränkte sich der Begriff des Unbewußten darauf, den Zustand verdrängter oder vergessener Inhalte zu bezeichnen. Bei FREUD ist das Unbewußte, obschon es – wenigstens metaphorisch – bereits als handelndes Subjekt auftritt, im wesentlichen nichts als der Sammelort eben dieser vergessenen und verdrängten Inhalte und hat nur vermöge dieser eine praktische Bedeutung. Dementsprechend ist es nach dieser Ansicht ausschließlich persönlicher Natur[1], obschon andererseits schon FREUD die archaisch-mythologische Denkweise des Unbewußten gesehen hat.

Eine gewissermaßen oberflächliche Schicht des Unbewußten ist zweifellos persönlich. Wir nennen sie das *persönliche Unbewußte.* Dieses ruht aber auf einer tieferen Schicht, welche nicht mehr persönlicher Erfahrung und Erwerbung entstammt, sondern angeboren ist. Diese tiefere Schicht ist das sogenannte *kollektive Unbewußte.* Ich habe den Ausdruck «kollektiv» gewählt, weil dieses Unbewußte nicht individueller, sondern allgemeiner Natur ist, das heißt es hat im Gegensatz zur persönlichen Psyche Inhalte und Verhaltensweisen, welche überall und in allen Individuen cum grano salis die gleichen sind. Es ist, mit anderen Worten, in allen Menschen sich selbst identisch und bildet damit eine in jedermann vorhandene, allgemeine seelische Grundlage überpersönlicher Natur.

Seelische Existenz wird nur erkannt am Vorhandensein *bewußtseinsfähiger Inhalte.* Wir können darum nur insofern von einem Unbewußten sprechen, als wir Inhalte desselben nachzuweisen vermögen. Die Inhalte des persönlichen Unbewußten sind in der Hauptsache die sogenannten *gefühlsbetonten Komplexe,* welche die persönliche Intimität des seelischen Lebens ausmachen. Die Inhalte des kollektiven Unbewußten dagegen sind die sogenannten *Archetypen.*

Der Ausdruck «archetypus» findet sich schon bei PHILO IUDAEUS[2] mit Bezug auf die imago Dei im Menschen. Ebenso bei IRENAEUS[3], wo es heißt: «Mundi fabricator non a semetipso fecit haec, sed de alienis archetypis transtulit.» Im *Corpus Hermeticum*[4] wird Gott τὸ ἀρχέτυπον φῶς [das archetypische Licht] genannt. Bei DIONYSIUS AREOPAGITA kommt der Ausdruck mehrfach vor, so *«De caelesti hierarchia»*[5]: αἱ ἀύλαι ἀρχετυπίαι [die unstofflichen Archetypen], ebenso *«De divinis nominibus»*[6]. Bei AUGUSTINUS findet sich zwar der Ausdruck archetypus nicht, wohl aber die Idee, so *«De diversis quaestionibus»:* «Ideen, ... die selbst nicht geformt sind ... die enthalten sind im göttlichen Wissen[7]. «Archetypus» ist eine erklärende Umschreibung des Platonischen εἶδος. Für unsere Zwecke ist diese Bezeichnung treffend und hilfreich, denn sie besagt, daß es sich bei den kollektiv-unbewußten Inhalten um altertümliche oder – besser noch – um urtümliche Typen, das heißt seit alters vorhandene allgemeine Bilder handelt. Ohne Schwierigkeit ließe sich der Ausdruck «représentations collectives», welchen LÉVY-BRUHL zur Bezeichnung der symbolischen Figuren der primitiven Weltanschauung gebraucht, auch auf die unbewußten Inhalte anwenden, denn es betrifft beinahe die gleiche Sache. Primitive Stammeslehren nämlich handeln von Archetypen in spezieller Abwandlung. Allerdings sind sie hier nicht mehr Inhalte des Unbewußten, sondern haben sich bereits in bewußte Formeln verwandelt, welche traditionsmäßig gelehrt werden, meistens in Form der Geheimlehre, welche überhaupt ein typischer Ausdruck der Übermittlung kollektiver, ursprünglich dem Unbewußten entstammender Inhalte ist.

Ein anderer, wohlbekannter Ausdruck der Archetypen sind der Mythus und das Märchen. Aber auch hier handelt es sich um spezifisch geprägte Formen, welche durch lange Zeiträume übermittelt wurden. Der Begriff «Archetypus» paßt daher nur mittelbar auf die «représentations collectives», indem er nämlich nur jene psychischen Inhalte bezeichnet, welche noch keiner bewußten Bearbeitung unterworfen waren, mithin also eine noch unmittelbare seelische Gegebenheit darstellen. Als solche differiert der Archetypus nicht unerheblich von der historisch gewordenen oder herausgearbeiteten Formel. Namentlich auf höheren Stufen der Geheimlehren erscheinen die Archetypen in einer Fassung, welche den urteilenden und bewertenden Einfluß der bewußten Bearbeitung in der Regel unmißverständlich aufweist. Ihre unmittelbare Erscheinung dagegen, wie sie uns in Träumen und Visionen entgegentritt, ist viel individueller, unverständlicher oder naiver als zum Beispiel im Mythus. Der Archetypus stellt wesentlich einen unbewußten Inhalt dar, welcher durch seine Bewußtwerdung und das Wahrgenommensein verändert wird, und zwar im Sinne des jeweiligen individuellen Bewußtseins, in welchem er auftaucht[8].

Was mit «Archetypus» gemeint ist, ist durch dessen eben dargelegte Beziehung zu Mythus, Geheimlehre und Märchen wohl deutlich gesagt. Versuchen wir dagegen, *psychologisch* zu ergründen, was ein Archetypus ist, so wird die Sache komplizierter. Man hat sich in der Mythenforschung bisher immer mit solaren, lunaren, meteorologischen, Vegetations- und anderen Hilfsvorstellungen begnügt. Daß die Mythen aber in erster Linie psychische Manifestationen sind, welche das Wesen der Seele darstellen, darauf hat man sich bisher so gut wie gar nicht eingelassen. An einer objektiven Erklärung der offenkundigen Dinge liegt dem Primitiven zunächst wenig, dagegen hat er ein unabweisbares Bedürfnis, oder besser gesagt, hat seine unbewußte Seele einen unüberwindlichen Drang, alle äußere Sinneserfahrung an seelisches Geschehen zu assimilieren. Es genügt dem Primitiven nicht, die Sonne auf- und untergehen zu sehen, sondern diese äußere Beobachtung muß zugleich auch ein seelisches Geschehen sein, das heißt die Sonne muß in ihrer Wandlung das Schicksal eines Gottes oder Helden darstellen, der, im Grunde genommen, nirgends anders wohnt als in der Seele des Menschen. Alle mythisierten Naturvorgänge, wie Sommer und Winter, Mondwechsel, Regenzeiten usw., sind nichts weniger als Allegorien[9] eben dieser objektiven Erfahrungen, sondern vielmehr symbolische Ausdrücke für das innere und unbewußte Drama der Seele, welches auf dem Wege der Projektion, das heißt gespiegelt in den Naturereignissen, dem menschlichen Bewußtsein faßbar wird. Die Projektion ist dermaßen gründlich, daß es einiger Jahrtausende Kultur bedurfte, um sie auch nur einigermaßen vom äußeren Objekt abzutrennen. Im Falle der Astrologie zum Beispiel kam es sogar zu einer absoluten Verketzerung dieser uralten «scientia intuitiva», weil man es nicht fertigbrachte, die psychologische Charakterologie von den Sternen abzutrennen. Und wer heute noch oder wieder an Astrologie glaubt, der verfällt fast in der Regel wiederum der alten superstitiösen Annahme von Gestirnseinflüssen, obschon jeder, der ein Horoskop berechnen kann, wissen sollte, daß seit den Tagen des HIPPARCHOS VON ALEXANDRIEN der Frühlingspunkt auf 0° Aries festgesetzt ist, daß mithin jedes Horoskop auf einem arbiträren Tierkreis beruht, weil eben seit HIPPARCHOS infolge der Präzession der Tag- und Nachtgleichen der Frühlingspunkt allmählich in die Anfangsgrade der Pisces vorgerückt ist.

Der primitive Mensch ist von so eindrucksvoller Subjektivität, daß es eigentlich die allererste Vermutung hätte sein sollen, die Mythen auf Seelisches zu beziehen. Seine Naturerkenntnis ist wesentlich Sprache und äußere Bekleidung des unbewußten Seelenvorganges. Darin, daß letzterer unbewußt ist, liegt der Grund, warum man zur Erklärung des Mythus an alles andere eher als an die Seele gedacht hat. Man hat ganz einfach nicht gewußt, daß die Seele alle jene Bilder enthält, aus denen Mythen je entstanden sind, und daß unser Unbewußtes ein handelndes und erleidendes Subjekt ist, dessen Drama der primitive Mensch in allen großen und kleinen Naturvorgängen analogisch wiederfindet[10].

«In deiner Brust sind deines Schicksals Sterne», sagt Seni zu Wallenstein[11], womit aller Astrologie Genüge getan wäre, wenn man nur einiges um dieses Geheimnis des Herzens wüßte. Dafür aber hatte man bisher geringes Verständnis. Daß es heutzutage damit prinzipiell besser stehe, wage ich nicht zu behaupten.

Die Stammeslehre ist heilig-gefährlich. Alle Geheimlehren suchen das unsichtbare Geschehen der Seele zu erfassen, und alle beanspruchen für sich höchste Autorität. Was für diese primitiven Lehren wahr ist, das gilt in noch höherem Maße von den herrschenden Weltreligionen. Sie enthalten ursprünglich geheimes Offenbarungswissen und haben die Geheimnisse der Seele in herrlichen Bildern ausgedrückt. Ihre Tempel und ihre heiligen Schriften verkünden in Bild und Wort die altgeheiligte Lehre, jedem gläubigen Gemüt, jeder empfindsamen Anschauung und jeder denkerischen Ausschöpfung zugänglich. Ja, man muß sogar sagen: je schöner, je großartiger, je umfassender das gewordene und übermittelte Bild ist, desto weiter ist es der individuellen Erfahrung entrückt. Wir können es nur noch einfühlen und anempfinden, aber die Urerfahrung ist verloren.

Warum ist Psychologie wohl die allerjüngste der Erfahrungswissenschaften? Warum hat man das Unbewußte nicht schon längst entdeckt und seinen Schatz an ewigen Bildern gehoben? Ganz einfach darum nicht, weil wir eine religiöse Formel für alle Dinge der Seele hatten, die weit schöner und umfassender ist als unmittelbare Erfahrung. Wenn für viele die christliche Anschauungswelt verblaßt ist, so sind dafür die symbolischen Schatzkammern des Ostens noch voll von Wundern, welche die Lust am Schauen und an neuen Kleidern auf lange Zeit hinaus nähren können. Und überdies sind diese Bilder – seien sie nun christlich oder buddhistisch oder irgendetwas anderes – schön, geheimnisvoll und ahnungsreich. Allerdings, je gewohnter sie uns sind, desto mehr hat der häufige Gebrauch sie abgeschliffen, so daß nur ihre banale Äußerlichkeit in ihrer fast sinnlosen Paradoxie übriggeblieben ist. Das Geheimnis der jungfräulichen Geburt oder der Homoousie des Sohnes mit dem Vater, oder die Trinität, die keine Triade ist, beflügeln keine philosophische Phantasie mehr. Sie sind bloße Glaubensobjekte geworden. Es ist daher nicht erstaunlich, wenn das religiöse Bedürfnis, der gläubige Sinn und die philosophische Spekulation des gebildeten Europäers sich von den Symbolen des Ostens, den grandiosen Auffassungen der Gottheit in Indien und den Abgründen taoistischer Philosophie in China angezogen fühlen, wie einstmals das Gemüt und der Geist des antiken Menschen von den christlichen Ideen erfaßt wurden. Es gibt viele, die sich zuerst der Einwirkung des christlichen Symbols hingaben, bis sie sich in die Kierkegaardsche Neurose verwickelten, oder bis ihr Verhältnis zu Gott, infolge zunehmender Verarmung an Symbolik, zu einer unerträglich zugespitzten Ich-Du-Beziehung sich entwickelte, um dann dem Zauber der frischen Fremdartigkeit östlicher Symbole zu erliegen. Dieses Erliegen ist nicht notwendigerweise stets eine Niederlage, sondern es kann die Aufgeschlossenheit und die Lebendigkeit des religiösen Empfindens beweisen. Wir beobachten etwas Ähnliches beim östlichen Gebildeten, der sich nicht allzuselten vom christlichen Symbol oder von der dem östlichen Geiste so inadäquaten Wissenschaft angezogen fühlt und sogar ein beneidenswertes Verständnis dafür entwickelt. Daß man diesen ewigen Bildern erliegt, ist eine an sich normale Sache. Dafür sind diese Bilder ja vorhanden. Sie sollen anziehen, überzeugen, faszinieren und überwältigen. Sie sind ja aus dem Urstoff der Offenbarung geschaffen und bilden die jeweils erstmalige Erfahrung der Gottheit ab. Darum erschließen sie dem Menschen auch immer die Ahnung des Göttlichen und sichern ihn zugleich vor der unmittelbaren Erfahrung desselben. Diese Bilder sind, dank einem oft jahrhundertelangen Bemühen des menschlichen Geistes, in ein umfassendes System weltordnender Gedanken eingebettet und zugleich durch eine mächtige, ausgebreitete, altehrwürdige Institution, genannt Kirche, dargestellt.

Was ich meine, illustriere ich wohl am besten am Beispiel eines schweizerischen Mystikers und Einsiedlers, des jüngst kanonisierten Bruders NIKLAUS VON FLÜE[12]. Sein wohl wichtigstes Erlebnis war die sogenannte Dreifaltigkeitsvision, welche ihn dermaßen beschäftigte, daß er sie auch auf die Wand seiner Zelle malte oder malen ließ. Die Vision ist dargestellt auf einem in der Pfarrkirche von Sachseln aufbewahrten, zeitgenössischen Gemälde: es ist ein sechsfach geteiltes Mandala, dessen Zentrum das gekrönte Antlitz Gottes ist. Wir wissen, daß BRUDER KLAUS an Hand des illustrierten Büchleins eines deutschen Mystikers dem Wesen seiner Vision nachforschte und sich bemühte, sein Urerlebnis in eine ihm verständliche Form zu bringen. Damit beschäftigte er sich jahrelang. Dies ist, was ich als «Bearbeitung» des Symbols bezeichne. Sein Nachdenken über das Wesen der Vision, beeinflußt durch die mystischen Diagramme seines Leitfadens, führte notwendigerweise zum Schlusse, daß er die heilige Dreifaltigkeit selber gesehen haben müsse, also das «summum bonum», die ewige Liebe selber. Dem entspricht auch die abgeklärte Darstellung in Sachseln.

Das Urerlebnis aber war ganz anders. In der Entzückung nämlich tat sich dem Bruder ein Anblick auf, so furchtbar, daß sich dadurch sein eigenes Angesicht veränderte, und zwar in solcher Art, daß die Leute darob erschraken und Furcht vor ihm empfanden. Was er nämlich gesehen hatte, war eine Vision von höchster Intensität. Darüber schreibt WOELFLIN: «Alle, die zu ihm kamen, wurden beim ersten Anblick von großem Schrecken erfüllt. Über die Ursache dieses Schreckens pflegte er selber zu sagen, daß er ein durchdringendes Licht gesehen, das ein menschliches Antlitz vorstellte. Bei seinem Anblick habe er gefürchtet, sein Herz möchte ihm in kleine Stücke zerspringen. Deshalb habe er, von Schrekken befallen, sein Antlitz sofort abgewendet und sei auf die Erde gestürzt. Darum sei sein Antlitz jetzt den andern schreckhaft[13].»

Sehr mit Recht wird diese Vision mit derjenigen von *Apokalypse* 1, 13 ff. in Beziehung gesetzt[14], nämlich mit jenem eigenartigen apokalyptischen Christusbild, das in puncto Unheimlichkeit und Ungewöhnlichkeit nur noch von dem monströsen siebenäugigen Lamm mit den sieben Hörnern (*Apokalypse* 5, 6f.) übertroffen wird. Diese Figur steht mit dem Christus der Evangelien in einem schwer zu verstehenden Verhältnis. Schon früh wurde daher diese Vision von der Tradition in bestimmter Weise gedeutet. So schreibt der Humanist KARL BOVILIUS 1508 an einen Freund: «Ich will ein Gesicht berichten, das ihm einst in sternheller Nacht, als er dem Gebet und der Betrachtung oblag, am Himmel erschien. Er sah nämlich die Gestalt eines menschlichen Antlitzes, mit schreckhaftem Gesichtsausdruck voll Zorn und Drohungen» usw.[15]

Diese Deutung stimmt trefflich mit der modernen Amplifikation durch *Apokalypse* 1, 13 zusammen[16]. Auch darf man die anderen Visionen nicht vergessen, zum Beispiel Christus in der Bärenhaut, Herr und Frau Gott und der Bruder Niklaus als Sohn usw. Sie zeigen zum Teil sehr undogmatische Züge.

Mit dieser großen Vision wurde traditionsgemäß das Dreifaltigkeitsbild in der Kirche von Sachseln und ebenso die Radsymbolik im sogenannten *Pilgertraktat*[17] in Beziehung gesetzt: Bruder Niklaus zeigte dem ihn besuchenden Pilger das Radbild. Offenbar hatte ihn dieses Bild beschäftigt. BLANKE ist der Ansicht, daß, entgegen der Tradition, zwischen der Vision und dem Dreifaltigkeitsbild kein Zusammenhang bestehe[18]. Mir scheint, daß dieser Skeptizismus etwas zu weit geht. Das Interesse des Bruders für das Radbild muß einen Grund gehabt haben. Derartige Visionen bewirken häufig Verwirrung und Auflösung (das Herz, das in «Stücke zerspringt»). Die Erfahrung lehrt, daß der «hegende Kreis», das Mandala, das althergebrachte Antidot für chaotische Geisteszustände ist. Es ist darum nur allzu begreiflich, daß der Bruder vom Radsymbol fasziniert war. Die Deutung der Schreckensvision als Gotteserlebnis dürfte ebenfalls nicht abwegig sein. Der Zusammenhang zwischen der großen Vision und dem Sachseler Dreifaltigkeitsbild beziehungsweise dem Radsymbol erscheint mir darum auch aus inneren, psychologischen Gründen als sehr wahrscheinlich.

Diese ganz ohne Zweifel schreckenerregende Vision, welche ohne dogmatische Einleitung und ohne exegetischen Kommentar vulkanisch in die religiöse Anschauungswelt des Bruders eingebrochen war, bedurfte natürlicherweise einer längeren Angleichungsarbeit, um sie der Seele und ihrer Gesamtschau einzuordnen und damit das gestörte Gleichgewicht wieder herzustellen. Die Auseinandersetzung mit diesem Erlebnis erfolgte auf dem damals felsenfesten Boden des Dogmas, welches seine assimilierende Kraft dadurch bewies, daß es das furchtbare Lebendige rettend in die schöne Anschaulichkeit der Trinitätsidee verwandelte. Die Auseinandersetzung hätte aber auch auf dem ganz anderen Boden der Vision selber und ihrer unheimlichen Tatsächlichkeit erfolgen können, wahrscheinlich zum Nachteil des christlichen Gottesbegriffes und zum unzweifelhaft noch größeren Nachteil des Bruders selbst, der nämlich dann nicht ein Heiliger, sondern vielleicht ein Ketzer (wenn nicht gar ein Kranker) geworden wäre und sein Leben vielleicht auf dem Scheiterhaufen beendet hätte.

Dieses Beispiel zeigt die Nützlichkeit des dogmatischen Symbols: Es formuliert ein ebenso gewaltiges wie gefährlich-entscheidendes seelisches Erlebnis, das um seiner Übermacht willen mit Recht als «Gotteserfahrung» bezeichnet wird, in einer dem menschlichen Auffassungsvermögen erträglichen Art und Weise, ohne den Umfang des Erlebten wesentlich zu beeinträchtigen, noch dessen überragender Bedeutung schädlichen Abbruch zu tun. Das Gesicht des göttlichen Zornes, dem wir – in gewissem Sinne – auch bei JACOB BÖHME begegnen, will sich schlecht mit dem neutestamentlichen Gott, dem liebenden Vater im Himmel, einen, weshalb es leicht zur Quelle eines inneren Konfliktes hätte werden können. Dergleichen hätte sogar im Geist der Zeit gelegen – Ende des 15. Jahrhunderts, der Zeit eines NICOLAUS CUSANUS, welcher durch die Formel der «complexio oppositorum» dem drohenden Schisma vorgreifen wollte! Nicht lange danach erlebte der jahwistische Gottesbegriff eine Reihe von Wiedergeburten im Protestantismus. Jahwe ist ein Gottesbegriff, der noch ungetrennte Gegensätze enthält.

BRUDER KLAUS hat sich außerhalb der Gewohnheit und des Hergebrachten gestellt, indem er Haus und Familie verließ, lange allein lebte und tief in den dunklen Spiegel blickte, so daß ihm das Wunder- und Furchtbare der Urerfahrung geschah. In dieser Situation wirkte das durch viele Jahrhunderte entwickelte dogmatische Bild der Gottheit wie ein rettender Heiltrank. Es half ihm, den fatalen Einbruch eines archetypischen Bildes zu assimilieren und damit seiner eigenen Zerreißung zu entgehen. ANGELUS SILESIUS war nicht so glücklich; ihn hat der innere Kontrast zersetzt, denn zu seiner Zeit war die Festigkeit der Kirche, welche das Dogma garantiert, bereits erschüttert.

Jacob Böhme kennt einen Gott des «Zornfeuers», einen wahren absconditus. Aber er vermochte den tief empfundenen Gegensatz einerseits durch die christliche Formel Vater-Sohn zu überbrücken und seiner zwar gnostischen, aber in allen wesentlichen Punkten doch christlichen Weltanschauung spekulativ einzugliedern, sonst wäre er zum Dualisten geworden. Andererseits ist ihm zweifellos die Alchemie, welche schon lange im geheimen die Gegensatzvereinigung vorbereitete, zu Hilfe gekommen. Immerhin hat der Gegensatz in seinem Mandala, welches den «Vierzig Fragen über die Seele»[19] beigegeben ist und das Wesen der Gottheit darstellt, noch deutliche Spuren hinterlassen, indem dieses in eine dunkle und eine helle Hälfte geteilt ist, und die entsprechenden Halbkreise, statt sich zu schließen, den Rücken gegeneinander kehren[20].

Das Dogma ersetzt das kollektive Unbewußte, indem es dieses in weitem Umfang formuliert. Die katholische Lebensform kennt daher eine psychologische Problematik in diesem Sinne prinzipiell nicht. Das Leben des kollektiven Unbewußten ist fast restlos in den dogmatischen, archetypischen Vorstellungen aufgefangen und fließt als gebändigter Strom in der Symbolik des Credo und des Rituals. Sein Leben offenbart sich in der Innerlichkeit der katholischen Seele. Das kollektive Unbewußte, so wie wir es heute kennen, war überhaupt nie psychologisch, denn vor der christlichen Kirche gab es antike Mysterien, welche sich bis in die graue Vorzeit des Neolithikums hinauf erstreckten. Nie gebrach es der Menschheit an kräftigen Bildern, welche magischen Schutz verliehen gegen das unheimlich Lebendige der Seelentiefe. Immer waren die Gestalten des Unbewußten durch schützende und heilende Bilder ausgedrückt und damit hinausgewiesen in den kosmischen, außerseelischen Raum.

Der Bildersturm der Reformation hat aber wortwörtlich eine Bresche in den Schutzwall der heiligen Bilder geschlagen, und seitdem bröckelte eines nach dem anderen ab. Sie wurden mißlich, denn sie kollidierten mit der erwachenden Vernunft. Zudem hatte man schon längst zuvor vergessen, was sie meinten. Hatte man es wirklich vergessen? Oder hatte man vielleicht überhaupt nie gewußt, was sie bedeuteten, und fiel es vielleicht erst in neuerer Zeit der protestantischen Menschheit auf, daß man eigentlich doch gar nicht wisse, was mit der jungfräulichen Geburt, der Gottheit Christi oder den Komplexitäten der Dreieinigkeit gemeint sein soll? Fast scheint es so, als ob diese Bilder bloß gelebt hätten, und als ob ihre lebendige Existenz einfach hingenommen worden wäre, ohne Zweifel und ohne Reflexion, etwa so, wie alle Leute Weihnachtsbäume schmükken und Ostereier verstecken, ohne überhaupt je zu wissen, was die Gebräuche bedeuten. Archetypische Bilder sind eben a priori so bedeutungsvoll, daß man schon gar nie danach fragt, was sie eigentlich meinen könnten. Darum sterben von Zeit zu Zeit die Götter, weil man plötzlich entdeckt, daß sie nichts bedeuten, daß sie von Menschenhand gemachte, aus Holz und Stein geformte Nichtsnutzigkeiten sind. In Wirklichkeit hat der Mensch dabei nur entdeckt, daß er bis dahin über seine Bilder überhaupt nichts gedacht hat. Und wenn er anfängt, darüber zu denken, so tut er es unter Beihilfe dessen, was er «Vernunft» nennt, was aber in Wirklichkeit nichts anderes ist als die Summe seiner Voreingenommenheiten und Kurzsichtigkeiten.

Die Entwicklungsgeschichte des Protestantismus ist ein chronischer Bildersturm. Eine Mauer um die andere fiel. Und allzu schwierig war die Zerstörung auch nicht, nachdem die Autorität der Kirche einmal erschüttert war. Wir wissen, wie im großen und im kleinen, im allgemeinen und im einzelnen, Stück um Stück zerfiel, und wie die jetzt herrschende, erschreckende Symbolarmut zustande kam. Damit ist auch die Kraft der Kirche geschwunden; eine Festung, die ihrer Bastionen und Kasematten beraubt ist; ein Haus, dessen Wände herausgebrochen sind, allen Winden der Welt und aller Gefährdung preisgegeben. Eigentlich ein beklagenswerter Zusammenbruch, welcher das historische Gefühl schmerzt, ist doch die Aufsplitterung des Protestantismus in einige hundert Denominationen ein untrügliches Zeichen dafür, daß die Beunruhigung anhält.

Der protestantische Mensch ist eigentlich in eine Schutzlosigkeit hinausgestoßen, vor der es dem natürlichen Menschen grauen könnte. Das aufgeklärte Bewußtsein will allerdings davon nichts wissen, sucht aber in aller Stille anderswo, was in Europa verloren ging. Man forscht nach den wirkenden Bildern, den Anschauungsformen, welche die Beunruhigung von Herz und Sinn befriedigen, und findet die Schätze des Ostens.

An und für sich ist dagegen nichts einzuwenden. Niemand hat die Römer gezwungen, asiatische Kulte als Massenartikel zu importieren. Hätte den germanischen Völkern das sogenannte artfremde Christentum wirklich zutiefst nicht gepaßt, so hätten sie es leicht wieder abstoßen können, als das Prestige der römischen Legionen verblichen war. Es ist aber geblieben, denn es entspricht der vorhandenen archetypischen Vorlage.

Aber es ist im Laufe der Jahrhunderte zu etwas geworden, worüber sich sein Stifter nicht schlecht gewundert hätte, hätte er es noch erlebt; und wie das Christentum der Neger und der Indianer beschaffen ist, gäbe auch einigen Anlaß zu historischen Betrachtungen. Warum also sollte der Westen nicht östliche Formen assimilieren? Die Römer gingen ja auch nach Eleusis, Samothrake und Ägypten, um sich einweihen zu lassen. In Ägypten scheint es sogar eine richtige Touristik dieser Art gegeben zu haben.

Die Götter von Hellas und Rom gingen an der gleichen Krankheit zugrunde wie unsere christlichen Symbole: damals wie heute entdeckten die Menschen, daß sie sich nichts darunter gedacht hatten. Die Götter der Fremden hingegen hatten noch unverbrauchtes Mana. Ihre Namen waren seltsam und unverständlich und ihre Taten ahnungsreich dunkel, ganz anders als die ausgeleierte chronique scandaleuse des Olymp. Die asiatischen Symbole verstand man wenigstens nicht, und deshalb waren sie nicht banal wie die altgewohnten Götter. Daß man das Neue aber ebenso unbesehen übernahm, wie man das Alte weggelegt hatte, wurde damals nicht zum Problem.

Wird es heute Problem? Werden wir fertige Symbole, gewachsen auf exotischem Boden, durchtränkt mit fremdem Blut, gesprochen in fremden Zungen, genährt von fremder Kultur, gewandelt in fremder Geschichte, anziehen können wie ein neues Kleid? Ein Bettler, der sich in königliches Gewand hüllt; ein König, der sich als Bettler verkleidet? Ohne Zweifel, es ist möglich. Oder gibt es in uns irgendwo einen Befehl, keinen Mummenschanz zu treiben, sondern vielleicht sogar unser Gewand selber zu nähen?

Ich bin überzeugt, daß die zunehmende Verarmung an Symbolen einen Sinn hat. Diese Entwicklung hat eine innere Konsequenz. Alles, worüber man sich nichts dachte und was dadurch eines sinngemäßen Zusammenhanges mit dem sich ja weiterentwickelnden Bewußtsein ermangelte, ist verlorengegangen. Wenn man nun versuchte, seine Blöße mit orientalischen Prunkgewändern zu verhüllen, wie es die Theosophen tun, so würde man seiner eigenen Geschichte untreu. Man wirtschaftet sich nicht zuerst zum Bettler hinunter, um nachher als indischer Theaterkönig zu posieren. Weit besser schiene es mir, sich entschlossen zur geistlichen Armut der Symbollosigkeit zu bekennen, statt sich ein Besitztum vorzutäuschen, dessen legitime Erben wir auf keinen Fall sind. Wohl sind wir die rechtmäßigen Erben der christlichen Symbolik, aber dieses Erbe haben wir irgendwie vertan. Wir haben das Haus zerfallen lassen, das unsere Väter gebaut, und versuchen nun, in orientalische Paläste einzubrechen, die unsere Väter nie kannten. Wer die historischen Symbole verloren hat und sich mit «Ersatz» nicht begnügen kann, ist heute allerdings in einer schwierigen Lage: vor ihm gähnt das Nichts, vor dem man sich mit Angst abwendet. Schlimmer noch: das Vakuum füllt sich mit absurden politischen und sozialen Ideen, die sich allesamt durch geistige Öde auszeichnen. Wer sich aber mit dieser schulmeisterlichen Besserwisserei nicht abfinden kann, sieht sich gezwungen, von seinem sogenannten Gottvertrauen ernstlich Gebrauch zu machen, wobei es sich dann allerdings meist herausstellt, daß die Angst noch überzeugender ist. Sie ist allerdings nicht unberechtigt, denn, wo Gott am nächsten, scheint die Gefahr am größten zu sein. Es ist nämlich gefährlich, sich zur geistlichen Armut zu bekennen; denn wer arm ist, begehrt, und wer begehrt, zieht ein Schicksal auf sich. Ein schweizerisches Sprichwort sagt es drastisch: «Hinter jedem Reichen steht ein Teufel, und hinter jedem Armen – zwei.»

Wie im Christentum das Gelöbnis der weltlichen Armut den Sinn von den Gütern der Welt abwandte, so will auch die geistliche Armut den falschen Reichtümern des Geistes entsagen, um sich zurückzuziehen, nicht nur von den kärglichen Überresten einer großen Vergangenheit, welche sich heute protestantische «Kirche» nennen, sondern auch von allen Lockungen des exotischen Geruches, um bei sich einzukehren, wo im kalten Lichte des Bewußtseins sich die Kahlheit der Welt bis zu den Gestirnen weitet.

Wir haben diese Armut von unseren Vätern schon ererbt. Ich erinnere mich noch wohl an meinen Konfirmationsunterricht, den ich von meinem eigenen Vater empfing. Der Katechismus langweilte mich unaussprechlich. Ich blätterte einmal in dem kleinen Büchlein, um irgendetwas Interessantes zu finden, und mein Blick fiel auf den Paragraphen über die Dreieinigkeit. Das interessierte mich, und ich erwartete mit Ungeduld, bis der Unterricht zu jenem Abschnitt vorrückte. Als nun die ersehnte Stunde kam, sagte mein Vater: «Diesen Abschnitt wollen wir überschlagen, ich begreife selber nichts davon.» Damit war meine letzte Hoffnung begraben. Ich bewunderte zwar die Ehrlichkeit meines Vaters, was mir aber über die Tatsache nicht hinweghalf, daß von da an alles religiöse Gerede mich tödlich langweilte.

Unser Intellekt hat Ungeheures geleistet, derweilen unser geistliches Haus zerfallen ist. Wir sind gründlichst davon überzeugt, daß man auch mit dem neuesten und größten Reflektor, der in Amerika gebaut wird, hinter den fernsten Sternennebeln kein Empyreum entdecken wird, und wir wissen, daß unser Blick verzweifelt durch die tote Leere unermeßlicher Erstreckungen irren wird. Und es wird nicht besser, wenn uns die Welt des unendlich Kleinen durch die mathematische Physik enthüllt wird. Schließlich graben wir die Weisheit aller Zeiten und Völker aus und finden, daß alles Teuerste und Kostbarste schon längst in schönster Sprache gesagt ist. Man streckt wie begehrliche Kinder die Hände danach und meint, wenn man es greife, so habe man es auch. Aber was man hat, gilt nicht mehr, und die Hände werden müde vom Greifen, denn Reichtum liegt überall, so weit der Blick sich breitet. All dieser Besitz wird zu Wasser, und mehr als ein Zauberlehrling ist in diesen selbst gerufenen Gewässern schließlich ertrunken, wenn er nicht vorher dem rettenden Wahn verfiel, daß diese Weisheit gut und jene schlecht sei. Aus diesen Adepten entstehen jene beängstigenden Kranken, welche eine prophetische Mission zu haben glauben. Denn durch die künstliche Trennung von wahrer und falscher Weisheit entsteht eine solche Spannung der Seele und daraus eine solche Einsamkeit und Sucht wie die des Morphinisten, der immer Gefährten seines Lasters zu finden hofft.

Wenn unser natürliches Erbe sich verflüchtigt hat, so ist, um mit HERAKLIT zu sprechen, auch aller Geist aus seiner feurigen Höhe heruntergestiegen. Wenn aber der Geist schwer wird, so wird er zu Wasser, und der Intellekt hat, in luziferischer Überhebung, sich des Sitzes, auf dem der Geist einst thronte, bemächtigt. Der Geist wohl darf sich die «patris potestas» über die Seele anmaßen, nicht aber der erdgeborene Intellekt, der ein Schwert oder ein Hammer des Menschen ist und nicht ein Schöpfer geistiger Welten, ein Vater der Seele. KLAGES hat hier wohl gezielt, und SCHELERS Retablierung des Geistes war bescheiden genug, denn beide gehören einer Weltzeit an, wo Geist nicht mehr oben, sondern unten, nicht mehr Feuer, sondern Wasser ist.

Der Weg der Seele, die, wie Sophia den Bythos, den verlorenen Vater sucht, führt darum zum Wasser, zu jenem dunkeln Spiegel, der in ihrem Grunde ruht. Wer immer den Stand der geistlichen Armut, das wahre Erbe eines konsequent zu Ende gelebten Protestantismus, für sich erkoren hat, gelangt auf den Weg der Seele, der zum Wasser führt. Dieses

Wasser nun ist kein metaphorisches Gerede, sondern lebendiges Symbol für die dunkle Psyche. Ich illustriere dies wohl am besten an einem konkreten Beispiel, das an Stelle vieler stehen möge:

Ein protestantischer Theologe träumte öfters denselben Traum, *er stehe an einem Abhang, unten liegt ein tiefes Tal und darin ein dunkler See. Er weiß im Traum, daß ihn bisher immer etwas abgehalten hatte, sich dem See zu nähern. Dieses Mal beschließt er nun, zum Wasser zu gehen. Wie er sich dem Ufer nähert, wird es dunkel und unheimlich, und plötzlich huscht ein Windstoß über die Fläche des Wassers. Da packt ihn eine panische Angst,* und er erwacht.

Dieser Traum zeigt die natürliche Symbolik. Der Träumer steigt in seine eigene Tiefe hinunter, und der Weg führt ihn zum geheimnisvollen Wasser. Und hier geschieht das Wunder des Teiches von Bethesda: ein Engel kommt herunter und berührt das Wasser, welches dadurch Heilkraft erlangt. Im Traum ist es der Wind, das Pneuma, das weht, wo es will. Es bedarf des Hinuntersteigens des Menschen zum Wasser, um das Wunder der Wasserbelebung hervorzurufen. Der Geisteshauch, der über das dunkle Wasser huscht, ist aber unheimlich, wie alles, dessen Ursache man nicht ist oder nicht kennt. Es wird damit unsichtbare Präsenz angedeutet, ein Numen, dem weder menschliche Erwartung noch willkürliche Machenschaft Leben verliehen hat. Es lebt aus sich, und ein Schauer überfällt den Menschen, dem Geist stets nur das war, was man glaubt, was man selber macht, was in Büchern steht oder wovon die Leute reden. Wenn es aber spontan geschieht, dann ist es ein Spuk, und primitive Angst erfaßt den naiven Verstand. Ebenso haben mir die Alten der Elgonyi in Kenia das Wirken des nächtlichen Gottes beschrieben, den sie den «Macher der Angst» nennen. «Er kommt an dich», sagten sie, «wie ein kalter Windstoß, und du schauerst, oder er geht pfeifend rundherum im hohen Gras»; ein afrikanischer Pan, der in der gespenstischen Mittagsstunde im Schilfe flötenblasend umgeht und die Hirten erschreckt.

So hat jener Pneumahauch im Traume wieder einen Pastor, einen Hirten der Herde, erschreckt, der zu nachtdunkler Zeit das Schilfufer des Wassers im tiefen Tale der Seele betrat. Wohl zur Natur, zu Baum und Fels und Gewässern der Seele, ist jener einstmals feurige Geist hinuntergestiegen, wie jener Alte in NIETZSCHES *«Zarathustra»*[21], welcher, der Menschheit müde, in den Wald zog, um mit den Bären zu Ehren des Schöpfers zu brummen.

Den Weg des Wassers, der immer nach unten geht, muß man wohl gehen, wenn man den Schatz, das kostbare Erbe des Vaters, wieder heben will. Im gnostischen Hymnus der Seele[22] wird der Sohn von den Eltern ausgesandt, um die Perle zu suchen, die aus der Krone des königlichen Vaters verlorenging. Sie ruht im Grunde eines tiefen, von einem Drachen bewachten Brunnens im Lande der Ägypter, der fleischeslüsternen und trunkenen Welt der Reichtümer physischer und geistiger Natur. Der Sohn und Erbe zieht aus, um das Juwel zu holen, und vergißt sich selbst und seine Aufgabe in der Orgie ägyptischer Weltlust, bis ein Brief des Vaters ihn daran erinnert, was seine Pflicht ist. Er macht sich auf zum Wasser und taucht in die dunkle Tiefe des Brunnens, wo er am Grunde die Perle findet, um sie schließlich der höchsten Gottheit darzubringen.

Dieser BARDESANES zugeschriebene Hymnus stammt aus einer Zeit, die der unseren in mehr als einer Hinsicht gleicht. Die Menschheit suchte und erwartete, und es war der Fisch – «levatus de profundo»[23] – aus der Quelle, der zum Symbol des Heilbringers wurde.

Als ich diese Zeilen schrieb, erhielt ich einen Brief aus Vancouver von unbekannter Hand. Der Schreiber wundert sich über seine Träume, die sich immerfort nur mit Wasser beschäftigen: «Nahezu jedesmal, wenn ich träume, *ist es von Wasser: entweder ich bade, oder das Klosett läuft über, oder ein Rohr bricht, oder mein Heim wird an den Rand eines Gewässers abgetrieben, oder ich sehe, wie ein Bekannter im Wasser unterzugehen droht, oder ich versuche aus dem Wasser herauszukommen, oder ich nehme ein Bad, und die Wanne ist am Überfließen.*»[24]

Das Wasser ist das geläufigste Symbol für das Unbewußte. Der See im Tale ist das Unbewußte, das gewissermaßen unterhalb des Bewußtseins liegt, weshalb es auch öfters als das «Unterbewußte» bezeichnet wird, nicht selten mit dem unangenehmen Beigeschmack eines minderwertigen Bewußtseins. Das Wasser ist der «Talgeist», der Wasserdrache des Tao, dessen Natur dem Wasser gleicht, ein in Yin aufgenommenes Yang. Wasser heißt darum psychologisch: Geist, der unbewußt geworden ist. Darum sagt der Traum des Theologen auch ganz richtig, daß er am Wasser die Wirkung des lebendigen Geistes wie ein Heilungswunder im Teiche von Bethesda erleben könne. Der Abstieg in die Tiefe scheint dem Aufstieg immer voranzugehen. So träumte ein anderer Theologe[25], *daß er auf einem Berge eine Art Gralsschloß erblickte. Er ging auf einer Straße, die scheinbar gerade zum Fuß des Berges und zum Aufstieg führte. Als er sich aber dem Berge näherte, da entdeckte er zu seiner großen Enttäuschung, daß ihn ein Abgrund vom Berge trennte, eine finstere, tiefe Schlucht, in der ein unterweltliches Wasser rauschte. Es führte zwar ein steiler Pfad in die Tiefe und kletterte auf der anderen Seite wieder mühsam empor. Aber die Aussicht empfahl sich nicht,* und der Träumer erwachte. Auch hier tritt dem Träumer, der nach lichter Höhe strebt, die Notwendigkeit des Eintauchens in eine dunkle Tiefe zuerst entgegen und enthüllt sich als unerläßliche Bedingung höheren Aufstieges. In dieser Tiefe droht Gefahr, die der Kluge vermeidet, womit er aber auch das Gut verscherzt, das ein mutiges aber unkluges Wagnis erringen könnte.

Die Aussage des Träumers stößt auf heftige Widerstände von seiten des Bewußtseins, welches «Geist» nur als etwas in der Höhe Befindliches kennt. «Geist» kommt anscheinend immer von oben. Von unten kommt alles Trübe und Verwerfliche. Geist bedeutet für diese Auffassung höchste Freiheit, ein Schweben über Tiefen, eine Enthaftung vom Gefängnis des Chthonischen und deshalb ein Refugium für alle Ängstlichen, die nicht «werden» wollen. Wasser aber ist irdisch tastbar, ist auch die Flüssigkeit des triebbeherrschten Körpers, das Blut und die Blutrünstigkeit, der Geruch des Tieres und die leidenschaftsschwere Körperlichkeit. Das Unbewußte ist jene Psyche, die aus der Tageshelle eines geistig und sittlich klaren Bewußtseins hinunterreicht in jenes Nervensystem, das als Sympathikus seit alters bezeichnet wird, und nicht wie das Zerebrospinalsystem Wahrnehmung und Muskeltätigkeit unterhält und damit den umgebenden Raum beherrscht, sondern ohne Sinnesorgane das Gleichgewicht des Lebens erhält und auf geheimnisvollen Wegen durch Miterregung nicht nur Kunde vom innersten Wesen anderen Lebens vermittelt, sondern auch auf diese innere Wirkung ausstrahlt. Es ist in diesem Sinne ein äußerst kollektives System, die eigentliche Grundlage aller participation mystique, während die zerebrospinale Funktion in der Absonderung der Ichbestimmtheit gipfelt und stets nur durch das Medium des Raumes Oberflächen und Äußerlichkeiten erfaßt. Diese erlebt alles als Außen, jene aber alles als Innen.

Das Unbewußte nun gilt gemeiniglich als eine Art von abgekapselter persönlicher Intimität, was die Bibel etwa als «Herz» bezeichnet und unter anderem als den Ursprungsort aller bösen Gedanken auffaßt. In den Kammern des Herzens wohnen die schlimmen Blutgeister, rascher Zorn und sinnliche Schwäche. So sieht das Unbewußte aus, wenn vom Bewußtsein betrachtet. Das Bewußtsein scheint aber wesentlich eine Angelegenheit des Großhirns zu sein, das alles zertrennt und in Vereinzelung sieht, also auch das Unbewußte, welches durchaus als *mein* Unbewußtes betrachtet wird. Man meint daher allgemein, daß, wer ins Unbewußte hinuntersteige, in die drangvolle Enge egozentrischer Subjektivität gerate und in dieser Sackgasse dem Angriff aller bösen Tiere, welche die Höhle der seelischen Unterwelt beherbergen soll, ausgeliefert sei.

Wer in den Spiegel des Wassers blickt, sieht allerdings zunächst sein eigenes Bild. Wer zu sich selber geht, riskiert die Begegnung mit sich selbst. Der Spiegel schmeichelt nicht, er zeigt getreu, was in ihn hineinschaut, nämlich jenes Gesicht, das wir der Welt nie zeigen, weil wir es durch die Persona, die Maske des Schauspielers, verhüllen. Der Spiegel aber liegt hinter der Maske und zeigt das wahre Gesicht.

Dies ist die erste Mutprobe auf dem inneren Weg, eine Probe, die genügt, um die meisten abzuschrecken, denn die Begegnung mit sich selber gehört zu den unangenehmeren Dingen, denen man entgeht, solange man alles Negative auf die Umgebung projizieren kann. Ist man imstande, den eigenen Schatten zu sehen und das Wissen um ihn zu ertragen, so ist erst ein kleiner Teil der Aufgabe gelöst: man hat wenigstens das persönliche Unbewußte aufgehoben. Der Schatten aber ist ein lebendiger Teil der Persönlichkeit und will darum in irgendeiner Form mitleben. Man kann ihn nicht wegbeweisen oder in Harmlosigkeit umvernünfteln. Dieses Problem ist unverhältnismäßig schwierig, denn es ruft nicht nur den ganzen Menschen auf den Plan, sondern erinnert ihn zugleich an seine Hilflosigkeit und an sein Unvermögen. Starke Naturen – oder soll man eher sagen schwache? – lieben diese Anspielung nicht, sondern ersinnen sich irgendein heroisches Jenseits von Gut und Böse und zerhauen den Gordischen Knoten, statt ihn zu lösen. Die Rechnung muß aber über kurz oder lang doch beglichen werden. Man muß es sich schon zugestehen: es gibt Probleme, die man mit den eigenen Mitteln schlechthin nicht lösen kann. Ein solches Eingeständnis hat den Vorteil der Ehrlichkeit, der Wahrheit und der Wirklichkeit, und damit ist der Grund gelegt für eine kompensatorische Reaktion des kollektiven Unbewußten, das heißt man ist jetzt geneigt, einem hilfreichen Einfall Gehör zu schenken oder Gedanken wahrzunehmen, die man vordem nicht zu Worte kommen ließ. Man wird vielleicht auf Träume achten, die sich in solchen Momenten einstellen, oder gewisse Ereignisse bedenken, die sich gerade zu dieser Zeit in uns abspielen. Hat man eine derartige Einstellung, so können hilfreiche Kräfte, die in der tieferen Natur des Menschen schlummern, erwachen und eingreifen, denn die Hilflosigkeit und die Schwäche sind das ewige Erlebnis und die ewige Frage der Menschheit, und darauf gibt es auch eine ewige Antwort, sonst wäre der Mensch schon längst zugrunde gegangen. Wenn man alles getan hat, was man tun konnte, dann bleibt nur noch jenes übrig, das man noch tun könnte, wenn man es wüßte. Wieviel weiß aber der Mensch von sich selber? Es ist nach aller Erfahrung sehr wenig. Für das Unbewußte bleibt daher noch viel Raum übrig. Das Gebet erfordert bekanntlich eine sehr ähnliche Einstellung und hat daher auch entsprechende Wirkung.

Die nötige und benötigte Reaktion des kollektiven Unbewußten drückt sich in archetypisch geformten Vorstellungen aus. Die Begegnung mit sich selber bedeutet zunächst die Begegnung mit dem eigenen Schatten. Der Schatten ist allerdings ein Engpaß, ein schmales Tor, dessen peinliche Enge keinem, der in den tiefen Brunnen hinuntersteigt, erspart bleibt. Man muß aber sich selber kennenlernen, damit man weiß, wer man ist, denn das, was nach dem Tode kommt, ist unerwarteterweise eine grenzenlose Weite voll unerhörter Unbestimmtheit, anscheinend kein Innen und kein Außen, kein Oben und kein Unten, kein Hier oder Dort, kein Mein und kein Dein, kein Gutes und kein Böses. Es ist die Welt des Wassers, in der alles Lebendige suspendiert schwebt, wo das Reich des «Sympathikus», der Seele alles Lebendigen, beginnt, wo ich untrennbar dieses und jenes bin, wo ich den anderen in mir erlebe und der andere als Ich mich erlebt.

Das kollektive Unbewußte ist alles weniger als ein abgekapseltes, persönliches System, es ist weltweite und weltoffene Objektivität. Ich bin das Objekt aller Subjekte in völliger Umkehrung meines gewöhnlichen Bewußtseins, wo ich stets Subjekt bin, welches Objekte *hat.* Dort bin ich in der unmittelbarsten Weltverbundenheit dermaßen angeschlossen, daß ich nur allzuleicht vergesse, wer ich in Wirklichkeit bin. «In sich selbst verloren» ist ein gutes Wort, um diesen Zustand zu kennzeichnen. Dieses Selbst aber ist die Welt, oder eine Welt, wenn ein Bewußtsein es sehen könnte. Darum muß man wissen, wer man ist.

Kaum berührt einen nämlich das Unbewußte, so ist man es schon, indem man seiner selber unbewußt wird. Das ist die Urgefahr, die den primitiven Menschen, der ja selber noch so nahe diesem Pleroma steht, instinktmäßig bekannt und ein Gegenstand des Schreckens ist. Seine Bewußtheit ist nämlich noch unsicher und steht auf schwankenden Füßen. Sie ist noch kindlich, eben aufgetaucht aus den Urwassern. Leicht kann eine Woge des Unbewußten über sie hinwegschlagen, und er vergißt, wer er war, und tut Dinge, in denen er sich selbst nicht mehr kennt. Deshalb scheuen Primitive unbeherrschte Affekte, weil in solchen allzuleicht das Bewußtsein untergeht und der Besessenheit Raum gibt. Alles Trachten der Menschheit ging daher nach Befestigung des Bewußtseins. Diesem Zwecke dienten die Riten, die représentations collectives, die Dogmata; sie waren Dämme und Mauern, errichtet gegen die Gefahren des Unbewußten, die «perils of the soul». Der primitive Ritus besteht darum in Geisterbannung, Enthexung, Abwendung des bösen Omens, Propitiierung, Purifikation und analogischer, das heißt magischer, Herstellung des hilfreichen Geschehens.

Es sind diese seit Urzeit errichteten Mauern, welche später zu den Fundamenten der Kirche wurden. Es sind darum auch diese Mauern, die einstürzen, wenn die Symbole altersschwach werden. Dann steigen die Wasser höher, und uferlose Katastrophen brechen über die Menschheit herein. Der religiöse Führer, der sogenannte Loco Tenente Gobernador der Taospueblo sagte mir einmal: «Die Amerikaner sollten aufhören, unsere Religion zu stören, denn wenn diese zugrunde geht und wir der Sonne, unserem Vater, nicht mehr helfen können, über den Himmel zu gehen, dann werden die Amerikaner und die ganze Welt bis in zehn Jahren etwas erleben; dann wird nämlich die Sonne nicht mehr aufgehen.» Das heißt, es wird Nacht, das Licht des Bewußtseins erlischt, und das dunkle Meer des Unbewußten bricht herein.

Ob primitiv oder nicht, die Menschheit steht immer an den Grenzen jener Dinge, die sie selber tut und doch nicht beherrscht. Alle Welt will den Frieden, und alle Welt rüstet zum Kriege nach dem Axiom «Si vis pacem, para bellum», um nur *ein* Beispiel zu nennen. Die Menschheit vermag nichts gegen die Menschheit, und Götter, wie nur je, weisen ihr die Schicksalswege. Wir nennen die Götter heute «Faktoren», was von facere, machen, kommt. Die Macher stehen hinter den Kulissen des Welttheaters. Es ist im großen wie im kleinen. Im Bewußtsein sind wir unsere eigenen Herren; wir sind scheinbar die «Faktoren» selber. Schreiten wir aber durch das Tor des Schattens, so werden wir mit Schrecken inne, daß wir Objekte von Faktoren sind. Solches zu wissen, ist entschieden unangenehm; denn nichts enttäuscht mehr als die Entdeckung unserer Unzulänglichkeit. Es gibt sogar Anlaß zu primitiver Panik, denn die ängstlich geglaubte und gehütete Suprematie des Bewußtseins, die in der Tat ein Geheimnis menschlichen Erfolges ist, wird gefährlich in Frage gestellt. Da aber Unwissenheit keine Sicherheit verbürgt, sondern im Gegenteil die Unsicherheit noch vermehrt, so ist es wohl besser, trotz aller Scheu um unsere Bedrohtheit zu wissen. Richtige Fragestellung bedeutet schon die halbe Lösung eines Problems. Auf alle Fälle wissen wir dann, daß die größte Gefahr, die uns bedroht, aus der Unabsehbarkeit der psychischen Reaktion stammt. Einsichtige haben deshalb schon seit geraumer Zeit verstanden, daß äußere historische Bedingungen irgendwelcher Art nur die Anlässe zu den wirklichen daseinsbedrohenden Gefahren bilden, nämlich zu politisch-sozialen Wahnbildungen, die nicht kausal als notwendige Folgen äußerer Bedingungen, sondern als Entscheidungen des Unbewußten aufzufassen sind.

Diese Problematik ist neu, denn alle Zeiten vor uns glaubten noch an Götter in irgendeiner Form. Es bedurfte schon einer beispiellosen Verarmung an Symbolik, um die Götter als psychische Faktoren, nämlich als Archetypen des Unbewußten wiederzuentdecken. Diese Entdeckung ist wohl vorderhand noch unglaubwürdig. Zur Überzeugung bedarf es jener Erfahrung, die im Traume des Theologen skizziert ist, nur dann wird die Selbsttätigkeit des Geistes über den Wassern erfahren. Seit die Sterne vom Himmel gefallen und unsere höchsten Symbole verblaßt sind, herrscht geheimes Leben im Unbewußten. Deshalb haben wir heutzutage eine Psychologie, und deshalb reden wir vom Unbewußten. All dies wäre und ist auch in der Tat ganz überflüssig in einer Zeit und in einer Kulturform, welche Symbole hat. Denn diese sind Geist von oben, und dann ist auch der Geist oben. Darum wäre es für solche Menschen ein törichtes und sinnloses Unterfangen, ein Unbewußtes erleben oder erforschen zu wollen, das nichts enthält als das stille, ungestörte Walten der Natur. Unser Unbewußtes aber birgt belebtes Wasser, das heißt naturhaft gewordenen Geist, um dessentwillen es aufgestört ist. Der Himmel ist uns physikalischer Weltraum geworden, und das göttliche Empyreum eine schöne Erinnerung, wie es einstmals war. Unser «Herz aber glüht», und geheime Unruhe benagt die Wurzeln unseres Seins. Mit der *Völuspâ* können wir fragen:

Was murmelt noch Wodan mit Mimes Haupte?
Schon kocht es im Quell –.[26]

Die Beschäftigung mit dem Unbewußten ist uns eine Lebensfrage. Es handelt sich um geistiges Sein oder Nichtsein. Alle jene Menschen, denen die im erwähnten Traum angedeutete Erfahrung zugestoßen ist, wissen, daß der Schatz in der Wassertiefe ruht, und sie werden ihn zu heben versuchen. Da sie nie vergessen dürfen, wer sie sind, so dürfen sie ihr Bewußtsein unter keinen Umständen verlieren. Sie werden also ihren Standpunkt auf der Erde festhalten; sie werden damit – um im Gleichnis zu bleiben – zu Fischern, welche das, was im Wasser schwimmt, mit Angel und Netz fangen. Wenn es reine und unreine Toren gibt, die nicht verstehen, was die Fischer tun, so werden diese letzteren am säkularen Sinn ihres Tuns nicht irre werden, denn das Symbol ihres Handwerkes ist um viele Jahrhunderte älter als die unverwelkte Kunde vom heiligen Gral. Aber nicht jeder ist ein Fischer. Manchmal bleibt diese Figur auch auf ihrer instinktiven Vorstufe stehen, und dann ist es ein Fischotter, wie wir zum Beispiel aus OSCAR A. H. SCHMITZ' Fischotter-Märchen[27] wissen.

Wer ins Wasser schaut, sieht zwar sein eigenes Bild, aber dahinter tauchen bald lebendige Wesen auf; Fische sind es wohl, harmlose Bewohner der Tiefe – harmlos, wenn der See nicht für viele gespenstisch wäre. Es sind Wasserwesen besonderer Art. Manchmal geht dem Fischer eine Nixe ins Garn, ein weiblicher, halbmenschlicher Fisch[28]. Nixen sind berückende Wesen:

Halb zog sie ihn,
Halb sank er hin
Und ward nicht mehr gesehn.[29]

Die Nixe ist eine noch instinktivere Vorstufe eines zauberischen weiblichen Wesens, welches wir als Anima bezeichnen. Es können auch Sirenen, Melusinen[30], Waldfrauen, Huldinnen und Erlkönigstöchter, Lamien und Sukkuben sein, welche Jünglinge betören und ihnen das Leben aussaugen. Diese Figuren seien Projektionen von sehnsüchtigen Gefühlszuständen und von Phantasien verwerflicher Art, wird der moralische Kritiker sagen. Man kann nicht umhin, eine gewisse Berechtigung dieser Feststellung einzusehen. Aber ist es die ganze Wahrheit? Ist das Nixenwesen wirklich nichts als ein Produkt einer moralischen Erschlaffung? Hat es nicht schon längst solche Wesen gegeben, und dies schon in einer Zeit, da das dämmernde menschliche Bewußtsein noch ganz naturgebunden war? Zuerst wohl waren die Geister in Wald und Feld und Wasserläufen, längst bevor eine Frage von moralischem Gewissen existierte. Überdies waren diese Wesen ebensosehr gefürchtet, so daß ihre etwas merkwürdigen erotischen Allüren nur relativ charakteristisch sind. Das Bewußtsein war damals sehr viel einfacher, und sein Besitzstand lächerlich klein. Unendlich vieles von dem, was wir heute als Bestandteil unseres eigenen psychischen Wesens empfinden, tummelt sich beim Primitiven noch fröhlich projiziert auf weiter Flur.

Das Wort «Projektion» paßt eigentlich schlecht, denn es ist nichts aus der Seele hinausgeworfen worden, sondern vielmehr ist die Psyche durch eine Reihe von Introjektionsakten zu der Komplexität geworden, als die wir sie heute kennen. Ihre Komplexität hat zugenommen, proportional der Naturentgeisterung. Eine unheimliche Huldin von anno dazumal heißt heute «erotische Phantasie», welche unser Seelenleben in peinlicher Weise kompliziert. Sie begegnet uns zwar nicht weniger als eine Nixe; sie ist obendrein wie ein Sukkubus; sie verwandelt sich in vielerlei Gestalten wie eine Hexe und zeigt überhaupt eine unerträgliche Selbständigkeit, die einem psychischen Inhalt von Rechts wegen eigentlich nicht zukäme. Gelegentlich verursacht sie Faszinationen, die es mit der besten Behexung aufnehmen können, oder Angstzustände, die sich von keiner Teufelserscheinung übertrumpfen lassen. Sie ist ein neckisches Wesen, das in vielen Verwandlungen und Verkleidungen uns über den Weg läuft, uns allerhand Streiche spielt, selige und unselige Täuschungen, Depressionen und Ekstasen, unbeherrschte Affekte usw. verursacht. Auch im Zustande vernünftiger Introjektion hat die Nixe ihr Schalkwesen nicht abgelegt. Die Hexe hat nicht aufgehört, ihre schmutzigen Liebes- und Todestränke zu mischen, aber ihr magisches Gift ist zur Intrige und Selbsttäuschung verfeinert, unsichtbar zwar, aber nicht weniger gefährlich.

Woher aber kommt uns der Mut, diese Elfin als Anima zu bezeichnen? «Anima» heißt doch Seele und bezeichnet etwas sehr Wunderbares und Unsterbliches. Dem war aber nicht immer so. Man darf nicht vergessen, daß diese Art Seele eine dogmatische Vorstellung ist, welche den Zweck hat, etwas unheimlich Selbsttätiges und Lebendiges zu bannen und einzufangen. Das deutsche Wort Seele ist über die gotische Form saiwalô aufs nächste verwandt mit dem griechischen Wort αἰόλος, welches «bewegt», «buntschillernd» heißt, also etwas wie ein Schmetterling – griechisch ψυχή –, der trunken von Blume zu Blume taumelt und von Honig und Liebe lebt. In der gnostischen Typologie steht der ἄνθρωπος ψυχικός (der psychische Mensch) unterhalb des πνευματικός (des geistigen), und schließlich gibt es ja auch schlechte Seelen, die für alle Ewigkeit in der Hölle braten müssen. Sogar die gänzlich schuldlose Seele des ungetauften Neugeborenen ist wenigstens der Anschauung Gottes beraubt. Beim Primitiven ist sie magischer Lebenshauch (daher «anima») oder Flamme. Passend sagt ein nicht kanonisches Herrenwort. «Wer mir nahe ist, ist dem Feuer nahe»[31]. Bei HERAKLIT ist die Seele auf höchster Stufe feurig und trocken, denn ψυχή hat an sich nächste Verwandtschaft zu «kühlem Hauch» – ψύχειν heißt hauchen, ψυχρός ist kalt und ψῦχος kühl...

Beseeltes Wesen ist lebendiges Wesen. Seele ist das Lebendige im Menschen, das aus sich selbst Lebende und Lebenverursachende; darum blies Gott dem Adam einen lebendigen Odem ein, damit er lebe. Die Seele verführt die nicht lebenwollende Trägheit des Stoffes mit List und spielerischer Täuschung zum Leben. Sie überzeugt von unglaubwürdigen Dingen, damit das Leben gelebt werde. Sie ist voll von Fallstricken und Fußangeln, damit der Mensch zu Fall komme, die Erde erreiche, sich dort verwickle und daran hängenbleibe, damit das Leben gelebt werde, wie schon Eva im Paradies es nicht lassen konnte, Adam von der Güte des verbotenen Apfels zu überzeugen. Wäre die Bewegtheit und das Schillern der Seele nicht, der Mensch würde in seiner größten Leidenschaft, der Trägheit, zum Stillstand kommen[32]. Eine gewisse Art von Vernünftigkeit ist ihr Anwalt, und eine gewisse Art von Moralität gibt dazu ihren Segen. Seele zu haben, ist das Wagnis des Lebens, denn die Seele ist ein lebenspendender Dämon, der sein elfisches Spiel unterhalb und oberhalb der menschlichen Existenz spielt, deshalb ist er innerhalb des Dogmas auch mit einseitigen Strafen und Segnungen bedroht und propitiiert, welche weit über menschenmögliches Verdienst hinausgehen. Himmel und Hölle sind Schicksale der Seele und nicht des zivilen Menschen, der in seiner Blöße und Blödigkeit in einem himmlischen Jerusalem gar nichts mit sich anzufangen wüßte.

Die Anima ist keine dogmatische Seele, keine anima rationalis, welche ein philosophischer Begriff ist, sondern ein natürlicher Archetypus, der in befriedigender Weise alle Aussagen des Unbewußten, des primitiven Geistes, der Sprach- und Religionsgeschichte subsumiert. Sie ist ein «factor» in des Wortes eigentlichem Sinne. Man kann sie nicht machen, sondern sie ist immer das Apriori von Stimmungen, Reaktionen, Impulsen und was es sonst an psychischen Spontaneitäten gibt. Sie ist ein Lebendes aus sich, das uns leben macht; ein Leben hinter dem Bewußtsein, das nicht restlos diesem integriert werden kann, sondern aus dem letzteres im Gegenteil eher hervorgeht. Denn schließlich ist das psychische Leben zum größeren Teil ein Unbewußtes und umfaßt das Bewußtsein auf allen Seiten; ein Gedanke, der ohne weiteres einleuchtet, wenn man sich ein einziges Mal Rechenschaft darüber gibt, welche unbewußte Vorbereitung dazu nötig ist, um zum Beispiel eine Sinneswahrnehmung zu erkennen.

Obschon es scheint, als ob der Anima die Gesamtheit des unbewußten Seelenlebens zukäme, so ist sie doch nur ein Archetypus unter vielen. Darum ist sie nicht schlechthin charakteristisch für das Unbewußte. Sie ist nur ein Aspekt desselben. Das zeigt sich schon in der Tatsache ihrer Weiblichkeit. Das, was nicht Ich, nämlich männlich, ist, ist höchst wahrscheinlich weiblich, und weil das Nicht-Ich als dem Ich nicht zugehörig und darum als außerhalb empfunden wird, so ist das Animabild in der Regel auf Frauen projiziert. Jedem Geschlecht wohnt das Gegengeschlecht bis zu einem gewissen Betrage inne, weil biologisch einzig die größere Anzahl von männlichen Genen den Ausschlag in der Wahl der Männlichkeit gibt; die kleinere Anzahl an weiblichen Genen scheint einen weiblichen Charakter zu bilden, welcher aber infolge seiner Unterlegenheit gewöhnlich unbewußt bleibt.

Mit dem Archetypus der Anima betreten wir das Reich der Götter beziehungsweise das Gebiet, welches sich die Metaphysik reserviert hat. Alles, was die Anima berührt, wird numinos, das heißt unbedingt, gefährlich, tabuiert, magisch. Sie ist die Schlange im Paradies des harmlosen Menschen voll guter Vorsätze und Absichten. Sie liefert die überzeugenden Gründe gegen die Beschäftigung mit dem Unbewußten, welche moralische Hemmungen zerstöre und Mächte entfeßle, die man besser im Unbewußten gelassen hätte. Wie gewöhnlich hat sie auch hier nicht ganz unrecht, insofern nämlich das Leben an sich kein nur Gutes ist; es ist auch böse. Indem die Anima das Leben will, will sie Gutes und Böses. Im elfischen Lebensbereich gibt es diese Kategorien nicht. Das körperliche sowohl wie das psychische Leben haben die Indiskretion, ohne die konventionelle Moral oft viel besser auszukommen und gesünder zu bleiben.

Die Anima glaubt an das καλὸν κἀγαθόν[33], welches ein primitiver Begriff ist, vor aller später gefundenen Gegensätzlichkeit von Ästhetik und Moral. Es bedurfte einer langen christlichen Differenzierung, um deutlich zu machen, daß das Gute nicht immer schön und das Schöne nicht notwendigerweise gut ist. Die Paradoxie dieser Begriffsehe hat den Alten so wenig wie den Primitiven Beschwerden verursacht. Die Anima ist konservativ und hält sich in enervierender Weise an älteres Menschtum. Sie erscheint deshalb gerne in historischem Gewande, mit besonderer Vorliebe für Griechenland und Ägypten. Dazu wolle man die «Klassiker» RIDER HAGGARD und PIERRE BENOIT vergleichen. Der Traum der Renaissance, die «Hypnerotomachia» des Poliphilo[34] und GOETHES *«Faust»* haben ebenfalls tief in die Antike gegriffen, um «le vrai mot de la situation» zu finden. Jener beschwor die Königin Venus, dieser die trojanische Helena. Von der Anima in der Welt des Biedermeiers und Romantikers hat ANIELA JAFFÉ ein lebendiges Bild entworfen[35]. Wir wollen die Zahl der unverdächtigen Kronzeugen nicht vermehren, geben sie doch Stoff und absichtslose, authentische Symbolik genug, um unsere Meditation reichlich zu befruchten. Wenn man wissen will, wie es ist, wenn die Anima in der modernen Gesellschaft erscheint, so kann ich ERSKINES *«Private Life of Helen of Troy»* aufs beste empfehlen. Sie ist nicht ohne Tiefe, denn über allem wirklich Lebendigen liegt der Hauch der Ewigkeit. Anima ist Leben jenseits aller Kategorien, und darum kann sie auch des Schimpfes und des Lobes entraten. Die Himmelskönigin und das Gänschen, das aufs Leben hereingefallen ist – hat man je betrachtet, welches arme Los in der Marienlegende unter die göttlichen Sterne versetzt worden ist? Das sinn- und regellose Leben, das sich selbst an seiner eigenen Fülle nicht genug tut, ist ein Gegenstand des Schreckens und der Abwehr für den in seiner Zivilisation eingeordneten Menschen – und man kann ihm nicht unrecht geben, denn es ist auch die Mutter alles Unsinns und aller Tragik. Darum steht seit Anbeginn der erdgeborene Mensch mit seinem heilsamen Tierinstinkt im Kampfe mit seiner Seele und deren Dämonie. Wäre letztere eindeutig finster, so läge der Fall einfach. Dem ist leider nicht so, denn dieselbe Anima kann auch als ein Engel des Lichts, als Psychopompos erscheinen und zum höchsten Sinne führen, wie der *«Faust»* aufweist.

Ist die Auseinandersetzung mit dem Schatten das Gesellenstück, so ist diejenige mit der Anima das Meisterstück. Denn die Beziehung zur Anima ist wiederum eine Mutprobe und ein Feuerordal für die geistigen und moralischen Kräfte des Mannes. Man darf nie vergessen, daß es sich gerade bei der Anima um psychische Tatbestände handelt, die sozusagen niemals zuvor Besitz des Menschen waren, indem sie als Projektionen sich meist außerhalb seines psychischen Bereiches aufhielten. Für den Sohn steckt in der Übermacht der Mutter die Anima, welche manchmal zeitlebens eine sentimentale Bindung hinterläßt und das Schicksal des Mannes aufs schwerste beeinträchtigt oder umgekehrt seinen Mut zu kühnsten Taten beflügelt. Dem antiken Menschen erscheint die Anima als Göttin oder als Hexe; der mittelalterliche Mensch dagegen hat die Göttin durch die Himmelskönigin und durch die Mutter Kirche ersetzt. Die entsymbolisierte Welt des Protestanten hat zunächst eine ungesunde Sentimentalität hervorgebracht und sodann eine Verschärfung des moralischen Konfliktes, der logischerweise zum NIETZSCHEschen «Jenseits von Gut und Böse» führt, und zwar lediglich infolge seiner Unerträglichkeit. In den zivilisierten Zentren äußert sich dieser Zustand in der zunehmenden Unsicherheit der Ehe. Die amerikanische Ehescheidungsrate ist in Europa vielerorts erreicht, wenn nicht überschritten, was beweist, daß die Anima sich vorzugsweise in der Projektion auf das andere Geschlecht befindet, wodurch magisch komplizierte Beziehungen entstehen. Diese Tatsache hat, nicht zum mindesten um ihrer pathologischen Folgen willen, zur Entstehung der modernen Psychologie geführt, welche in ihrer FREUDschen Form der Meinung huldigt, die wesentliche Grundlage aller Störungen sei die Sexualität, eine Ansicht, welche den schon bestehenden Konflikt nur noch verschärft[36]. Man verwechselt nämlich Ursache und Wirkung. Die sexuelle Störung ist keineswegs die Ursache der neurotischen Mißlichkeiten, sondern wie diese eine der pathologischen Wirkungen, die von einer verminderten Anpassung des Bewußtseins ausgehen, das heißt das Bewußtsein ist mit einer Situation und Aufgabe konfrontiert, denen es nicht gewachsen ist. Es versteht nicht, wie seine Welt sich geändert hat, und wie es sich einstellen müßte, um wieder angepaßt zu sein. «Das Volk trägt den Stempel eines Winters, der nicht zu erklären ist[37]», wie die Übersetzung einer koreanischen Steleninschrift sagt.

Beim Schatten sowohl wie bei der Anima genügt es nicht, um diese Begriffe zu wissen und sie nachzudenken. Auch kann man durch Einfühlung oder Anempfindung ihren Inhalt nie erleben. Es nützt gar nichts, eine Liste der Archetypen auswendig zu lernen. Archetypen sind Erlebniskomplexe, die schicksalsmäßig eintreten, und zwar beginnt ihr Wirken in unserem persönlichsten Leben. Die Anima tritt uns nicht mehr als Göttin entgegen, sondern unter Umständen als unser allerpersönlichstes Mißverständnis oder unser bestes Wagnis. Wenn zum Beispiel ein alter, hochverdienter Gelehrter noch mit siebzig Jahren seine Familie stehenläßt und eine zwanzigjährige, rothaarige Schauspielerin heiratet, dann – wissen wir – haben sich die Götter wieder ein Opfer geholt. So zeigt sich bei uns dämonische Übergewalt. Bis vor kurzem wäre es noch ein leichtes gewesen, diese junge Person als Hexe abzutun.

Nach meiner Erfahrung gibt es sehr viele Leute von einer gewissen Intelligenz- und Bildungsstufe, welche die Idee der Anima und die relative Autonomie derselben leicht und unmittelbar begreifen und ebenso das Phänomen des Animus bei Frauen. Psychologen haben in dieser Hinsicht größere Schwierigkeiten zu überwinden, wohl darum, weil sie nicht gezwungen sind, sich mit den komplexen Tatbeständen, welche die Psychologie des Unbewußten kennzeichnen, auseinanderzusetzen. Sind sie zugleich Ärzte, so steht ihnen ihr somato-psychologisches Denken im Wege, welches meint, psychologische Vorgänge durch intellektuelle, biologische oder physiologische Begriffe ausdrücken zu können. Psychologie ist aber weder Biologie noch Physiologie noch irgendeine andere Wissenschaft als eben das Wissen um die Seele.

Das Bild, das ich im bisherigen von der Anima gezeichnet habe, ist nicht vollständig. Sie ist zwar chaotischer Lebensdrang, aber daneben haftet ihr ein seltsam Bedeutendes an, etwas wie geheimes Wissen oder verborgene Weisheit, in merkwürdigstem Gegensatz zu ihrer irrationalen elfischen Natur. Ich möchte hier wieder auf die früher zitierten Autoren verweisen. RIDER HAGGARD nennt She «Wisdom's Daughter»; BENOITS Königin der Atlantis hat wenigstens eine ausgezeichnete Bibliothek, welche sogar ein verschollenes Buch Platons besitzt. Die trojanische Helena wird in ihrer Reinkarnation vom weisen Simon Magus aus dem Bordell in Tyrus erlöst und begleitet ihn auf seinen Reisen. Ich erwähnte eingangs diesen durchaus charakteristischen Aspekt der Anima absichtlich nicht, weil ihre erste Begegnung in der Regel auf alles andere eher schließen läßt als auf Weisheit[38]. Dieser Aspekt erscheint nur dem, der sich mit der Anima auseinandersetzt. Erst diese schwere Arbeit läßt in zunehmendem Maße erkennen[39], daß hinter all dem grausamen Spiel mit menschlichem Schicksal etwas steckt wie geheime Absicht, die einer überlegenen Kenntnis der Lebensgesetze zu entsprechen scheint. Gerade das zunächst Unerwartete, das beängstigend Chaotische enthüllt tiefen Sinn. Und je mehr dieser Sinn erkannt wird, desto mehr verliert die Anima ihren drängerischen und zwängerischen Charakter. Es entstehen allmählich Dämme gegen die Flut des Chaos; denn das Sinnvolle scheidet sich vom Sinnlosen, und dadurch, daß Sinn und Unsinn nicht mehr identisch sind, wird die Kraft des Chaos durch die Entnahme von Sinn und Unsinn geschwächt und der Sinn mit der Kraft des Sinnes und der Unsinn mit der Kraft des Unsinnes ausgerüstet. Damit entsteht ein neuer Kosmos. Damit ist nicht etwa eine neue Entdeckung der medizinischen Psychologie gemeint, sondern die uralte Wahrheit, daß aus der Fülle der Lebenserfahrungen jene Lehre hervorgeht, die der Vater dem Sohne übergibt[40].

Weisheit und Narrheit erscheinen im elfischen Wesen nicht nur als eines und dasselbe, sondern *sind* eines und dasselbe, solange sie durch die Anima dargestellt werden. Das Leben ist närrisch *und* bedeutend. Und wenn über das eine nicht gelacht und über das andere nicht spekuliert wird, dann ist das Leben banal; dann hat alles kleinstes Ausmaß. Es gibt dann nur einen kleinen Sinn und einen kleinen Unsinn. Im Grunde genommen bedeutet nichts etwas, denn als es noch keine denkenden Menschen gab, war niemand da, der die Erscheinungen deutete. Nur dem muß gedeutet werden, der nicht versteht. Bedeutung hat nur das Unverständliche. Der Mensch ist erwacht in einer Welt, die er nicht verstand, und darum versucht er, sie zu deuten.

So sind die Anima und damit das Leben insofern bedeutungslos, als sie keine Deutung anbieten. Sie haben aber ein deutbares Wesen, denn in allem Chaos ist Kosmos und in aller Unordnung geheime Ordnung, in aller Willkür stetiges Gesetz, denn alles Wirkende beruht auf dem Gegensatz. Um dies zu erkennen, bedarf es des diskriminierenden Menschenverstandes, der alles in antinomische Urteile auflöst. Setzt er sich mit der Anima auseinander, so gibt ihm ihre chaotische Willkür Anlaß, geheime Ordnung zu ahnen, das heißt über ihr Wesen hinaus Anlage, Sinn und Absicht – fast wären wir versucht zu sagen – zu «postulieren», aber das würde der Wahrheit nicht entsprechen. Denn in Wirklichkeit verfügt man zunächst über kein kühles Nachdenken, auch hilft einem keine Wissenschaft und Philosophie, und die traditionelle religiöse Lehre nur sehr bedingt. Man ist in ziellosem Erleben verstrickt und verwirrt, und das Urteil mit allen seinen Kategorien erweist sich als machtlos. Menschliche Deutung versagt, denn es ist eine turbulente Lebenssituation entstanden, auf die keine hergebrachte Sinngebung passen will. Es ist ein Moment des Zusammenbruchs. Man versinkt in eine letzte Tiefe, wie APULEIUS richtig sagt, «ad instar voluntariae mortis» [«gleichsam eines freiwilligen Todes»][41]. Nicht ein künstlich gewollter, sondern ein natürlich erzwungener Verzicht auf eigenes Können ist es; nicht eine moralisch herausgeputzte, freiwillige Unterwerfung und Demütigung ist es, sondern eine völlige, unmißverständliche Niederlage, gekrönt von der panischen Angst der Demoralisierung. Wenn alle Stützen und Krücken gebrochen sind und auch nicht die leiseste Rückversicherung irgendwo noch Deckung verspricht, dann erst ist die Möglichkeit gegeben zum Erlebnis eines Archetypus, der sich bisher in der bedeutungsschweren Sinnlosigkeit der Anima verborgen gehalten hatte. Es ist der *Archetypus des Sinnes,* wie die Anima den *Archetypus des Lebens* schlechthin darstellt.

Der Sinn scheint uns zwar immer das jüngere der Ereignisse zu sein, weil wir mit einem gewissen Recht annehmen, daß wir ihn selber geben, und weil wir ebenfalls wohl zu Recht glauben, daß die große Welt bestehen kann, ohne gedeutet zu sein. Wie aber geben wir Sinn? Woher nehmen wir Sinn in letzter Linie? Die Formen unserer Sinngebung sind historische Kategorien, die in ein nebelhaftes Altertum hinaufreichen, worüber man sich gewöhnlich keine genügende Rechenschaft gibt. Die Sinngebung bedient sich gewisser sprachlicher Matrizen, die ihrerseits wieder von urtümlichen Bildern abstammen. Wir können diese Frage anfassen, wo wir wollen, überall geraten wir in die Sprach- und Motivgeschichte, die immer stracks in die primitive Wunderwelt zurückführt.

Nehmen wir zum Beispiel das Wort Idee. Es geht zurück auf den εἶδος-Begriff bei PLATON, und die ewigen Ideen sind Urbilder, die ἐν ὑπερουρανίῳ τόπῳ (an überhimmlischem Orte) als transzendente ewige Formen aufbewahrt sind. Das Auge des Sehers erschaut sie als «imagines et lares» oder als Bilder des Traumes und der offenbarenden Vision. Oder nehmen wir den Begriff der Energie, welcher physikalisches Geschehen deutet. Früher war dasselbe das geheimnisvolle Feuer der Alchemisten, das Phlogiston, die dem Stoffe inhärente Wärmekraft, wie die stoische Urwärme oder das Heraklitische πῦρ ἀεὶ ζῶον (das ewig lebende Feuer), welches schon ganz nahe an der primitiven Anschauung einer allgemein verbreiteten lebendigen Kraft steht, einer Wachstums- und magischen Heilkraft, die gewöhnlich als Mana bezeichnet wird.

Ich will die Beispiele nicht unnötig häufen. Es genügt, zu wissen, daß es nicht *eine* wesentliche Idee oder Anschauung gibt, die nicht historische Antezedentien besäße. Allen liegen in letzter Linie archetypische Urformen zugrunde, deren Anschaulichkeit in einer Zeit entstanden ist, wo das Bewußtsein noch nicht *dachte,* sondern *wahrnahm.* Gedanke war Objekt der inneren Wahrnehmung, nicht gedacht, sondern als Erscheinung empfunden, sozusagen gesehen oder gehört. Gedanke war wesentlich Offenbarung, nichts Erfundenes, sondern Aufgenötigtes oder durch seine unmittelbare Tatsächlichkeit Überzeugendes. Das Denken geht dem primitiven Ich-Bewußtsein voraus, und dieses ist eher dessen Objekt als dessen Subjekt. Aber auch wir haben den letzten Gipfel der Bewußtheit noch nicht erklommen und haben darum ebenfalls ein präexistentes Denken, dessen man allerdings nicht inne wird, solange man durch hergebrachte Symbole gestützt ist; in der Sprache des Traumes ausgedrückt: solange der Vater oder der König nicht gestorben ist.

Wie das Unbewußte «denkt» und Lösungen vorbereitet, möchte ich an einem Beispiel zeigen. Es handelt sich um einen jungen Theologiestudenten, den ich persönlich nicht kenne. Er hatte Schwierigkeiten mit seiner religiösen Überzeugung, und in dieser Zeit träumte er folgenden Traum[42].

Er stand vor einem schönen, alten Manne, der ganz schwarz gekleidet war. Er wußte, es war der weiße Magier. Dieser hatte eben eine längere Ansprache an ihn gehalten, an die sich der Träumer nicht mehr erinnern konnte. Er hatte nur die Schlußworte behalten: «Und dazu brauchen wir die Hilfe des schwarzen Magiers.» In diesem Augenblick ging die Türe auf, und herein trat ein ganz ähnlicher alter Mann, nur war er weiß gekleidet. Er sprach zum weißen Magier: «Ich bedarf deines Rates», warf aber einen fragenden Seitenblick auf den Träumer, worauf der weiße Magier sagte: «Du kannst ruhig reden, er ist ein Unschuldiger.» Darauf begann der schwarze Magier seine Geschichte zu erzählen: Er komme aus einem fernen Lande, wo sich etwas Merkwürdiges ereignet habe. Das Land werde nämlich regiert von einem alten König, der seinen Tod nahen fühle. Er – der König – habe sich nun ein Grabmal ausgesucht. Es gebe nämlich in jenem Lande eine große Anzahl von Grabmälern aus alter Zeit, und das schönste habe der König für sich selber ausgewählt. Der Sage nach war eine

Jungfrau darin bestattet. Der König ließ das Grabmal öffnen, um es für seine Zwecke herzurichten. Wie nun die Gebeine, die sich darin befanden, an die Luft gebracht wurden, gewannen sie plötzlich Leben und verwandelten sich in ein schwarzes Pferd, welches alsogleich zur Wüste entfloh und dort verschwand. Er – der schwarze Magier – hätte von dieser Geschichte gehört und sich sofort aufgemacht, diesem Pferd zu folgen. Er sei in vielen Tagesreisen, immer auf der Fährte des Pferdes, zur Wüste gekommen und hätte diese durchquert bis zur anderen Seite, wo das Grasland wieder begann. Dort habe er das Pferd weidend angetroffen, und dort habe er auch den Fund getan, um dessentwillen er den Rat des weißen Magiers brauche; er habe nämlich dort die Schlüssel des Paradieses *gefunden und wisse nun nicht, was weiter damit zu geschehen habe.* – In diesem spannenden Moment erwachte der Träumer.

Im Lichte der vorangegangenen Ausführungen ist der Sinn des Traumes wohl unschwer zu erraten: Der alte König ist das herrschende Symbol, das sich zur ewigen Ruhe begeben will, und zwar an dem Orte, wo ähnliche «Dominanten» schon begraben liegen. Seine Wahl fällt ausgerechnet auf das Grab der Anima, welche den Todesschlaf als ein Dornröschen schläft, solange ein gültiges Prinzip (Prinz oder princeps) das Leben reguliert und ausdrückt. Kommt der König aber zu seinem Ende[43], so gewinnt sie das Leben wieder und verwandelt sich in das schwarze Pferd, welches schon im Platonischen Gleichnis die Ungebärdigkeit der Leidenschaftsnatur ausdrückt. Wer ihm folgt, kommt in die Wüste, das heißt in wildes, menschenfernes Land, ein Bild der geistigen und moralischen Vereinsamung. Dort aber liegen die Schlüssel zum Paradies.

Was ist nun das Paradies? Offenbar der Garten Eden mit seinem doppelgesichtigen Baum des Lebens und der Erkenntnis und seinen vier Strömen. In christlicher Fassung ist es auch die himmlische Stadt der *Apokalypse,* welche ebensosehr als Mandala gedacht ist wie der Garten Eden. Das Mandala ist aber ein Symbol der Individuation. Der schwarze Magier also ist es, der die Schlüssel zur Lösung der den Träumer belastenden Glaubensschwierigkeiten findet, die Schlüssel, die den Weg der Individuation eröffnen. Der Gegensatz Wüste–Paradies bedeutet also den anderen Gegensatz Vereinsamung–Individuation oder Selbstwerdung.

Dieser Traumteil ist zugleich eine bemerkenswerte Paraphrase des von HUNT AND GRENFELL edierten und ergänzten Herrenwortes, in welchem der Weg zum Himmelreich durch die Tiere gezeigt wird und wo es in der Admonition heißt: «Darum erkennet euch selber, denn ihr seid die

Stadt, und die Stadt ist das Reich.»[44] Des weiteren ist es auch eine Paraphrase der Paradiesesschlange, welche die ersten Eltern zur Sünde überredete und die im weiteren Verlauf zur Erlösung des Menschengeschlechtes durch den Gottessohn führte. Dieser Kausalnexus gab bekanntlich Anlaß zur ophitischen Identifizierung der Schlange mit dem Sotēr (Retter, Heiland). Das schwarze Pferd und der schwarze Magier sind – und das ist modernes Geistesgut – quasi böse Elemente, deren Relativität zum Guten aber in der Auswechslung des Gewandes angedeutet ist. Die beiden Magier sind die zwei Aspekte des *alten Mannes,* des überlegenen Meisters und Lehrers, des Archetypus des Geistes, welcher den präexistenten, im chaotischen Leben verborgenen Sinn darstellt. Er ist der Vater der Seele, die doch wunderbarerweise seine Jungfrau-Mutter ist, weshalb er von den Alchemisten als der «uralte Sohn der Mutter» bezeichnet wurde. Der schwarze Magier und das schwarze Pferd entsprechen dem Abstieg ins Dunkle in den früher erwähnten Träumen.

Welch unerträglich schwere Lehre für einen jungen Theologiestudenten! Glücklicherweise hat er nichts davon bemerkt, daß der Vater aller Propheten zu ihm im Traume sprach und ihm ein großes Geheimnis zum Greifen nahe legte. Man wundert sich wohl, wie unzweckmäßig solche Ereignisse sind. Warum diese Verschwendung? Dazu muß ich nun allerdings sagen, daß wir nicht wissen, wie dieser Traum auf den Studenten auf lange Sicht hin gewirkt hat, und sodann muß ich hervorheben, daß *mir* wenigstens dieser Traum sehr viel gesagt hat. Er dürfte nicht verloren sein, auch wenn der Träumer ihn nicht verstanden hat.

Der Meister dieses Traumes versucht offenbar, Gut und Böse in ihrer gemeinsamen Funktion darzustellen, vermutlich als Antwort auf den noch immer ungelösten moralischen Konflikt in der christlichen Seele. Mit der eigenartigen Relativierung der Gegensätze ergibt sich eine gewisse Annäherung an die Ideen des Ostens, an das «nirdvandva» der hinduistischen Philosophie, die Befreiung von den Gegensätzen, welche als eine konfliktversöhnende Lösungsmöglichkeit gezeigt wird. Wie gefährlich sinnvoll die östliche Relativität von Gut und Böse ist, zeigt die indische Weisheitsfrage: «Wer braucht länger zur Vollendung, der, welcher Gott liebt, oder der, welcher Gott haßt?» Die Antwort lautet: «Der, der Gott liebt, braucht sieben Reinkarnationen bis zur Vollendung, und der, welcher Gott haßt, braucht deren nur drei, denn wer Ihn haßt, wird mehr an Ihn denken als der, der Ihn liebt.» Die Befreiung von den Gegensätzen setzt eine funktionale Gleichwertigkeit derselben voraus, welche unserem christlichen Empfinden widerspricht. Nichtsdestoweniger ist, wie unser Traumbeispiel zeigt, die angeordnete Kooperation der moralischen Gegensätze eine natürliche Wahrheit, welche vom Osten ebenso natürlich anerkannt worden ist, wie die taoistische Philosophie wohl am deutlichsten zeigt. Es gibt übrigens auch in der christlichen Tradition einige Aussagen, die sich diesem Standpunkt nähern; ich erinnere nur zum Beispiel an das Gleichnis vom ungetreuen Haushalter.

Unser Traum stellt in dieser Hinsicht nicht etwa ein Unikum dar, indem die Tendenz zur Relativierung der Gegensätze eine ausgesprochene Eigentümlichkeit des Unbewußten darstellt. Man muß aber sofort beifügen, daß dies nur in Fällen einer zugespitzten moralischen Empfindlichkeit gilt; in anderen Fällen kann das Unbewußte ebenso unerbittlich auf die Unvereinbarkeit der Gegensätze hinweisen. Es hat in der Regel einen zur bewußten Einstellung relativen Standpunkt. Deshalb darf man wohl sagen, daß unser Traum die spezifischen Überzeugungen und Zweifel eines theologischen Bewußtseins protestantischer Observanz voraussetzt. Das bedeutet eine Einschränkung der Aussage auf ein bestimmtes Problemgebiet. Aber auch mit diesem Abstrich an Gültigkeit demonstriert der Traum die Überlegenheit seines Standpunktes. Passenderweise drückt sich sein Sinn darum als die Meinung und Stimme eines weisen Magiers aus, der dem Bewußtsein des Träumers in jeder Hinsicht weit überlegen ist. Der Magier ist synonym mit dem alten Weisen, der in gerader Linie auf die Gestalt des Medizinmannes in der primitiven Gesellschaft zurückgeht. Er ist, wie die Anima, ein unsterblicher Dämon, welcher die chaotischen Dunkelheiten des bloßen Lebens mit dem Lichte des Sinnes durchdringt. Er ist der Erleuchtende, der Lehrer und Meister, ein Psychopompos (Führer der Seelen), dessen Personifikation selbst der «Zertrümmerer der Tafeln», NIETZSCHE, nicht entgehen konnte, hat er doch dessen Inkarnation in Zarathustra, dem überlegenen Geiste eines beinahe homerischen Zeitalters, zum Träger und Verkünder seiner eigenen «dionysischen» Erleuchtung und Entzückung aufgerufen. Gott war ihm zwar tot, aber der Dämon der Weisheit wurde ihm zum sozusagen leibhaftigen Zweiten, wie er sagt:

> Da, plötzlich, Freundin! wurde Eins zu Zwei –
> – Und Zarathustra gieng an mir vorbei …[45]

Zarathustra ist für NIETZSCHE mehr als poetische Figur, er ist ein unwillkürliches Bekenntnis. Auch er hatte sich in den Dunkelheiten eines gottabgewandten, entchristlichten Lebens verirrt, und darum trat zu ihm der Offenbarende und Erleuchtende, als redender Quell seiner Seele. Daher stammt die hieratische Sprache des *«Zarathustra»,* denn das ist der Stil dieses Archetypus.

Im Erlebnis dieses Archetypus erfährt die Moderne die urälteste Art des Denkens als eine autonome Tätigkeit, deren Objekt man ist. Hermes Trismegistos oder der Thoth der hermetischen Literatur, Orpheus, der Poimandres und diesem verwandt der Poimēn des Hermas[46] sind weitere Formulierungen der gleichen Erfahrung. Wäre der Name «Lucifer» nicht schon präjudiziert, so wäre er wohl passend für diesen Archetypus. Ich habe mich deshalb begnügt, ihn als den *Archetypus des alten Weisen* beziehungsweise des *Sinnes* zu bezeichnen. Wie alle Archetypen, so hat auch dieser einen positiven und einen negativen Aspekt, worauf ich hier nicht näher eingehen möchte. Der Leser findet eine ausführliche Darstellung der Doppelgesichtigkeit des «alten Weisen» in meinem Aufsatz über die *«Phänomenologie des Geistes im Märchen»*[47].

Die drei bisher besprochenen Archetypen, der Schatten, die Anima und der alte Weise, sind solche, die in der unmittelbaren Erfahrung personifiziert auftreten. Aus welchen allgemeinen psychologischen Vorbedingungen ihre Erfahrung hervorgeht, versuchte ich im Vorangegangenen anzudeuten. Was ich aber mitteilte, waren lauter abstrakte Rationalisierungen. Man könnte, oder besser, man sollte eigentlich eine Schilderung des Prozesses geben, wie er sich der unmittelbaren Erfahrung darstellt. Im Verlaufe dieses Prozesses nämlich treten die Archetypen als handelnde Persönlichkeiten in Träumen und Phantasien auf. Der Prozeß selber stellt sich in einer anderen Art von Archetypen dar, die man allgemein als solche der *Wandlung* bezeichnen könnte. Diese sind keine Persönlichkeiten, sondern vielmehr typische Situationen, Orte, Mittel, Wege usw., welche die jeweilige Art der Wandlung symbolisieren. Wie die Persönlichkeiten, so sind auch diese Archetypen echte und rechte Symbole, die weder als σημεῖα (Zeichen) noch als Allegorien erschöpfend gedeutet werden können. Sie sind vielmehr insofern echte Symbole, als sie vieldeutig, ahnungsreich und im letzten Grund unausschöpfbar sind. Die Grundprinzipien, die ἀρχαί, des Unbewußten sind wegen ihres Beziehungsreichtums unbeschreibbar, trotz ihrer Erkennbarkeit. Das intellektuelle Urteil sucht natürlich immer ihre Eindeutigkeit festzustellen und gerät damit am Wesentlichen vorbei, denn, was vor allem als das einzige ihrer Natur Entsprechende festzustellen ist, das ist ihre Vieldeutigkeit, ihre fast unabsehbare Beziehungsfülle, welche jede eindeutige Formulierung verunmöglicht. Außerdem sind sie prinzipiell paradox, wie der Geist bei den Alchemisten als «Greis und Jüngling zugleich»[48] gilt.

Wenn man sich vom symbolischen Prozeß ein Bild machen will, so sind dafür die alchemistischen Bilderserien gute Beispiele, obschon ihre Symbole in der Hauptsache traditionell, wenn auch oft dunkler Herkunft und Bedeutung sind. Treffliche östliche Beispiele sind das tantrische Chakrensystem[49] oder das mystische Nervensystem des chinesischen Yoga[50]. Es hat auch allen Anschein, als ob die Bildserien des Tarot Abkömmlinge der Wandlungsarchetypen wären, welche Ansicht mir ein einleuchtender Vortrag von Herrn Professor R. BERNOULLI bekräftigt hat[51].

Der symbolische Prozeß ist ein *Erleben im Bild und des Bildes.* Sein Fortgang zeigt in der Regel enantiodromische Struktur, wie der Text des *I Ging,* und stellt darum einen Rhythmus dar von Negation und Position, von Verlust und Gewinn, von Hell und Dunkel. Sein Anfang ist fast stets charakterisiert durch eine Sackgasse oder sonstige unmögliche Situation; sein Ziel ist, allgemein ausgedrückt, Erleuchtung oder höhere Bewußtheit, womit die Ausgangssituation auf einer höheren Ebene überwunden wird. Der Prozeß kann sich, zeitlich zusammengedrängt, in einem einzigen Traum oder in einem kurzen Erlebnismoment darstellen, oder aber sich über Monate und Jahre erstrecken, je nach der Art der Ausgangssituation des Individuums, das im Prozeß begriffen ist, und des zu erreichenden Zieles. Selbstverständlich schwankt der Symbolreichtum außerordentlich. Obschon zunächst alles im Bilde, das heißt symbolisch, erlebt wird, handelt es sich doch keineswegs um Pappdeckelgefahren, sondern um sehr wirkliche Risiken, an denen unter Umständen ein Schicksal hängen kann. Die Hauptgefahr besteht in einem Unterliegen unter dem faszinierenden Einfluß der Archetypen, was dann am ehesten eintreten kann, wenn man sich die archetypischen Bilder *nicht bewußtmacht.* Besteht eine psychotische Prädisposition, so kann es unter diesen Umständen geschehen, daß die archetypischen Figuren, denen sowieso kraft ihrer natürlichen Numinosität eine gewisse Autonomie eignet, sich von der Bewußtseinskontrolle überhaupt befreien und völlige Selbständigkeit erlangen, das heißt Besessenheitsphänomene erzeugen. Bei einer Animabesessenheit will sich zum Beispiel der Kranke durch Selbstkastration in eine Frau, namens Maria, verwandeln oder fürchtet, es werde ihm etwas Derartiges gewalttätigerweise angetan. Ein Beispiel hierfür ist der bekannte SCHREBER[52]. Die Kranken entdecken oft eine ganze Animamythologie mit zahlreichen archaischen Motiven. Ein Fall dieser Art wurde seinerzeit von JAN NELKEN publiziert[53]. Ein anderer Patient hat seine Erlebnisse selber in einem Buche beschrieben und kommentiert[54]. Ich erwähne diese Fälle, weil es immer noch Leute gibt, welche meinen, die Archetypen seien meine subjektiven Hirngespinste.

Was in der Geisteskrankheit brutal zutage tritt, bleibt in der Neurose noch verhüllt im Hintergrund, beeinflußt aber von da aus nichtsdestoweniger das Bewußtsein. Wenn die Analyse dann in den Hintergrund der Bewußtseinsphänomene eindringt, so entdeckt sie jene selben archetypischen Figuren, welche die Delirien des Psychotischen beleben. Last, but not least beweisen zahlreiche literar-historische Dokumente, daß es sich bei diesen Archetypen um praktisch überall vorkommende normale Typen der Phantasie handelt und nicht um Ausgeburten der Geisteskrankheit. Das pathologische Element liegt nicht in der Existenz dieser Vorstellungen, sondern in der Dissoziation des Bewußtseins, welches das Unbewußte nicht mehr beherrschen kann. In allen Fällen von Dissoziation erhebt sich deshalb die Notwendigkeit der Integration des Unbewußten ins Bewußtsein. Es handelt sich um einen synthetischen Vorgang, den ich als «Individuationsprozeß» bezeichnet habe.

Dieser Prozeß entspricht eigentlich dem natürlichen Ablauf eines Lebens, in welchem das Individuum zu dem wird, was es immer schon war. Weil der Mensch Bewußtsein hat, so verläuft eine derartige Entwicklung nicht so glatt, sondern wird vielfach variiert und gestört, indem das Bewußtsein immer wieder einmal von der archetypischen Instinktgrundlage abirrt und zu ihr in Gegensatz gerät. Daraus ergibt sich dann die Notwendigkeit einer Synthese der beiden Positionen. Dies bedeutet Psychotherapie schon auf primitiver Stufe, wo sie in Form von Wiederherstellungsriten geschieht. Beispiele sind die australischen Rückidentifikationen mit den Ahnen der Alcherringazeit, Identifikation mit den Sonnensöhnen bei den Taospueblos, die Heliosapotheose im Isismysterium bei APULEIUS usw. Die therapeutische Methode der Komplexen Psychologie besteht dementsprechend einerseits in einer möglichst vollständigen Bewußtmachung der konstellierten unbewußten Inhalte und andererseits in einer Synthese derselben mit dem Bewußtsein durch den Erkenntnisakt. Da nun der Kulturmensch eine sehr große Dissoziabilität besitzt und von ihr beständig Gebrauch macht, um sich allen möglichen Risiken zu entziehen, so steht ganz und gar nicht von vornherein fest, daß eine Erkenntnis etwa von entsprechendem Tun gefolgt wäre. Man muß im Gegenteil mit einer ausgesprochenen Wirkungslosigkeit der Erkenntnis rechnen und daher auf sinngemäße Anwendung derselben dringen. Erkenntnis allein tut es in der Regel nicht, auch bedeutet sie keine sittliche Macht an sich. In solchen Fällen wird es dann klar, wie sehr die Neurosenheilung ein moralisches Problem ist.

Da die Archetypen relativ autonom sind, wie alle numinosen Inhalte, so können sie nicht einfach rational integriert werden, sondern verlangen ein dialektisches Verfahren, das heißt eine eigentliche Auseinandersetzung, die von dem Patienten häufig in Dialogform durchgeführt wird, womit er, ohne es zu wissen, die alchemistische Definition der Meditation verwirklicht: nämlich als «colloquium cum suo angelo bono», als inneres Zwiegespräch mit seinem guten Engel[55]. Dieser Prozeß hat in der Regel einen dramatischen Verlauf mit vielen Peripetien. Er drückt sich aus in oder ist begleitet von Traumsymbolen, welche verwandt sind mit jenen «représentations collectives», welche in Form mythologischer Motive seelische Wandlungsvorgänge von jeher dargestellt haben[56].

Im Rahmen einer Vorlesung muß ich mich damit begnügen, bloß einige Beispiele von Archetypen zu behandeln. Ich habe diejenigen gewählt, welche in der Analyse eines männlichen Unbewußten die Hauptrolle spielen, und habe auch versucht, den psychischen Wandlungsprozeß, in welchem sie erscheinen, einigermaßen zu skizzieren. Die hier besprochenen Figuren des Schattens, der Anima und des alten Weisen haben seit dem ersten Erscheinen dieser Vorlesung mit den entsprechenden Figuren des weiblichen Unbewußten zusammen eine ausführliche Darstellung gefunden in meinen Beiträgen zur Symbolik des Selbst[57], und der Individuationsprozeß wurde von mir in seiner Beziehung zur alchemistischen Symbolik einer näheren Untersuchung unterworfen[58].

Der Begriff des kollektiven Unbewußten

Wohl keiner meiner Begriffe ist auf soviel Mißverständnis gestoßen wie die Idee des kollektiven Unbewußten. Im folgenden werde ich versuchen, a. eine Definition des Begriffes zu geben, b. eine Darstellung seiner Bedeutung für die Psychologie, c. eine Erläuterung der Beweismethode und d. ein paar Beispiele.

a. Definition

Das kollektive Unbewußte ist ein Teil der Psyche, der von einem persönlichen Unbewußten dadurch negativ unterschieden werden kann, daß er seine Existenz nicht persönlicher Erfahrung verdankt und daher keine persönliche Erwerbung ist. Während das persönliche Unbewußte wesentlich aus Inhalten besteht, die zu einer Zeit bewußt waren, aus dem Bewußtsein jedoch entschwunden sind, indem sie entweder vergessen oder verdrängt wurden, waren die Inhalte des kollektiven Unbewußten nie im Bewußtsein und wurden somit nie individuell erworben, sondern verdanken ihr Dasein ausschließlich der Vererbung.

Der *Begriff des Archetypus,* der ein unumgängliches Korrelat zur Idee des kollektiven Unbewußten bildet, deutet das Vorhandensein bestimmter Formen in der Psyche an, die allgegenwärtig oder überall verbreitet sind. Die mythologische Forschung nennt sie «Motive»; in der Psychologie Primitiver entsprechen sie LÉVY-BRUHLS Begriff der «représentations collectives», und auf dem Gebiete vergleichender Religionswissenschaft wurden sie von HUBERT UND MAUSS als «Kategorien der Imagination» definiert. ADOLF BASTIAN hat sie vor längerer Zeit als «Elementar-» oder «Urgedanken» bezeichnet. Aus diesen Hinweisen sollte deutlich genug hervorgehen, daß meine Vorstellung vom Archetypus – wörtlich einer präexistenten Form – nicht ausschließlich mein Begriff, sondern auch in anderen Wissensbereichen anerkannt und benannt ist.

Meine These lautet also wie folgt: Im Unterschied zur persönlichen Natur der bewußten Psyche gibt es ein zweites psychisches System von kollektivem nicht-persönlichem Charakter neben unserem Bewußtsein, das seinerseits durchaus persönlicher Natur ist und das wir – selbst wenn wir das persönliche Unbewußte als Anhängsel hinzufügen – für die einzig erfahrbare Psyche halten. Das kollektive Unbewußte entwickelt sich nicht individuell, sondern wird ererbt. Es besteht aus präexistenten Formen, Archetypen, die erst sekundär bewußtwerden können und den Inhalten des Bewußtseins festumrissene Form verleihen.

b. Die psychologische Bedeutung des kollektiven Unbewußten

Unsere *medizinische Psychologie,* die aus beruflicher Praxis erwachsen ist, betont die persönliche Natur der Psyche. Ich meine in erster Linie die Ansichten FREUDS und ADLERS. Es ist eine *Psychologie der Person,* und ihre ätiologischen oder kausalen Faktoren werden fast ganz als ihrer Natur nach persönlich angesehen. Immerhin stützt sich selbst diese Psychologie auf gewisse allgemeine biologische Faktoren, zum Beispiel den sexuellen Instinkt oder den Drang zur Selbstbehauptung, keinesfalls bloß auf persönliche Eigenheiten. Sie ist insofern dazu genötigt, als sie Anspruch erhebt, eine erklärende Wissenschaft zu sein. Keine dieser Anschauungen bestreitet Instinkte, die Tiere und Menschen miteinander gemein haben, noch deren Einfluß auf die persönliche Psychologie. Instinkte sind indessen nicht-persönliche, allgemein verbreitete und hereditäre Faktoren von motivierendem Charakter, die häufig so weit vom Rande des Bewußtseins entfernt sind, daß die moderne Psychotherapie sich vor die Aufgabe gestellt sieht, dem Patienten zu deren Bewußtmachung zu verhelfen. Überdies sind die Instinkte ihrem Wesen nach nicht unklar und unbestimmt, sondern es sind spezifisch geformte Triebkräfte, die, lange vor jeder Bewußtwerdung und ungeachtet jeden Grades von Bewußtheit, ihre inhärenten Ziele verfolgen. Daher bilden sie ganz genaue Analogien zu den Archetypen, ja so genau, daß Grund zur Annahme besteht, daß die Archetypen die unbewußten Abbilder der Instinkte selbst sind; mit anderen Worten: sie stellen das *Grundmuster instinkthaften Verhaltens* dar.

Die Hypothese eines kollektiven Unbewußten ist daher gerade etwa so gewagt wie die Annahme, daß es Instinkte gibt. Man kann ohne weiteres zugeben, daß menschliche Aktivität in hohem Maße von Instinkten beeinflußt ist – abgesehen von den rationalen Motivationen des bewußten Verstandes. Wenn nun behauptet wird, daß unsere Phantasie, unsere Wahrnehmung und unser Denken in gleicher Weise von angeborenen und allgemein vorhandenen Formprinzipien beeinflußt seien, so scheint mir, daß ein normal funktionierendes Verständnis in dieser Vorstellung gerade so viel oder gerade so wenig Mystizismus entdecken kann wie in der Instinkttheorie. Obschon dieser Vorwurf des Mystizismus oft gegen meine Auffassung erhoben wurde, muß ich einmal mehr betonen, daß der Begriff des kollektiven Unbewußten weder eine spekulative noch eine philosophische, sondern eine empirische Angelegenheit ist. Die Frage lautet einfach, gibt es solche universalen Formen, oder gibt es sie nicht? Wenn es sie gibt, dann besteht ein Bereich der Psyche, den man das kollektive Unbewußte nennen kann. Die Diagnose des kollektiven Unbewußten ist nicht immer eine einfache Aufgabe. Es genügt nicht, die häufig offensichtlich archetypische Natur unbewußter Produkte hervorzuheben, denn diese kann genauso gut von Erwerbungen mittels Sprache und Erziehung hergeleitet werden. Kryptomnesie sollte ebenfalls ausgeschlossen werden, was in manchen Fällen nahezu unmöglich ist. Trotz allen diesen Schwierigkeiten bleiben genügend individuelle Fälle übrig, die über jeden vernünftigen Zweifel hinaus autochthon wiedererstandene mythologische Motive aufweisen. Wenn ein solches Unbewußtes überhaupt existiert, muß psychologische Erklärung davon Kenntnis nehmen und gewisse angeblich persönlichen Ätiologien einer schärferen Kritik unterziehen.

Was ich meine, kann vielleicht an einem konkreten Beispiel erläutert werden. Sie haben vermutlich FREUDS Diskussion eines bestimmten Gemäldes von LEONARDO DA VINCI[1] gelesen: Sankt Anna mit Maria und dem Christuskind. FREUD erklärt das bemerkenswerte Bild von der Tatsache her, daß LEONARDO selbst zwei Mütter gehabt hat. Diese Kausalität ist persönlich. Wir wollen uns nicht über der Tatsache aufhalten, daß solche Bilder alles andere als einzigartig sind, noch über der kleinen Unstimmigkeit, daß Sankt Anna ja die *Großmutter* Christi ist, sondern wollen hervorheben, daß mit der anscheinend persönlichen Psychologie ein nicht-persönliches Motiv verflochten ist, das wir von anderswoher gut kennen. Es ist das Motiv von den zwei Müttern, ein Archetypus, der im

Bereiche der Mythologie und Religion in mannigfachen Varianten anzutreffen ist und die Grundlage zahlreicher représentations collectives bildet. Ich könnte beispielsweise das Motiv der zweifachen Abstammung erwähnen, das heißt der Abstammung von menschlichen und von göttlichen Eltern, wie bei Herakles, der, von Hera unwissentlich adoptiert, Unsterblichkeit erlangte. Was in Griechenland Mythos, ist in Ägypten sogar ein Ritual. Dort ist der Pharao von Natur aus sowohl menschlicher wie göttlicher Wesensart. In den Geburtskammern der ägyptischen Tempel ist des Pharaos zweite, göttliche Empfängnis und Geburt an den Wänden dargestellt – er ist «zweimal geboren». Dies ist eine Vorstellung, welche die Grundlage aller Wiedergeburtsmysterien darstellt, einschließlich derjenigen des Christentums. Christus selbst ist zweimal geboren; durch die Taufe im Jordan erlangte er seine Wiedergeburt aus dem Wasser und dem Geiste. Folgerichtig wird in der römischen Liturgie der Taufbrunnen als «uterus ecclesiae» bezeichnet; und wie man es im *Römischen Missale* lesen kann, heißt er heute noch so in der Weihe des Taufwassers am sabbatum sanctum, dem Samstag vor Ostern. Wie dem auch sei, in der frühen Gnosis stellte man sich den Geist, der in Gestalt einer Taube erschien, als Sophia, Sapientia, Weisheit, vor, und als die Mutter Christi. Auf Grund dieser Motive doppelter Elternschaft werden heute den Kindern, statt daß sie gute und böse Feen haben, die eine «magische Adoption» mit Fluch oder Segen ausführen, Taufpaten beigegeben, nämlich (schweizerdeutsch) «Götti» und «Gotte», (englisch) «godfather» und «godmother».

Die Vorstellung einer zweiten Geburt ist zeitlich und räumlich weit verbreitet. In den ersten Anfängen der Medizin kommt sie als ein magisches Heilmittel vor; in vielen Religionen ist sie die mystische Erfahrung; sie bildet die Zentralidee der mittelalterlichen Naturphilosophie und, last not least, die infantile Phantasie vieler kleiner und «erwachsener» Kinder, die glauben, daß ihre Eltern nicht ihre wirklichen, sondern nur Adoptiveltern sind, denen sie übergeben worden seien. BENVENUTO CELLINI zum Beispiel hatte diese Vorstellung ebenfalls, wie er in seiner Autobiographie[2] berichtet.

Nun ist es völlig ausgeschlossen, daß alle Menschen, die an eine zweifache Abstammung glauben, in Wirklichkeit immer zwei Mütter hatten, oder umgekehrt, daß die wenigen, die LEONARDOS Schicksal teilen, die restliche Menschheit mit ihrem Komplex angesteckt hätten. Tatsache ist, daß man nicht umhin kann anzunehmen, das universelle Vorkommen der Phantasie von der doppelten Geburt und gleichzeitig mit dieser die Phantasie von den zwei Müttern entspreche einem überall vorhandenen menschlichen Bedürfnis, das sich in diesem Thema abbildet. Wenn nun LEONARDO DA VINCI wirklich seine beiden Mütter in Sankt Anna und Maria porträtiert hat – was ich bezweifle –, so brachte er doch nur etwas zum Ausdruck, was ungezählte Millionen Menschen vor und nach ihm glaubten. Ebenso macht das Geiersymbol, das FREUD in dem genannten Aufsatz behandelt hat, diese Ansicht nur noch plausibler. Er zitiert mit Recht als Quelle des Symbols die *«Hieroglyphica»* des HORAPOLLO[3], ein Buch, das in der damaligen Zeit sehr verbreitet war. Darin liest man, daß Geier nur weiblich seien und symbolisch die Mutter bedeuteten; sie empfingen durch den Wind (griechisch: pneuma). Dieses Wort pneuma nahm, vor allem unter dem Einfluß des Christentums, die Bedeutung «Geist» an. Sogar im Bericht über die Pfingstwunder hat «pneuma» noch immer die Doppelbedeutung von Wind und Geist. Meiner Meinung nach weist diese Tatsache zweifellos auf Maria hin, die, ihrem Wesen nach Jungfrau, vom Pneuma empfing, das heißt wie ein Geier. Daneben ist der Geier nach HORAPOLLO auch das Symbol Athenes, die unmittelbar der Stirn des höchsten Gottes entsprungen, eine Jungfrau war und offenbar nur geistige Mutterschaft kannte. All das deutet klar auf Maria und das Wiedergeburtsmotiv. Es gibt keine Spur eines Beweises, daß LEONARDO mit diesem Bild etwas anderes gemeint haben könnte. Wenn es richtig ist, anzunehmen, daß er sich selbst mit dem Christuskind identifizierte, stellte er aller Wahrscheinlichkeit nach die doppelte mythische Mutterschaft, auf keinen Fall jedoch seine eigene persönliche Geschichte dar. Und was ist mit all den andern Künstlern, die das gleiche Motiv dargestellt haben? Bestimmt hatten sie doch nicht alle zwei Mütter?

Übertragen wir nun LEONARDOS Fall auf das Gebiet der Neurosen, nehmen wir an, daß es sich um einen Patienten mit einem Mutterkomplex handelt und daß er unter dem Wahn leidet, die Ursache seiner Neurose bestehe darin, daß er wirklich zwei Mütter gehabt habe. Die persönliche Deutung hätte zuzugeben, daß er recht habe, und doch wäre diese in Wirklichkeit völlig falsch. Denn im Grunde genommen läge die Ursache seiner Neurose im Wiedererwachen des Archetypus der doppelten Mutter, völlig unabhängig davon, ob er eine oder zwei Mütter hatte; denn wie wir gesehen haben, funktioniert dieser Archetypus individuell und historisch ohne irgendeinen Zusammenhang mit dem verhältnismäßig seltenen Vorkommnis doppelter Mutterschaft.

Es ist natürlich verlockend, eine so einfache und persönliche Ursache vorauszusetzen, doch ist die Hypothese nicht nur ungenau, sondern durchaus falsch. Freilich ist es schwierig, zu verstehen, wie ein Doppelmuttermotiv – einem nur in Medizin ausgebildeten Arzt unbekannt – so große bestimmende Kraft haben konnte, daß es sich wie ein traumatischer Zustand auswirkte. Wenn wir aber die enormen Kräfte in Erwägung ziehen, die in der mythischen Sphäre des Menschen verborgen liegen, nimmt sich die kausale Bedeutung der Archetypen weniger phantastisch aus. Tatsächlich gibt es zahlreiche Neurosen, die Störungen anzeigen, welche geradezu von dem Umstand abzuleiten sind, daß das psychische Leben des Patienten der Mitwirkung dieser treibenden Kräfte ermangelt. Nichtsdestoweniger versucht die rein personale Psychologie durch Reduktion auf persönliche Ursachen ihr Möglichstes, um die Existenz der archetypischen Motive zu leugnen, und sucht sie in persönlicher Analyse sogar zu zerstören. Ich halte dies für ein recht gefährliches Unterfangen. Heute läßt sich die Natur der beteiligten Kräfte besser beurteilen als vor zwanzig Jahren. Erleben wir nicht eben mit, wie eine ganze, große Nation ein archaisches Symbol wiederbelebt, ja sogar archaische Religionsformen – und wie diese neue Emotion den einzelnen in einer revolutionären und umwandelnden Weise beeinflußt? Der Mensch der Vergangenheit ist in uns in einem Maße lebendig, das wir uns vor dem Krieg nicht hätten träumen lassen, und was ist das Schicksal großer Völker letztlich anderes als die Summierung der psychischen Veränderung von Individuen?

Insofern als eine Neurose eigentlich nur Privatsache ist, nämlich ihre Wurzeln einzig in persönlichen Ursachen hat, spielen Archetypen überhaupt keine Rolle. Wenn sie aber eine Angelegenheit allgemeiner Inkompatibilität ist oder ein sonstwie schädlicher Zustand, der in einer relativ großen Anzahl Individuen Neurosen verursacht, müssen wir die Anwesenheit von Archetypen annehmen. Da Neurosen in den meisten Fällen nicht nur Privatangelegenheiten sind, sondern *soziale* Erscheinungen, müssen wir auch das Vorhandensein von Archetypen in den meisten Fällen annehmen: die Art Archetypus, die der Situation entspricht, ist wiederbelebt, und als Ergebnis treten jene explosiven und daher so gefährlichen Triebkräfte, die im Archetypus verborgen sind, in Aktion, was oft unabsehbare Ergebnisse zeitigt. Ja, es gibt nichts Böses, dem Menschen unter der Herrschaft eines Archetypus nicht anheimfallen können. Wenn vor dreißig Jahren jemand vorauszusagen gewagt hätte, daß die psychologische Entwicklung in Richtung eines Wiedererwachens mittelalterlicher Judenverfolgung gehen, daß Europa erneut vor den römischen Liktorenbündeln und unter dem Marschtritt der Legionen erzittern würde, daß man den römischen Gruß wiedereinführen könnte wie vor zweitausend Jahren, und daß statt des christlichen Kreuzes eine archaische Swastika Millionen von Kriegern zu Todesbereitschaft anködern würde – man hätte diesen Mann als einen mystischen Narren verschrien. Und heute? So bestürzend es erscheinen mag, dieser ganze Wahnwitz ist gräßliche Wirklichkeit. Privatleben, private Motive und Ursachen und private Neurosen sind in der heutigen Welt fast zur Fiktion geworden. Der Mensch der Vergangenheit, der in einer Welt archaischer représentations collectives lebte, ist wieder zu einem sehr sichtbaren und peinlich realen Leben erstanden, und dies nicht nur in ein paar unausgeglichenen Individuen, sondern in vielen Millionen Menschen.

Es gibt so viele Archetypen, als es typische Situationen im Leben gibt. Endlose Wiederholung hat diese Erfahrungen in die psychische Konstitution eingeprägt, nicht in Form von Bildern, die von einem Inhalt erfüllt wären, sondern zunächst beinahe nur als *Formen ohne Inhalt,* welche bloß die Möglichkeit eines bestimmten Typus der Auffassung und des Handelns darstellen. Wenn sich im Leben etwas ereignet, was einem Archetypus entspricht, wird dieser aktiviert, und es tritt eine Zwanghaftigkeit auf, die, wie eine Instinktreaktion, sich wider Vernunft und Willen durchsetzt oder einen Konflikt hervorruft, der bis zum Pathologischen, das heißt zur Neurose, anwächst.

c. Beweismethode

Wir müssen uns nun der Frage zuwenden, wie die Existenz von Archetypen bewiesen werden kann. Da Archetypen gewisse geistige Formen hervorbringen sollen, müssen wir erklären, wo und wie man das Material, das diese Formen anschaulich macht, erfassen kann. Die Hauptquelle liegt in Träumen, die den Vorteil haben, vom Willen unabhängige, spontane Erzeugungen der unbewußten Psyche zu sein, und die daher reine, von jeder bewußten Absicht unbeeinflußte Naturprodukte sind. Wenn man das Individuum befragt, kann man ermitteln, welche Motive, die in den Träumen auftauchen, ihm bekannt sind. Unter denen, die ihm unbekannt sind, müssen wir natürlich alle Motive ausschließen, die ihm bekannt sein *könnten,* so etwa – um auf den Fall LEONARDO zurückzukommen – das Geiersymbol. Wir sind nicht sicher, ob LEONARDO dieses Symbol aus HORAPOLLO bezogen hat, wenn dies auch für einen Gebildeten seiner Zeit ohne weiteres denkbar gewesen wäre, denn Künstler zeichneten sich besonders dazumal durch ein beträchtliches humanistisches Wissen aus. Daher würde – obwohl das Vogelmotiv ein Archetypus par excellence ist – sein Vorkommen in LEONARDOS Phantasie nichts beweisen; weshalb wir nach Motiven suchen müssen, die dem Träumer einfach nicht bekannt sein konnten und dennoch in seinem Traum sich funktionell so verhalten, wie wir es vom Funktionieren der Archetypen von historischen Quellen her kennen.

Eine weitere Quelle für das benötigte Material ist die sogenannte *aktive Imagination.* Darunter verstehe ich jene Serien von Phantasien, die absichtliche Konzentration ins Dasein bringt. Ich habe die Erfahrung gemacht, daß die Intensität und Häufigkeit von Träumen verstärkt wird durch das Vorhandensein unerfaßbarer und unbewußter Phantasien und daß, wenn diese Phantasien ins Bewußtsein gehoben werden, die Träume ihren Charakter ändern, schwächer und seltener werden. Daraus habe ich den Schluß gezogen, daß Träume oft Phantasien enthalten, welche auf Bewußtwerdung tendieren – Traumquellen sind häufig unterdrückte Instinkte, die eine natürliche Neigung haben, den bewußten Verstand zu beeinflussen. In Fällen dieser Art geben wir dem Patienten den Auftrag, jedes einzelne Bruchstück seiner Phantasie, das ihm wichtig erscheint, auf seinen sogenannten *Kontext* hin zu betrachten, das heißt auf das dazugehörige assoziative Material, in das es eingebettet ist, so lange bis er es versteht. Es ist hier nicht eine Frage freier Assoziation, wie FREUD sie zum Zwecke der Traumanalyse empfohlen hat, sondern es geht um die Bearbeitung der Phantasie durch Beobachtung weiteren Phantasiematerials, so wie es dem Fragment auf natürliche Weise beigegeben ist.

Es ist hier nicht der Ort, auf technische Erläuterungen der Methode einzugehen. Es möge genügen, daß die zutage gebrachte Phantasieserie das Unbewußte erleichtert und ein an archetypischen Formen reiches Material darstellt. Selbstverständlich darf diese Methode nur in bestimmten, sorgfältig ausgewählten Fällen angewendet werden. Sie ist nicht ganz ungefährlich, da sie den Patienten zu weit von der Wirklichkeit wegführen kann. Eine Warnung vor gedankenloser Anwendung ist jedenfalls am Platz.

Schließlich und nicht zuletzt stehen als interessante Quellen archetypischen Materials die Wahnideen Geisteskranker, die Phantasien in Trancezuständen und die Träume aus der frühen Kindheit (vom dritten bis zum fünften Lebensjahr) zur Verfügung. Beliebige Mengen solchen Materials sind erhältlich, aber es ist wertlos, wenn es einem nicht gelingt, überzeugende historische Parallelen aufzuspüren. Es genügt natürlich nicht, einen Traum über eine Schlange mit dem mythischen Vorkommen der Schlange in Verbindung zu bringen; denn wer könnte garantieren, daß die funktionelle Bedeutung der Schlange in dem Traum die gleiche ist wie in ihrem mythologischen Rahmen? Um die gültige Parallele zu ziehen, ist es daher notwendig, die funktionelle Bedeutung eines individuellen Symbols zu kennen und dann herauszufinden, ob das angeblich parallele mythologische Symbol zu der gleichen Art von Umständen gehört und infolgedessen dieselbe funktionelle Bedeutung hat. Die Aufstellung solcher Fakten ist nicht nur eine Angelegenheit langwieriger und mühsamer Forschung, sondern auch ein undankbares Objekt zur Demonstration. Da die Symbole nicht aus ihrem Zusammenhang gerissen werden dürfen, muß man sowohl erschöpfende persönliche wie symbolwissenschaftliche Darstellungen vorlegen, praktisch ein Ding der Unmöglichkeit im Rahmen eines einzigen Vortrags. Ich habe es wiederholt versucht, auf die Gefahr hin, die Hälfte meiner Zuhörerschaft zum Schlafen zu bringen.

d. Ein Beispiel

Ich wähle als Beispiel einen praktischen Fall, den ich, obschon er bereits publiziert ist, erneut verwende, da seine Kürze ihn zur Illustration besonders geeignet macht. Überdies kann ich ein paar Bemerkungen anschließen, die in der früheren Publikation[4] weggelassen worden sind.

Um 1906 begegnete ich einer merkwürdigen Phantasie eines Paranoikers, der seit vielen Jahren interniert war. Der Patient hatte seit seiner Jugend an unheilbarer Schizophrenie gelitten. Er hatte die Volksschulen besucht und war als Angestellter in einem Büro tätig gewesen. Er war mit keinerlei besonderen Gaben ausgestattet, und ich selbst wußte damals nichts von Mythologie oder Archäologie; so war die Situation in keiner Weise verdächtig. Eines Tages traf ich ihn an, wie er am Fenster stand, seinen Kopf hin und her bewegte und in die Sonne blinzelte. Er bat mich, dasselbe zu tun, und versprach mir, ich würde dann etwas sehr Interessantes sehen. Als ich ihn fragte, was er sähe, war er überrascht, daß ich selbst nichts sehen konnte, und sagte: «Sie sehen doch den Sonnenpenis – wenn ich meinen Kopf hin und her bewege, so bewegt er sich ebenfalls, und das ist der Ursprung des Windes.» Natürlich begriff ich die sonderbare Idee ganz und gar nicht, aber ich hielt sie in einer Notiz fest. Ungefähr vier Jahre später, während meiner mythologischen Studien, entdeckte ich ein Buch von ALBRECHT DIETERICH, dem bekannten Philologen, welches Licht auf jene Phantasie warf. Dieses Werk, 1910 veröffentlicht, behandelt einen griechischen Papyrus der Bibliothèque Nationale in Paris. DIETERICH glaubte in einem Teil des Textes eine Mithrasliturgie entdeckt zu haben. Der Text ist zweifellos eine religiöse Anweisung für die Durchführung bestimmter Anrufungen, in denen Mithras genannt wird. Er stammt aus der alexandrinischen Mystikerschule und stimmt in der Bedeutung mit dem *Corpus Hermeticum* überein. In DIETERICHS Text lesen wir die folgenden Weisungen:

«Hole von den Strahlen Atem, dreimal einziehend, so stark du kannst, und du wirst dich sehen aufgehoben und hinüberschreitend zur Höhe, so daß du glaubst mitten in der Luftregion zu sein... der Weg der sichtbaren Götter wird durch die Sonne erscheinen, den Gott, meinen Vater; ähnlicher Weise wird sichtbar sein auch die sogenannte Röhre, der Ursprung des dienstuenden Windes. Denn du wirst von der Sonnenscheibe wie eine herabhängende Röhre sehen: und zwar nach den Gegenden gen Westen unendlich als Ostwind; wenn die Bestimmung nach den Gegenden des Ostens der andere hat, so wirst du in ähnlicher Weise nach den Gegenden jenes die Umdrehung (Fortbewegung) des Gesichts sehen.»[5]

Der Text zeigt die Absicht des Autors, den Leser selbst in die Lage zu versetzen, diese Vision zu erleben, die der Verfasser gehabt hat oder an die er zum mindesten glaubt. Der Leser soll in die innere Erfahrung des Autors eingeführt werden oder – was wahrscheinlicher ist – in eine jener damals bestehenden mystischen Gemeinschaften, von denen PHILO IUDAEUS als Zeitgenosse Zeugnis gibt. Denn der hier angerufene Feuer- und Sonnengott ist eine Figur, für die historische Parallelen nachgewiesen werden können, beispielsweise in engem Zusammenhang mit der Christusgestalt der *Offenbarung*. Es handelt sich daher um eine kollektive Vorstellung, wie es die beschriebenen rituellen Handlungen sind, so etwa die Nachahmung von Tierstimmen usw. Diese Vision ist somit in einen religiösen Zusammenhang von eindeutig ekstatischer Natur gebettet und beschreibt eine Art Initiation in die mystische Erfahrung der Gottheit.

Unser Patient war ungefähr zehn Jahre älter als ich. Er war größenwahnsinnig, nämlich Gott und Christus in einem. Seine Einstellung mir gegenüber war wohlwollend – er mochte mich gern, als die einzige Person, die seinen abstrusen Vorstellungen überhaupt Interesse entgegenbrachte. Seine Wahnideen waren vorwiegend religiöser Natur, und als er mich aufforderte, in die Sonne zu blinzeln wie er und meinen Kopf hin und her zu wiegen, hatte er offenbar die Absicht, mich an seiner Vision teilnehmen zu lassen. Er spielte die Rolle des mystischen Weisen, und ich war sein Schüler. Er war sogar der Sonnengott selbst, indem er durch sein Kopfwackeln den Wind erschuf. Die rituelle Umwandlung in die Gottheit ist durch APULEIUS in den Isismysterien bezeugt, und zwar in der Form einer Sonnenapotheose. Die Bedeutung des diensttuenden Windes ist aller Wahrscheinlichkeit nach die des zeugenden Geistes (pneuma ist Wind), der vom Sonnengott in die Seele strömt und sie befruchtet. Die Verbindung von Sonne und Wind kommt in der antiken Symbolik häufig vor.

Jetzt muß der Beweis erbracht werden, daß es sich bei den zwei einzelnen Fällen nicht um eine bloß zufällige Übereinstimmung handelt. Wir müssen daher zeigen, daß die Vorstellung einer Windröhre in Verbindung mit Gott oder der Sonne ein kollektives Dasein unabhänig von diesen beiden Aussagen hat oder, um es anders auszudrücken, daß sie auch zu anderen Zeiten und an anderen Orten vorkommt. Gewisse mittelalterliche Gemälde stellen die Verkündigung mit einer röhrenartigen Vorrichtung dar, die vom Throne Gottes zum Leib der Maria reicht. Entweder die Taube oder das Christuskind lassen sich darin herab. Die Taube bedeutet den Befruchter, den Heiligen Geist-Wind.

Es fällt nun völlig außer Betracht, daß der Patient irgendwelche Kenntnis von einem Papyrus gehabt haben könnte, der vier Jahre später veröffentlicht wurde, und es ist im höchsten Grade unwahrscheinlich, daß seine Vision irgend etwas mit der seltsamen mittelalterlichen Darstellung der Verkündigung zu tun haben möchte, selbst wenn er durch irgendeinen unvorstellbaren Zufall eine Reproduktion solch eines Gemäldes je zu Gesicht bekommen haben sollte. Der Patient war zu Beginn seiner Zwanzigerjahre für geisteskrank erklärt worden. Er war nie gereist. In keiner öffentlichen Kunstgalerie seiner Heimatstadt Zürich hängt ein solches Bild.

Ich erwähne diesen Fall nicht, um die Vision eines Archetypus zu beweisen, sondern um Ihnen das Vorgehen der Untersuchung in der denkbar schlichtesten Form vorzuführen. Wenn wir nur solche Fälle hätten, wären unsere Erhebungen relativ einfach, aber das Vorlegen von Beweismaterial ist in Wirklichkeit komplizierter. Zunächst müssen gewisse Symbole eindeutig genug isoliert werden, um als typische Phänomene, und nicht bloß als zufällige Angelegenheiten, erkennbar zu sein. Dies geschieht durch Untersuchung einer Reihe von Träumen, sagen wir von ein paar hundert, auf typische Figuren hin sowie durch Beobachten ihrer Entwicklung innerhalb der Serie. Durch diese Methode ist es möglich, gewisse Kontinuitäten und Abweichungen bei einer und derselben Gestalt festzustellen. Man kann jede beliebige Figur auswählen, die durch ihr Verhalten im Traum oder in Träumen den Eindruck erweckt, ein Archetypus zu sein. Wenn das Material, das einem zur Verfügung steht, gut beobachtet worden und reichhaltig genug ist, lassen sich interessante Tatsachen über die Veränderung, die der Typus erfahren hat, ermitteln. Nicht nur der Typus selbst, sondern auch seine Varianten können durch Belege aus vergleichbarem mythologischem Material verdeutlicht werden. Ich habe diese Untersuchungsmethode in einer 1935 veröffentlichten Arbeit[6] beschrieben und habe darin auch das nötige Fallmaterial vorgelegt.

Über den Archetypus mit besonderer Berücksichtigung des Animabegriffes

Obwohl das Gegenwartsbewußtsein schon vergessen zu haben scheint, daß es einmal eine Psychologie gab, welche nicht empirisch war, so ist doch die allgemeine Grundhaltung immer noch ähnlich jener früheren, welche Psychologie mit einer Theorie über das Psychische identisch setzte. Es bedurfte in der akademischen Welt schon jener drastischen, von FECHNER[1] und WUNDT[2] ausgehenden Revolution in der Methodik, um es der wissenschaftlichen Welt klarzumachen, daß Psychologie ein Erfahrungsgebiet ist und nicht eine philosophische Theorie. Dem zunehmenden Materialismus des ausgehenden 19. Jahrhunderts bedeutete es allerdings nichts mehr, daß es einmal eine «Erfahrungsseelenkunde» gegeben hatte[3], welcher wir heute noch wertvolle Beschreibungen verdanken. Ich erinnere nur an Dr. JUSTINUS KERNERS *«Seherin von Prevorst»* (1846). Der neuaufgekommenen Richtung einer naturwissenschaftlichen Methodik war alle «romantisch» beschreibende Psychologie anathema. Die übertriebene Erwartung dieser experimentellen Laboratoriumswissenschaft spiegelt sich schon in FECHNERS «Psychophysik». Ihre heutigen Resultate sind die Psychotechnik und eine allgemeine Änderung des wissenschaftlichen Standpunktes zugunsten der Phänomenologie.

Man könnte aber noch nicht behaupten, daß der phänomenologische Gesichtspunkt in allen Köpfen durchgedrungen sei. Die Theorie spielt überall noch eine viel zu große Rolle, statt daß sie, wie es eigentlich sein sollte, mit in die Phänomenologie einbezogen würde. Selbst FREUD, dessen empirische Einstellung außer Zweifel steht, hat seine Theorie als conditio sine qua non mit der Methode zusammengekoppelt, wie wenn es unerläßlich wäre, daß psychische Phänomene in einem gewissen Licht gesehen werden müßten, um etwas zu sein. Trotzdem war es FREUD, der wenigstens im Gebiete der Neurosen der Untersuchung komplexer Phänomene die Bahn freimachte. Das befreite Gebiet erstreckte sich aber nur so weit, als es gewisse physiologische Grundbegriffe erlaubten, so daß fast der Anschein entstand, als ob Psychologie eine Angelegenheit der Triebphysiologie wäre. Der materialistischen Weltanschauung jener Zeit vor bald fünfzig Jahren war diese Beschränkung der Psychologie willkommen, und so ist es, trotz einem geänderten Weltbild, in hohem Maße auch heute noch. Man hat nicht nur den Vorteil eines «abgegrenzten Arbeitsgebietes», sondern auch einen trefflichen Vorwand, sich um das, was in einer weiteren Welt vorgeht, nicht kümmern zu müssen.

So wurde von der gesamten ärztlichen Psychologie übersehen, daß eine Neurosenpsychologie, wie zum Beispiel die FREUDsche, ohne Kenntnisse einer allgemeinen Phänomenologie völlig in der Luft hängt. Ebenso wurde übersehen, daß im Gebiete der Neurosen PIERRE JANET[4] schon vor FREUD angefangen hatte, eine beschreibende Methodik aufzubauen, und zwar ohne diese mit allzuviel theoretischer und weltanschaulicher Voraussetzung zu belasten. Über das streng ärztliche Gebiet hinaus griff die biographische Beschreibung der seelischen Erscheinung, vertreten durch das Hauptwerk des Genfer Philosophen THÉODORE FLOURNOY, nämlich seine Darstellung der Psychologie einer außergewöhnlichen Persönlichkeit[5]. Diesem folgte, als erster umfassender Versuch, das Hauptwerk WILLIAM JAMES', *«Varieties of Religious Experience»* (1902). Ich verdanke es hauptsächlich diesen beiden Forschern, daß ich das Wesen der psychischen Störung im Rahmen des Ganzen der menschlichen Seele begreifen lernte. Ich habe selber mehrere Jahre lang experimentelle Arbeit geleistet; durch meine intensive Beschäftigung mit Neurosen und Psychosen mußte ich aber einsehen, daß – so wünschenswert quantitative Bestimmung ist – es ohne die qualitativ beschreibende Methode nicht geht. Die medizinische Psychologie hat erkannt, daß die entscheidenden Tatbestände außerordentlich kompliziert sind und nur durch kasuistische Beschreibung erfaßt werden können. Diese Methode aber setzt Freiheit von theoretischer Voreingenommenheit voraus. Jede Naturwissenschaft ist da, wo sie nicht mehr experimentell vorgehen kann, beschreibend, ohne damit aufzuhören, wissenschaftlich zu sein. Eine Erfahrungswissenschaft aber macht sich selbst unmöglich, wenn sie ihr Arbeitsgebiet nach theoretischen Begriffen absteckt. Die Seele kommt nicht da zum Ende, wo die Reichweite einer physiologischen oder sonstigen Voraussetzung aufhört, das heißt wir haben in jedem einzelnen Falle, den wir wissenschaftlich betrachten, die Gesamterscheinung der Seele in Erwägung zu ziehen.

Diese Überlegungen sind unerläßlich in der Erörterung eines empirischen Begriffes wie desjenigen der «Anima». Entgegen dem oft geäußerten Vorurteil, daß es sich dabei um eine theoretische Erfindung, oder – schlimmer noch – um reine Mythologie handle, muß ich hervorheben, daß der Begriff der «Anima» ein reiner Erfahrungsbegriff ist, der nicht mehr bezweckt, als einer Gruppe von verwandten oder analogen Erscheinungen einen Namen zu geben. Der Begriff leistet nicht mehr und bedeutet auch nicht mehr, als zum Beispiel der Begriff «Arthropoden», der alle Gliederfüßler in sich begreift und damit dieser phänomenologischen Gruppe einen Namen gibt. Die erwähnten Vorurteile stammen, so bedauerlich dies auch ist, aus der Unwissenheit. Die Kritiker kennen die in Frage stehenden Phänomene nicht, denn diese liegen zum größten Teil außerhalb der Grenzpfähle eines bloß medizinischen Wissens in einem Gebiet allgemeinmenschlicher Erfahrung. Die Seele aber, mit der es der Arzt zu tun hat, kümmert sich nicht um die Beschränktheit seines Wissens, sondern offenbart ihre Lebensäußerung und reagiert auf Einflüsse aus allen Gebieten menschlicher Erfahrung. Ihr Wesen zeigt sich nicht bloß im Persönlichen oder in Instinkten oder im Sozialen, sondern im Phänomen der Welt überhaupt, das heißt wenn wir «Seele» verstehen wollen, so müssen wir die Welt einbeziehen. Man kann zwar nicht nur, sondern muß sogar aus praktischen Gründen Arbeitsgebiete abstecken, aber dies kann nur geschehen mit der bewußten Voraussetzung der Beschränkung. Je komplexer aber die Erscheinungen sind, mit denen die praktische Behandlung sich auseinandersetzen muß, desto weiter müssen die Voraussetzung und die entsprechende Kenntnis sein.

Jemand also, der die universale Ausbreitung und Bedeutung des *Syzygienmotivs* (Paarungsmotiv) in der Psychologie der Primitiven[6], der Mythologie, der vergleichenden Religionswissenschaft und der Literaturgeschichte nicht kennt, der kann in der Angelegenheit des Animabegriffes schwerlich mitreden. Sein Wissen um Neurosenpsychologie könnte ihm zwar eine gewisse Kenntnis desselben vermitteln, aber es ist erst das Wissen um dessen allgemeine Phänomenologie, welches ihm die Augen für die eigentliche Bedeutung dessen öffnen könnte, was ihm im individuellen Fall und oft in pathologischer Verzerrung entgegentritt.

Obschon das allgemeine Vorurteil noch immer glaubt, daß die allein wesentliche Grundlage unserer Erkenntnis ausschließlich von außen gegeben sei, und daß «nichts im Intellekt sei, was nicht zuvor in den Sinnen gewesen wäre»[7], so ist es doch wahr, daß die durchaus ansehnliche Atomtheorie der alten LEUKIPPOS und DEMOKRITOS keineswegs auf der Beobachtung von Atomzertrümmerungen beruhte, sondern auf einer mythologischen Vorstellung kleinster Teilchen, die als Seelenatome, als belebte kleinste Teilchen, schon den noch paläolithischen Zentralaustraliern bekannt sind[8]. Wieviel Gegebenheit der Seele in das Unbekannte der äußeren Erscheinung projiziert wird, das ist jedem Kenner der alten Naturwissenschaft und Naturphilosophie bekannt. Es ist in der Tat so viel, daß wir überhaupt nicht imstande sind, jemals anzugeben, wie die Welt an sich überhaupt beschaffen ist, da wir ja gezwungen sind, das physische Geschehen in einen psychischen Prozeß umzusetzen, wenn wir überhaupt von Erkenntnis reden wollen. Wer garantiert aber, daß bei dieser Umsetzung ein irgendwie zulängliches «objektives» Weltbild herauskomme? Es müßte denn sein, daß das physische Geschehen ebenfalls ein psychisches sei. Von dieser Feststellung scheint uns aber noch eine große Distanz zu trennen. Bis dahin muß man sich wohl oder übel mit der Annahme begnügen, daß die Seele jene Bilder und Formen liefert, welche die Erkenntnis des Objektes überhaupt erst ermöglichen.

Man nimmt von diesen Formen allgemein an, daß sie durch Tradition übermittelt seien, daß wir mithin heute noch immer von «Atomen» reden, weil wir direkt oder indirekt von DEMOKRITS Atomlehre gehört hätten. Wo hat aber DEMOKRIT, oder wer immer zuerst von kleinsten konstitutiven Elementen sprach, von Atomen gehört? Diese Idee hat ihren Anfang genommen in sogenannten archetypischen Vorstellungen, das heißt in Urbildern, welche nie Abbildungen physikalischer Ereignisse, sondern Eigenprodukte des seelischen Faktors sind. Trotz der materialistischen Tendenz, die «Seele» wesentlich als einen bloßen Abklatsch physikalischer und chemischer Vorgänge zu begreifen, liegt doch nicht ein einziger Beweis für diese Hypothese vor. Ganz im Gegenteil sogar beweisen unzählige Tatsachen, daß die Seele den physikalischen Vorgang in Bilderfolgen übersetzt, die häufig mit dem objektiven Vorgang einen kaum noch erkennbaren Zusammenhang haben. Die materialistische Hypothese ist allzu kühn und greift über das Erfahrbare mit «metaphysischer» Anmaßlichkeit hinaus. Was wir beim gegenwärtigen Standpunkt unseres Wissens mit Sicherheit feststellen können, ist unsere Unwissenheit um das Wesen des Seelischen. Es besteht daher gar kein Anlaß, die Psyche als etwas Sekundäres oder als ein Epiphänomen zu betrachten, sondern es gibt genügend Gründe dafür, sie – wenigstens hypothetisch – als einen factor sui generis aufzufassen, und zwar so lange, bis es hinlänglich erwiesen ist, daß der seelische Prozeß auch in der Retorte fabriziert werden kann. Man hat den Anspruch der Alchemie, einen lapis philosophorum, der aus corpus et anima et spiritus besteht, als unmöglich verlacht; infolgedessen soll auch die logische Konsequenz der mittelalterlichen Voraussetzung, nämlich das materialistische Präjudiz hinsichtlich der Seele, nicht weitergeschleppt werden, wie wenn dessen Prämisse eine bewiesene Tatsache wäre.

Es wird so bald nicht gelingen, komplexe seelische Tatbestände auf eine chemische Formel zu bringen; der seelische Faktor muß daher ex hypothesi vorderhand als eine autonome Wirklichkeit rätselhaften Charakters gelten, und zwar darum in erster Linie, weil er aller tatsächlichen Erfahrung nach als von physico-chemischen Vorgängen *wesensverschieden* erscheint. Wenn wir letztlich schon nicht wissen, was seine Substanzialität ist, so gilt dies aber auch vom physischen Gegenstand, nämlich der Materie. Wenn wir daher das Seelische als selbständigen Faktor betrachten, so ergibt sich daraus die Folgerung, daß es seelische Existenz gibt, welche der Willkür bewußter Erfindung und Handhabung entzogen ist. Wenn also jener Charakter von Flüchtigkeit, Oberflächlichkeit, Schattenhaftigkeit, ja von Futilität irgendeinem Seelischen anhaftet, so gilt dies zu allermeist vom Subjektiv-Psychischen, nämlich von den Bewußtseinsinhalten, nicht aber vom Objektiv-Psychischen, dem Unbewußten, welches eine a priori bestehende Bedingung des Bewußtseins und seiner Inhalte darstellt. Vom Unbewußten gehen determinierende Wirkungen aus, welche unabhängig von Übermittlung, in jedem einzelnen Individuum Ähnlichkeit, ja sogar Gleichheit der Erfahrung sowohl wie der imaginativen Gestaltung gewährleisten. Einer der Hauptbeweise hierfür ist der sozusagen universale Parallelismus mythologischer Motive, die ich wegen ihrer urbildlichen Natur *Archetypen* genannt habe.

Einen dieser Archetypen, der von besonderer praktischer Bedeutung für den Psychotherapeuten ist, habe ich als Anima bezeichnet. Mit diesem lateinischen Ausdruck soll etwas gekennzeichnet sein, das man mit keinem christlich-dogmatischen und auch mit keinem der bisherigen philosophischen Seelenbegriffe verwechseln möge. Wenn man sich vom Wesen dessen, was dieser Begriff formuliert, schon eine halbwegs konkrete Vorstellung machen will, so greife man besser auf einen antiken

Schriftsteller, wie MACROBIUS[9], oder auf die klassisch-chinesische Philosophie[10] zurück, wo anima (chinesisch po und gui) als ein weiblicher und chthonischer Seelenteil aufgefaßt ist. Ein solcher Rückgriff ist allerdings stets mit der Gefahr des metaphysischen Konkretismus verknüpft, den ich zwar tunlichst zu vermeiden suche, dem aber jeder Versuch einer anschaulichen Darstellung bis zu einem gewissen Grade verfallen muß. Es handelt sich eben nicht um einen abstrakten, sondern um einen Erfahrungsbegriff, dem die Gestalt, in der er erscheint, notwendigerweise anhaftet, und den man auch gar nicht anders beschreiben könnte als eben durch dessen spezifische Phänomenologie.

Unbekümmert um zeitbedingtes, weltanschauliches Dafür und Dawider muß eine wissenschaftliche Psychologie jene transzendentalen Anschauungen, die dem menschlichen Geist zu allen Zeiten entsprangen, als Projektionen auffassen, das heißt als psychische Inhalte, die in einem metaphysischen Raum hinausgesetzt und hypostasiert wurden[11]. Die Anima begegnet uns historisch vor allem in den göttlichen Syzygien[12], den mannweiblichen Götterpaaren. Diese reichen einerseits in die Dunkelheiten primitiver Mythologie hinunter[13], andererseits hinauf in die philosophischen Spekulationen des Gnostizismus[14] und der klassischen chinesischen Philosophie, wo das kosmogonische Begriffspaar als yang (männlich) und als yin (weiblich) bezeichnet ist[15]. Man kann von diesen Syzygien ruhig behaupten, daß sie ebenso universal seien wie das Vorkommen von Mann und Frau. Aus dieser Tatsache ergibt sich zwanglos der Schluß, daß die Imagination durch dieses Motiv gebunden sei, so daß sie an allen Orten und zu allen Zeiten in hohem Maße veranlaßt ist, immer wieder dasselbe zu projizieren[16].

Die Projektion ist nun, wie wir aus der ärztlichen Erfahrung wissen, ein unbewußter, automatischer Vorgang, durch welchen sich ein dem Subjekt unbewußter Inhalt auf ein Objekt überträgt, wodurch dieser erscheint, als ob er dem Objekt zugehöre. Die Projektion hört dagegen in dem Augenblick auf, in welchem sie bewußt wird, das heißt wenn der Inhalt als dem Subjekt zugehörig gesehen wird[17]. Der polytheistische Götterhimmel der Antike hat darum seine Entkräftung nicht zum geringsten Teil jener erstmals durch EUHEMEROS[18] veranlaßten Ansicht zu verdanken, daß dessen Gestalten nur Spiegelungen menschlicher Charaktere seien. Es ist ja ein leichtes, darzutun, daß das Götterpaar nichts sei als das idealisierte Elternpaar oder sonst ein menschliches (Liebes-)Paar, das aus irgendeinem Grunde am Himmel erschien. Diese Annahme wäre äußerst einfach, wenn die Projektion kein unbewußter Vorgang, sondern eine bewußte Absicht wäre. Man kann im allgemeinen voraussetzen, daß die eigenen Eltern die allerbekanntesten, das heißt die dem Subjekt am meisten bewußten Individuen wären. Aber eben gerade aus diesem Grunde könnten sie nicht projiziert werden, denn die Projektion betrifft einen dem Subjekt unbewußten, das heißt ihm anscheinend nicht zugehörigen Inhalt. Das Bild der Eltern ist also ausgerechnet dasjenige, das am wenigsten projiziert werden könnte, weil es zu bewußt ist.

In Wirklichkeit werden nun aber gerade die Elternimagines, wie es scheint, am allerhäufigsten projiziert, welche Tatsache so einleuchtend ist, daß man daraus beinahe den Schluß ziehen könnte, es seien geradezu bewußte Inhalte, welche sich projizieren. Man sieht dies wohl am deutlichsten in Übertragungsfällen, wo der Patient sich völlig klar darüber ist, die Vaterimago (oder selbst die der Mutter) auf den Arzt zu projizieren und sogar die damit verbundenen Inzestphantasien in weitestem Umfang einsieht, ohne deshalb von der Rückwirkung seiner Projektion, von dem Übertragungseffekt, befreit zu sein, das heißt er benimmt sich so, wie wenn er seine Projektion überhaupt nicht eingesehen hätte. Die Erfahrung zeigt aber, daß nie bewußt projiziert wird, sondern Projektionen finden sich immer vor und werden erst nachträglich erkannt. Man muß daher annehmen, daß über die Inzestphantasie hinaus noch hochemotionale Inhalte mit den Elternimagines verknüpft sind, welche eine entsprechende Bewußtmachung erheischen. Sie sind offenbar noch schwerer bewußtzumachen als die Inzestphantasien, von denen angenommen wird, daß sie durch einen heftigen Widerstand verdrängt und deshalb unbewußt seien. Wenn wir annehmen, daß diese Ansicht richtig ist, so sind wir zum Schlusse gezwungen, daß es über die Inzestphantasie hinaus Inhalte gibt, die durch einen noch größeren Widerstand verdrängt sind. Da man sich nun nicht leicht etwas Anstößigeres als den Inzest vorstellen kann, so ist man in einiger Verlegenheit, wenn man diese Frage beantworten möchte.

Lassen wir der praktischen Erfahrung das Wort, so sagt sie uns, daß neben der Inzestphantasie auch religiöse Vorstellungen mit dem Elternimagines assoziiert sind. Ich brauche hierfür keine historischen Beweise anzuführen. Sie sind allbekannt. Wie steht es aber mit der Anstößigkeit religiöser Assoziationen?

Es hat einmal jemand bemerkt, daß es in der durchschnittlichen Gesellschaft nach Tisch peinlicher sei, von Gott zu reden, als einen etwas riskierten Witz zu erzählen. Es ist in der Tat für viele erträglicher, sexuelle Phantasien zuzugeben, als gestehen zu müssen, daß ihr Arzt der Heiland sei, denn der erste Fall ist schließlich biologisch legal, der zweite aber definitiv pathologisch, und davor hat man größte Scheu. Es scheint mir aber, daß man zu viel aus dem «Widerstand» macht. Man kann nämlich die in Frage stehenden Phänomene ebensogut mit einem Mangel an Einbildungskraft und Nachdenklichkeit, welcher dem Patienten den Bewußtwerdungsakt so schwerfallen läßt, erlären. Er hat vielleicht gar keinen besonderen Widerstand gegen religiöse Vorstellungen, nur kommt er nicht auf den Gedanken, daß er seinen Arzt ernstlich als einen Gott oder Heiland betrachten könnte. Schon seine bloße Vernunft schützt ihn vor dergleichen Illusionen. Aber er zögert weniger mit der Annahme, daß der Arzt sich solches einbilde. Wenn man selber ein Dogmatiker ist, so fällt es einem bekanntlich leicht, den anderen für einen Propheten und Religionsstifter zu halten.

Religiöse Vorstellungen sind nun, wie die Geschichte ausweist, von höchster suggestiver und emotionaler Kraft. Ich rechne dazu selbstverständlich alle «représentations collectives»: das, was die Religionsgeschichte berichtet, sowohl wie alles, was sich auf -ismus reimt. Dieses ist nur eine moderne Abart der historischen Konfessionen. Es kann einer in guten Treuen der Überzeugung sein, daß er keine religiösen Ideen habe. Aber niemand kann dermaßen aus der Menschheit herausfallen, daß er keine dominierende représentation collective mehr hätte. Gerade sein Materialismus, Atheismus, Kommunismus, Sozialismus, Liberalismus, Intellektualismus, Existenzialismus usw. zeugt gegen seine Harmlosigkeit. Er ist irgendwo, so oder so, laut oder leise, von einer übergeordneten Idee besessen.

Die Psychologie weiß, wie viel religiöse Ideen mit den Elternimagines zu tun haben. Dafür hat die Geschichte überwältigende Zeugnisse aufbewahrt, ganz abgesehen von den modernen ärztlichen Befunden, welche sogar den Gedanken nahegelegt haben, die Beziehung zu den Eltern als die eigentliche Ursache für die Entstehung religiöser Ideen überhaupt anzusehen. Diese Hypothese beruht allerdings auf geringer Sachkenntnis. Man darf erstens einmal die moderne Familienpsychologie nicht ohne weiteres auf primitive Verhältnisse, wo die Dinge so ganz anders liegen, übersetzen; zweitens muß man sich hüten vor unbedachten Urvater- und Urhordenphantasien, und drittens und vor allen Dingen muß man die Phänomenologie der religiösen Erlebnisse, die eine Angelegenheit sui generis ist, aufs genaueste kennen. Bisherige psychologische Versuche auf dieser Linie erfüllen keine der drei Bedingungen.

Wir wissen aus der psychologischen Erfahrung positiv nur, daß mit den Elternimagines theistische Vorstellungen assoziiert sind, und zwar (bei unserem Patientenmaterial) meist unbewußt. Wenn sich entsprechende Projektionen durch Einsicht nicht rückgängig machen lassen, so haben wir allen Anlaß, an das Vorhandensein emotionaler Inhalte religiöser Natur zu denken, unbekümmert um den rationalistischen Widerstand des Patienten.

Soweit wir überhaupt Kunde vom Menschen haben, wissen wir, daß er immer und überall unter dem Einfluß dominierender Vorstellungen steht. Wer dies angeblich nicht tut, ist ohne weiteres darauf verdächtig, daß er eine zu erwartende bekannte Glaubensform mit einer ihm und den anderen unbekannteren Variante vertauscht hat. Anstatt dem Theismus huldigt er dem Atheismus, an Stelle des Dionysos zieht er den modernen Mithras vor, und statt im Himmel sucht er das Paradies auf Erden.

Ein Mensch ohne dominierende représentation collective wäre eine durchaus abnorme Erscheinung. Eine solche kommt aber nur in der Phantasie einzelner Individuen vor, welche sich über sich selber täuschen. Sie irren nicht nur in bezug auf das Vorhandensein religiöser Ideen, sondern auch, und dies in besonderem Maße, in bezug auf deren Intensität. Der Archetypus der religiösen Vorstellungen hat, wie jeder Instinkt, seine spezifische Energie, die er nicht verliert, auch wenn das Bewußtsein sie ignoriert. Wie man mit größter Wahrscheinlichkeit annehmen kann, daß jeder Mensch alle durchschnittlichen menschlichen Funktionen und Qualitäten besitzt, so darf man auch das Vorhandensein der normalen religiösen Faktoren beziehungsweise Archetypen erwarten, und diese Erwartung trügt nicht, wie leicht ersichtlich. Wem es gelingt, eine Glaubenshülle abzulegen, der kann es nur tun vermöge des Umstandes, daß ihm eine andere zur Hand liegt – «plus ça change, plus ça reste la même chose!»[19] Dem Präjudiz des Menschseins entgeht keiner.

Die représentations collectives haben dominierende Kraft, kein Wunder daher, wenn sie mit intensivstem Widerstand unterdrückt werden. Im Zustand ihres Verdrängtseins verbergen sie sich nun nicht hinter irgendeiner Unscheinbarkeit, sondern hinter jenen Vorstellungen und Gestalten, die aus anderen Gründen bereits problematisch sind, und erhöhen und komplizieren deren Fragwürdigkeit. Alles, was man zum Beispiel infantilerweise den Eltern zutraut oder zuschreiben möchte, wird durch diesen heimlichen Zuschuß ins Phantastische übertrieben, und darum bleibt es eine offene Frage, wieviel von der berüchtigten Inzestphantasie ernst zu nehmen ist. Hinter dem Eltern- oder Liebespaar liegen Inhalte höchster Spannung, die im Bewußtsein nicht apperzipiert werden und daher nur durch Projektionen sich bemerkbar machen können. Daß solche Projektionen eigentliche Vorkommnisse und nicht bloß traditionelle Meinungen sind, ist durch historische Dokumente erwiesen. Diese zeigen nämlich, daß solche Syzygien ganz im Gegensatz zur traditionellen Glaubenseinstellung projiziert werden, und zwar in visionärer, erlebnismäßiger Form[20].

Einer der instruktivsten Fälle in dieser Hinsicht ist derjenige des kürzlich kanonisierten NIKLAUS VON FLÜE, eines schweizerischen Mystikers des 15. Jahrhunderts, von dessen Visionen wir zeitgenössische Berichte haben[21]. In den Visionen, welche seine Initiation zur Gotteskindschaft zum Gegenstand haben, erscheint die Gottheit doppelt, nämlich das eine Mal als königlicher *Vater,* das andere Mal als königliche *Mutter.* Diese Darstellung ist so unorthodox wie möglich, indem die Kirche damals schon seit tausend Jahren das weibliche Element als häretisch aus der Trinität ausgeschieden hatte. BRUDER KLAUS war ein einfacher analphabetischer Bauer, der gewiß keine andere als die approbierte Kirchenlehre empfangen hatte und auf alle Fälle mit der gnostischen Deutung des heiligen Geistes als weiblicher und mütterlicher Sophia[22] unbekannt war. Die sogenannte Dreifaltigkeitsvision dieses Mystikers ist zugleich ein deutliches Beispiel für die Intensität des projizierten Inhaltes. Die psychologische Situation des NIKLAUS ist für eine derartige Projektion durchaus geeignet, denn seine bewußte Vorstellung stimmt mit dem unbewußten Inhalt so wenig überein, daß dieser in der Form eines fremdartigen Erlebnisses in Erscheinung tritt. Man muß aus dieser Tatsache den Schluß ziehen, daß es keineswegs die traditionelle Gottesvorstellung, sondern ganz im Gegenteil ein «häretisches» Bild[23] war, das sich visionär verdeutlichte, das heißt eine Deutung archetypischer Natur, die ohne Übermittlung spontan wieder erwachte. Es ist der Archetypus des Götterpaares, der Syzygie.

Einem ganz ähnlichen Fall begegnen wir in den Visionen des *«Pèlerinage de l'Âme»* des GUILLAUME DE DIGULLEVILLE[24]. Er sieht Gott im höchsten Himmel als König auf einem strahlenden, runden Thron; neben ihm sitzt die Himmelskönigin auf einem ähnlichen Thron aus braunem Kristall. Für einen Mönch des Zisterzienserordens, welcher sich bekanntlich durch besondere Strenge auszeichnete, ist diese Vision reichlich häretisch. Die Bedingung für die Projektion ist also wiederum erfüllt.

Eine eindrucksvolle Schilderung des Erlebnischarakters der Syzygienvision findet sich in dem Werk von EDWARD MAITLAND, das die Biographie von ANNA KINGSFORD darstellt. MAITLAND beschreibt dort ausführlich sein Gotteserlebnis, das in einer Lichtvision, ganz ähnlich derjenigen des BRUDER KLAUS, bestand. Er sagt wörtlich: «Es war... Gott als der Herr, der durch Seine Dualität beweist, daß Gott Substanz ist sowohl als auch Kraft, Liebe sowohl als Wille, weiblich sowohl als männlich, Mutter sowohl als Vater[25].»

Diese wenigen Beispiele mögen genügen, um das Erlebnismäßige und von der Tradition Unabhängige der Projektion zu kennzeichnen. Man kommt wohl nicht um die Hypothese herum, daß im Unbewußten ein emotional gespannter Inhalt bereitliegt und in einem gewissen Moment zur Projektion gelangt. Der Inhalt ist das Syzygienmotiv, welches ausdrückt, daß mit einem Männlichen zugleich auch immer ein entsprechendes Weibliches gegeben sei. Die ungemeine Verbreitung und Emotionalität des Motivs beweisen, daß es sich um eine fundamentale und darum praktisch wichtige Tatsache handelt, unbekümmert darum, ob der einzelne Psychotherapeut oder Psychologe versteht, wo und in welcher Weise dieser seelische Faktor sein spezielles Arbeitsgebiet beeinflußt. Mikroben spielten bekanntlich ihre gefährliche Rolle längstens, bevor sie entdeckt waren.

Wie oben bemerkt, läge es nahe, in den Syzygien das Elternpaar zu vermuten. Der weibliche Teil, also die Mutter, entspricht der Anima. Da aber aus den oben besprochenen Gründen die Bewußtheit des Gegenstandes dessen Projektion verhindert, so bleibt gar nichts anderes übrig, als anzunehmen, daß die Eltern auch zugleich die allerunbekanntesten aller Menschen sind. Daß also ein unbewußtes Spiegelbild des Elternpaares bestünde, welches diesem unähnlich, ja sogar völlig fremd wäre, ebenso inkommensurabel wie ein Mensch verglichen mit einem Gott. Es wäre denkbar, und es ist bekanntlich auch ausgesprochen worden, daß das unbewußte Spiegelbild nichts anderes sei als jenes in früher Kindheit erworbene, überwertete und infolge der mitgegebenen Inzestphantasie später verdrängte Bild von Vater und Mutter. Diese Auffassung setzt allerdings voraus, daß dieses Bild einmal *bewußt* war, denn sonst könnte es ja gar nicht «verdrängt» werden. Zudem müßte auch noch vorausgesetzt werden, daß der Akt der moralischen Verdrängung selber unbewußt geworden sei, denn sonst bliebe der Verdrängungsakt im Bewußtsein erhalten und damit zum mindesten auch die Erinnerung an die verdrängende moralische Reaktion, aus deren Beschaffenheit dann leicht wieder die Natur des Verdrängten erkannt werden könnte. Ich will mich aber bei diesen Bedenken nicht aufhalten, sondern möchte hervorheben, daß nach allgemeinem Dafürhalten die Elternimago nicht etwa in der Epoche der Vorpubertät oder zu einer anderen Zeit eines mehr oder weniger entwikkelten Bewußtseins zustande kommt, sondern vielmehr in den Anfangsstadien des Bewußtseins zwischen dem ersten und vierten Lebensjahre, das heißt zu einer Zeit, wo das Bewußtsein noch keine eigentliche Kontinuität und darum den Charakter von insulärer Diskontinuität aufweist. Die für ein kontinuierliches Bewußtsein unerläßliche Ichbezogenheit ist erst zum Teil vorhanden, daher verläuft ein großer Teil des psychischen Lebens auf jener Stufe in einem Zustand, den man wohl nicht anders denn als relativ unbewußt bezeichnen kann. Jedenfalls würde ein solcher Zustand bei einem Erwachsenen den Eindruck eines somnambulen, eines Traum- oder Dämmerzustandes machen. Diese Zustände aber sind immer, wie wir das ja auch aus der Beobachtung der kleinen Kinder wissen, durch eine phantasieerfüllte Apperzeption der Wirklichkeit gekennzeichnet. Die Phantasiebilder überwiegen den Einfluß der Sinnesreize und gestalten diese im Sinne eines *vorgängigen seelischen Bildes.*

Es ist nun meines Erachtens ein großer Irrtum, anzunehmen, die Seele des neugeborenen Kindes sei tabula rasa in dem Sinne, als ob überhaupt nichts drin sei. Insofern das Kind mit einem differenzierten, durch Heredität prädeterminierten und darum auch individualisierten Gehirn zur Welt kommt, setzt es auch den von außen kommenden Sinnesreizen nicht *irgendwelche* Bereitschaften, sondern *spezifische* gegenüber, was ohne weiteres eine eigentümliche (individuelle) Auswahl und Gestaltung der Apperzeption bedingt. Diese Bereitschaften sind nachweisbar vererbte Instinkte und Präformationen. Letztere sind die auf Instinkte gegründeten, apriorischen und formalen Bedingungen der Apperzeption. Ihr Vorhandensein drückt der Welt des Kindes und des Träumers den anthropomorphen Stempel auf. Sie sind die Archetypen, welche jeder Phantasietätigkeit ihre bestimmten Bahnen anweisen und auf diese Weise in den Phantasiegebilden kindlicher Träume sowohl wie in den Wahngespinsten der Schizophrenie erstaunliche mythologische Parallelen hervorbringen, wie man sie schließlich auch, aber in vermindertem Maße, in den Träumen Normaler und Neurotischer findet. Es handelt sich also nicht um vererbte *Vorstellungen,* sondern um vererbte *Möglichkeiten* von Vorstellungen. Auch sind es keine individuellen Vererbungen, sondern in der Hauptsache allgemeine, wie aus dem universalen Vorkommen der Archetypen ersehen werden kann[26].

Wie aber die Archetypen als Mythen völkergeschichtliches Vorkommen haben, so finden sie sich auch in jedem Individuum und wirken immer dort am stärksten, das heißt anthropomorphisieren die Wirklichkeit am meisten, wo das Bewußtsein am engsten oder schwächsten ist und wo daher die Phantasie die Gegebenheiten der Außenwelt überwuchern kann. Diese Bedingung ist beim Kind in den ersten Lebensjahren zweifellos gegeben. Es ist mir darum wahrscheinlicher, daß jene archetypische Form des Götterpaares das Bild der wirklichen Eltern zunächst überkleidet und assimiliert, bis dann schließlich, mit wachsendem Bewußtsein, die wirkliche Gestalt der Eltern – nicht selten zur Enttäuschung des Kindes – wahrgenommen wird. Niemand weiß besser als der Psychotherapeut, daß die Mythologisierung der Eltern oft bis weit in das erwachsene Alter fortgesetzt und nur mit größtem Widerstand aufgegeben wird.

Ich erinnere mich eines Falles, der sich mir vorstellte als das Opfer eines hochgradigen Mutter- und Kastrationskomplexes, der immer noch nicht überwunden sei, trotz einer «Psychoanalyse». Er hatte, ohne mein Zutun, von sich aus einige Zeichnungen angefertigt, welche die Mutter zuerst als übermenschliches Wesen darstellten, dann aber als Jammerfigur mit blutigen Verstümmelungen. Insbesondere fiel auf, daß an der Mutter offenbar eine Kastration vollzogen worden war, denn vor ihrem blutigen Genitale lagen abgeschnittene männliche Schamteile. Die Zeichnungen stellten eine «Steigerung vom Größeren zum Geringeren[27]» dar: zuerst war die Mutter ein göttlicher Hermaphroditus, der dann durch die enttäuschende und nicht mehr zu leugnende Erfahrung der Wirklichkeit seiner androgynen, platonischen Vollkommenheit beraubt und in die Jammergestalt einer gewöhnlichen alten Frau verwandelt wurde.

Die Mutter war also offenbar von Anfang an, das heißt seit der frühesten Kindheit von der archetypischen Idee der Syzygie oder coniunctio des Mann-Weiblichen assimiliert worden und erschien deshalb als vollkommen und übermenschlich[28]. Diese Eigenschaft haftet dem Archetypus nämlich stets an und bildet auch den Grund, warum er dem Bewußtsein fremd und unzugehörig erscheint, und warum, falls sich das Subjekt mit ihm identifiziert, er eine oft verheerende Persönlichkeitsveränderung bewirkt, meist in Form des Größen- oder Kleinheitswahnes.

Die Enttäuschung hat an der hermaphroditischen Mutter eine Kastration vollzogen: das war der sogenannte Kastrationskomplex des Patienten. Er war vom Kindheitsolymp heruntergefallen und war nicht mehr der Heldensohn einer göttlichen Mutter. Seine «Kastrationsfurcht» war die Furcht vor dem wirklichen Leben, das in keiner Weise der kindlichen Urerwartung entsprach und überall jenes mythologischen Sinnes entbehrte, dessen er sich doch von seiner frühesten Jugend her dunkel erinnerte. Sein Dasein war – in des Wortes eigentlichstem Sinne – «entgöttert». Und das bedeutete für ihn, obschon er es nicht begriff, eine schwere Einbuße an Lebenshoffnung und Tatkraft. Er kam sich selber «kastriert» vor, was ein begreifliches neurotisches Mißverständnis ist, so begreiflich, daß es sogar zur Neurosentheorie werden konnte.

Weil es eine allgemeine Befürchtung ist, daß man im Laufe des Lebens jenen Zusammenhang mit der instinktiven, archetypischen Vorstufe des Bewußtseins verlieren könnte, hat sich seit langem der Brauch eingebürgert, dem Neugeborenen zu seinen leiblichen Eltern noch zwei Taufpaten beizugeben, nämlich einen «godfather» und eine «godmother», wie sie englisch heißen, einen «Götti» und eine «Gotte» im Schweizerdeutschen, denen hauptsächlich die geistliche Wohlfahrt des Täuflings angelegen sein sollte. Sie stellen das Götterpaar dar, das zur Geburt erscheint, das Motiv der «doppelten Geburt» anzeigend[29].

Das Bild der Anima, das der Mutter in den Augen des Sohnes übermenschlichen Glanz verlieh, wird durch die Banalität des Alltags allmählich abgestreift und verfällt damit dem Unbewußten, ohne dadurch irgendwie seine ursprüngliche Spannung und Instinktfülle eingebüßt zu haben. Es ist von da an sozusagen sprungbereit und projiziert sich bei der ersten Gelegenheit, nämlich dann, wenn ein weibliches Wesen einen die Alltäglichkeit durchbrechenden Eindruck macht. Dann geschieht das, was GOETHE an Frau von Stein[30] erlebte und was sich in der Gestalt der

Mignon und des Gretchens wiederholte. Im letzten Fall hat uns ja GOETHE bekanntlich auch noch die ganze dahinterliegende «Metaphysik» verraten. In den Erfahrungen des Liebeslebens des Mannes offenbart sich die Psychologie dieses Archetypus in der Form grenzenloser Faszination, Überschätzung und Verblendung oder in der Form der Misogynie mit allen ihren Stufen und Abarten, die sich aus der wirklichen Natur der jeweiligen «Objekte» keineswegs erklären lassen, sondern nur durch eine Übertragung des Mutterkomplexes. Dieser aber entsteht einmal durch die an sich normale und überall vorhandene Assimilation der Mutter an den präexistenten, weiblichen Teil des Archetypus eines «mann-weiblichen» Gegensatzpaares und sodann durch eine abnorme Hinauszögerung der Abtrennung des Urbildes von der Mutter. Den gänzlichen Verlust des Archetypus ertragen die Menschen eigentlich nicht. Daraus entsteht nämlich ein ungeheures «Unbehagen in der Kultur», in der man sich nicht mehr zu Hause fühlt, weil einem «Vater» und «Mutter» fehlen. Jedermann weiß, wie die Religion in dieser Hinsicht stets vorgesorgt hat. Aber es gibt leider sehr viele, welche gedankenloserweise stets die Wahrheitsfrage stellen, wo es sich doch um eine psychologische Bedürfnisfrage handelt. Mit «vernünftiger» Wegerklärung ist hier nichts geleistet.

In der Projektion hat die Anima stets weibliche Form mit bestimmten Eigenschaften. Diese empirische Feststellung will aber keineswegs bedeuten, daß der *Archetypus an sich* ebenso beschaffen sei. Die mann-weibliche Syzygie ist nur eines der möglichen Gegensatzpaare, allerdings eines der praktisch wichtigsten und darum häufigsten. Sie hat sehr viele Beziehungen zu anderen Paaren, die nichts weniger als Geschlechtsunterschiede aufweisen und daher nur gewaltsam dem Geschlechtsgegensatz untergeordnet werden können. Diese Beziehungen finden sich in mannigfachen Übergängen besonders im Kundaliniyoga[31], im Gnostizismus[32] und vor allem in der alchemistischen Philosophie[33], ganz abgesehen von den spontanen Phantasiegestaltungen im Neurosen- und Psychosenmaterial. Wenn man alle diese Daten sorgfältig abwägt, so erscheint es wahrscheinlich, daß ein Archetypus im ruhenden, nicht projizierten Zustande keine genau bestimmbare Form hat, sondern ein formal unbestimmbares Gebilde ist, dem aber die Möglichkeit zukommt, vermöge der Projektion in bestimmten Formen zu erscheinen.

Diese Feststellung scheint dem Begriff «Typus» zu widersprechen. Wie ich glaube, scheint es nicht bloß, sondern es *ist* ein Widerspruch.

Empirisch handelt es sich wohl um «Typen», das heißt um bestimmte Formen, die deshalb auch benennbar und unterscheidbar sind. Sobald man aber diese Typen ihrer kasuistischen Phänomenologie entkleidet und versucht, sie in ihren Beziehungen zu anderen archetypischen Formen zu untersuchen, so erweitern sie sich zu dermaßen weitläufigen symbolgeschichtlichen Zusammenhängen, daß man zum Schluß kommt, die grundlegenden psychischen Elemente seien von einer unbestimmt schillernden Vielgestaltigkeit, welche menschliches Vorstellungsvermögen schlechthin übersteigt. Die Empirie muß sich daher mit einem theoretischen Als-ob begnügen. Sie ist damit nicht schlechter gestellt als die Atomphysik, wenngleich ihre Methode keine quantitativ messende, sondern eine morphologisch beschreibende ist.

Die Anima ist ein Faktor von höchster Wichtigkeit in der Psychologie des Mannes, wo immer Emotionen und Affekte am Werke sind. Sie verstärkt, übertreibt, verfälscht und mythologisiert alle emotionalen Beziehungen zu Beruf und Menschen beiderlei Geschlechts. Die darunter liegenden Phantasiegespinste sind ihr Werk. Wenn die Anima in stärkerem Maße konstelliert ist, so verweichlicht sie den Charakter des Mannes und macht ihn empfindlich, reizbar, launisch, eifersüchtig, eitel und unangepaßt. Er ist im Zustande des «Unbehagens» und verbreitet Unbehagen im weitesten Umkreis. Bisweilen erklärt die Animabeziehung zu einer entsprechenden Frau die Existenz des Symptomkomplexes.

Den Dichtern ist die Figur der Anima, wie ich oben bereits bemerkte, keineswegs entgangen. Es gibt hervorragende Beschreibungen, welche zugleich auch Auskunft erteilen über den symbolischen Kontext, in dem der Archetypus in der Regel eingebettet erscheint. Ich erwähne vor allem RIDER-HAGGARDS *«She», «The Return of She»* and *«Wisdom's Daughter»*, sodann auch BENOITS *«L'Atlantide»*. BENOIT ist seinerzeit des Plagiates an RIDER-HAGGARD angeklagt worden, weil die Analogie der beiden Beschreibungen verblüffend ist. Er hat sich aber, wie es scheint, von der Anklage befreien können. SPITTELERS *«Prometheus»* enthält ebenfalls sehr feine Beobachtungen, und sein Roman *«Imago»* beschreibt die Projektion aufs trefflichste.

Die Frage der Therapie ist ein Problem, das nicht mit wenigen Worten zu erledigen ist. Ich habe mir auch nicht vorgenommen, es hier zu behandeln, aber ich möchte kurz meinen Standpunkt zu der Frage skizzieren: Jüngere Leute vor der Lebensmitte (die etwa um fünfunddreißig liegt) können ohne Schaden auch den anscheinend völligen Verlust der Anima ertragen. Auf alle Fälle sollte ein Mann es fertigbringen, ein Mann zu sein. Der heranwachsende Jüngling muß sich von der Animafaszination der Mutter befreien können. Es gibt Ausnahmefälle, insbesondere Künstler, wo das Problem oft erheblich anders liegt; sodann die Homosexualität, die in der Regel durch eine Identität mit der Anima gekennzeichnet ist. Bei der anerkannten Häufigkeit dieser Erscheinung ist ihre Auffassung als pathologische Perversion sehr fragwürdig. Nach dem psychologischen Befund handelt es sich vielmehr um eine unvollständige Ablösung vom hermaphroditischen Archetypus, verbunden mit einem ausgesprochenen Widerstand, sich mit der Rolle eines einseitigen Geschlechtswesens zu identifizieren. Eine derartige Disposition ist nicht unter allen Umständen als negativ zu beurteilen, insofern sie den urmenschlichen Typus, der dem einseitigen Geschlechtswesen bis zu einem gewissen Grade verlorengeht, bewahrt.

Nach der Lebensmitte hingegen bedeutet dauernder Animaverlust eine zunehmende Einbuße an Lebendigkeit, Flexibilität und Menschlichkeit. Es entsteht in der Regel frühzeitige Erstarrung, wenn nicht Verkalkung, Stereotypie, fanatische Einseitigkeit, Eigensinnigkeit, Prinzipienreiterei oder das Gegenteil: Resignation, Müdigkeit, Schlamperei, Unverantwortlichkeit und schließlich ein kindisches «ramollissement» mit Neigung zu Alkohol. Nach der Lebensmitte sollte daher der Zusammenhang mit der archetypischen Erlebnissphäre möglichst wiederhergestellt werden[34].

Die psychologischen Aspekte des Mutterarchetypus

1. ÜBER DEN BEGRIFF DES ARCHETYPUS

Der Begriff der Großen Mutter stammt aus der Religionsgeschichte und umfaßt die verschiedenartigsten Ausprägungen des Typus einer Muttergöttin. Er geht die Psychologie zunächst nichts an, indem das Bild einer «Großen Mutter» in *dieser* Form nur selten und dann nur unter ganz besonderen Bedingungen in der praktischen Erfahrung auftritt. Das Symbol ist selbstverständlich ein Derivat des Mutterarchetypus. Wenn wir daher den Versuch wagen, den Hintergrund des Bildes der Großen Mutter von der psychologischen Seite her zu untersuchen, so müssen wir notgedrungenerweise den viel allgemeineren Mutterarchetypus zur Basis unserer Betrachtung machen. Obschon es heute wohl kaum mehr nötig ist, den Begriff eines Archetypus weitläufig zu erörtern, so scheint es mir in diesem Falle doch nicht ganz überflüssig, einige prinzipielle Bemerkungen vorauszuschicken.

Frühere Zeiten fanden – trotz etwaiger abweichender Meinungen und trotz Aristotelischer Denkneigungen – es nicht allzu schwierig, den Gedanken PLATONS, daß aller Phänomenalität die Idee präexistent und übergeordnet sei, zu verstehen. «Archetypus» ist nun nichts anderes als ein schon in der Antike vorkommender Ausdruck, welcher mit «Idee» im Platonischen Sinne synonym ist. Wenn zum Beispiel im *Corpus Hermeticum,* das etwa dem 3. Jahrhundert angehören dürfte, Gott als τὸ ἀρχέτυπον φῶς [das archetypische Licht] [1] bezeichnet wird, so ist damit der Gedanke ausgedrückt, daß er das dem Phänomen «Licht» präexistente und übergeordnete «Urbild» jeglichen Lichtes sei. Wäre ich ein Philosoph, so würde ich, meiner Voraussetzung gemäß, das Platonische Argument fortsetzen und sagen: Irgendwo, «an einem himmlischen Orte», gibt es ein Urbild der Mutter, jeglichem Phänomen des «Mütterlichen» (im weiteren Sinne dieses Wortes) präexistent und übergeordnet. Da ich aber kein Philosoph, sondern ein Empiriker bin, kann ich es mir nicht gestatten, mein besonderes Temperament, das heißt meine individuelle Einstellung denkerischen Problemen gegenüber, als allgemeingültig vorauszusetzen. Solches darf sich anscheinend nur derjenige Philosoph leisten, der seine Disposition und Einstellung als allgemein voraussetzt und seine individuelle Fragwürdigkeit, wenn irgend möglich, nicht als wesentliche Bedingung seiner Philosophie anerkennt. Als Empiriker muß ich feststellen, daß es ein Temperament gibt, dem *Ideen Wesenheiten und nicht bloße nomina sind.* Zufälligerweise – möchte ich fast sagen – leben wir gegenwärtig, seit etwa zweihundert Jahren, in einer Zeit, wo es unpopulär, ja sogar unverständlich geworden ist, anzunehmen, daß Ideen überhaupt etwas anderes als nomina sein könnten. Wer etwa anachronistischerweise noch Platonisch denkt, muß zu seiner Enttäuschung erleben, daß die «himmlische», das heißt metaphysische Wesenheit der Idee auf das unkontrollierbare Gebiet des Glaubens und des Aberglaubens abgeschoben oder mitleidig dem Dichter überlassen wird. Der nominalistische Standpunkt hat im säkularen Streite der Universalien den realistischen wieder einmal «überwunden», und das Urbild hat sich zum flatus vocis verflüchtigt. Dieser Umschwung war begleitet, ja zu einem guten Teil herbeigeführt durch das starke Hervortreten des Empirismus, dessen Vorteile sich nur allzu deutlich dem Verstande aufdrängten. Seither ist «Idee» kein Apriori mehr, sondern ein Sekundäres und Abgeleitetes. Es ist selbstverständlich, daß der neuere Nominalismus auch ohne weiteres Allgemeingültigkeit beansprucht, obschon er auf einer bestimmten und daher beschränkten, temperamentmäßigen Voraussetzung beruht. Sie lautet: Gültig ist, was von außen kommt und daher verifizierbar ist. Der Idealfall ist die experimentelle Bestätigung. Die Antithese lautet: Gültig ist, was von innen kommt und nicht verifizierbar ist. Die Hoffnungslosigkeit dieses Standpunktes springt in die Augen. Die der Stofflichkeit zugewandte griechische Naturphilosophie in Verbindung mit Aristotelischem Verstande hat über PLATON einen späten, aber bedeutenden Sieg errungen.

In jedem Siege jedoch liegt der Keim einer künftigen Niederlage. In neuester Zeit mehren sich die Zeichen, welche auf eine gewisse Standpunktsänderung hinweisen. Bezeichnenderweise ist es gerade KANTS Kategorienlehre, welche einerseits jeden Versuch einer Metaphysik im alten Sinne im Keime erstickt, andererseits aber eine Wiedergeburt Platonischen Geistes vorbereitet: wenn es schon keine über menschliches Vermögen hinauskletternde Metaphysik geben kann, so gibt es auch keine Empirie, die nicht schon durch ein Apriori der Erkenntnisstruktur eingefangen und beschränkt wäre. In den anderthalb Jahrhunderten, die seit der *«Kritik der reinen Vernunft»* verstrichen sind, hat sich allmählich die Einsicht Bahn gebrochen, daß Denken, Vernunft, Verstand usw. keine für sich existierenden, von aller subjektiven Bedingtheit befreiten und nur den ewigen Gesetzen der Logik dienstbaren Vorgänge sind, sondern psychische Funktionen, welche einer Persönlichkeit zu- und untergeordnet werden. Die Frage lautet nicht mehr: Ist es gesehen, gehört, mit Händen betastet, gewogen, gezählt, gedacht und logisch befunden worden?, sondern sie lautet: *Wer* sieht, *wer* hört, *wer* hat gedacht? Angefangen mit der «persönlichen Gleichung» bei der Beobachtung und Messung minimaler Vorgänge setzt sich diese Kritik fort bis zur Erschaffung einer empirischen Psychologie, wie sie keine Zeit vor uns kannte. Wir sind heute überzeugt, daß es auf allen Wissensgebieten psychologische Prämissen gibt, welche über die Auswahl des Stoffes, die Methode der Bearbeitung, die Art der Schlüsse und über die Konstruktion von Hypothesen und Theorien Entscheidendes aussagen. Wir glauben sogar, daß die Persönlichkeit KANTS eine nicht unwesentliche Voraussetzung der *«Kritik der reinen Vernunft»* war. Nicht nur die Philosophen, sondern auch die eigenen philosophischen Neigungen, ja unsere sogenannten besten Wahrheiten fühlen sich beim Gedanken der persönlichen Prämisse beunruhigt, wenn nicht geradezu bedroht. Jede schöpferische Freiheit – so rufen wir aus – ist uns damit genommen! Wie, ein Mensch soll nur das denken, sagen und tun können, was er ist?

Vorausgesetzt, daß man nicht wieder übertreibt und damit einem schrankenlosen Psychologismus verfällt, handelt es sich allerdings um eine solche, wie mir scheint, unumgängliche Kritik. Diese Kritik ist Wesen, Ursprung und Methode der modernen Psychologie: es *gibt* ein Apriori aller menschlichen Tätigkeiten, und das ist die angeborene und damit vorbewußte und unbewußte individuelle Struktur der Psyche. Die vorbewußte Psyche, also zum Beispiel die des Neugeborenen, ist keineswegs ein leeres Nichts, dem alles beizubringen wäre, günstige Umstände vorausgesetzt, sondern eine enorm komplizierte und individuell aufs schärfste determinierte Voraussetzung, die nur darum als dunkles Nichts erscheint, weil wir sie nicht direkt sehen können. Kaum erfolgen aber die ersten sichtbaren, psychischen Lebensäußerungen, so braucht es schon einen Blinden dazu, um den individuellen Charakter dieser Äußerungen, nämlich die eigenartige Persönlichkeit, nicht zu sehen. Man kann dabei wohl nicht annehmen, daß alle diese Einzelheiten erst in dem Moment entstehen, wo sie erscheinen. Handelt es sich zum Beispiel um morbide Veranlagungen, die schon bei den Eltern vorhanden sind, so nehmen wir Vererbung durch das Keimplasma an. Wir denken nicht daran, die Epilepsie des Kindes einer epileptischen Mutter als eine wundersame Mutation zu betrachten. Ebenso verfahren wir bei Begabungen, die sich durch Generationen verfolgen lassen. In derselben Weise erklären wir das Wiedererscheinen komplizierter Instinkthandlungen bei Tieren, die ihre Eltern nie gesehen haben, also von diesen unmöglich «erzogen» werden konnten.

Wir müssen heutzutage von der Hypothese ausgehen, daß der Mensch insofern keine Ausnahme unter den Geschöpfen darstellt, als er unter allen Umständen, wie jedes Tier, eine präformierte, artgemäße Psyche besitzt, welche überdies, wie die genauere Beobachtung zeigt, noch deutliche Züge familiärer Vorbedingungen aufweist. Wir haben keinerlei Grund zur Annahme, daß es gewisse menschliche Tätigkeiten (Funktionen) gibt, welche von dieser Regel auszunehmen wären. Wie die Dispositionen oder Bereitschaften, welche die Instinkthandlung beim Tier ermöglichen, aussehen, davon kann man sich schlechterdings keinen Begriff machen. Ebensowenig ist es möglich, die Beschaffenheit der unbewußten psychischen Dispositionen, vermöge welcher der Mensch in menschlicher Art zu reagieren imstande ist, zu erkennen. Es muß sich um Funktionsformen handeln, die ich als «Bilder» bezeichnet habe. «Bild» drückt nicht nur die Form der auszuübenden Tätigkeit, sondern auch zugleich die typische Situation aus, in welcher die Tätigkeit ausgelöst wird[2]. Diese Bilder sind insofern «Urbilder», als sie der Gattung schlechthin eigentümlich sind, und, wenn sie überhaupt je «entstanden» sind, so fällt ihre Entstehung zum mindesten mit dem Beginn der Gattung zusammen. Es ist die Menschenart des Menschen, die spezifisch menschliche Form seiner Tätigkeiten. Die spezifische Art liegt schon im Keim. Die Annahme, daß sie nicht vererbt sei, sondern in jedem Menschen neu entstehe, wäre ebenso unsinnig wie die primitive Auffassung, daß die Sonne, die am Morgen aufgeht, eine andere sei als jene, die am Abend zuvor unterging.

Da alles Psychische präformiert ist, so sind es auch dessen einzelne Funktionen, insbesondere jene, welche unmittelbar aus unbewußten Bereitschaften hervorgehen. Dazu gehört vor allem die *schöpferische Phantasie*. In den Produkten der Phantasie werden die «Urbilder» sichtbar, und hier findet der Begriff des Archetypus seine spezifische Anwendung. Es ist durchaus nicht mein Verdienst, diese Tatsache zum erstenmal bemerkt zu haben. Die Palme gebührt PLATON. Der erste, der auf völkerpsychologischem Gebiete das Vorkommen gewisser allgemeinverbreiteter «Urgedanken» hervorhob, war ADOLF BASTIAN. Später sind es zwei Forscher aus der DÜRKHEIMschen Schule, HUBERT und MAUSS, welche von eigentlichen «Kategorien» der Phantasie sprechen. Die unbewußte Präformation in Gestalt eines «unbewußten Denkens» hat kein Geringerer als HERMANN USENER[3] erkannt. Wenn ich einen Anteil an diesen Entdeckungen habe, so ist es der Nachweis, daß die Archetypen keineswegs bloß durch Tradition, durch die Sprache und durch die Migration sich allgemein verbreiten, sondern jederzeit und überall spontan wiederentstehen können, und zwar in einer Art und Weise, welche durch keine Übermittlung von außen beeinflußt ist.

Man darf die Tragweite dieser Feststellung nicht unterschätzen, bedeutet sie doch nichts Geringeres, als daß zwar unbewußte, aber nichtsdestoweniger aktive, das heißt lebendige Bereitschaften, Formen, eben Ideen in Platonischem Sinn, in jeder Psyche vorhanden sind und deren Denken, Fühlen und Handeln instinktmäßig präformieren und beeinflussen.

Ich begegne immer wieder dem Mißverständnis, daß die Archetypen inhaltlich bestimmt, das heißt eine Art unbewußter «Vorstellungen» seien. Es muß deshalb nochmals hervorgehoben werden, daß die Archetypen nicht inhaltlich, sondern bloß formal bestimmt sind, und letzteres nur in sehr bedingter Weise. Inhaltlich bestimmt ist ein Urbild nachweisbar nur, wenn es bewußt und daher mit dem Material bewußter Erfahrung ausgefüllt ist. Seine Form dagegen ist, wie ich anderenorts erklärt habe, etwa dem Achsensystem eines Kristalls zu vergleichen, welches die Kristallbildung in der Mutterlauge gewissermaßen präformiert, ohne selber eine stoffliche Existenz zu besitzen. Letztere erscheint erst in der Art und Weise des Anschießens der Ionen und dann der Moleküle. Der Archetypus ist ein an sich leeres, formales Element, das nichts anderes ist als eine «facultas praeformandi», eine a priori gegebene Möglichkeit der Vorstellungsform. Vererbt werden nicht die Vorstellungen, sondern die Formen, welche in dieser Hinsicht genau den ebenfalls formal bestimmten Instinkten entsprechen. Ebensowenig wie das Vorhandensein von Archetypen an sich kann auch das der Instinkte nachgewiesen werden, solange sich diese nicht in concreto betätigen. Bezüglich der Bestimmtheit der Form ist der Vergleich mit der Kristallbildung insofern einleuchtend, als das Achsensystem bloß die stereometrische Struktur, nicht aber die konkrete Gestalt des individuellen Kristalls bestimmt. Dieser kann groß oder klein sein oder variieren vermöge der verschiedenen Ausbildung seiner Flächen oder vermöge der gegenseitigen Kristalldurchwachsung. Konstant ist nur das Achsensystem in seinen im Prinzip invariabeln geometrischen Verhältnissen. Das gleiche gilt vom Archetypus: er kann im Prinzip benannt werden und besitzt einen invariablen Bedeutungskern, der stets nur im Prinzip, nie aber konkret seine Erscheinungsweise bestimmt. *Wie* zum Beispiel der Mutterarchetypus jeweils empirisch erscheint, ist aus ihm allein nie abzuleiten, sondern beruht auf anderen Faktoren.

2. DER MUTTERARCHETYPUS

Wie jeder Archetypus, so hat auch derjenige der Mutter eine schier unabsehbare Menge von Aspekten. Ich erwähne nur einige typischere Formen: die persönliche Mutter und Großmutter; die Stief- und Schwiegermutter, irgendeine Frau, zu der man in Beziehung steht, auch die Amme oder Kinderfrau, die Ahnfrau und die Weiße Frau, in höherem, übertragenem Sinne die Göttin, speziell die Mutter Gottes, die Jungfrau (als verjüngte Mutter, zum Beispiel Demeter und Kore), Sophia (als Muttergeliebte eventuell auch Typus Kybele-Attis, oder als Tochter-{verjüngte Mutter-}Geliebte); das Ziel der Erlösungssehnsucht (Paradies, Reich Gottes, himmlisches Jerusalem); in weiterem Sinne die Kirche, die Universität, die Stadt, das Land, der Himmel, die Erde, der Wald, das Meer und das stehende Gewässer; die Materie, die Unterwelt und der Mond, in engerem Sinne als Geburts- oder Zeugungsstätte der Acker, der Garten, der Fels, die Höhle, der Baum, die Quelle, der tiefe Brunnen, das Taufbecken, die Blume als Gefäß (Rose und Lotus); als Zauberkreis (Mandala als Padma) oder als Cornucopiatypus; im engsten Sinne die Gebärmutter, jede Hohlform (zum Beispiel Schraubenmutter); die Yoni; der Backofen, der Kochtopf; als Tier die Kuh, der Hase und das hilfreiche Tier überhaupt.

Alle diese Symbole können einen positiven, günstigen oder einen negativen, nefasten Sinn haben. Ein ambivalenter Aspekt ist die Schicksalsgöttin (Parzen, Graeen, Nornen), nefast die Hexe, der Drache (jedes verschlingende und umschlingende Tier, wie großer Fisch und Schlange); das Grab, der Sarkophag, die Wassertiefe, der Tod, der Nachtmahr und der Kinderschreck (Typus Empusa, Lilith usw.).

Diese Aufzählung macht keinen Anspruch auf Vollständigkeit, sie deutet bloß die wesentlichen Züge des Mutterarchetypus an. Seine Eigenschaften sind das «Mütterliche»: schlechthin die magische Autorität des Weiblichen; die Weisheit und die geistige Höhe jenseits des Verstandes; das Gütige, Hegende, Tragende, Wachstum-, Fruchtbarkeit- und Nahrungspendende; die Stätte der magischen Verwandlung, der Wiedergeburt; der hilfreiche Instinkt oder Impuls; das Geheime, Verborgene, das Finstere, der Abgrund, die Totenwelt, das Verschlingende, Verführende und Vergiftende, das Angsterregende und Unentrinnbare. Diese Eigenschaften des Mutterarchetypus habe ich ausführlich geschildert und mit den entsprechenden Belegen versehen in meinem Buch *«Symbole der Wandlung»* [Grundwerk 7 und 8]. Die Gegensätzlichkeit der Eigenschaften habe ich dort formuliert als die liebende und die schreckliche Mutter. Die uns am nächsten liegende historische Parallele ist wohl Maria, die in der mittelalterlichen Allegorik zugleich auch das Kreuz Christi ist. In Indien wäre es die gegensätzliche Kali. Die Sâṃkhya-Philosophie hat den Mutterarchetypus zum Begriff der Prakṛti ausgestaltet und dieser die drei Guṇas als Grundeigenschaften zugeteilt, nämlich: Güte, Leidenschaft und Finsternis – sattvam, rajas und tamas[4]. Das sind drei wesentliche Aspekte der Mutter, nämlich ihre hegende und nährende Güte, ihre orgiastische Emotionalität und ihre unterweltliche Dunkelheit. Der besondere Zug in der philosophischen Legende, daß nämlich Prakṛti vor dem Purusha *tanzt*, um ihn an das «unterscheidende Erkennen» zu erinnern, gehört nicht unmittelbar zur Mutter, sondern zum Archetypus der Anima. Dieser ist in der männlichen Psychologie zunächst stets mit dem Bild der Mutter vermischt.

Obschon die völkerpsychologische Gestalt der Mutter sozusagen universal ist, so ändert sich dieses Bild doch nicht unwesentlich in der praktischen individuellen Erfahrung. Hier ist man zunächst beeindruckt von der anscheinend überragenden Bedeutung der persönlichen Mutter. So sehr tritt diese Figur in einer personalistischen Psychologie hervor, daß letztere, wie bekannt, auch in ihren Auffassungen niemals, nicht einmal theoretisch, über die persönliche Mutter hinausgekommen ist. Um es gleich vorwegzunehmen, meine Auffassung unterscheidet sich darin prinzipiell von der psychoanalytischen Theorie, daß ich der persönlichen Mutter nur bedingte Bedeutung zuspreche. Das heißt: es ist nicht bloß die persönliche Mutter, von der alle jene in der Literatur geschilderten Wirkungen auf die kindliche Psyche ausgehen, sondern es ist vielmehr der auf die Mutter projizierte Archetypus, welcher dieser einen mythologischen Hintergrund gibt und ihr damit Autorität, ja Numinosität verleiht[5]. Die ätiologischen respektive traumatischen Wirkungen der Mutter müssen in zwei Gruppen geschieden werden: erstens in solche, welche wirklich vorhandenen Charaktereigenschaften oder Einstellungen der persönlichen Mutter entsprechen, und zweitens in solche, welche sie nur scheinbar besitzt, indem es sich um Projektionen phantastischer (das heißt archetypischer) Art von seiten des Kindes handelt. Schon FREUD hat erkannt, daß die wirkliche Neurosenätiologie keineswegs, wie er zuerst vermutete, in traumatischen Wirkungen wurzelt, sondern vielmehr in einer eigentümlichen Entwicklung der infantilen Phantasie. Die Möglichkeit ist kaum zu bestreiten, daß eine derartige Entwicklung auf störende Einflüsse von seiten der Mutter zurückgeführt werden kann. Ich suche darum den Grund infantiler Neurosen in allererster Linie bei der Mutter, indem ich aus Erfahrung weiß, daß erstens ein Kind sich viel wahrscheinlicher normal entwickelt als neurotisch, und daß zweitens in weitaus den meisten Fällen definitive Störungsursachen bei den Eltern, insbesondere bei der Mutter, nachzuweisen sind. Die Inhalte der abnormen Phantasien sind nur zum Teil auf die persönliche Mutter zu beziehen, indem sie öfters klar und unmißverständlich Aussagen enthalten, die weit über das hinausgehen, was man einer wirklichen Mutter zuschreiben könnte; dies insbesondere dann, wenn es sich um ausgesprochen mythologische Gebilde handelt, wie dies bei infantilen Phobien häufig der Fall ist, wo nämlich die Mutter als Tier, Hexe, Gespenst, Menschenfresserin, Hermaphrodit und ähnliches erscheint. Da die Phantasien aber nicht immer offenkundig mythologisch sind, oder, wenn sie es sind, nicht immer aus einer unbewußten Voraussetzung hervorgehen, sondern gelegentlich auch aus Märchenerzählungen, zufälligen Bemerkungen und ähnlichem stammen können, so ist in jedem Fall eine sorgfältige Untersuchung angezeigt. Bei Kindern kommt eine solche aus praktischen Gründen viel weniger in Betracht als bei Erwachsenen, die solche Phantasien fast in der Regel während der Behandlung auf den Arzt übertragen, oder genauer gesagt: diese Phantasien werden als projiziert vorgefunden.

Es genügt dann nicht, sie einzusehen und als lächerlich abzutun, wenigstens auf die Dauer nicht, denn Archetypen gehören zum unveräußerlichen Bestand jeder Psyche und bilden jenen «Schatz im Felde dunkler Vorstellungen», von dem KANT spricht, und von dem die zahllosen Schatzmotive der Folklore reichlich Kunde geben. Ein Archetypus ist seinem Wesen nach keineswegs ein bloß ärgerliches Präjudiz. Er ist es nur an der unrichtigen Stelle. An sich gehört er zu den höchsten Werten der menschlichen Seele und hat deshalb alle Olympe aller Religionen bevölkert. Ihn als wertlos abzutun, bedeutet einen potentiellen Verlust. Es handelt sich vielmehr darum, diese Projektionen aufzulösen, um deren Inhalte dem wieder zurückzugeben, der sie durch spontane Entäußerung verloren hat.

3. DER MUTTERKOMPLEX

Der Archetypus der Mutter bildet die Grundlage des sogenannten Mutterkomplexes. Es ist eine offene Frage, ob ein solcher ohne nachweisbare kausale Mitbeteiligung der Mutter überhaupt zustande kommt. Nach meiner Erfahrung scheint es mir, als ob die Mutter stets, das heißt insbesondere bei infantilen Neurosen oder bei solchen, die unzweifelhaft ätiologisch in die frühe Kindheit zurückreichen, aktiv bei der Verursachung der Störung dabei sei. In jedem Falle aber ist die Instinktsphäre des Kindes gestört, und damit sind Archetypen konstelliert, welche als ein fremdes und oft angsterregendes Element zwischen Kind und Mutter treten. Wenn zum Beispiel die Kinder einer überbesorgten Mutter regelmäßig von dieser als einem bösen Tier oder als einer Hexe träumen, so setzt ein solches Erlebnis eine Spaltung in der kindlichen Seele und damit die Möglichkeit der Neurose.

A. Der Mutterkomplex des Sohnes

Die Wirkungen des Mutterkomplexes sind verschieden, je nachdem es sich um Sohn oder Tochter handelt. Typische Wirkungen auf den Sohn sind die Homosexualität und der Don Juanismus, gelegentlich auch die Impotenz[6]. In der Homosexualität haftet die heterosexuelle Komponente in unbewußter Form an der Mutter, im Don Juanismus wird unbewußterweise die Mutter «in jedem Weibe» gesucht. Die Wirkungen des Mutterkomplexes auf den Sohn sind dargestellt durch die Ideologie des Kybele-Attis-Typus: Selbstkastration, Wahnsinn und früher Tod. Beim Sohn ist der Mutterkomplex insofern nicht rein, als eine Ungleichheit des Geschlechtes vorliegt. Diese Verschiedenheit ist der Grund, warum in jedem männlichen Mutterkomplex neben dem Mutterarchetypus der des sexuellen Partners, nämlich der Anima, eine bedeutsame Rolle spielt. Die Mutter ist das erste weibliche Wesen, das dem zukünftigen Manne begegnet und laut oder leise, grob oder zart, bewußt oder unbewußt nicht umhin kann, stets auf die Männlichkeit des Sohnes anzuspielen; wie auch der Sohn in zunehmendem Maße der Weiblichkeit der Mutter inne wird oder, unbewußterweise wenigstens, instinktiv darauf antwortet. So werden beim Sohn die einfachen Beziehungen der Identität oder des sich unterscheidenden Widerstandes beständig durchkreuzt von den Faktoren der erotischen Anziehung und Abstoßung. Dadurch wird das Bild erheblich kompliziert. Ich möchte aber nicht behaupten, daß infolgedessen der Mutterkomplex des Sohnes etwa ernster genommen werden müßte als der der Tochter. Wir stehen in der Erforschung dieser komplexen seelischen Erscheinungen noch am Anfang, im Stadium der Pionierarbeit. Vergleiche lassen sich erst dann anstellen, wenn statistisch verwendbare Zahlen vorliegen. Solche sind aber noch nirgends in Sicht.

Der Mutterkomplex ist nur bei der Tochter ein reiner und unkomplizierter Fall. Hier handelt es sich einerseits um eine von der Mutter ausgehende Verstärkung der weiblichen Instinkte, andererseits um eine Abschwächung bis Auslöschung derselben. Im ersten Falle entsteht durch das Überwiegen der Instinktwelt eine Unbewußtheit der eigenen Persönlichkeit; im letzten Falle entwickelt sich eine Projektion der Instinkte auf die Mutter. Vorderhand müssen wir uns mit der Feststellung begnügen, daß der Mutterkomplex bei der Tochter den weiblichen Instinkt entweder übermäßig fördert oder entsprechend hemmt, beim Sohn aber den männlichen Instinkt verletzt durch eine unnatürliche Sexualisierung.

Da «Mutterkomplex» ein Begriff der Psychopathologie ist, so ist er immer mit dem Begriff von Schädigung und Leiden verknüpft. Wenn wir ihn aber aus seinem etwas zu engen pathologischen Rahmen herausheben und ihm eine weitere und umfassendere Bedeutung geben, so können wir auch seiner positiven Wirkung Erwähnung tun: beim Sohn ergibt sich neben oder statt der Homosexualität zum Beispiel eine Differenzierung des Eros[7] (in dieser Richtung klingt etwas im *«Symposion»* des PLATON an); ebenso eine Entwicklung des Geschmackes und der Ästhetik, denen ein gewisses feminines Element keineswegs Abbruch tut; des ferneren erzieherische Qualitäten, denen ein weibliches Einfühlungsvermögen oft höchste Vollendung gibt; ein historischer Geist, der konservativ im besten Sinne ist und alle Werte der Vergangenheit aufs treueste bewahrt; ein Sinn für Freundschaft, die erstaunlich zarte Bande zwischen Männerseelen flicht und sogar die Freundschaft zwischen den Geschlechtern aus der Verdammnis der Unmöglichkeit erlöst; ein Reichtum religiösen Gefühls, welcher eine ecclesia spiritualis zur Wahrheit macht, und endlich eine geistige Rezeptivität, die der Offenbarung williges Gefäß ist.

Was negativ Don Juanismus ist, kann als Positivum kühne, rücksichtslose Männlichkeit bedeuten, einen Ehrgeiz nach höchsten Zielen; eine Gewalttätigkeit gegenüber aller Dummheit, Verbohrtheit, Ungerechtigkeit und Faulheit; eine Opferwilligkeit für das als richtig Erkannte, welche an Heroismus grenzt; Ausdauer, Unbeugsamkeit und Zähigkeit des Willens; eine Neugier, welche auch die Welträtsel nicht schrekken; einen revolutionären Geist endlich, der seinen Mitmenschen ein neues Haus baut oder der Welt ein anderes Gesicht aufsetzt.

Alle diese Möglichkeiten spiegeln sich in den Mythologemen, die ich vorhin als Aspekte des Mutterarchetypus aufgezählt habe. Da ich den Mutterkomplex des Sohnes schon in einer Reihe von Schriften behandelt habe, samt der Animakomplikation, will ich in diesen Vorlesungen, wo es sich um den Typus der Mutter handelt, die männliche Psychologie in den Hintergrund treten lassen.

B. Der Mutterkomplex der Tochter

a. Die Hypertrophie des Mütterlichen

Es wurde vorhin bemerkt, daß der Mutterkomplex[8] bei der Tochter gewissermaßen eine Hypertrophie des Weiblichen erzeuge oder eine entsprechende Atrophie. Die Übersteigerung des Weiblichen bedeutet eine Verstärkung aller weiblichen Instinkte, in erster Linie des Mutterinstinktes. Den negativen Aspekt davon stellt eine Frau dar, deren einziges Ziel das Gebären ist. Der Mann ist offenkundige Nebensache; er ist wesentlich Zeugungsinstrument und rangiert als zu betreuendes Objekt unter Kindern, armen Verwandten, Katzen, Hühnern und Möbeln. Auch die eigene Persönlichkeit ist Nebensache; sie ist sogar oft mehr oder weniger unbewußt, denn das Leben wird in den anderen und durch die anderen gelebt, indem man infolge der Unbewußtheit der eigenen Persönlichkeit mit diesen identisch ist. Erst trägt sie die Kinder, dann hängt sie sich diesen an, denn ohne diese hat sie überhaupt keine raison d'être. Wie Demeter trotzt sie sich von den Göttern ein Besitzrecht auf die Tochter ab. Der Eros ist nur als mütterliche Beziehung entwickelt, als persönliche aber unbewußt. Ein unbewußter Eros äußert sich immer als Macht[9]; weshalb dieser Typus bei aller offenkundigen mütterlichen Selbstaufopferung doch gar kein wirkliches Opfer zu bringen imstande ist, sondern seinen Mutterinstinkt mit oft rücksichtslosem Machtwillen bis zur Vernichtung der Eigenpersönlichkeit und des Eigenlebens der Kinder durchdrückt. Je unbewußter ihrer eigenen Persönlichkeit eine solche Mutter ist, desto größer und gewalttätiger ist ihr unbewußter Machtwille. Es gibt bei diesem Typus nicht wenige Fälle, wo nicht Demeter, sondern Baubo das passende Symbol wäre. Der Verstand wird nicht um seiner selbst willen gepflegt, sondern verharrt meistens in der Form seiner ursprünglichen Anlage, das heißt er bleibt naturhaft ursprünglich, unbezogen und ruchlos, aber auch wahr und gelegentlich sogar tief wie die Natur[10]. Aber sie selber weiß es nicht und kann deshalb einerseits den Witz ihres Verstandes nicht schätzen, andererseits dessen Tiefe nicht philosophisch bewundern, sondern vergißt womöglich, was sie gesagt hat.

b. Die Übersteigerung des Eros

Der Komplex, der von einer solchen Mutter bei der Tochter verursacht wird, braucht durchaus nicht wiederum eine Hypertrophie des Mutterinstinktes zu sein. Im Gegenteil wird bei der Tochter vorkommendenfalls dieser Instinkt sogar ausgelöscht. Dafür tritt als Ersatz eine Übersteigerung des Eros ein, welche fast regelmäßig zu einem unbewußten Inzestverhältnis mit dem Vater führt[11]. Der gesteigerte Eros bewirkt eine abnorme Betonung der Persönlichkeit des anderen. Eifersucht auf die Mutter und Übertrumpfung derselben werden zu Leitmotiven späterer Unternehmungen, die häufig desaströser Natur sind. Ein Fall dieser Art liebt nämlich schwärmerische und sensationelle Beziehungen um ihrer selbst willen und interessiert sich für verheiratete Männer, weniger allerdings für deren eigene Wohlfahrt, als vielmehr um der Tatsache willen, daß sie verheiratet sind und darum Gelegenheit geben, eine Ehe zu stören, was der Hauptzweck der Übung ist. Ist dieser Zweck erreicht, so verflüchtigt sich, wegen mangelnden Mutterinstinktes, das Interesse, und ein anderer kommt an die Reihe[12]. Dieser Typus ist gekennzeichnet durch eine bemerkenswerte Unbewußtheit. Solche Frauen sind geradezu mit Blindheit geschlagen für ihr eigenes Tun und Treiben[13], welches nicht nur für die Mitbeteiligten, sondern auch für sie selber nichts weniger als vorteilhaft ist. Ich brauche wohl kaum hervorzuheben, daß für Männer von trägem Eros dieser Typus eine treffliche Gelegenheit zur Animaprojektion bietet.

c. Die Identität mit der Mutter

Tritt beim weiblichen Mutterkomplex keine Steigerung des Eros ein, so ergibt sich eine Identität mit der Mutter und eine Lähmung der eigenen weiblichen Unternehmung. Es tritt eine Projektion der eigenen Persönlichkeit auf die Mutter ein, vermöge der Unbewußtheit der eigenen Instinktwelt, des Mutterinstinktes sowohl wie des Eros. Alles was bei diesen Frauen an Muttersein, Verantwortlichkeit, persönliche Verbundenheit und erotischen Anspruch erinnert, erregt Minderwertigkeitsgefühle und zwingt zum Fortlaufen, natürlich zur Mutter, welche alles das, was der Tochter völlig unerreichbar erscheint, in vollkommener Weise lebt, sozusagen als Überpersönlichkeit. Unwillkürlich von der Tochter bestaunt, lebt sie ihr im voraus alles weg. Diese begnügt sich, der Mutter selbstlos anzuhängen und bemüht sich unbewußt zugleich, sozusagen gegen ihren eigenen Willen, allmählich zum Tyrannen der eigenen Mutter aufzusteigen, allerdings zunächst unter der Maske der vollkommenen Loyalität und Ergebenheit. Sie führt ein Schattendasein, oft sichtbar von der Mutter ausgesogen, und verlängert dieser das Leben gleichsam durch beständige Bluttransfusion. Solche blassen Jungfrauen sind gegen die Ehe nicht gefeit. Im Gegenteil, trotz ihrer Schattenhaftigkeit und inneren Teilnahmlosigkeit, oder vielmehr eben deshalb, stehen sie auf dem Heiratsmarkt in hohem Kurse. Vor allem sind sie dermaßen leer, daß ein Mann schlechterdings alles in ihnen vermuten kann; sodann sind sie dermaßen unbewußt, daß das Unbewußte aus ihnen zahllose Fühler, um nicht zu sagen unsichtbare Polypenarme, ausstreckt und alle männlichen Projektionen ansaugt, was den Männern über die Maßen gefällt. Denn eine so große weibliche Unbestimmtheit ist das ersehnte Gegenstück zu einer männlichen Bestimmtheit und Eindeutigkeit, die nur dann einigermaßen befriedigend hergestellt werden kann, wenn man alles Zweifelhafte, Zweideutige, Unbestimmte, Unklare in die Projektion auf eine entzückende weibliche Unschuld abzuschieben imstande ist[14]. Wegen der charakteristischen inneren Teilnahmslosigkeit und wegen der Minderwertigkeitsgefühle, die ständig eine gekränkte Unschuld vortäuschen, fällt dem Mann die vorteilhafte Rolle zu, in überlegener und doch nachsichtiger Weise, so quasi ritterlich, die bekannten weiblichen Unzulänglichkeiten ertragen zu dürfen. (Daß diese zum guten Teil aus seinen eigenen Projektionen bestehen, bleibt ihm glücklicherweise verborgen.) Besonders anziehend wirkt die notorische Hilflosigkeit des Mädchens. Sie ist so sehr ein Anhängsel der Mutter, daß sie schon gar nicht weiß, wie ihr geschieht, wenn ein Mann in ihre Nähe kommt. Sie ist dann so hilfsbedürftig und weiß so rein von gar nichts, daß selbst der sanfteste Schäfer zum kühnen Frauenräuber wird und einer liebenden Mutter die Tochter meuchlings stiehlt. Diese immense Chance, auch einmal ein Tausendsassa sein zu können, passiert nicht alle Tage und entwickelt deshalb keine geringe Motivkraft. So hatte auch Pluto die Persephone der untröstlichen Demeter entführt, hat dafür aber auf Ratschluß der Götter seine Frau jeweils für die Sommersaison an die Schwiegermutter abtreten müssen. (Der geneigte Leser bemerkt, daß solche Legenden nicht «von ungefähr» entstehen!)

d. Die Abwehr gegen die Mutter

Die drei eben behandelten extremen Typen sind verbunden durch viele Mittelstufen, von denen ich bloß eine hauptsächliche erwähnen möchte. Es handelt sich bei diesem mittleren Typus weniger um Steigerung oder Lähmung der weiblichen Instinkte als vielmehr um eine alles andere überwiegende Abwehr gegen die Übermacht der Mutter. Dieser Fall ist das Musterbeispiel für den sogenannten negativen Mutterkomplex. Sein Leitmotiv ist: Alles, nur nicht wie die Mutter! Es handelt sich einerseits um eine Faszination, die aber nie zur Identität wird, andererseits um eine Steigerung des Eros, die sich aber in einem gewissen eifersüchtigen Widerstand gegen die Mutter erschöpft. Diese Tochter weiß zwar alles, was sie *nicht* will, ist aber meist im unklaren darüber, was sie eigentlich als ihr eigenes Schicksal meint. Ihre Instinkte sind in der Abwehrform alle auf die Mutter konzentriert und deshalb nicht geschickt, sich selber ein eigenes Leben aufzubauen. Kommt es doch dazu, heiratet sie zum Beispiel, so wird die Ehe entweder nur dazu benützt, um von der Mutter loszukommen, oder das Schicksal brockt ihr einen Mann ein, der wesentliche Charakterzüge mit der Mutter gemeinsam hat. Alle instinktiven Vorgänge und Notwendigkeiten begegnen unerwarteten Schwierigkeiten; entweder funktioniert die Sexualität nicht, oder die Kinder sind unwillkommen, oder die Mutterpflichten erscheinen unerträglich, oder die Anforderungen des ehelichen Zusammenlebens werden mit Ungeduld und Irritation beantwortet. Denn all das gehört irgendwie nicht zu den essentiellen Lebenstatsachen, indem einzig und allein die nachhaltige Abwehr der Muttermacht in jeglicher Form höchsten Lebenszweck bildet. Man kann in solchen Fällen oft in allen Einzelheiten die Eigenschaften des Mutterarchetypus sehen. Zum Beispiel verursacht die *Mutter als Familie* oder Clan heftige Widerstände gegen oder Interesselosigkeit für alles, was Familie, Gemeinschaft, Gesellschaft, Konvention und dergleichen heißt. Der Widerstand gegen die *Mutter als Uterus* erscheint oft in Menstruationsbeschwerden, Schwierigkeiten der Konzeption, Abscheu vor Schwangerschaft, Blutungen während der Schwangerschaft, Frühgeburten, Schwangerschaftserbrechen und ähnlichem. Die *Mutter als Materie* veranlaßt Ungeduld mit Gegenständen, Ungeschicklichkeit in der Handhabung von Werkzeugen und Geschirr und auch Mißgriffe in der Kleidung.

Aus Abwehr gegen die Mutter ergibt sich gelegentlich eine spontane Entwicklung des Verstandes zum Zwecke der Herstellung einer Sphäre, in der die Mutter nicht vorkommt. Diese Entwicklung erfolgt aus eigenen Bedürfnissen und nicht etwa zu Ehren eines Mannes, dem man imponieren oder geistige Kameradschaft vorspiegeln möchte. Sie soll dazu dienen, die Macht der Mutter durch intellektuelle Kritik und überlegenes Wissen zu brechen, oder um ihr alle Dummheiten, logischen Fehler und Bildungslücken vorrechnen zu können. Hand in Hand mit der Verstandesentwicklung geht auch ein gewisses Hervortreten männlicher Eigentümlichkeiten überhaupt.

C. Die positiven Aspekte des Mutterkomplexes

a. Die Mutter

Der positive Aspekt des ersten Typus, nämlich der Übersteigerung des Mutterinstinktes, ist jenes Bild der Mutter, welches zu allen Zeiten und in allen Zungen besungen und gepriesen worden ist. Es ist jene Mutterliebe, welche zu den rührendsten und unvergeßlichsten Erinnerungen des erwachsenen Alters gehört und die geheime Wurzel alles Werdens und aller Wandlung, die Heimkehr und Einkehr und jeglichen Anfangs und Endes schweigenden Urgrund bedeutet. Innigst bekannt und fremd wie die Natur, liebevoll zärtlich und schicksalhaft grausam – eine lustvolle, nimmermüde Spenderin des Lebens, eine Schmerzensmutter und die dunkle, antwortlose Pforte, die sich hinter dem Toten schließt. Mutter ist Mutterliebe, ist *mein* Erlebnis und *mein* Geheimnis. Was soll man da Allzuvieles, allzu Unrichtiges, allzu Ungenügendes, ja allzu Verlogenes sagen von jenem Menschen, der Mutter hieß und – man möchte sagen – zufälligerweise Trägerin jenes Erlebnisses war, das sie und mich und die ganze Menschheit, ja alle lebende Kreatur, die wird und vergeht, in sich schließt, das Erlebnis des Lebens, dessen Kinder wir sind? Man hat es zwar immer getan, und man wird es immer wieder tun, aber ein Wissender kann jenes ungeheure Gewicht an Bedeutung, an Verantwortung und Aufgabe, an Himmel und Hölle nicht mehr auf jenen schwachen und fehlbaren, der Liebe, der Nachsicht, des Verständnisses und der Verzeihung würdigen Menschen, der uns Mutter war, überwälzen. Er weiß, daß die Mutter Trägerin jenes uns eingeborenen Bildes der mater natura und mater spiritualis ist, des Gesamtumfanges von Leben, dem wir als Kinder anvertraut und zugleich preisgegeben sind. Er darf auch nicht einen Augenblick zögern, die menschliche Mutter von dieser schreckenerregenden Belastung zu erlösen, aus Rücksicht auf sie und auf sich selber. Denn eben gerade diese Bedeutungsschwere ist es, die uns an die Mutter verhaftet und diese an das Kind kettet, zum seelischen und physischen Verderben beider. Man löst keinen Mutterkomplex dadurch, daß man die Mutter einseitig auf menschliches Maß reduziert, gewissermaßen «berichtigt». Dabei läuft man Gefahr, auch das Erlebnis «Mutter» in Atome aufzulösen und damit einen höchsten Wert zu zerstören und den goldenen Schlüssel wegzuwerfen, den uns eine gütige Fee in die Wiege gelegt hat. Darum hat der Mensch instinktiv dem Elternpaar immer das präexistente Götterpaar zugestellt als «godfather» und «godmother» des Neugeborenen, damit dieses nie sich dahin vergesse, aus Unbewußtheit oder kurzsichtigem Rationalismus die Eltern mit Göttlichkeit zu behaften.

Der Archetypus ist zunächst viel weniger ein wissenschaftliches Problem als vielmehr eine unmittelbar dringende Frage der seelischen Hygiene. Auch wenn uns alle Beweise für die Existenz von Archetypen fehlten, und wenn uns alle gescheiten Leute überzeugend bewiesen, daß es dergleichen gar nicht geben könne, so müßten wir sie doch erfinden, um unsere höchsten und natürlichsten Werte nicht ins Unbewußte versinken zu lassen. Fallen diese nämlich ins Unbewußte, so ist damit die ganze elementare Kraft ursprünglicher Erlebnisse entschwunden. An deren Stelle tritt die Fixierung an die Mutterimago, und wenn diese genügend zurechtvernünftelt worden ist, so sind wir ganz und gar an die menschliche ratio gebunden und von da an dazu verurteilt, ausschließlich an das Vernünftige zu glauben. Das ist zwar einerseits eine Tugend und ein Vorteil, andererseits aber eine Beschränkung und Verarmung, denn man nähert sich damit der Öde des Doktrinarismus und der «Aufklärung». Diese Déesse Raison verbreitet ein trügerisches Licht, welches nur das beleuchtet, was man schon weiß, aber all jenes mit Dunkelheit bedeckt, was zu wissen und bewußtzumachen am allermeisten nottäte. Je selbständiger sich die Vernunft gebärdet, desto mehr wird sie zu reinem Intellekt, welcher Lehrmeinungen an Stelle der Wirklichkeit setzt und vor allem nicht den Menschen, wie er ist, sondern ein Trugbild desselben vor den Augen hat.

Die Welt der Archetypen muß, ob er sie begreift oder nicht, dem Menschen bewußt bleiben, denn in ihr ist er noch Natur und mit seinen Wurzeln verbunden. Eine Weltanschauung oder Gesellschaftsordnung, welche den Menschen von den Urbildern des Lebens abschneidet, ist nicht nur keine Kultur, sondern in zunehmendem Maße ein Gefängnis oder ein Stall. Bleiben die Urbilder in irgendeiner Form bewußt, so kann die Energie, welche diesen entspricht, dem Menschen zufließen. Wenn es aber nicht mehr gelingt, den Zusammenhang mit ihnen aufrechtzuerhalten, dann fällt die Energie, die sich in jenen Bildern ausdrückt und jene verhaftende Faszination des infantilen Elternkomplexes verursacht, zurück ans Unbewußte. Damit erhält dieses eine Ladung, welche sich als beinahe unwiderstehliche vis a tergo jeder Anschauung oder Idee oder Tendenz leiht, welche der Verstand der concupiscentia als verlockendes Ziel vorhält. Auf diese Weise verfällt der Mensch rettungslos seinem Bewußtsein und dessen rationalen Begriffen von richtig und unrichtig. Es liegt mir ferne, das Gottesgeschenk der Vernunft, dieses höchsten menschlichen Vermögens, zu entwerten. Als Alleinherrscherin hat sie aber keinen Sinn, sowenig wie Licht in einer Welt, in der diesem das Dunkle nicht gegenübersteht. Den weisen Ratschlag der Mutter und ihr unerbittliches Gesetz der natürlichen Beschränkung sollte der Mensch wohl in acht nehmen. Nie sollte er vergessen, daß die Welt darum besteht, weil sich ihre Gegensätze die Waage halten. So ist auch das Rationale durch das Irrationale, und das Bezweckte durch das Gegebene aufgewogen.

Diese Abschweifung ins Allgemeine war wohl unvermeidlich, denn die Mutter ist die erste Welt des Kindes und die letzte Welt des Erwachsenen. In den Mantel dieser größten Isis sind wir als ihre Kinder alle gehüllt. Wir wollen nun aber wieder zurückkehren zu unseren Typen des weiblichen Mutterkomplexes. Beim Mann ist der Mutterkomplex nie «rein», das heißt er ist stets mit dem Anima-Archetypus vermischt, was zur Folge hat, daß die männlichen Aussagen über die Mutter meist emotional, das heißt «animos» präjudiziert sind. Einzig bei der Frau besteht die Möglichkeit, die Effekte des Mutterarchetypus frei von «animosen» Beimischungen zu untersuchen, was allerdings nur dort Aussicht auf Erfolg hat, wo sich noch kein kompensierender Animus entwickelt hat.

b. Der übersteigerte Eros

Wir kommen nun zum zweiten Typus des weiblichen Mutterkomplexes, nämlich zu dem der Übersteigerung des Eros. Ich habe von diesem Fall, insofern er uns im pathologischen Bereich begegnet, ein sehr ungünstiges Porträt gezeichnet. Aber auch dieser so wenig einladende Typus hat einen positiven Aspekt, den die Sozietät nicht missen möchte. Nehmen wir gerade die schlimmste Wirkung dieser Einstellung, nämlich die skrupellose Ehezerstörung, so erblicken wir dahinter eine sinnvolle und zweckmäßige Anordnung der Natur. Dieser Typus geht, wie geschildert, häufig aus einer Gegenwirkung auf eine bloß naturhafte, rein instinktive und darum alles verschlingende Mutter hervor. Dieser Muttertypus ist ein Anachronismus, ein Rückfall in ein düsteres Matriarchat, wo der Mann als bloßer Befruchter und Höriger des Ackers ein insipides Dasein führt. Die reaktive Steigerung des Eros bei der Tochter zielt auf den Mann, welcher dem Übergewicht des Mütterlich-Weiblichen entzogen werden soll. Eine solche Frau wird sich überall da instinktiv dazwischen stellen, wo sie durch die Unbewußtheit des Ehepartners provoziert wird. Sie stört die der männlichen Persönlichkeit so gefährliche Bequemlichkeit, die er gerne als Treue ansieht. Diese Bequemlichkeit führt zur Unbewußtheit der eigenen Persönlichkeit und zu jenen angeblich idealen Ehen, wo er nichts als «Papa» und sie nichts als «Mama» ist, und wo sich die Ehegatten auch gegenseitig so titulieren. Das ist ein abschüssiger Weg, der leicht die Ehe zu einer unbewußten Identität der Partner erniedrigt.

Die Frau unseres Typus richtet den heißen Strahl ihres Eros auf einen vom Mütterlichen überschatteten Mann und erregt damit moralischen Konflikt. Ohne diesen aber gibt es keine Bewußtheit der Persönlichkeit. «Warum aber», so wird man gewiß fragen, «soll der Mensch ‹à tort et à travers› zu höherer Bewußtheit gelangen?» Diese Frage trifft ins Schwarze des Problems, und die Antwort darauf ist etwas schwierig. Ich kann statt einer wirklichen Antwort nur eine Art von Glauben bekennen: Es scheint mir nämlich, als ob in den Tausenden von Millionen Jahren endlich jemand hätte wissen müssen, daß diese wundersame Welt der Berge, der Meere, der Sonnen und Monde, der Milchstraße, der Fixsternnebel, der Pflanzen und Tiere *existiert.* Als ich auf den Athi Plains in Ostafrika auf einem kleinen Hügel stehend die vieltausendköpfigen Wildherden in lautloser Stille weiden sah, wie sie es immer seit unvorstellbaren Zeiträumen getan haben, da hatte ich das Gefühl, der erste Mensch zu sein, das erste Wesen, das allein wußte, daß dies alles *ist.* Diese ganze Welt um mich war noch in der Anfangsstille und wußte nicht, daß sie war. Und eben in diesem Moment, da ich wußte, war die Welt geworden, und ohne diesen Moment wäre sie nie gewesen. Diesen Zweck sucht alle Natur und findet ihn erfüllt im Menschen, und zwar immer nur im bewußtesten Menschen. Jeder kleinste Schritt vorwärts auf dem Pfade der Bewußtwerdung schafft Welt.

Es gibt keine Bewußtheit ohne Unterscheidung von Gegensätzen. Das ist das Vaterprinzip des Logos, der sich in unendlichem Kampfe der Urwärme und der Urfinsternis des mütterlichen Schoßes, eben der Unbewußtheit, entwindet. Keinen Konflikt, kein Leiden, keine Sünde scheuend, strebt die göttliche Neugier nach der Geburt. Unbewußtheit ist die Ursünde, das Böse schlechthin für den Logos. Seine weltschöpferische Befreiungstat aber ist Muttermord, und der Geist, der sich in alle Höhen und Tiefen wagte, muß, wie SYNESIUS sagte, auch die göttlichen Strafen erleiden, die Fesselung an den Felsen des Kaukasus. Denn keines kann sein ohne das andere, weil beide am Anfang Eines waren und am Ende wiederum Eines sein werden. Bewußtsein kann nur existieren bei stetiger Anerkennung und Berücksichtigung des Unbewußten, wie alles Leben durch viele Tode hindurchgehen muß.

Die Erregung von Konflikt ist eine luziferische Tugend im eigentlichen Sinne des Wortes. Konflikt erzeugt das Feuer der Affekte und Emotionen, und wie jedes Feuer, so hat auch dieses zwei Aspekte, nämlich den der Verbrennung und den der Lichterzeugung. Die Emotion ist einerseits das alchemische Feuer, dessen Wärme alles zur Erscheinung bringt und dessen Hitze «omnes superfluitates comburit», alle Überflüssigkeiten verbrennt, – andererseits ist die Emotion jener Moment, wo der Stahl auf den Stein trifft und ein Funke herausgeschlagen wird: Emotion ist nämlich die Hauptquelle aller Bewußtwerdung. Es gibt keine Wandlung von Finsternis in Licht und von Trägheit in Bewegung ohne Emotion.

Die Frau, deren Schicksal es ist, Störerin zu sein, ist nur in pathologischen Fällen ausschließlich destruktiv. Im Normalfall ist sie als Störerin selbst von der Störung ergriffen, als Wandlerin wird sie selbst gewandelt, und vom Schein des Feuers, das sie erregt, werden alle Opfer der Verwicklung be- und erleuchtet. Was sinnlose Störung schien, wird zum Läuterungsprozeß – «daß ja das Nichtige Alles verflüchtige».[15]

Bleibt diese Art Frau der Bedeutung ihrer Funktion unbewußt, das heißt weiß sie nicht, daß sie ein Teil ist «von jener Kraft, die stets das Böse will und stets das Gute schafft»[16], so wird sie durch das Schwert, das sie bringt, auch umkommen. Bewußtheit aber wandelt sie zur Löserin und Erlöserin.

c. Die Nur-Tochter

Die Frau des dritten Typus, nämlich desjenigen der Identität mit der Mutter[17] bei Lähmung der eigenen Instinkte, braucht keineswegs stets eine hoffnungslose Null zu sein. In der Breite des Normalen besteht im Gegenteil die Möglichkeit, daß gerade durch eine intensive Animaprojektion das leere Gefäß gefüllt wird. Davon hängt eine solche Frau allerdings ab: sie kann ohne den Mann auch nicht annähernd zu sich selber kommen; sie muß der Mutter richtig geraubt werden. Überdies muß sie dann für längere Zeit unter größter Anstrengung die ihr zugemessene Rolle spielen, bis ihr diese zum Überdruß wird. Dadurch vermag sie dann vielleicht zu entdecken, wer sie selber ist. Solche Frauen können aufopfernde Gattinnen für Männer sein, die einzig und allein durch Identität mit einem Beruf oder einer Begabung existieren, im übrigen aber unbewußt sind und bleiben. Da sie selber nur eine Maske darstellen, muß die Frau imstande sein, mit etwelcher Natürlichkeit die Begleitrolle zu spielen. Diese Frauen können aber auch im Besitze wertvoller Gaben sein, die nur darum nie zur Entwicklung gelangten, weil die eigene Persönlichkeit überhaupt unbewußt war. In diesem Fall tritt dann eine Projektion der Begabung auf den einer solchen ermangelnden Gatten ein, und wir sehen dann, wie plötzlich ein herzlich Unbedeutender, ja geradezu Unwahrscheinlicher, wie von einem Zauberteppich getragen zu den höchsten Gipfeln emporschwebt. Cherchez la femme, und man hat den Schlüssel zum Geheimnis dieses Erfolges. Solche Frauen erinnern mich – man entschuldige das unhöfliche Gleichnis – an große, kräftige Hündinnen, die vor dem kleinsten Kläffer ausreißen, ganz einfach weil er ein furchtbarer Mann ist und es einem dann doch gar nicht einfällt, zu beißen.

Schließlich aber ist die *Leere* ein großes weibliches Geheimnis. Sie ist das dem Manne Urfremde, das Hohle, das abgrundtiefe andere, das Yin. Die mitleiderregende Erbärmlichkeit dieser Nullität (ich rede hier als Mann) ist leider – möchte ich fast sagen – das machtvolle Mysterium der Unfaßbarkeit des Weiblichen. Ein solches Weib ist Schicksal schlechthin. Ein Mann kann darüber, dagegen und dafür alles sagen oder nichts oder beides und fällt am Ende unvernünftig beseligt doch in dieses Loch oder hat die einzige Chance, seiner Männlichkeit habhaft zu werden, verpaßt und verpatzt. Jenem kann man sein blödes Glück nicht wegbeweisen, diesem sein Unglück nicht plausibel machen. «Die Mütter! Mütter! 's klingt so wunderlich!»[18] Mit diesem Seufzer, der die Kapitulation des Mannes an den Grenzen des Mütterreiches besiegelt, wenden wir uns dem vierten Typus zu.

D. Der negative Mutterkomplex

Dieser Typus ist durch den negativen Mutterkomplex gekennzeichnet. Als pathologische Erscheinung ist diese Frau eine unangenehme, anspruchsvolle und wenig befriedigende Gefährtin des Mannes, da ja ihr ganzes Streben ein Sichsträuben ist gegen alles, was aus dem natürlichen Urgrund quillt. Es steht aber nirgends geschrieben, daß steigende Lebenserfahrung sie nicht eines Besseren belehrt, so daß sie zunächst die Bekämpfung der Mutter im persönlichen und engeren Sinne aufgibt. Aber auch im besten Fall wird sie allem Dunkeln, Unklaren, Zweideutigen feind sein und alles Sichere, Klare, Vernünftige pflegen und in den Vordergrund stellen. Sie wird ihre weibliche Schwester an Sachlichkeit und kühlem Urteil übertreffen, und ihrem Manne kann sie zum Freund, zur Schwester und zur urteilsfähigen Beraterin werden. Dazu befähigen sie vor allem auch ihre männlichen Aspirationen, welche ihr ein menschliches, jenseits aller Erotik liegendes Verständnis für die Individualität des Mannes ermöglichen. Von allen Formen des Mutterkomplexes hat sie für die zweite Lebenshälfte wohl die beste Chance, aus ihrer Ehe einen Rekord zu machen, allerdings erst und nur dann, wenn sie die Hölle des Nur-Weiblichen, das Chaos des Mutterschoßes, welches ihr (infolge des negativen Komplexes) am meisten droht, siegreich überwunden hat. Ein Komplex wird ja bekanntlich in Wirklichkeit nur dann überwunden, wenn er durch das Leben bis in die letzte Tiefe ausgeschöpft wird. Was wir uns aus Komplexgründen ferngehalten haben, das müssen wir dann mitsamt der Hefe zurücktrinken, wenn wir darüber hinauskommen wollen.

Diese Frau nähert sich der Welt mit abgewandtem Gesicht, wie Lots Weib, nach Sodom und Gomorrha zurückstarrend. Derweilen geht Welt und Leben wie ein Traum an ihr vorüber, als eine lästige Quelle von Illusionen, Enttäuschungen und Irritationen, die alle auf nichts anderem beruhen, als daß sie sich nicht dazu bringen läßt, einmal geradeaus zu blikken. So wird ihr Leben zu dem, was sie am meisten bekämpft, nämlich zum Nur-Mütterlich-Weiblichen, infolge ihrer bloß unbewußt-reaktiven Einstellung zur Wirklichkeit. Die Umkehr des Gesichtes aber eröffnet ihr sozusagen zum erstenmal die Welt im Lichte reifer Klarheit, geschmückt mit den Farben und all den holden Wunderlichkeiten der Jugend, ja bisweilen sogar des Kindheitsalters. Solches Sehen bedeutet Erkenntnis und Entdeckung der Wahrheit, welche die unerläßliche Bedingung der Bewußtheit ist. Ein Stück des Lebens ging verloren, der Sinn des Lebens aber ist ihr gerettet.

Die Frau, die den Vater bekämpft, hat zwar immer noch die Möglichkeit des triebhaft-weiblichen Lebens, denn sie weist bloß das ab, was ihr fremd ist. Wenn sie aber die Mutter bekämpft, so kann sie, mit dem Risiko der Instinktschädigung, zu höherer Bewußtheit gelangen, denn in der Mutter verneint sie auch alle Dunkelheit, Triebhaftigkeit, Zweideutigkeit und Unbewußtheit ihres eigenen Wesens. Vermöge ihrer Klarheit, Sachlichkeit und Männlichkeit ist gerade die Frau dieses Typus häufig in wichtigen Stellungen anzutreffen, wo ihre spät entdeckte mütterliche Weiblichkeit, geführt von einem kühlen Verstande, eine segensreiche Wirksamkeit entfaltet. Aber nicht nur im Äußeren bestätigt sich ihre seltene Kombination von Weiblichkeit und männlichem Verstand, sondern auch im Reiche der seelischen Intimität. Sie kann als geistige Führerin und Beraterin eines Mannes, der Außenwelt verborgen, eine einflußreiche Rolle als unsichtbarer spiritus rector spielen. Vermöge ihrer Qualitäten ist sie dem Manne durchsichtiger als andere Formen des Mutterkomplexes, und darum wird sie von der Männerwelt oft mit der Projektion gutgearteter Mutterkomplexe bedacht. Das Allzu-Weibliche erschreckt einen gewissen Typus von männlichem Mutterkomplex, der durch eine große Zartheit des Gefühls ausgezeichnet ist. Vor dieser Frau erschrickt er nicht, weil sie dem männlichen Geiste Brücken baut, auf denen er das Gefühl sicher ans andere Ufer geleiten kann. Ihr artikulierter Verstand flößt dem Mann Vertrauen ein, ein nicht zu unterschätzendes Element, das in der mann-weiblichen Beziehung viel öfter, als man meint, fehlt. Der Eros des Mannes führt nicht nur hinauf, sondern zugleich auch hinunter in jene unheimliche Dunkelwelt einer Hekate und einer Kali, vor denen es jedem geistigen Manne graut. Der Verstand dieser Frau wird ihm ein Stern sein im hoffnungslosen Dunkel anscheinend endloser Irrpfade.

4. ZUSAMMENFASSUNG

Aus dem bisher Gesagten dürfte einleuchten, daß die Aussagen der Mythologie sowohl wie die Wirkungen des Mutterkomplexes, wenn ihrer kasuistischen Vielfältigkeit entkleidet, in letzter Linie sich auf das Unbewußte beziehen. Wie anders wäre der Mensch wohl auf den Gedanken gekommen, Tag und Nacht, Sommer und winterliche Regenzeit zum Gleichnis nehmend, den Kosmos in eine helle Tagwelt und eine von Fabelwesen erfüllte Dunkelwelt zu teilen, wenn er nicht eben in sich selber das Vorbild dazu im Bewußtsein und im wirksamen, aber unsichtbaren, das heißt unwißbaren Unbewußten gefunden hätte? Ursprüngliche Objekterfassung geht ja nur zum Teil vom objektiven Verhalten der Dinge aus, zum anderen, oft zum größeren Teil aber von intrapsychischen Tatbeständen, welche nur vermöge der Projektion mit den Dingen überhaupt zu tun haben. Dies rührt ganz einfach daher, daß der Primitive die Askese des Geistes, nämlich die Kritik der Erkenntnis, noch nicht erfahren hat, sondern die Welt als allgemeine Erscheinung nur dämmerhaft innerhalb des ihn erfüllenden Phantasiestromes erfährt, wo Subjektives und Objektives ununterschieden sich gegenseitig durchdringen. «Alles Außen ist auch Innen» könnte man mit GOETHE[19] sagen. Dieses «Innen» nun, das moderner Rationalismus so gerne vom «Außen» ableitet, hat seine eigene Struktur, die aller bewußten Erfahrung als ein Apriori vorangeht. Es läßt sich schlechterdings nicht vorstellen, wie Erfahrung im weitesten Sinne, wie überhaupt Psychisches ausschließlich aus Äußerem entstehen könnte. Die Psyche gehört zum Innersten des Lebensgeheimnisses, und wie alles organisch Lebende seine ihm eigentümliche Struktur und Form hat, so auch die Psyche. Ob die seelische Struktur und ihre Elemente, eben die Archetypen, überhaupt je entstanden sind, das ist eine Frage der Metaphysik und daher nicht zu beantworten. Die Struktur ist das jeweils Vorgefundene, das heißt das, was in allen Fällen schon da war, die Vorbedingung. Das ist die *Mutter,* die *Form,* in die alles Erlebte gefaßt wird. Ihr gegenüber repräsentiert der *Vater* die *Dynamik* des Archetypus, denn dieser ist beides, Form und Energie.

Die Trägerin des Archetypus ist in erster Linie die persönliche Mutter, weil das Kind zunächst in ausschließlicher Partizipation, das heißt in unbewußter Identität mit ihr lebt. Die Mutter ist nicht nur die physische, sondern auch die psychische Vorbedingung des Kindes. Mit dem Erwachen des Ichbewußtseins wird die Partizipation allmählich aufgelöst, und das Bewußtsein fängt an, in einen Gegensatz zum Unbewußten, zu seiner eigenen Vorbedingung, zu treten. Daraus entsteht die Unterscheidung des Ich von der Mutter, deren persönliche Besonderheit allmählich deutlicher wird. Damit fallen von ihrem Bilde alle fabulosen und geheimnisvollen Eigenschaften ab und verschieben sich auf die nächstliegende Möglichkeit, zum Beispiel auf die Großmutter. Sie ist als Mutter der Mutter «größer» als diese. Sie ist recht eigentlich die «große Mutter». Nicht selten nimmt sie die Züge der Weisheit sowohl wie die der Hexenhaftigkeit an. Denn je weiter der Archetypus vom Bewußtsein entfernt wird, desto klarer wird dieses, und um so deutlichere mythologische Gestalt nimmt jener an. Der Übergang von der Mutter zur Großmutter bedeutet eine Rangerhöhung für den Archetypus. Dies zeigt sich deutlich zum Beispiel in der Anschauung der Bataks: Das Totenopfer für den Vater ist bescheiden, es ist gewöhnliche Speise. Wenn aber der Sohn selber einen Sohn hat, dann ist der Vater Großvater geworden und hat damit eine Art höherer Würde im Jenseits erlangt. Dann werden ihm große Opfer gebracht[20].

Indem die Distanz zwischen bewußt und unbewußt größer wird, wandelt sich die Großmutter durch Rangerhöhung zur Großen Mutter, wobei häufig die inneren Gegensätze dieses Bildes auseinanderfallen. Es entsteht einerseits eine gütige Fee und andererseits eine böse, oder eine wohlwollende, helle und eine gefährliche, dunkle Göttin. In der westlichen Antike und besonders in den östlichen Kulturen bleiben die Gegensätze häufig vereinigt in derselben Gestalt, ohne daß das Bewußtsein diese Paradoxie als störend empfände. Wie die Götterlegenden häufig widerspruchsvoll sind, so auch der moralische Charakter ihrer Figuren. In der westlichen Antike hat die Paradoxie und die moralische Zweideutigkeit der Götter schon früh Anstoß erregt und eine entsprechende Kritik verursacht, welche schließlich einesteils zu einer Entwertung der olympischen Götterkompanie führte, anderenteils zu philosophischen Deutungen Anlaß gab. Am deutlichsten drückt sich dies wohl aus in der christlichen Reformation des jüdischen Gottesbegriffes: der moralisch zweideutige Jahwe wurde zu einem ausschließlich guten Gott, dem gegenüber der Teufel alles Böse in sich vereinigte. Es scheint, als ob eine stärkere Gefühlsentwicklung beim westlichen Menschen jene Entscheidung, welche die Gottheit moralisch entzweischnitt, erzwungen hätte. Im Osten hat dagegen die vorwiegend intuitiv-intellektuelle Einstellung den Gefühlswerten kein Entscheidungsrecht eingeräumt, weshalb die Götter ihre ursprüngliche moralische Paradoxie ungestört behalten konnten. So ist Kali für den Osten und die Madonna für den Westen repräsentativ. Diese hat den Schatten gänzlich eingebüßt. Er ist in die Vulgärhölle gefallen, wo er ein kaum bemerktes Dasein als «Großmutter des Teufels» führt. Dank der Entwicklung der Gefühlswerte hat sich der Glanz der lichten und gütigen Gottheit ins Unermeßliche erhöht, das Dunkle aber, das durch den Teufel dargestellt werden sollte, hat sich im Menschen lokalisiert. Diese eigentümliche Entwicklung wurde hauptsächlich dadurch verursacht, daß das Christentum, erschreckt durch den manichäischen Dualismus, mit aller Macht seinen Monotheismus zu wahren suchte. Da man aber die Wirklichkeit des Dunkeln und Bösen nicht leugnen konnte, blieb nichts anderes übrig, als den Menschen hierfür verantwortlich zu machen. Man hat sogar den Teufel beinahe oder sogar ganz abgeschafft, wodurch diese metaphysische Gestalt, die früher einen integralen Teil der Gottheit bildete, im Menschen introjiziert wurde, so daß dieser zum eigentlichen Träger des mysterium iniquitatis wurde: «omne bonum a Deo, omne malum ab homine!» [Alles Gute (kommt von) Gott, alles Böse vom Menschen.][21] Diese Entwicklung kehrt sich in neuerer Zeit infernalisch um, indem der Wolf im Schafsgewand herumgehend überall in die Ohren flüstert, das Böse sei eigentlich nichts als ein Mißverständnis des Guten und ein taugliches Instrument des Fortschrittes. Man glaubt, damit der Dunkelwelt endgültig den Garaus gemacht zu haben, und denkt nicht daran, was für eine seelische Vergiftung des Menschen damit in die Wege geleitet ist. Er macht sich ja damit selber zum Teufel, denn dieser ist die Hälfte eines Archetypus, dessen unwiderstehliche Macht auch dem ungläubigen Europäer bei jeder passenden und unpassenden Gelegenheit den Ausruf «o Gott!» entlockt. Wenn man überhaupt anders kann, so sollte man sich nie mit einem Archetypus identifizieren, denn die Folgen sind, wie die Psychopathologie und gewisse Zeitereignisse zeigen, erschreckend.

Der Westen hat sich seelisch dermaßen heruntergewirtschaftet, daß er den Inbegriff der vom Menschen nicht gebändigten und nicht zu bändigenden seelischen Gewalt, nämlich die Gottheit selbst, leugnen muß, um sich neben dem schon aufgeschluckten Bösen auch noch des Guten zu bemächtigen. Man lese einmal aufmerksam und mit psychologischer Kritik NIETZSCHES *«Zarathustra»*. NIETZSCHE hat mit seltener Konsequenz und mit der Leidenschaft eines wirklich religiösen Menschen die Psychologie jenes «Übermenschen», dessen Gott tot ist, dargestellt; jenes Menschen, der daran zerbricht, daß er die göttliche Paradoxie in das enge Gehäuse des sterblichen Menschen eingesperrt hat. GOETHE, der Weise, hat wohl bemerkt, «welch Grauen den Übermenschen faßt»[22], und hat sich damit das überlegene Lächeln des Bildungsphilisters zugezogen. Seine Verklärung der Mutter, deren Größe die Himmelskönigin und zugleich die Maria Aegyptiaca umfaßt, bedeutet höchste Weisheit und eine Fastenpredigt für den nachdenklichen Abendländer. Aber was will man schließlich in einer Zeit, wo selbst die berufenen Vertreter der christlichen Religionen ihre Unfähigkeit, die Grundlagen der religiösen Erfahrung zu begreifen, öffentlich bekunden. Ich greife aus einem (protestantischen) theologischen Artikel folgenden Satz heraus: «Wir verstehen uns – ob naturalistisch oder idealistisch – als *einheitliche Wesen und nicht so eigentümlich geteilt, daß fremde Mächte in unser inneres Leben eingreifen könnten*[23], wie das Neue Testament voraussetzt.»[24] Es ist dem Autor offenbar unbekannt, daß die Wissenschaft schon seit mehr als einem halben Jahrhundert die Labilität und Dissoziierbarkeit des Bewußtseins festgestellt und experimentell bewiesen hat. Unsere bewußten Intentionen sind sozusagen beständig in geringerem oder stärkerem Maße durch unbewußte Intrusionen, deren Ursachen uns zunächst fremd sind, gestört und durchkreuzt. Die Psyche ist fern davon, eine Einheit zu sein, im Gegenteil ist sie ein brodelndes Gemisch widerstreitender Impulse, Hemmungen und Affekte, und ihr Konfliktzustand ist für viele Menschen dermaßen unerträglich, daß sie sich sogar die von der Theologie angepriesene Erlösung wünschen. Erlösung wovon? Natürlich von einem höchst fragwürdigen psychischen Zustand. Die Einheit des Bewußtseins, beziehungsweise der sogenannten Persönlichkeit, ist keine Wirklichkeit, sondern ein Desideratum. Ich erinnere mich noch lebhaft eines gewissen Philosophen, der auch von dieser Einheit schwärmte und mich wegen seiner Neurose konsultierte: er war besessen von der Idee, daß er an Krebs leide. Ich weiß nicht, wie viele Spezialisten er schon konsultiert hatte und wie viele Röntgenaufnahmen bei ihm gemacht wurden. Immer wurde ihm versichert, daß er keinen Krebs habe. Er selber sagte mir: «Ich weiß, daß ich keinen Krebs habe, aber ich könnte doch einen haben.» Wer ist für diese Einbildung verantwortlich? Er macht sie nicht selber, sondern eine ihm *fremde* Macht zwingt sie ihm auf. Ich drehe die Hand nicht um zwischen diesem Zustand und dem der Besessenen im *Neuen Testament.* Ob ich nun an einen Dämon des Luftreichs glaube oder an einen Faktor im Unbewußten, welcher mir einen teuflischen Streich spielt, ist völlig irrelevant. Die Tatsache, daß der Mensch von fremden Mächten in seiner eingebildeten Einheitlichkeit bedroht ist, bleibt nach wie vor dieselbe. Die Theologie täte wohl besser daran, diese psychologischen Tatsachen endlich einmal in Betracht zu ziehen, als mit hundertjähriger Stilverspätung noch aufklärerisch zu «entmythologisieren».

Ich habe im vorangehenden versucht, einen Überblick über jene psychischen Erscheinungen zu geben, welche dem Vorherrschen des Mutterbildes zuzuschreiben sind. Ohne jeweils darauf verwiesen zu werden, hat mein Leser wohl ohne weiteres, auch in der Verhüllung personalistischer Psychologie, jene Züge, welche die Gestalt der Großen Mutter mythologisch kennzeichnen, wahrzunehmen vermocht. Wenn wir unsere Patienten, die unter dem besonderen Einfluß des Mutterbildes stehen, auffordern, durch Wort oder Bild das auszudrücken, was ihnen als «Mutter» entgegentritt – sei es positiv oder negativ –, so erhalten wir symbolische Gestaltungen, welche als unmittelbare Analogien zum mythologischen Mutterbild anzusprechen sind. Mit diesen Analogien betreten wir nun allerdings ein Gebiet, dessen Klärung noch vieler Arbeit bedarf. Ich persönlich wenigstens fühle mich nicht in der Lage, irgend etwas Definitives darüber auszusagen. Wenn ich es trotzdem wage, einige Bemerkungen zu machen, so wolle man dieselben als vorläufig und unverbindlich betrachten.

Vor allem möchte ich die Aufmerksamkeit auf den besonderen Umstand lenken, daß das Mutterbild auf einer anderen Ebene liegt, wenn der, der es ausdrückt, ein Mann und nicht eine Frau ist. Für die Frau ist die Mutter der Typus ihres bewußten, geschlechtsgemäßen Lebens. Für den Mann aber ist die Mutter der Typus eines zu erlebenden, fremden Gegenüber, erfüllt mit der Bilderwelt des latenten Unbewußten. Schon aus diesem Grunde ist der Mutterkomplex des Mannes prinzipiell verschieden von dem der Frau. Dementsprechend ist die Mutter dem Manne, von vornherein sozusagen, eine Angelegenheit von ausgesprochen symbolischem Charakter, und daher rührt auch wohl dessen Tendenz, die Mutter zu idealisieren. Idealisierung ist ein geheimer Apotropäismus. Man idealisiert, wo eine Furcht gebannt werden soll. Das Gefürchtete ist das Unbewußte und dessen magischer Einfluß[25].

Während beim Mann die Mutter ipso facto symbolisch ist, wird sie bei der Frau anscheinend erst im Verlauf der psychologischen Entwicklung zum Symbol. Es ist auffallend, daß erfahrungsgemäß beim Mann der Typus der Urania im allgemeinen stärker hervortritt, während bei der Frau der chthonische Typus, die sogenannte Erdmutter, vorwiegt. In einer Phase, wo der Archetypus erscheint, tritt in der Regel eine mehr oder weniger völlige Identität mit dem Urbild ein. Die Frau kann sich unmittelbar mit der Erdmutter identifizieren; der Mann dagegen nicht (ausgenommen psychotische Fälle). Wie die Mythologie dartut, gehört es zu den Eigentümlichkeiten der Großen Mutter, daß sie häufig mit ihrer männlichen Entsprechung gepaart vorkommt. Der Mann identifiziert sich daher mit dem von der Sophia begnadeten Sohn-Geliebten, einem «puer aeternus» oder einem «filius sapientiae», einem Weisen. Der Gefährte der chthonischen Mutter aber ist das gerade Gegenteil, ein ithyphallischer Hermes (oder wie in Ägypten ein Bes), oder – indisch ausgedrückt – ein Lingam. Dieses Symbol ist in Indien von höchster geistiger Bedeutung, und Hermes ist eine der widerspruchsvollsten Gestalten des hellenistischen Synkretismus, von welchem die entscheidenden geistigen Entwicklungen des Abendlandes ausgingen: Hermes ist auch Offenbarungsgott und in der frühmittelalterlichen Naturphilosophie nichts Geringeres als der weltschöpferische nous selber. Wohl am besten ist dieses Geheimnis in den dunkeln Worten der *«Tabula Smaragdina»* ausgedrückt: «Omne superius sicut inferius» [Alles, was oben, ist gleich dem, was unten][26].

Mit diesen Identifikationen betreten wir das Gebiet der Syzygien, nämlich der Gegensatzpaarungen, wo das eine niemals vom anderen, Entgegengesetzten, getrennt ist. Es ist jene Erlebnissphäre, die unmittelbar zur Erfahrung der Individuation, der Selbstwerdung, führt. Es könnten aus der westlichen Literatur des Mittelalters und erst recht aus den Weisheitsschätzen des Ostens viele Symbole dieses Prozesses beigebracht werden, aber in dieser Sache wollen Worte und Begriffe, ja selbst Ideen wenig bedeuten. Sie können sogar zu gefährlichen Abwegen werden. In diesem noch recht dunkeln seelischen Erfahrungsgebiet, wo uns der Archetypus sozusagen unmittelbar gegenübertritt, wird auch dessen psychische Macht am deutlichsten offenbar. Wenn diese Sphäre etwas ist, so ist sie die des reinen Erlebnisses und kann darum durch keine Formel eingefangen oder vorweggenommen werden. Dem Wissenden allerdings wird es, auch ohne wortreiche Erklärung, verständlich sein, welche Spannung APULEIUS in seinem herrlichen Regina Coeli-Gebet ausdrückt, wenn er der coelestis Venus die «nocturnis ululatibus horrenda Proserpina» [Proserpina, die durch ihr nächtliches Heulen Grauen erregt][27] zugesellt: es ist die erschreckende Paradoxie des urtümlichen Mutterbildes.

Als ich im Jahre 1938 die erste Fassung dieses Aufsatzes niederschrieb, wußte ich noch nicht, daß zwölf Jahre später die christliche Gestaltung des Mutterarchetypus zur dogmatischen Wahrheit erhoben werden würde. Die christliche Regina Coeli hat selbstverständlich alle olympischen Eigenschaften mit Ausnahme des Lichten, Guten und Ewigen abgestreift, und sogar ihr menschlicher Körper, der als solcher der grobmateriellen Verweslichkeit am allermeisten preisgegeben ist, hat sich zu ätherischer Unverweslichkeit gewandelt. Trotzdem hat die reiche Allegorik der Gottesmutter einige Beziehungen zu ihren heidnischen Präfigurationen in Isis (oder Io) und Semele behalten. Nicht nur ist Isis und das Horuskind ikonologisch vorbildhaft, sondern auch die Himmelfahrt der Semele, der ursprünglich sterblichen Mutter des Dionysos, nimmt die assumptio Beatae Virginis voraus. Auch ist der Sohn der Semele ein sterbender und auferstehender Gott (und der jüngste der Olympier). Semele selber scheint eine alte Erdgöttin gewesen zu sein, wie auch die Jungfrau Maria die Erde ist, aus welcher Christus geboren wurde. Unter diesen Umständen entsteht für den Psychologen natürlich die Frage, wohin dann die für das Mutterbild so charakteristische Beziehung zur Erde, zum Dunkel und zur Abgründigkeit des körperlichen Menschen mit seiner animalischen

Trieb- und Leidenschaftsnatur und zur «materia» überhaupt geraten sei. Die Deklaration des Dogmas ist erfolgt in einer Zeit, wo die Errungenschaften der Naturwissenschaft und der Technik im Verein mit einer rationalistischen und materialistischen Weltanschauung die geistigen und seelischen Güter der Menschheit mit gewaltsamer Vernichtung bedrohen. Die Menschheit rüstet sich mit Angst und Widerwillen zu einem ungeheuren Verbrechen. Es könnten Umstände eintreten, wo man zum Beispiel die Wasserstoffbombe verwenden müßte, und wo zur berechtigten Verteidigung der eigenen Existenz die unausdenkbar fürchterliche Tat unvermeidlich würde. Zu dieser fatalen Entwicklung der Dinge steht die in den Himmel erhobene Gottesmutter in strengstem Gegensatz; ja ihre assumptio wird sogar als ein beabsichtigter Gegenzug gegen den materialistischen Doktrinarismus, der einen Aufstand der chthonischen Mächte darstellt, gedeutet. Wie mit dem Erscheinen Christi seinerzeit zuerst ein eigentlicher Teufel und Gegenspieler Gottes aus einem ursprünglichen, im Himmel befindlichen Gottessohn entstand, so hat sich jetzt umgekehrt eine himmlische Gestalt von ihrem ursprünglichen chthonischen Bereich abgespalten und hat eine Gegenstellung zu den entfesselten titanischen Mächten der Erde und der Unterwelt eingenommen. Wie die Gottesmutter aller essentiellen Eigenschaften der Stofflichkeit entledigt wurde, so wurde die Materie gründlichst entseelt, und dies zu einer Zeit, wo gerade die Physik zu Erkenntnissen vordringt, welche die Materie, wenn nicht gerade «entstofflichen», so doch mit Eigenschaften begabt erachten und deren Beziehung zur Psyche zum unaufschiebbaren Problem machen. Wie die gewaltige Entwicklung der Naturwissenschaft zunächst zu einer vorschnellen Entthronung des Geistes und einer ebenso unüberlegten Vergötterung der Materie führte, so ist es der gleiche wissenschaftliche Erkenntnisdrang, der heute sich anschickt, die ungeheure Kluft, die sich zwischen den beiden Weltanschauungen aufgetan hat, zu überbrücken. Die Psychologie neigt dazu, im Dogma der assumptio ein Symbol zu erblicken, welches die angedeutete Entwicklung in einem gewissen Sinne vorausnimmt. Sie hält die Beziehungen zur Erde und zur Materie für eine unabdingbare Eigenschaft des Mutterarchetypus. Wenn also eine durch diesen bedingte Gestalt als in den Himmel, das heißt in das Reich des Geistes, aufgenommen dargestellt wird, so ist damit eine Vereinigung von Erde und Himmel beziehungsweise von Materie und Geist angedeutet. Die naturwissenschaftliche Erkenntnis wird allerdings den umgekehrten Weg einschlagen: sie wird in der Materie selber das Äquivalent des Geistes erkennen, wobei das Bild dieses «Geistes» als ebensosehr aller oder wenigstens der meisten bisher bekannten Eigenschaften entledigt erscheinen wird, wie der irdische Stoff, der seinen Einzug in den Himmel gehalten hat, hierbei seiner spezifischen Eigentümlichkeiten entkleidet wurde. Nichtsdestoweniger wird sich eine Vereinigung der getrennten Prinzipien anbahnen.

Konkret genommen bedeutet die assumptio einen absoluten Gegensatz zum Materialismus. Ein derartig verstandener Gegenzug vermindert die Spannung zwischen den Gegensätzen keineswegs, sondern treibt sie ins Extrem.

Symbolisch verstanden aber bedeutet die assumptio des Körpers eine Anerkennung der Materie, die nur infolge einer überwiegenden pneumatischen Tendenz schließlich mit dem Bösen schlechthin identifiziert worden war. An sich sind Geist wie Materie neutral oder besser «utriusque capax», das heißt fähig zu dem, was der Mensch gut oder böse nennt. Obschon dies Bezeichnungen von höchst relativer Natur sind, liegen ihnen doch wirkliche Gegensätze zugrunde, welche zur energetischen Struktur der physischen sowohl wie der psychischen Natur gehören, ohne die es kein feststellbares Sein gibt. Es gibt keine Position ohne ihre Negation. Trotz oder gerade wegen des extremen Gegensatzes kann das eine nicht ohne das andere sein. Es ist schon so, wie die klassische chinesische Philosophie es formuliert: yang (das helle, warme, trockene und männliche Prinzip) enthält in sich den Keim des yin (des dunkeln, kalten, feuchten und weiblichen Prinzips), et vice-versa. In der Materie wäre daher der Keim des Geistes und im Geiste der Keim der Materie zu entdecken. Die seit alters bekannten und durch die RHINEschen Experimente statistisch bestätigten «synchronistischen» Phänomene weisen allem Anschein nach in diese Richtung[28]. Eine gewisse «Beseeltheit» der Materie stellt die absolute Immaterialität des Geistes in Frage, indem diesem eine Art Substanzhaftigkeit zuerteilt werden müßte. Das kirchliche Dogma, das in einer Zeit der größten politischen Spaltung, welche die Geschichte überhaupt kennt, verkündet wurde, ist ein kompensierendes Symptom, das dem Streben in der Naturwissenschaft nach einem einheitlichen Weltbild entspricht. In einem gewissen Sinne sind beide Entwicklungen von der Alchemie in der Form des hieros gamos der Gegensätze vorausgenommen worden, dies allerdings nur in symbolischer Form. Das

Symbol hat aber den großen Vorteil, daß es heterogene, ja inkommensurable Faktoren in *einem* Bild zusammenzufassen vermag. Mit dem Untergang der Alchemie ist die symbolische Einheit von Geist und Stoff zerfallen, und infolgedessen findet sich der moderne Mensch entwurzelt und fremd in einer entseelten Natur vor.

Die Alchemie hat die Vereinigung der Gegensätze unter dem Symbol des Baumes gesehen, und es ist daher weiter nicht erstaunlich, daß das Unbewußte des heutigen Menschen, der sich in seiner Welt nicht mehr zu Hause fühlt und sein Dasein weder auf dem nicht mehr seienden Vergangenen noch auf dem noch nicht seienden Zukünftigen begründen kann, wieder auf das Symbol des in dieser Welt wurzelnden und zum Himmelspol emporwachsenden Weltbaumes, welcher auch der Mensch ist, zurückgreift. Die Symbolgeschichte überhaupt schildert den Baum als den Weg und das Wachstum auf das Unveränderliche und Ewigseiende hin, welches durch die Vereinigung der Gegensätze entsteht und durch sein ewiges Schon-vorhanden-Sein die Vereinigung auch ermöglicht. Es scheint, als ob der Mensch, der vergeblich seine Existenz sucht und daraus eine Philosophie macht, nur durch das Erlebnis symbolischer Wirklichkeit den Rückweg in jene Welt, in der er kein Fremdling ist, wiederfindet.

Zur Psychologie des Kindarchetypus

1. EINLEITUNG

Der Verfasser[1] der Arbeit über die Mythologie des «Kindes» oder der Kindgottheit hat mich gebeten, den Gegenstand seiner Untersuchung psychologisch zu kommentieren. Ich komme seiner Aufforderung gerne nach, obschon mir die Unternehmung in Ansehung der großen Bedeutung des mythologischen Kind-Motives als kein geringes Wagnis erscheint. Das griechisch-römische Vorkommen des Motives hat KERÉNYI selber durch Parallelen indischer, finnischer und sonstiger Herkunft erweitert und damit angedeutet, daß die Darstellung auch auf noch viel weitere Erstreckungen ausgedehnt werden könnte. Eine umfassende Beschreibung würde zwar nichts im Prinzip Entscheidendes beitragen; wohl aber könnte sie einen beinahe überwältigenden Eindruck von der weltweiten Verbreitung und Häufigkeit des Motives hervorbringen. Die bis heute übliche Behandlung mythologischer Motive in voneinander getrennten Wissenschaftsgebieten, wie Philologie, Ethnologie, Kulturgeschichte und vergleichender Religionsgeschichte, war der Erkenntnis ihrer Universalität nicht gerade förderlich, und die durch die Universalität aufgeworfene psychologische Problematik konnte durch Migrationshypothesen leicht zur Seite geschoben werden. Dementsprechend hatten auch ADOLF BASTIANS Ideen seinerzeit wenig Erfolg. Zwar war schon damals das vorhandene empirische Material durchaus genügend, weitgehende psychologische Schlüsse zu gewährleisten, aber es fehlte an den nötigen Voraussetzungen hierfür. Die damaligen psychologischen Erkenntnisse zogen die Mythenbildung zwar in ihren Bereich, wie das Beispiel WILHELM WUNDTS (*«Völkerpsychologie»*) zeigt, waren aber außerstande, diesen gleichen Vorgang in der Psyche des zivilisierten Menschen als eine lebendig vorhandene Funktion nachzuweisen, und ebensowenig vermochten sie die mythologischen Motive als Strukturelemente der Psyche zu verstehen. Getreu ihrer Geschichte, wo Psychologie zunächst Metaphysik war, dann Lehre der Sinnesfunktionen und dann des Bewußtseins und seiner Funktionen, hat sie ihren Gegenstand mit dem Bewußtsein und dessen Inhalten identifiziert und damit die Existenz einer nichtbewußten Seele völlig übersehen. Obwohl verschiedene Philosophen, wie LEIBNIZ, KANT und SCHELLING, schon deutlich auf das Problem der dunklen Seele hingewiesen hatten, so war es doch ein Arzt, der sich gedrängt fühlte, aus seiner naturwissenschaftlichen und ärztlichen Welterfahrung heraus auf das *Unbewußte* als wesentlichen Seelengrund hinzuweisen. Dies war CARL GUSTAV CARUS, EDUARD VON HARTMANNS ausschlaggebender Vorgänger. In neuester Zeit war es wieder die medizinische Psychologie, die ohne philosophische Voraussetzung sich dem Problem des Unbewußten näherte. Durch viele Einzeluntersuchungen wurde es klar, daß die Psychopathologie der Neurosen und vieler Psychosen der Hypothese eines dunkeln Seelenteils, eben des Unbewußten, nicht entraten kann. Das gleiche ist der Fall für die Psychologie des Traumes, der eine eigentliche terra intermedia zwischen normaler und pathologischer Psychologie ist. Im Traum sowohl wie in den Produkten der Psychose haben sich zahllose Zusammenhänge ergeben, die man nur mit mythologischen Ideenverknüpfungen parallelisieren kann (oder eventuell mit gewissen poetischen Produkten, die sich öfters durch nicht immer bewußte Entlehnungen bei Mythen auszeichnen). Hätte es sich bei jeweiliger gründlicher Nachforschung ergeben, daß in der Mehrzahl solcher Vorkommnisse es sich einfach um vergessene Kenntnisse handelt, so hätte der Arzt sich nie die Mühe genommen, ausgedehnte Nachforschungen über individuelle und kollektive Parallelen anzustellen. In Tat und Wahrheit aber wurden typische Mythologeme gerade bei Individuen beobachtet, wo dergleichen Kenntnisse ausgeschlossen waren und wo sogar eine mittelbare Ableitung aus möglicherweise bekannten religiösen Vorstellungen oder aus Figuren der Umgangssprache unmöglich war[2]. Solche Ergebnisse nötigten zur Annahme, daß es sich um «autochthone» Wiederentstehungen jenseits aller Tradition handeln müsse, mithin um das Vorhandensein von «mythenbildenden» Strukturelementen der unbewußten Psyche[3].

Bei diesen Produkten handelt es sich nie (oder wenigstens sehr selten) um geformte Mythen, sondern vielmehr um Mythenbestandteile, die man um ihrer typischen Natur willen als «Motive», «Urbilder», «Typen» oder «Archetypen» (wie ich sie benannt habe) bezeichnen kann. Der Kindarchetypus ist ein treffendes Beispiel. Man darf heutzutage wohl den Satz aussprechen, daß die Archetypen in den Mythen und Märchen, wie im Traum und in psychotischen Phantasieprodukten, erscheinen. Das Medium, in welchem sie eingebettet sind, ist allerdings im ersten Fall ein geordneter und meist unmittelbar verständlicher Sinnzusammenhang, im letzten hingegen eine meist unverständliche, irrationale, als deliriös zu bezeichnende Folge von Bildern, welche aber deshalb doch nicht eines verborgenen Sinnzusammenhaltes ermangelt. Beim Individuum erscheinen die Archetypen als unwillkürliche Manifestationen unbewußter Vorgänge, deren Existenz und Sinn nur indirekt erschlossen werden kann; im Mythus dagegen handelt es sich um traditionelle Formungen von meist unabschätzbarem Alter. Sie reichen zurück in eine primitive Vorwelt mit geistigen Voraussetzungen und Bedingungen, die wir bei den heute noch vorhandenen Primitiven beobachten können. Die Mythen auf dieser Stufe sind in der Regel Stammeslehre, die von Generation zu Generation durch Wiedererzählung übermittelt wird. Der primitive Geisteszustand ist nun vom zivilisierten hauptsächlich dadurch unterschieden, daß das Bewußtsein in puncto Ausdehnung und Intensität viel weniger entwikkelt ist. Namentlich sind Funktionen wie das Denken, der Wille usw. noch nicht differenziert, sondern vorbewußt, was zum Beispiel beim Denken sich darin zeigt, daß nicht *bewußt* gedacht wird, sondern daß die Gedanken *erscheinen.* Der Primitive kann nicht behaupten, er denke, sondern «es denkt in ihm». Die Spontaneität des Denkaktes liegt nicht kausal bei seinem Bewußtsein, sondern bei seinem Unbewußten. Er ist auch keiner bewußten Willensanstrengung fähig, sondern er muß sich zuvor in die «Stimmung des Wollens» versetzen oder versetzen lassen: daher seine «rites d'entrée et de sortie». Sein Bewußtsein ist bedroht von einem übermächtigen Unbewußten, daher die Furcht vor magischen Einflüssen, welche jederzeit seine Absicht durchkreuzen können, und darum ist er auch umgeben von unbekannten Mächten, denen er sich auf irgendeine Weise anzupassen hat. Bei dem chronischen Dämmerzustand seines Bewußtseins ist es öfters fast unmöglich herauszufinden, ob er etwas bloß geträumt oder in Wirklichkeit erlebt hat. Die Selbstmanifestation des Unbewußten mit seinen Archetypen greift überall in das Bewußtsein über, und die mythische Welt der Ahnen, zum Beispiel das altjira oder bugari der Australier, ist eine der materiellen Natur ebenbürtige, wenn nicht überlegene Existenz[4]. Nicht die Welt, wie wir sie kennen, spricht aus seinem Unbewußten, sondern die unbekannte Welt der Psyche, von der wir wissen, daß sie nur zum Teil unsere empirische Welt abbildet, und daß sie, zum anderen Teil, eben diese auch, entsprechend der psychischen Voraussetzung, formt. Der Archetypus geht nicht etwa aus physischen Tatsachen hervor, sondern er schildert vielmehr, wie die Seele die physische Tatsache erlebt, wobei sie (die Seele) des öfteren dermaßen selbstherrlich verfährt, daß sie die tastbare Wirklichkeit leugnet und Behauptungen aufstellt, die der Wirklichkeit ins Gesicht schlagen.

Die primitive Geistesverfassung *erfindet* keine Mythen, sondern sie *erlebt* sie. Die Mythen sind ursprünglich Offenbarungen der vorbewußten Seele, unwillkürliche Aussagen über unbewußtes seelisches Geschehen, und nichts weniger als Allegorien physischer Vorgänge[5]. Solche Allegorien wären ein müßiges Spiel eines unwissenschaftlichen Intellekts. Mythen hingegen haben eine vitale Bedeutung. Sie stellen nicht nur dar, sondern sind auch das seelische Leben des primitiven Stammes, der sofort zerfällt und untergeht, wenn er sein mythisches Ahnengut verliert, wie ein Mensch, der seine Seele verloren hat. Die Mythologie eines Stammes ist seine lebendige Religion, deren Verlust immer und überall, auch bei zivilisierten Menschen, eine moralische Katastrophe ist. Religion aber ist eine lebendige Beziehung zu den seelischen Vorgängen, die nicht vom Bewußtsein abhängen, sondern jenseits davon, im Dunkel des seelischen Hintergrundes sich ereignen. Viele dieser unbewußten Vorgänge entstehen zwar aus indirekter Veranlassung des Bewußtseins, aber niemals aus bewußter Willkür. Andere scheinen spontan zu entstehen, das heißt ohne erkennbare und im Bewußtsein nachweisbare Ursachen.

Die moderne Psychologie behandelt die Produkte unbewußter Phantasietätigkeit als Selbstdarstellungen von Vorgängen im Unbewußten oder als Aussagen der unbewußten Psyche über sich selbst. Es werden zwei Kategorien solcher Produkte unterschieden. Erstens: Phantasien (inklusive Träume) persönlichen Charakters, welche unzweifelhaft auf persönlich Erlebtes, Vergessenes oder Verdrängtes zurückgehen und demgemäß restlos aus der individuellen Anamnese erklärt werden können. Zweitens: Phantasien (inklusive Träume) unpersönlichen Charakters, welche aber nicht auf Erlebnisse der individuellen Vorgeschichte zurückgeführt und dementsprechend nicht aus individuellen Acquisitionen erklärt werden können. Diese Phantasiebilder haben unzweifelhaft ihre nächsten Analoga in den mythologischen Typen. Es ist darum anzunehmen, daß sie gewissen *kollektiven* (und nicht persönlichen) Strukturelementen der menschlichen Seele überhaupt entsprechen und, wie die morphologischen Elemente des menschlichen Körpers, *vererbt* werden. Obschon Tradition und Verbreitung durch Migration zu Recht bestehen, so gibt es, wie schon gesagt, dennoch überaus zahlreiche Fälle, die aus solcher Herkunft nicht erklärt werden können, sondern die Annahme einer «autochthonen» Wiederentstehung erfordern. Diese Fälle sind dermaßen häufig, daß man nicht umhin kann, die Existenz einer kollektiven seelischen Grundschicht anzunehmen. Ich habe dieses Unbewußte als *kollektives Unbewußtes* bezeichnet.

Die Produkte dieser zweiten Kategorie sind den Strukturtypen der Mythen und Märchen dermaßen ähnlich, daß man sie als verwandte ansprechen muß. Es liegt darum auch durchaus im Bereich der Möglichkeit, daß beide, die mythologischen Typen sowohl wie die individuellen, unter ganz ähnlichen Bedingungen zustandekommen. Wie schon erwähnt, entstehen die Phantasieprodukte der zweiten Kategorie (wie übrigens auch die der ersten) in einem Zustand herabgesetzter Bewußtseinsintensität (in Träumen, Delirien, Tagträumen, Visionen usw.). In solchen Zuständen hört die von der Bewußtseinskonzentration auf die unbewußten Inhalte ausgehende Hemmung auf, und damit strömt, wie aus geöffneten Seitentüren, das vorher unbewußte Material in den Raum des Bewußtseins. Diese Entstehungsweise ist allgemeine Regel[6].

Die herabgesetzte Bewußtseinsintensität und die Abwesenheit von Konzentration und Aufmerksamkeit, das «abaissement du niveau mental» (PIERRE JANET), entspricht ziemlich genau dem primitiven Bewußtseinszustand, in welchem man den Ursprung der Mythenbildung vermuten muß. Es ist darum überaus wahrscheinlich, daß auch die mythologischen Archetypen in ganz ähnlicher Weise zutage getreten sind wie die noch heute stattfindenden, individuellen Manifestationen archetypischer Strukturen.

Der methodische Grundsatz, nach welchem die Pychologie die Produkte des Unbewußten behandelt, lautet: Inhalte archetypischer Natur manifestieren Vorgänge im kollektiven Unbewußten. Sie beziehen sich daher auf nichts Bewußtes oder bewußt Gewesenes, sondern auf essentiell Unbewußtes. Es ist daher, in letzter Linie, auch gar nicht anzugeben, worauf sie sich beziehen. Jede Deutung bleibt notwendigerweise beim Als-ob. Der letzthinnige Bedeutungskern läßt sich zwar um-, aber nicht beschreiben. Immerhin bedeutet auch schon die bloße Umschreibung einen wesentlichen Fortschritt in der Erkenntnis der vorbewußten Struktur der Psyche, die war, als es noch keine Einheit der Person (welche auch beim heutigen Primitiven noch kein gesicherter Besitz ist) und überhaupt noch kein Bewußtsein gab. Diesen vorbewußten Zustand können wir auch in der frühen Kindheit beobachten, und es sind gerade die Träume jener Frühzeit, welche nicht selten überaus bemerkenswerte, archetypische Inhalte zutage fördern[7].

Wenn also nach dem oben angegebenen Grundsatz verfahren wird, so besteht keine Frage mehr, ob sich ein Mythus auf die Sonne oder den Mond, den Vater oder die Mutter, die Sexualität oder Feuer oder Wasser beziehe, sondern es handelt sich nur noch um die Umschreibung und approximative Charakterisierung eines unbewußten *Bedeutungskernes*. Der Sinn dieses Nukleus war nie bewußt und wird es nie sein. Er wurde und wird immer nur gedeutet, wobei jede Deutung, welche dem verborgenen Sinn (oder – vom Standpunkt des wissenschaftlichen Intellektes – Unsinn, was auf dasselbe herauskommt) einigermaßen nahekommt, von jeher den Anspruch nicht nur auf absolute Wahrheit und Gültigkeit erhob, sondern zugleich auch auf Ehrfurcht und religiöse Devotion. Archetypen waren und sind seelische Lebensmächte, welche ernst genommen sein wollen und auf die seltsamste Art auch dafür sorgen, daß sie zur Geltung kommen. Sie waren immer die Schutz- und Heilbringer, und ihre Verletzung hat die aus der Psychologie der Primitiven wohlbekannten «perils of the soul»[8] zur Folge. Sie sind nämlich auch die unfehlbaren Erreger neurotischer und sogar psychotischer Störungen, indem sie sich genau so verhalten wie vernachlässigte oder mißhandelte Körperorgane oder organische Funktionssysteme.

Was ein archetypischer Inhalt immer aussagt, ist zunächst sprachliches Gleichnis. Spricht er von Sonne und identifiziert mit ihr den Löwen, den König, den vom Drachen bewachten Goldschatz und die Lebens- oder «Gesundheitskraft» des Menschen, so ist es weder das eine noch das andere, sondern das unbekannte dritte, das sich mehr oder weniger treffend durch alle diese Gleichnisse ausdrücken läßt, das aber – was für den Intellekt stets ein Ärgernis bleiben wird – unbekannt und unformulierbar bleibt. Der wissenschaftliche Intellekt verfällt aus diesem Grund immer wieder einmal in aufklärerische Allüren und hofft mit dem Spuk endgültig aufzuräumen. Ob die Bestrebungen nun Euhemerismus oder christliche Apologetik oder Aufklärung in engerem Sinne oder Positivismus hießen, immer verbarg sich dahinter eine verblüffende Neueinkleidung des Mythus, welche sich nach uralt heiligem Muster als nunmehr endgültige Erkenntnis gab. In Wirklichkeit kommt man von der archetypischen Grundlage legitimerweise nie los, wenn man nicht gewillt ist, eine Neurose in Kauf zu nehmen, sowenig als man sich ohne Selbstmord des Körpers und seiner Organe entledigen kann. Wenn man nun die Archetypen nicht wegleugnen oder sonstwie unschädlich machen kann, so ist jede neu errungene Stufe von kultürlicher Bewußtseinsdifferenzierung mit der Aufgabe konfrontiert, eine neue und der Stufe entsprechende *Deutung* zu finden, um nämlich das in uns noch existierende Vergangenheitsleben mit dem Gegenwartsleben, das jenem zu entlaufen drohte, zu verknüpfen. Geschieht dies nicht, so entsteht ein wurzelloses, an der Vergangenheit nicht mehr orientiertes Bewußtsein, welches hilflos allen Suggestionen erliegt, das heißt praktisch für psychische Epidemien anfällig wird. Mit der verlorenen Vergangenheit, welche eben das «Unansehnliche», Entwertete und nicht mehr Aufzuwertende geworden ist, ist auch der Heilbringer verlorengegangen, denn der Heilbringer ist entweder der Unansehnliche selber, oder er geht aus diesem hervor. Er entsteht im «Gestaltwandel der Götter» (ZIEGLER) sozusagen immer wieder als Verkünder oder Erstling einer neuen Generation und tritt unerwartet am unwahrscheinlichen Orte (Stein- und Baumgeburt, Ackerfurche, Wasser usw.) und in zweideutiger Gestalt hervor (Däumling, Zwerg, Kind, Tier usw.).

Dieser Archetypus des «Kindgottes» ist von größter Verbreitung und in innigster Vermischung mit allen anderen mythologischen Aspekten des Kindmotives. Es ist wohl kaum nötig, auf das noch lebendige «Jesuskind» hinzuweisen, welches in der Christophoruslegende auch jenen typischen Aspekt des «kleiner als klein und größer als groß» zeigt. In der Folklore erscheint das Kindmotiv in der Gestalt von Zwerg und Elf als Verdeutlichungen verborgener Naturmächte. In dieses Gebiet gehört auch die spätklassische Figur des ἀνθρωπάριον, des Metallmännchens[9], welches bis ins späte Mittelalter einerseits die Erzschächte belebte[10], andererseits die alchemistischen Metalle[11] und vor allem den in vollkommener Gestalt wiedergeborenen Mercurius darstellte (als Hermaphroditus, als filius sapientiae oder als infans noster[12]). Dank der religiösen Deutung des «Kindes» sind uns aus dem Mittelalter auch einige Zeugnisse erhalten geblieben, welche dartun, daß das «Kind» nicht nur traditionsmäßige Figur, sondern auch spontan erlebte Vision (als sogenannter «Einbruch des Unbewußten») war. Ich erwähne die Vision des «nackenden Buben» bei MEISTER ECKHART und den Traum des BRUDERS EUSTACHIUS[13]. Interessante Berichte über solche spontane Erlebnisse finden sich auch in englischen Spukgeschichten, wo es sich um die Vision eines «Radiant Boy» handelt, der angeblich an einem Ort, wo römische Ruinen vorkommen, gesehen wurde[14]. Diese Gestalt wird als unheilbedeutend angegeben. Es hat fast den Anschein, daß es sich um eine «puer aeternus»-Figur handelt, die durch «Gestaltwandel» ungünstig geworden ist, also das Schicksal der antiken und der germanischen Götter teilt, welche allesamt zu Unholden geworden sind. Den mystischen Charakter des Erlebnisses bestätigt uns auch GOETHES *«Faust»,* Zweiter Teil, wo Faust selber in den Knaben verwandelt und in den «Chor der seligen Knaben» aufgenommen ist, dies als «Puppenstadium» des Doktor Marianus[15].

In der seltsamen Geschichte *«Das Reich ohne Raum»* von BRUNO GOETZ tritt eine «puer aeternus»-Gestalt, genannt Fo (= Buddha), auf, mit ganzen Chören «unseliger» Knaben von nefaster Bedeutung. (Zeitgenössisches ist besser nicht zu deuten.) Ich erwähne diesen Fall nur, um auf die allzeit vorhandene Lebendigkeit dieses Archetypus hinzuweisen.

Im Gebiete der Psychopathologie kommt das Kindmotiv nicht selten vor. Häufig ist das Wahnkind bei geisteskranken Frauen, das in der Regel christlich gedeutet ist. Es kommen auch homunculi vor, so in dem berühmten Fall D. P. SCHREBER[16], wo sie in Scharen auftreten und den Kranken plagen. Am deutlichsten und sinnvollsten aber manifestiert sich das Kindmotiv in der Neurosentherapie bei dem durch die Analyse des Unbewußten hervorgerufenen Reifungsprozeß der Persönlichkeit, den ich als *Individuationsprozeß* bezeichnet habe[17]. Es handelt sich bei diesem Prozeß um vorbewußte Vorgänge, die allmählich in Form von mehr oder weniger gestalteten Phantasien direkt ins Bewußtsein übertreten oder in Form von Träumen bewußt werden, oder schließlich durch die Methode der aktiven Imagination bewußtgemacht werden[18]. Diese Materialien enthalten reichlich archetypische Motive, darunter häufig das Kindmotiv. Oft ist das Kind in Anlehnung an das christliche Vorbild gestaltet, häufiger aber entwickelt es sich aus durchaus unchristlichen Vorstufen, nämlich aus Unterwelttieren, wie Krokodilen, Drachen, Schlangen, oder aus Affen. Öfters erscheint das Kind in Blumenkelchen oder aus einem goldenen Ei oder als Mittelpunkt eines Mandalas. In den Träumen tritt es häufig auf als Sohn oder Tochter, als Knabe, Jüngling oder Jungfrau, gelegentlich wie von exotischer Herkunft, chinesisch, indisch, mit dunkler Hautfarbe, oder mehr kosmisch, unter den Sternen oder mit einem Sternenkranz umgürtet, als Königssohn oder als Hexenkind mit dämonischen Attributen. Als ein Spezialfall des Motivs der «schwer erreichbaren Kostbarkeit»[19] ist das Kindmotiv äußerst wandelbar und nimmt alle möglichen Formen an, wie die des Edelsteines, der Perle, der Blume, des Gefäßes, des goldenen Eies, der Quaternität, der Goldkugel usw. Es erweist sich als beinahe unbegrenzt auswechselbar mit solchen und ähnlichen Bildern.

2. DIE PSYCHOLOGIE DES KINDARCHETYPUS

a. Der Archetypus als Vergangenheitszustand

Was nun die Psychologie unseres Motives anbetrifft, so muß ich bemerken, daß jede Aussage über das rein Phänomenale eines Archetypus hinaus notwendigerweise unter die oben ausgeführte Kritik fällt. Man darf sich keinen Augenblick der Illusion hingeben, ein Archetypus könne schließlich erklärt und damit erledigt werden. Auch der beste Erklärungsversuch ist nichts anderes als eine mehr oder weniger geglückte Übersetzung in eine andere Bildsprache. (Sprache ist ja nichts anderes als Bild!) Man *träumt* bestenfalls den Mythus weiter und gibt ihm moderne Gestalt. Und was ihm immer eine Erklärung oder Deutung antut, das hat man der eigenen Seele getan, und daraus entstehen entsprechende Folgen für das eigene Wohlbefinden. Der Archetypus nämlich – was man nie vergessen sollte – ist ein seelisches Organ, das sich bei jedem findet. Eine schlechte Erklärung bedeutet eine entsprechend schlechte Einstellung zu diesem Organ, wodurch dieses beschädigt wird. Der schließlich Leidtragende ist aber der schlechte Erklärer. Die «Erklärung» sollte daher immer so ausfallen, daß der funktionale Sinn des Archetypus erhalten bleibt, das heißt daß eine genügende und sinnentsprechende Verbindung des Bewußtseins mit dem Archetypus gewährleistet ist. Dieser nämlich ist ein psychisches Strukturelement und daher ein vital nötiger Bestandteil des seelischen Haushaltes. Er repräsentiert oder personifiziert gewisse instinktive Gegebenheiten der primitiven, dunklen Psyche, der eigentlichen, aber unsichtbaren Wurzeln des Bewußtseins. Von welch elementarer Bedeutsamkeit der Zusammenhang mit diesen Wurzeln ist, zeigt uns die Präokkupation des primitiven Geistes mit der Beziehung auf gewisse «magische» Faktoren, welche eben nichts anderes sind, als was wir als Archetypen bezeichnen. Diese Urform der religio bildet auch jetzt noch die wirksame Essenz allen religiösen Lebens und wird sie immer bleiben, was auch irgendeine zukünftige Form dieses Lebens sein mag.

Für den Archetypus gibt es keinen «vernünftigen» Ersatz, so wenig als für das Kleinhirn oder die Nieren. Man kann Körperorgane anatomisch, histologisch und entwicklungsgeschichtlich erforschen. Dem entspräche die Beschreibung der archetypischen Phänomenologie und eine historisch-vergleichende Darstellung derselben. Der Sinn eines Körperorgans ergibt sich aber einzig und allein aus der teleologischen Fragestellung. Daraus entsteht die Frage: welches ist der biologische Zweck des Archetypus? Wie die Physiologie die Frage für den Körper beantwortet, so ist es das Anliegen der Psychologie, die gleiche Frage für den Archetypus zu beantworten.

Mit Feststellungen wie, das Kindmotiv sei ein Überbleibsel der Erinnerung an die eigene Kindheit, und ähnlichen Erklärungen ist der Frage bloß ausgewichen. Wenn wir dagegen – mit leichter Änderung dieses Satzes – sagen, das Kindmotiv sei das Bild für gewisse Dinge der eigenen Kindheit, die wir vergessen haben, so kommen wir der Wahrheit schon näher. Da es sich nun aber beim Archetypus stets um ein der ganzen Menschheit und nicht bloß dem einzelnen gehöriges Bild handelt, so formulieren wir vielleicht besser: *Das Kindmotiv repräsentiert den vorbewußten Kindheitsaspekt der Kollektivseele*[20].

Es ist kein Fehler, sich diese Aussage zunächst als historisch vorzustellen, in Analogie zu bestimmten psychologischen Erfahrungen, welche dartun, daß gewisse Abschnitte des individuellen Lebens sich verselbständigen und personifizieren können in dem Maße, daß es zu einer Selbstschau kommen kann: zum Beispiel, man sieht sich selbst als Kind. Derartige visionäre Erfahrungen – ob sie nun im Träumen oder im Wachen stattfinden – sind erfahrungsgemäß an die Bedingung geknüpft, daß vorgängig eine Dissoziation zwischen dem Gegenwarts- und dem Vergangenheitszustand stattgefunden hat. Solche Dissoziationen ereignen sich auf Grund von Inkompatibilitäten, zum Beispiel der Gegenwartszustand ist mit dem Kindheitszustand in Widerspruch geraten. Man hat sich vielleicht gewaltsam von seinem ursprünglichen Charakter getrennt zugunsten einer willkürlichen, der Ambition entsprechenden Persona[21]. Man ist damit unkindlich und künstlich geworden und hat so seine Wurzeln verloren. Das ist die günstige Gelegenheit für eine ebenso vehemente Konfrontation mit der ursprünglichen Wahrheit.

In Ansehung der Tatsache, daß bis jetzt die Menschheit nicht aufgehört hat, Aussagen über das göttliche Kind zu machen, dürfen wir vielleicht die individuelle Analogie auch auf das Leben der Menschheit ausdehnen und kämen damit zum Schluß, daß auch die Menschheit vielleicht immer wieder in Widerspruch gerät mit ihrer Kindheitsbedingung, das heißt mit dem ursprünglichen, unbewußten und instinktiven Zustand, und daß die Gefahr eines solchen Widerspruches, der die Vision des «Kindes» ermöglicht, vorhanden ist. Die religiöse Übung, das heißt die Wiedererzählung und rituelle Wiederholung des mythischen Geschehens, haben daher den Zweck, das Kindheitsbild und was alles damit zusammenhängt, dem Bewußtsein immer wieder vor Augen zu führen, und zwar zum Zwecke, daß der Zusammenhang mit der ursprünglichen Bedingung nicht abreiße.

b. Die Funktion des Archetypus

Das Kindmotiv stellt nicht nur etwas Gewesenes und längst Vergangenes dar, sondern auch etwas Gegenwärtiges, das heißt es ist nicht nur Überbleibsel, sondern ein gegenwärtig funktionierendes System, welches bestimmt ist, in sinnvoller Weise die unvermeidlichen Einseitigkeiten und Extravaganzen des Bewußtseins zu kompensieren respektive zu korrigieren. Das Wesen des Bewußtseins ist Konzentration auf relativ wenige Inhalte, die möglichst zu völliger Klarheitshöhe gesteigert werden. Das Bewußtsein hat als notwendige Folge und Voraussetzung die Ausschließung anderer momentan ebenso bewußtseinsfähiger Inhalte. Diese Ausschließung verursacht unvermeidlicherweise eine gewisse Einseitigkeit des Bewußtseinsinhaltes. Da nun dem differenzierten Bewußtsein des zivilisierten Menschen mit der Dynamik des Willens ein wirksames Instrument zur praktischen Ausführung seiner Inhalte in die Hand gegeben ist, so besteht mit zunehmender Ausbildung des Willens eine um so größere Gefahr der Verirrung ins Einseitige und der Abschweifung ins Gesetz- und Wurzellose. Dieses ist zwar einerseits die Möglichkeit menschlicher Freiheit, aber andererseits auch die Quelle endloser Instinktwidrigkeiten. Der primitive Mensch zeichnet sich daher – aus Instinktnähe, wie das Tier – durch Neophobie und Traditionsgebundenheit aus. Nach unserem Geschmack ist er in peinlicher Weise rückständig, während wir den Fortschritt preisen. Unsere Fortschrittlichkeit aber ermöglicht auf der einen Seite zwar eine Menge der schönsten Wunscherfüllungen, auf der anderen Seite aber häuft sich eine ebenso gigantische, prometheische Schuld, welche von Zeit zu Zeit Abzahlungen in der Form von schicksalsmäßigen Katastrophen erfordert. Wie lange hat die Menschheit vom Fliegen geträumt, und jetzt sind wir schon bei den Luftbombardements angelangt! Man belächelt heute die christliche Jenseitshoffnung und verfällt selber oft in Chiliasmen, welche hundertmal unvernünftiger sind als die Idee eines freudevollen Jenseits vom Tode! Das differenzierte Bewußtsein ist immer von Entwurzelung bedroht, weshalb es der Kompensation durch den noch vorhandenen Kindheitszustand bedarf.

Die Symptomatik der Kompensation wird vom Fortschrittsstandpunkt aus allerdings mit wenig schmeichelhaften Ausdrücken formuliert. Da es sich, oberflächlich besehen, um einen retardierenden Effekt handelt, so spricht man von Inertie, Rückständigkeit, Skeptizismus, Nörgelei, Konservativismus, Ängstlichkeit, Kleinlichkeit usw. Insofern aber die Menschheit in hohem Maße die Fähigkeit hat, sich ihrer eigenen Grundlagen zu entledigen, so kann sie sich auch von gefährlichen Einseitigkeiten bis zur Katastrophe kritiklos fortreißen lassen. Das retardierende Ideal ist immer primitiver, natürlicher (im guten wie im bösen Sinne) und «moralischer», insofern es treu zum überlieferten Gesetze hält. Das fortschrittliche Ideal ist immer abstrakter, unnatürlicher und insofern «unmoralischer», als es Untreue gegenüber der Tradition erfordert. Der vom Willen erzwungene Fortschritt ist immer *Krampf.* Die Rückständigkeit ist zwar der Natürlichkeit nahe, jedoch stets von peinlichem Erwachen bedroht. Die ältere Auffassung war sich bewußt, daß ein Fortschritt nur «Deo concedente» möglich ist, womit sie sich über den Besitz von Gegensatzbewußtsein ausweist und die uralten «rites d'entrée et de sortie» auf höherer Stufe wiederholt. Je mehr aber das Bewußtsein sich differenziert, desto größer wird die Gefahr seiner Abtrennung vom Wurzelzustand. Die völlige Trennung tritt dann ein, wenn das «Deo concedente» vergessen ist. Es ist nun ein psychologischer Grundsatz, daß ein vom Bewußtsein abgespaltener Seelenteil nur scheinbar inaktiviert wird, in Wirklichkeit aber zu einer Besessenheit der Persönlichkeit führt, wodurch deren Zielsetzung im Sinne des abgespaltenen Seelenteiles verfälscht wird. Wenn also der kindhafte Zustand der Kollektivseele bis zur gänzlichen Ausschließung verdrängt wird, so bemächtigt sich der unbewußte Inhalt der bewußten Zielsetzung, wodurch deren Verwirklichung gehemmt, verfälscht oder geradezu zerstört wird. Ein lebensfähiger Fortschritt aber kommt nur zustande durch die Kooperation beider.

c. Der Zukunftscharakter des Archetypus

Ein wesentlicher Aspekt des Kindmotives ist sein Zukunftscharakter. Das Kind ist potentielle Zukunft. Daher bedeutet das Auftreten des Kindmotives in der Psychologie des Individuums in der Regel eine Vorwegnahme künftiger Entwicklungen, auch wenn es sich um eine auf den ersten Blick retrospektive Gestaltung zu handeln scheint. Das Leben ist ja ein Ablauf, ein Fließen in die Zukunft, und nicht eine rückflutende Stauung. Es ist daher nicht erstaunlich, daß die mythischen Heilbringer so oft Kindgötter sind. Das entspricht genau den Erfahrungen der Psychologie des einzelnen, welche zeigen, daß das «Kind» eine zukünftige Wandlung der Persönlichkeit vorbereitet. Es antizipiert im Individuationsprozeß jene Gestalt, die aus der Synthese der bewußten und der unbewußten Persönlichkeitselemente hervorgeht. Es ist daher ein die Gegensätze vereinigendes Symbol[22], ein Mediator, ein *Heilbringer*, das heißt Ganzmacher. Um dieser Bedeutung willen ist das Kindmotiv auch der oben erwähnten mannigfachen Formwandlungen fähig: es wird ausgedrückt zum Beispiel durch das Runde, den Kreis oder die Kugel, oder durch die Quaternität als eine andere Form der Ganzheit[23]. Ich habe diese bewußtheitstranszendente Ganzheit als das Selbst[24] bezeichnet. Das Ziel des Individuationsprozesses ist die Synthese des Selbst. Von einem anderen Standpunkt aus betrachtet, empfiehlt sich statt des Terminus «Synthese» vielleicht eher «Entelechie». Es gibt einen empirischen Grund, warum dieser Ausdruck eventuell passender wäre: Die Symbole der Ganzheit treten nämlich häufig am Anfang des Individuationsprozesses ein, ja sie sind sogar schon in den frühinfantilen Erstlingsträumen zu beobachten. Diese Beobachtung spricht für ein apriorisches Vorhandensein der Ganzheitspotentialität[25], weshalb sich der Begriff der Entelechie empfiehlt. Insofern aber der Individuationsprozeß empirisch wie eine Synthese verläuft, sieht es aus, als ob ein schon Vorhandenes paradoxerweise noch zusammengesetzt würde. Um dieses Aspektes willen ist auch der Ausdruck «Synthese» anwendbar.

d. Einheit und Vielheit des Kindmotives

Bei der vielfältigen Phänomenologie des «Kindes» muß man die Einheit und die Vielheit der jeweiligen Erscheinungsform auseinanderhalten. Handelt es sich zum Beispiel um viele homunculi, Zwerge, Knaben usw., welche in keinerlei Weise individuell charakterisiert sind, so besteht die Wahrscheinlichkeit einer Dissoziation. Solche Formen treffen wir daher besonders bei Schizophrenie an, deren Wesen in einer Fragmentierung der Persönlichkeit besteht. Die vielen Kinder stellen dann ein Auflösungsprodukt der Persönlichkeit dar. Kommt die Vielheit aber bei Normalen vor, dann handelt es sich um die Repräsentation einer noch nicht vollzogenen Persönlichkeitssynthese. Die Persönlichkeit (respektive das «Selbst») befindet sich dann noch auf der Stufe der Vielheit, das heißt es ist wohl ein Ich vorhanden, das aber seine Ganzheit noch nicht im Rahmen der eigenen Persönlichkeit, sondern erst in der Gemeinschaft mit der Familie, dem Stamm oder der Nation erfahren kann; es ist noch im Zustand der unbewußten Identität mit der Vielheit der Gruppe. Die Kirche trägt diesem allgemein verbreiteten Zustand Rechnung durch die Lehre vom corpus mysticum und der Gliednatur des einzelnen.

Tritt das Kindmotiv jedoch in der Form der Einheit auf, so handelt es sich um eine unbewußt und damit vorläufig bereits vollzogene Persönlichkeitssynthese, welche praktisch, wie alles Unbewußte, nichts mehr als eine Möglichkeit bedeutet.

e. Kindgott und Heldenkind

Das «Kind» hat bald mehr den Aspekt der Kindgottheit, bald den des jugendlichen Helden. Beide Typen haben die wunderbare Geburt und die ersten Kindheitsschicksale, die Verlassenheit und die Gefährdung durch Verfolger gemeinsam. Der Gott ist reine Übernatur, der Held hat menschliches, aber bis zur Grenze der Übernatur gesteigertes Wesen («Halbgöttlichkeit»). Während der Gott, namentlich in seiner intimen Beziehung zum symbolischen Tier, das noch nicht in menschliches Wesen integrierte, kollektive Unbewußte personifiziert, begreift der Held in seine Übernatürlichkeit menschliches Wesen ein und stellt daher eine Synthese des («göttlichen», das heißt des noch nicht humanisierten) Unbewußten und des menschlichen Bewußtseins dar. Er bedeutet mithin eine potentielle Vorwegnahme einer der Ganzheit sich annähernden Individuation.

Die «Kind»-Schicksale dürfen daher als Darstellungen jener psychischen Ereignisse, welche sich bei der Entelechie oder Entstehung des «Selbst» abspielen, betrachtet werden. Die «wunderbare Geburt» versucht die Art des Entstehungserlebnisses zu schildern. Da es sich um eine psychische Entstehung handelt, so muß alles in unempirischer Weise geschehen, also zum Beispiel durch jungfräuliche Geburt oder durch wunderbare Zeugung oder durch Geburt aus unnatürlichen Organen. Das Motiv der «Unansehnlichkeit», des Ausgeliefertseins, der Verlassenheit, der Gefährdung usw. versucht die prekäre psychische Existenzmöglichkeit der Ganzheit, das heißt die enorme Schwierigkeit, dieses höchste Gut zu erringen, darzustellen. Ebenso wird damit auch die Ohnmacht und Hilflosigkeit jenes Lebensdranges charakterisiert, welcher alles Wachsende unter das Gesetz der möglichst vollständigen Selbsterfüllung zwingt, wobei die Umwelteinflüsse in mannigfaltigster Form jeder Individuation die größten Hindernisse in den Weg legen. Besonders die Bedrohung der Selbsteigenheit durch Drachen und Schlangen weist auf die Gefahr hin, daß die Bewußtseinserwerbung von der Instinktseele, dem Unbewußten, wieder verschluckt wird. Die niederen Vertebraten sind seit alters beliebte Symbole der kollektiven psychischen Grundlage[26], deren anatomische Lokalisation mit den subkortikalen Zentren, dem Zerebellum und dem Rückenmark, zusammenfällt. Diese Organe bilden die Schlange[27]. Schlangenträume ereignen sich daher in der Regel bei Deviationen des Bewußtseins von der Instinktgrundlage.

Das Motiv «kleiner als klein, doch größer als groß» fügt zur Ohnmacht die ergänzenden, ebenso wunderbaren Taten des «Kindes». Diese Paradoxie gehört zum Wesen des Helden und zieht sich wie ein roter Faden durch sein ganzes Lebensschicksal. Der größten Gefahr ist er gewachsen und geht am «Unansehnlichen» doch schließlich zugrunde: Baldur an der Mistel, Maui am Lachen eines kleinen Vogels, Siegfried an der einen verwundbaren Stelle, Herakles am Geschenk seiner Frau, andere durch gemeinen Verrat usw.

Die Haupttat des Helden ist die Überwindung des Dunkelheitsungeheuers: es ist der erhoffte und erwartete Sieg des Bewußtseins über das Unbewußte. Tag und Licht sind Synonyme des Bewußtseins, Nacht und Dunkel die des Unbewußten. Die Bewußtwerdung ist wohl das stärkste urzeitliche Erlebnis, denn damit ist die Welt geworden, von deren Existenz vorher niemand etwas wußte. «Und Gott sprach: Es werde Licht!» ist die Projektion jenes vorzeitlichen Erlebnisses der vom Unbewußten sich trennenden Bewußtheit. Noch ist beim heutigen Primitiven der seelische Besitzstand ein gefährdetes Ding, und der «Seelenverlust» ist eine typische psychische Affektion, welche die primitive Medizin zu mannigfachen psychotherapeutischen Eingriffen nötigt. Darum zeichnet sich schon das «Kind» durch Taten aus, welche auf dieses Ziel der Dunkelheitsbesiegung hinweisen.

3. DIE SPEZIELLE PHÄNOMENOLOGIE DES KINDARCHETYPUS

a. Die Verlassenheit des Kindes

Die Verlassenheit, Aussetzung, Gefährdung usw. gehört zur weiteren Ausgestaltung des unansehnlichen Beginnes einerseits und andererseits zur geheimnisvollen und wunderbaren Geburt. Diese Aussage beschreibt ein gewisses psychisches Erlebnis schöpferischer Natur, welches die Erscheinung eines noch unerkannten und neuen Inhaltes zum Gegenstand hat. In der Psychologie des Individuums handelt es sich in einem solchen Moment immer um eine leidensvolle Konfliktsituation, aus der es anscheinend keinen Ausweg gibt – für das Bewußtsein, denn für dieses gilt stets das «tertium non datur» [ein Drittes gibt es nicht][28]. Aus dem Zusammenprall der Gegensätze erschafft die unbewußte Psyche immer ein Drittes irrationaler Natur, welches dem Bewußtsein unerwartet und unbegreiflich ist. Es präsentiert sich in einer Form, welche weder dem Ja noch dem Nein entspricht und deshalb von beiden abgelehnt wird. Das Bewußtsein weiß nämlich nie über die Gegensätze hinaus und erkennt darum auch das diese Vereinigende nicht. Da aber die Lösung des Konfliktes durch die Einigung der Gegensätze von vitaler Bedeutung ist und vom Bewußtsein auch ersehnt wird, so dringt doch die Ahnung der bedeutungsvollen Schöpfung durch. Daraus entsteht der numinose Charakter des «Kindes». Ein bedeutender, aber unerkannter Inhalt hat immer eine geheime faszinierende Wirkung auf das Bewußtsein. Die neue Gestalt ist eine werdende Ganzheit; sie ist auf dem Wege zur Ganzheit, wenigstens insofern, als sie an «Gänze» das durch Gegensätze zerrissene Bewußtsein übertrifft und dieses daher an Vollständigkeit überragt. Daher kommt auch allen «vereinigenden Symbolen» Erlösungsbedeutung zu.

Aus dieser Situation entsteht das «Kind» als ein symbolischer Inhalt, erkennbar vom Hintergrund (der Mutter) gelöst, respektive isoliert, bisweilen auch die Mutter in die gefährdete Lage einbeziehend, bedroht einerseits durch die ablehnende Haltung des Bewußtseins, andererseits durch den horror vacui des Unbewußten, das alle seine Geburten wieder einzuschlingen bereit ist, da es diese nur spielerisch hervorbringt und Zerstörung unvermeidlicher Teil des Spieles ist. Nichts in der Welt kommt der neuen Geburt entgegen, aber sie ist trotzdem das kostbarste und zukunftsreichste Erzeugnis der Urnatur selber, indem sie in letzter Linie höhere Selbstverwirklichung bedeutet. Darum nimmt sich die Natur, die Instinktwelt selber, des «Kindes» an: es wird von Tieren ernährt oder geschützt.

«Kind» bedeutet etwas zur Selbständigkeit Erwachsendes. Es kann nicht werden ohne Loslösung vom Ursprung: die Verlassenheit ist daher notwendige Bedingung, nicht nur Begleiterscheinung. Der Konflikt wird nicht dadurch überwunden, daß das Bewußtsein den Gegensätzen verhaftet bleibt; deshalb eben bedarf es eines Symbols, das ihm die Notwendigkeit der Loslösung vom Ursprung zeigt. Indem das Symbol des «Kindes» das Bewußtsein fasziniert und ergreift, tritt die erlösende Wirkung ins Bewußtsein über und vollführt jene Abtrennung von der Konfliktsituation, deren das Bewußtsein nicht fähig war. Das Symbol ist Antizipation einer erst werdenden Bewußtseinslage. Solange diese nicht hergestellt ist, bleibt das «Kind» eine mythologische Projektion, welche kultische Wiederholung und rituelle Erneuerung fordert. Das Jesuskind zum Beispiel ist so lange eine kultische Notwendigkeit, als die Mehrzahl der Menschen noch unfähig ist, den Satz «So ihr nicht werdet wie die Kinder» psychologisch zu realisieren. Da es sich hierbei um außerordentlich schwierige und gefährliche Entwicklungen und Übergänge handelt, nimmt es nicht wunder, daß solche Figuren oft jahrhunderte- oder jahrtausendelang lebendig bestehen bleiben. Alles, was der Mensch sollte, in positivem oder negativem Sinne, und was er noch nicht kann, das lebt als mythologische Gestalt und Antizipation neben seinem Bewußtsein, entweder als religiöse Projektion oder – was gefährlicher ist – als Inhalte des Unbewußten, die sich dann spontan auf inkongruente Gegenstände projizieren, wie zum Beispiel auf hygienische und sonstige «heilversprechende» Lehren und Verfahren. All das ist rationalistischer Mythologieersatz, welcher durch seine Unnatürlichkeit den Menschen mehr gefährdet als fördert.

Die ausweglose Konfliktsituation, aus welcher das «Kind» als irrationales tertium hervorgeht, ist natürlich eine Formel, welche nur einer psychologischen, das heißt der modernen Entwicklungsstufe entspricht. Auf das Seelenleben des Primitiven ist sie nicht ohne weiteres anzuwenden; schon darum nicht, weil der kindliche Bewußtseinsumfang des Primitiven noch eine ganze Welt psychischer Erlebnismöglichkeiten ausschließt. Der moderne moralische Konflikt ist auf der Naturstufe des Primitiven noch eine objektive Notlage von lebensbedrohender Bedeutung. Nicht wenige Kindgestalten sind daher *Kulturbringer* und darum mit hilfreichen Kulturfaktoren identifiziert, so mit dem Feuer[29], dem Metall, dem Weizen, dem Mais usw. Als Erleuchter, das heißt Bewußtseinsvermehrer, besiegen sie die Dunkelheit, nämlich den früheren unbewußten Zustand. Höheres Bewußtsein, als ein Wissen über das gegenwärtig Bewußte hinaus, ist gleichbedeutend mit Welteinsamkeit. Die Einsamkeit drückt den Gegensatz zwischen dem Träger oder dem Symbol höherer Bewußtheit und dessen Umwelt aus. Die Dunkelheitsbesieger gehen weit in die Vorzeit zurück, was darauf hinweist (zusammen mit vielen anderen Sagen), daß es auch eine *psychische Urnot* gab, nämlich die *Unbewußtheit.* Aus dieser Quelle stammt wohl die «unvernünftige Dunkelheitsangst heutiger Primitiver. Ich habe bei einem Stamme am Mount Elgon eine Religionsform gefunden, die einem pantheistischen Optimismus entsprach. Diese Überzeugung war aber jeweils von sechs Uhr abends bis sechs Uhr morgens aufgehoben und ersetzt durch Angst, denn nachts herrscht das Dunkelheitswesen Ayik, der «Macher der Angst». Am Tage gab es in jener Gegend keine Riesenschlangen, aber nachts lauerten sie überall an den Wegen. Nachts war überhaupt die ganze Mythologie los.

b. Die Unüberwindlichkeit des Kindes

Es ist ein auffallendes Paradoxon in allen Kindesmythen, daß einerseits das «Kind» übermächtigen Feinden ohnmächtig ausgeliefert und von beständiger Auslöschungsgefahr bedroht ist, andererseits aber über Kräfte verfügt, welche menschliches Maß weit übersteigen. Diese Aussage hängt eng zusammen mit der psychologischen Tatsache, daß das «Kind» einerseits zwar «unansehnlich», das heißt unerkannt, «nur ein Kind», andererseits aber göttlich ist. Vom Bewußtsein aus betrachtet, handelt es sich um einen scheinbar unbedeutenden Inhalt, dem kein lösender oder gar erlösender Charakter zugetraut wird. Das Bewußtsein ist in seiner Konfliktsituation befangen, und die dort sich bekämpfenden Mächte scheinen so groß zu sein, daß der vereinsamt auftauchende Inhalt «Kind» in gar keinem Verhältnis zu den Bewußtseinsfaktoren steht. Es wird daher leicht übersehen und verfällt wiederum dem Unbewußten. So stünde wenigstens zu befürchten, wenn sich die Dinge entsprechend der Bewußtseinserwartung verhielten. Der Mythus aber betont, daß dies eben nicht der Fall sei, sondern daß vielmehr dem «Kind» überlegene Kraft zukomme und es sich unerwartet, trotz allen Gefährdungen, durchsetze. Das «Kind» tritt als eine Geburt des Unbewußten aus dessen Schoß hervor, gezeugt aus der Grundlage menschlicher Natur, oder besser noch, der lebenden Natur überhaupt. Es personifiziert Lebensmächte jenseits des beschränkten Bewußtseinsumfanges, Wege und Möglichkeiten, von denen das Bewußtsein in seiner Einseitigkeit nichts weiß, und eine Ganzheit, welche die Tiefen der Natur einschließt. Es stellt den stärksten und unvermeidlichsten Drang des Wesens dar, nämlich den, sich selber zu verwirklichen. Es ist ein mit allen natürlichen Instinktkräften ausgerüstetes *Nichtanderskönnen,* während das Bewußtsein sich stets in einem vermeintlichen Anderskönnen verfängt. Der Drang und Zwang zur Selbstverwirklichung ist Naturgesetzlichkeit und daher von unüberwindlicher Kraft, auch wenn der Beginn ihrer Wirkung zunächst unansehnlich und unwahrscheinlich ist. Die Kraft äußert sich in den Wundertaten des Heldenkindes, sodann später in den athla (den «Werken») der *Knechtsgestalt* (Typus Herakles), wo der Heros zwar der Ohnmacht des «Kindes» entwachsen, aber doch noch in unansehnlicher Stellung ist. Die Knechtsgestalt leitet dann in der Regel über zur eigentlichen Epiphanie des halbgöttlichen Heros. Wir haben sonderbarerweise in der Alchemie eine ganz ähnliche Motivabwandlung, und zwar in den Synonymen des lapis. Als materia prima ist er der «lapis exilis et vilis» [geringe und unansehnliche Stein]. Als Wandlungssubstanz erscheint er als «servus rubeus» oder «fugitivus» [roter oder flüchtiger Sklave], und schließlich erreicht er in einer wahrhaften Apotheose die Würde eines «filius sapientiae» [Sohn der Weisheit] oder «deus terrenus» [irdischer Gott], ein «Licht über allen Lichtern», eine Macht, die alle Kräfte des Oberen und Unteren in sich enthält. Er wird zum «corpus glorificatum» [verherrlichten Leib], das ewige Inkorruptibilität erlangt hat und deshalb auch zur Panazee wird («Heilbringer!»)[30]. Die Größe und Unüberwindlichkeit des «Kindes» hängt in der indischen Spekulation mit dem Wesen des Atman zusammen. Dieser entspricht dem «kleiner als klein und größer als groß». Das Selbst als individuelle Erscheinung ist «kleiner als klein», als Äquivalent der Welt aber «größer als groß[31]». Das Selbst als der Gegenpol, als das absolut «andere» der Welt, ist die conditio sine qua non der Welterkenntnis und des Bewußtseins von Subjekt und Objekt. Es ist das psychische Anderssein, welches überhaupt Bewußtsein ermöglicht. Identität nämlich ermöglicht kein Bewußtsein, nur die Trennung, die Loslösung und das leidensvolle In-Gegensatz-Gestelltsein, kann Bewußtsein und Erkenntnis erzeugen. Die indische Introspektion hat diesen psychologischen Sachverhalt schon früh erkannt und darum das Subjekt des Erkennens mit dem Subjekt der Existenz überhaupt in eins gesetzt. Gemäß der vorzugsweise introvertierten Haltung des indischen Denkens hat das Objekt sogar das Attribut absoluter Wirklichkeit verloren und ist öfters zum bloßen Schein geworden. Die griechisch-westliche Geisteshaltung konnte sich von der Überzeugung der absoluten Weltexistenz nicht befreien. Dies geschah aber auf Kosten der kosmischen Bedeutung des Selbst. Es fällt auch heute noch dem westlichen Menschen schwer, die psychologische Notwendigkeit eines transzendenten Subjektes des Erkennens als eines Gegenpoles des empirischen Universums einzusehen, obschon die Annahme der Existenz eines der Welt gegenübergestellten Selbst, zum mindesten als eines *Spiegelungspunktes*, logisch unerläßlich ist. Ungeachtet der abweisenden oder bedingt zustimmenden Haltung jeweiliger Philosophie besteht aber in unserer unbewußten Psyche die kompensierende Tendenz, ein Symbol des Selbst in seiner kosmischen Bedeutung herzustellen. Diese Bemühungen erfolgen in den archetypischen Formen des Heldenmythus, wie man sozusagen bei jedem Individuationsprozeß leicht beobachten kann.

Die Phänomenologie der «Kind»-Geburt weist immer wieder zurück auf einen psychologischen Urzustand des Nichterkennens, also der Dunkelheit oder Dämmerung, der Nichtunterscheidung von Subjekt und Objekt, der unbewußten Identität von Mensch und Welt. Aus diesem Zustand des Ununterschiedenen geht das goldene Ei hervor, welches ebensowohl Mensch ist wie Welt, und doch keines von beiden, sondern ein irrationales Drittes. Dem dämmerhaften Bewußtsein des Primitiven erscheint es, als ob das Ei dem Schoße der großen Welt entsteige und demnach ein kosmisches und objektiv-äußeres Ereignis sei. Dem differenzierten Bewußtsein hingegen leuchtet es ein, daß dieses Ei doch nichts anderes sei als ein der Psyche entsprungenes Symbol, oder – schlimmer noch – eine willkürliche Spekulation und darum «nichts als» ein primitives Phantasma, dem keinerlei «Wirklichkeit» zukomme. Die medizinische Psychologie der Gegenwart denkt in bezug auf «Phantasmata» allerdings etwas anders. Sie weiß, was für erhebliche körperliche Funktionsstörungen einerseits und was für verheerende psychische Folgen andererseits aus «bloßen» Phantasien hervorgehen. «Phantasien» sind die natürlichen Lebensäußerungen des Unbewußen. Da das Unbewußte aber die Psyche aller autonomen Funktionskomplexe des Körpers ist, so sind seine «Phantasien» von einer ätiologischen Bedeutung, die keinesfalls zu unterschätzen ist. Aus der Psychopathologie des Individuationsprozesses wissen wir, daß die Symbolbildung häufig mit psychogenen körperlichen Störungen, die sich gegebenenfalls als sehr «wirklich» anfühlen, verknüpft ist. Phantasien sind im ärztlichen Gebiet *reale* Dinge, mit denen der Psychotherapeut ernsthaft zu rechnen hat. Er kann daher jenen primitiven Phantasmata, welche ihren Gehalt eben um seiner Wirklichkeit willen sogar in die äußere Welt projizieren, nicht alle Berechtigung aberkennen. Schließlich ist ja auch der menschliche Körper aus dem Stoff der Welt gemacht, und an solchem Stoffe werden die Phantasien offenbar; ja, ohne diesen sind sie überhaupt unerfahrbar. Sie wären ohne Stoff etwa wie abstrakte Kristallgitter in einer Mutterlauge, in welcher der Kristallisationsprozeß noch nicht eingesetzt hat.

Die Symbole des Selbst entstehen in der Tiefe des Körpers und drükken dessen Stofflichkeit ebensosehr aus wie die Struktur des wahrnehmenden Bewußtseins. Das Symbol ist lebender Körper, corpus et anima; darum ist das «Kind» eine so treffliche Formel für das Symbol. Die Einzigartigkeit der Psyche ist eine zwar nie ganz, doch stets annähend zu verwirklichende Größe, welche zugleich die unerläßliche Grundlage alles Bewußtseins ist. Die tieferen «Schichten» der Psyche verlieren mit zunehmender Tiefe und Dunkelheit die individuelle Einzigartigkeit. Sie werden nach «unten», das heißt mit Annäherung der autonomen Funktionssysteme zunehmend kollektiver, um in der Stofflichkeit des Körpers, nämlich in den chemischen Körpern, universal zu werden und zugleich zu erlöschen. Der Kohlenstoff des Körpers ist überhaupt Kohlenstoff. «Zuunterst» ist daher Psyche überhaupt «Welt». In diesem Sinne kann ich KERÉNYI durchaus recht geben, wenn er sagt, daß im Symbol die *Welt selber* spreche. Je archaischer und je «tiefer», das heißt je physiologischer das Symbol, desto kollektiver und universaler, desto «stofflicher» ist es. Je abstrakter, differenzierter und spezifischer es ist, desto mehr nähert es sich der Natur bewußter Einzigartigkeit und Einmaligkeit und desto mehr hat es sein universales Wesen abgestreift. Im Bewußtsein vollends läuft es Gefahr, zur bloßen Allegorie, die den Rahmen bewußter Auffassung nirgends überschreitet, zu werden, wo es dann auch allen möglichen rationalistischen Erklärungsversuchen ausgesetzt ist.

c. Der Hermaphroditismus des Kindes

Es ist eine bemerkenswerte Tatsache, daß vielleicht die Mehrzahl der kosmogonischen Götter zwiegeschlechtiger Natur sind. Der Hermaphroditus bedeutet nichts anderes als eine Vereinigung der stärksten und auffallendsten Gegensätze. Diese Vereinigung weist zunächst zurück auf primitive Geistesverfassung, in deren Dämmer Unterschiede und Gegensätze entweder noch wenig getrennt oder überhaupt verwischt sind. Mit zunehmender Helligkeit des Bewußtseins treten aber die Gegensätze deutlicher und unvereinbarer auseinander. Wenn daher der Hermaphroditus nur ein Produkt primitiver Undifferenziertheit wäre, so müßte man erwarten, daß er mit zunehmender Kultur bald ausgemerzt worden wäre. Dies ist nun keineswegs der Fall; im Gegenteil hat sich auch die Phantasie hoher und höchster Kulturstufen immer wieder mit dieser Vorstellung beschäftigt, wie wir aus der spätgriechischen und synkretistischen Philosophie des Gnostizismus ersehen können. In der Naturphilosophie des Mittelalters spielt der hermaphroditische Rebis eine bedeutende Rolle. Und in der allerjüngsten Zeit noch hören wir von der Androgynie Christi in der katholischen Mystik[32].

Hier kann es sich nicht mehr um das Noch-Vorhandensein eines primitiven Phantasma, um eine ursprüngliche Kontamination von Gegensätzen, handeln. Die Urvorstellung ist vielmehr, wie wir gerade aus mittelalterlichen Werken ersehen[33], zum *Symbol der konstruktiven Vereinigung von Gegensätzen* geworden, zu einem eigentlichen «vereinigenden Symbol». Das Symbol, in seiner funktionalen Bedeutung, weist nicht mehr zurück, sondern vorwärts zu einem noch nicht erreichten Ziel. Unbekümmert um seine Monstrosität ist der Hermaphroditus allmählich zu einem konfliktüberwindenden Heilbringer geworden, welche Bedeutung er übrigens schon auf relativ frühen Kulturstufen erreichte. Diese vitale Bedeutung erklärt, warum das Bild des Hermaphroditen nicht schon in der Vorzeit erloschen ist, sondern sich im Gegenteil, mit zunehmender Vertiefung des Symbolgehaltes, durch die Jahrtausende behaupten konnte. Die Tatsache, daß eine so überaus archaische Vorstellung zu solcher Bedeutungshöhe emporwuchs, weist nicht nur auf die Lebenskraft archetypischer Ideen überhaupt hin, sondern demonstriert auch die Richtigkeit des Grundsatzes, daß der Archetypus zwischen den unbewußten Grundlagen und dem Bewußtsein gegensatzvereinigend vermittelt. Er schlägt eine Brücke zwischen dem von Entwurzelung bedrohten Gegenwartsbewußtsein und der naturhaften, unbewußt-instinktiven Ganzheit der Vorzeit. Durch diese Vermittlung wird die Einmaligkeit, Einzigartigkeit und Einseitigkeit des individuellen Gegenwartsbewußtseins immer wieder an die natur- und stammhaften Vorbedingungen angeschlossen. Fortschritt und Entwicklung sind nicht zu leugnende Ideale; aber sie verlieren ihren Sinn, wenn der Mensch im neuen Zustand nur als Fragment seiner selbst anlangt und alles Hintergründliche und Wesenhafte im

Schatten des Unbewußten, in einem Zustand der Primitivität oder gar der Barbarei zurückläßt. Das von seinen Grundlagen abgespaltene Bewußtsein, unfähig den Sinn des neuen Zustandes zu erfüllen, fällt dann nur allzuleicht in eine Lage zurück, welche schlimmer ist als die, aus welcher die Neuerung befreien wollte – exempla sunt odiosa! Es ist FRIEDRICH SCHILLER, dem dieses Problem zum erstenmal klar wurde; aber weder seine Zeitgenossen noch seine Nachfahren waren imstande, daraus irgendwelche Schlüsse zu ziehen. Man will statt dessen mehr denn je bloß Kinder erziehen. Ich hege daher den Verdacht, daß der furor paedagogicus ein willkommener Seitenweg sei, welcher um das von SCHILLER berührte Kernproblem, nämlich die *Erziehung des Erziehers,* herumführt. Kinder werden durch das erzogen, was der Erwachsene *ist*, und nicht durch das, was er schwatzt. Der allgemein verbreitete Glaube an Wörter ist eine wahrhafte Krankheit der Seele, denn ein solcher Aberglaube lockt immer weiter weg von den Grundlagen des Menschen und verführt zur heillosen Identifikation der Persönlichkeit mit dem jeweils geglaubten «slogan». Unterdessen rutscht alles vom sogenannten Fortschritt Überwundene und Zurückgelassene immer tiefer ins Unbewußte hinunter, woraus schließlich der primitive Zustand der Identität mit der Masse wieder entsteht. Und dieser Zustand wird dann zur Wirklichkeit an Stelle des erhofften Fortschrittes.

Das zwiegeschlechtige Urwesen wird im Laufe der Kulturentwicklung zum Symbol der Einheit der Persönlichkeit, des Selbst, in welchem der Konflikt der Gegensätze zur Ruhe kommt. Das Urwesen wird auf diesem Wege zum fernen *Ziel* der Selbstverwirklichung menschlichen Wesens, indem es von Anfang an schon eine Projektion der unbewußten Ganzheit war. Die menschliche Ganzheit besteht nämlich aus einer Vereinigung der bewußten und der unbewußten Persönlichkeit. Wie jedes Individuum aus männlichen sowohl wie weiblichen Genen hervorgeht und das jeweilige Geschlecht durch das Vorwiegen entsprechender Gene bestimmt wird, so hat auch in der Psyche nur das Bewußtsein, im Falle des Mannes, männliches Vorzeichen, das Unbewußte dagegen hat weibliche Qualität. Bei der Frau liegt der Fall umgekehrt. Ich habe diese Tatsache in meiner Anima-Theorie nur wiederentdeckt und -formuliert[34]. Bekannt war sie aber schon längst.

Die Idee der coniunctio des Männlichen und des Weiblichen, welche in der hermetischen Philosophie zum sozusagen technischen Begriff ausgewachsen ist, tritt als mysterium iniquitatis schon im Gnostizismus auf, wahrscheinlich nicht unbeeinflußt von der alttestamentlichen «Gottesehe», wie sie zum Beispiel Hosea verwirklicht hat[35]. Auf solches weisen nicht nur gewisse überlieferte Bräuche[36], sondern auch das Evangelienzitat im zweiten *Clemensbrief:* «Wenn die zwei eins sein werden, und das Auswendige wie das Inwendige, und das Männliche mit dem Weiblichen, weder Männliches noch Weibliches[37]». Dieses Logion ist bei CLEMENS ALEXANDRINUS mit den Worten eingeleitet: «Wenn ihr die Hülle der Scham (mit Füßen) getreten habt...[38]», was sich wohl auf den Körper bezieht, denn CLEMENS sowohl wie CASSIAN (von welchem das Zitat übernommen) als auch PSEUDO-CLEMENS deuten das Wort in geistiger Weise, im Gegensatz zu den Gnostikern, welche, wie es scheint, die coniunctio etwas allzu wörtlich nahmen. Dabei aber trugen sie doch Sorge, durch die Praxis des Abortus und sonstige Restriktionen, daß der biologische Sinn ihres Treibens nicht die religiöse Bedeutung des Ritus überwog. Während in der kirchlichen Mystik sich das Urbild des hieros gamos zur höchsten Höhe sublimierte und nur gelegentlich, wie etwa bei MECHTHILD VON MAGDEBURG[39], sich, wenigstens empfindungsgemäß, der Physis deutlich annäherte, so blieb es doch überall lebendig und blieb Gegenstand einer besonderen psychischen Präokkupation. Die symbolischen Zeichnungen des OPICINUS DE CANISTRIS[40] geben uns in dieser Hinsicht einen interessanten Einblick in die Art und Weise, wie dieses Urbild auch in einem pathologischen Zustand instrumentell der Gegensatzvereinigung diente. In der das Mittelalter erfüllenden hermetischen Philosophie dagegen vollzog sich die coniunctio ganz und gar im Gebiet der Physis in der allerdings abstrakten Theorie des «coniugium Solis et Lunae», welche aber trotzdem der bildnerischen Phantasie reichlichen Anlaß zur Anthropomorphisierung gab.

Bei dieser Sachlage ist es nur verständlich, wenn in der modernen Psychologie des Unbewußten das Urbild in der Form des mann-weiblichen Gegensatzes wieder zutage tritt, nämlich als männliches Bewußtsein und weiblich personifiziertes Unbewußtes. Durch die psychologische Bewußtmachung aber komplizierte sich das Bild nicht unerheblich. Während die alte Wissenschaft fast ausschließlich ein Gebiet war, wo nur das Unbewußte des Mannes sich projizieren konnte, mußte die neue Psychologie auch die Existenz einer autonomen weiblichen Psyche anerkennen. Hier liegt aber der Fall gerade umgekehrt: ein weibliches Bewußtsein steht im Gegensatz zu einem männlich personifizierten Unbewußten, das man nicht mehr als anima, sondern vielmehr als animus bezeichnen mußte. Mit dieser Entdeckung komplizierte sich auch das Problem der coniunctio.

Ursprünglich spielte sich ja das Leben dieses Archetypus ganz im Gebiete des Fruchtbarkeitszaubers ab und blieb darum wohl die längste Zeit ein bloß biologisches Phänomen mit keinem anderen Zweck als dem der Befruchtung. Aber schon im frühen Altertum scheint sich die symbolische Bedeutung des Aktes gemehrt zu haben. So ist zum Beispiel die leibhaftige Ausführung des hieros gamos als kultischer Handlung nicht nur zum Mysterium, sondern sogar zur bloßen Vermutung geworden[41]. Wie wir gesehen haben, hat sich auch der Gnostizismus schlecht und recht bemüht, das Physiologische dem Metaphysischen zu subordinieren. In der Kirche vollends ist die coniunctio dem Bereiche der Physis überhaupt entzogen, und in der Naturphilosophie wurde sie zur abstrakten «theoria». Diese Entwicklung bedeutet eine allmähliche Verwandlung des Archetypus in einen seelischen Vorgang, den man theoretisch als eine Kombination bewußter und unbewußter Prozesse bezeichnen kann[42]. Praktisch hingegen liegt der Fall nicht so einfach, indem nämlich in der Regel das weibliche Unbewußte des Mannes auf ein weibliches Gegenüber, und das männliche Unbewußte der Frau auf einen Mann projiziert ist. Die Erhellung dieser Problematik ist aber speziell psychologisch und gehört nicht mehr in die Erläuterung des mythologischen Hermaphroditus.

d. Das Kind als Anfangs- und Endwesen

Faust wird nach dem Tode als Knabe in den «Chor der seligen Knaben» aufgenommen. Ich weiß nicht, ob GOETHE sich bei dieser seltsamen Vorstellung auf die antiken sepulkralen Eroten bezogen hat. Es wäre nicht undenkbar. Die Gestalt des Cucullatus weist auf den Verhüllten, das heißt den Unsichtbaren, den Genius des Abgeschiedenen, hin, der nunmehr im kindlichen Reigen eines neuen Lebens wieder erscheint, umgeben von den Meergestalten der Delphine und Seegötter. Das Meer ist das beliebte Symbol des Unbewußten, der Mutter alles Lebendigen. Wie das «Kind» unter Umständen (wie zum Beispiel im Falle des Hermes und der Daktylen) nächste Beziehung zum Phallus als dem Symbol des Erzeugers hat, so erscheint es auch wieder im sepulkralen Phallus als dem Symbol einer erneuten Zeugung.

Das «Kind» ist daher auch «renatus in novam infantiam». Es ist also nicht nur ein Anfangs-, sondern auch ein Endwesen. Das Anfangswesen war vor dem Menschen, und das Endwesen ist nach dem Menschen. Psychologisch bedeutet diese Aussage, daß das «Kind» das vorbewußte und das nachbewußte Wesen des Menschen symbolisiert. Sein vorbewußtes Wesen ist der unbewußte Zustand der frühesten Kindheit, das nachbewußte Wesen ist eine Antizipation per analogiam über den Tod hinaus. In dieser Vorstellung drückt sich das umfassende Wesen der seelischen Ganzheit aus. Die Ganzheit besteht ja niemals im Umfang des Bewußten, sondern schließt die unbestimmte und unbestimmbare Ausdehnung des Unbewußten mit ein. Die Ganzheit ist daher empirisch von unabsehbarer Erstreckung, älter und jünger als das Bewußtsein und dieses in Zeit und Raum umschließend. Bei dieser Feststellung handelt es sich nicht um Spekulation, sondern um unmittelbare seelische Erfahrung. Der Bewußtseinsprozeß ist nicht nur beständig begleitet, sondern auch öfters geleitet, gefördert und unterbrochen von unbewußten Vorgängen. Seelisches Leben war im Kinde, noch bevor es Bewußtsein hatte. Selbst der Erwachsene noch sagt und tut Dinge, von denen er vielleicht erst später weiß – wenn überhaupt je –, was sie bedeuten. Und doch hat er sie so gesagt und getan, wie wenn er sie gewußt hätte. Unsere Träume sagen beständig Dinge über unsere bewußte Auffassung hinaus (weshalb man sie in der Neurosentherapie so gut gebrauchen kann). Wir haben Ahnungen und Wahrnehmungen aus unbekannten Quellen. Ängste, Launen, Absichten, Hoffnungen befallen uns aus unersichtlicher Kausalität. Diese konkreten Erfahrungen bilden die Grundlage jenes Gefühles, daß man sich selber ungenügend bekannt sei, und der peinlichen Vermutung, daß man an sich selber Überraschungen erleben könnte.

Der primitive Mensch ist sich selber zwar kein Rätsel. Die Frage nach dem Menschen ist jeweils die letzte, die sich der Mensch aufbewahrt hat. Aber der Primitive hat soviel Seelisches außerhalb des Bewußtseins, daß ihm die Erfahrung eines außerhalb seiner selbst befindlichen Psychischen in noch viel höherem Maße geläufig ist als uns. Das rings von psychischen Mächten beschützte, getragene oder bedrohte und betrogene Bewußtsein ist Urerfahrung der Menschheit. Diese Erfahrung hat sich projiziert im Archetypus des Kindes, welches die Ganzheit des Menschen ausdrückt. Es ist das Verlassene und Ausgelieferte und zugleich das Göttlich-Mächtige, der unansehnliche, zweifelhafte Anfang und das triumphierende Ende. Das «ewige Kind» im Menschen ist eine unbeschreibliche Erfahrung, eine Unangepaßtheit, ein Nachteil und eine göttliche Prärogative, ein Imponderabile, das den letzten Wert und Unwert einer Persönlichkeit ausmacht.

4. ZUSAMMENFASSUNG

Ich bin mir bewußt, daß eine psychologische Kommentierung des Kind-Archetypus ohne ausführliche Dokumentierung bloße Skizze bleibt. Da es sich aber um psychologisches Neuland handelt, so lag mir in erster Linie daran, den möglichen Umfang der durch unseren Archetypus aufgeworfenen Problematik abzustecken und wenigstens in resümierender Darstellung deren verschiedene Aspekte zu beschreiben. Scharfe Abgrenzungen und strikte Begriffsformulierungen sind auf diesem Gebiet schlechterdings unmöglich, denn die fließende gegenseitige Durchdringung gehört zum Wesen der Archetypen. Sie lassen sich jeweils nur ungefähr umschreiben. Ihr lebendiger Sinn ergibt sich mehr aus der Gesamtheit der Darstellung als aus der einzelnen Formulierung. Jeder Versuch einer schärferen Erfassung bestraft sich sofort selbst dadurch, daß er die Luminosität des unfaßbaren Bedeutungskernes auslöscht. Kein Archetypus läßt sich auf eine einfache Formel bringen. Er ist ein Gefäß, das man nie leeren und nie füllen kann. Er existiert an sich nur potentiell, und wenn er sich in einem Stoff gestaltet, so ist er nicht mehr das, was er vorher war. Er beharrt durch die Jahrtausende und verlangt doch immer neue Deutung. Die Archetypen sind die unerschütterlichen Elemente des Unbewußten, aber sie wandeln ihre Gestalt beständig.

Es ist zwar beinahe hoffnungslos, einen einzelnen Archetypus aus dem lebendigen Sinngewebe der Seele herauszureißen, aber trotz ihrer Verwobenheit bilden sie doch intuitiv erfaßbare Einheiten. Die Psychologie, als eine der vielen Lebensäußerungen der Seele, arbeitet mit Vorstellungen und Begriffen, die ihrerseits wieder von archetypischen Strukturen abgeleitet sind und dementsprechend einen bloß etwas abstrakten Mythus erzeugen. Die Psychologie übersetzt also die archaische Sprache des Mythus in ein modernes, als solches noch nicht erkanntes Mythologem, das ein Element des Mythus «Wissenschaft» bildet. Diese «aussichtslose» Tätigkeit ist lebender und gelebter Mythus und darum für Menschen entsprechenden Temperamentes befriedigend, ja sogar heilsam, insofern sie von den Grundlagen der Seele durch eine neurotische Dissoziation abgetrennt waren.

Dem Archetypus «Kind» begegnet man empirisch bei spontanen und therapeutisch ausgelösten Individuationsprozessen. Die erste Form des «Kindes» ist meist total unbewußt. In diesem Fall liegt eine Identifikation des Patienten mit seinem persönlichen Infantilismus vor. Dann tritt (unter Einwirkung der Therapie) eine mehr oder weniger allmähliche Absonderung und Objektivierung des «Kindes» ein, also eine Auflösung der Identität, unter (bisweilen technisch unterstützter) Intensivierung der Phantasiegestaltung, wobei archaische, das heißt mythologische Züge in vermehrtem Maße sichtbar werden. Der weitere Wandlungsverlauf entspricht dem des Heldenmythus. In der Regel fehlt das Motiv der großen Taten, dagegen spielen die mythischen Bedrohungen eine um so größere Rolle. Meist tritt in diesem Stadium wieder eine Identität mit der aus verschiedenen Gründen attraktiven Heldenrolle auf. Diese Identität ist öfters sehr hartnäckig und für das seelische Gleichgewicht bedenklich. Gelingt die Auflösung der Identität, so kann sich die Gestalt des Helden, unter Reduktion des Bewußtseins auf menschliches Maß, allmählich bis zum Symbol des Selbst differenzieren.

In der praktischen Wirklichkeit handelt es sich, wohlverstanden, nicht um ein bloßes Wissen von solchen Entwicklungen, sondern um das Erleben der Wandlungen. Der Anfangszustand des persönlichen Infantilismus zeigt das Bild des «verlassenen», das heißt des «mißverstandenen» und ungerecht behandelten Kindes, das anmaßliche Ansprüche hat. Die Epiphanie des Heros (die zweite Identifikation) zeigt sich in einer entsprechenden Inflation: der unverhältnismäßige Anspruch wird zur Überzeugung, daß man etwas Besonderes sei; oder die Unerfüllbarkeit des Anspruches beweist die eigene Minderwertigkeit, was die Rolle des heldenhaften Dulders (eine negative Inflation) begünstigt. Trotz ihrer Gegensätzlichkeit sind beide Formen identisch, weil bewußtem Größenwahn unbewußte, kompensierende Minderwertigkeit, und bewußte Minderwertigkeit unbewußtem Größenwahn entspricht. (Man findet nie das eine ohne das andere.) Wird die Klippe der zweiten Identifikation glücklich umschifft, so kann das bewußte Geschehen vom unbewußten reinlich getrennt und das unbewußte Geschehen objektiv beobachtet werden. Daraus ergibt sich die Möglichkeit der Auseinandersetzung mit dem Unbewußten, und damit die der Synthese der bewußten und unbewußten Elemente des Erkennens und Handelns. Daraus wiederum entsteht die Verschiebung des Persönlichkeitszentrums aus dem Ich in das Selbst[43].

In diesen psychologischen Rahmen ordnen sich die Motive der Verlassenheit, der Unüberwindlichkeit, des Hermaphroditismus und des Anfangs- und Endwesens ein, als unterscheidbare Kategorien des Erlebens und Erkennens.

Zur Phänomenologie des Geistes im Märchen

VORWORT

Es gehört zu den unverbrüchlichen Spielregeln der Naturwissenschaft, ihren Gegenstand immer nur insofern als bekannt vorauszusetzen, als die Forschung wissenschaftlich Gültiges über ihn auszusagen weiß. In diesem Sinne gültig aber ist nur, was durch Tatsachen bewiesen werden kann. Der Gegenstand der Forschung ist die natürliche Erscheinung. In der Psychologie gehört zu den wichtigsten Phänomenen die *Aussage,* und insbesondere deren formale und inhaltliche *Erscheinungsweise,* wobei dem zweiten Aspekt in Ansehung des Wesens der Psyche wohl die größere Bedeutung zukommt. Die Aufgabe, die sich jeweils zuerst stellt, ist die Beschreibung und Ordnung der Vorkommnisse, sodann folgt die genauere Untersuchung auf die Gesetzmäßigkeit ihres lebendigen Verhaltens. Die Frage nach der Substanz des Beobachteten ist in der Naturwissenschaft nur dort möglich, wo sich ein Archimedischer Punkt außerhalb findet. Für die Psyche fehlt ein solcher Standpunkt außerhalb, weil ja nur die Psyche die Psyche beobachten kann. Infolgedessen ist die Erkenntnis der psychischen Substanz unmöglich, wenigstens für unsere jetzigen Mittel. Damit ist keineswegs ausgeschlossen, daß die Atomphysik der Zukunft uns nicht doch noch den Archimedischen Punkt liefern kann. Vorderhand wird aber auch unsere feinste Erklügelung nicht mehr feststellen können, als was sich im Satz ausdrücken läßt: *So verhält sich die Psyche.* Von der Frage nach der Substanz aber wird der ehrliche Forscher höflich oder ehrfurchtsvoll die Finger lassen. Ich glaube, daß es nicht überflüssig ist, meinen Leser um die ebenso notwendige wie freiwillige Selbstbeschränkung der Psychologie wissen zu lassen, damit er nämlich in der Lage ist, den durchaus nicht immer begriffenen phänomenologischen Standpunkt der modernen Psychologie zu verstehen. Dieser Standpunkt schließt das Vorhandensein von Glauben, Überzeugung und Gewißheitserlebnissen aller nur möglichen Arten nicht aus, noch bestreitet er deren mögliche Gültigkeit. So groß deren Bedeutung für das individuelle sowohl wie für das kollektive Leben sein mag, so fehlen der Psychologie doch alle Mittel, um deren Gültigkeit in wissenschaftlichem Sinne zu erweisen. Man kann dieses Unvermögen der Wissenschaft beklagen; man befähigt sie aber damit nicht, sich über den eigenen Kopf zu springen.

a. Über das Wort «Geist»

Das deutsche Wort «Geist» besitzt einen dermaßen großen Anwendungsbereich, daß es eine gewisse Mühe verursacht, sich zu vergegenwärtigen, was alles damit gemeint ist. Als Geist bezeichnet man jenes Prinzip, das im Gegensatz zur Materie steht. Darunter denkt man sich eine immaterielle Substanz oder Existenz, die auf höchster und universalster Stufe «Gott» genannt wird. Man stellt sich diese immaterielle Substanz auch als Träger des psychischen Phänomens oder gar des Lebens vor. Im Widerspruch zu dieser Auffassung steht der Gegensatz Geist – Natur. Hier ist der Begriff des Geistes auf das Über- oder Gegennatürliche eingeschränkt und hat die substantielle Beziehung zu Seele und Leben verloren. Eine ähnliche Einschränkung bedeutet die Auffassung SPINOZAS, daß der Geist ein Attribut der Einen Substanz sei. Noch weiter geht der Hylozoismus, der den Geist als Eigenschaft des Stoffes versteht.

Eine allgemein verbreitete Anschauung faßt den Geist als ein höheres, die Seele aber als ein niedrigeres Tätigkeitsprinzip auf, und umgekehrt gilt bei gewissen Alchemisten der Geist als «Band, das Seele und Körper verbindet»[1], wobei er offenbar als spiritus vegetativus (der spätere Lebens- oder Nervengeist) gedacht ist. Ebenso allgemein ist die Auffassung, daß Geist und Seele wesentlich dasselbe und deshalb nur willkürlich zu trennen seien. Bei WUNDT gilt Geist als «das innere Sein, wenn dabei keinerlei Zusammenhang mit einem äußeren Sein in Rücksicht fällt»[2]. Bei anderen wird der Geist auf gewisse psychische Vermögen oder Funktionen oder Eigenschaften beschränkt, wie Denkfähigkeit und Vernunft gegenüber dem mehr «seelischen» *Gemüt*. Bei diesen bedeutet der Geist die Gesamtheit der Phänomene des rationalen Denkens, respektive des Intellektes, inklusive Wille, Gedächtnis, Phantasie, Gestaltungskraft und durch ideale Motive bedingte Strebungen. Eine weitere Bedeutung von Geist ist die von «Geistreichsein», worunter ein vielfältiges, reichhaltiges, einfallsreiches, brillantes, witziges und überraschendes Funktionieren des Verstandes gemeint ist. Ferner wird als Geist eine gewisse Einstellung oder deren Prinzip bezeichnet, zum Beispiel man erzieht «im Geiste Pestalozzis», oder «der Geist von Weimar ist das unvergängliche deutsche Erbe». Ein Spezialfall ist der Zeitgeist, welcher das Prinzip und Motiv gewisser Auffassungen, Urteile und Handlungen kollektiver Natur darstellt. Es gibt des weiteren einen sogenannten objektiven Geist, unter welchem man den gesamten Bestand menschlicher Kulturschöpfungen insbesondere intellektueller und religiöser Natur versteht.

Der Geist, als Einstellung verstanden, hat, wie der Sprachgebrauch zeigt, unverkennbare Neigungen zur Personifikation: Der Geist Pestalozzis kann auch in konkretistischem Sinne dessen Geist, das heißt dessen imago oder Gespenst sein, so wie die Geister von Weimar die persönlichen Geister von Goethe und Schiller sein können, denn Geist heißt immer auch noch der Spuk, das heißt die Seele eines Verstorbenen. Der «kühle Geisterhauch» weist einerseits auf die Urverwandschaft der ψυχή mit ψυχρός und ψῦχας, die beide kalt bedeuten, andererseits auf die ursprüngliche Bedeutung von πνεῦμα, welches nichts anderes als «bewegte Luft» bezeichnet, wie auch animus und anima mit ἄνεμος (Wind) zu tun haben. Das deutsche Wort «Geist» hat wohl mehr mit Aufschäumendem und Aufbrausendem zu tun, weshalb einerseits eine Verwandtschaft mit Gischt, Gäscht, gheest, andererseits mit dem emotionalen aghast nicht von der Hand zu weisen ist. Die Emotion wird ja seit Urzeiten als Besessenheit aufgefaßt, und darum sagt man heute noch, von einem Jähzornigen zum Beispiel, er sei vom Teufel oder einem bösen Geist besessen oder geritten, oder ein solcher sei in ihn gefahren[3]. Wie die Totengeister und -seelen nach alter Anschauung von feinstofflicher Beschaffenheit gleich einem Lufthauch oder einem Rauch sind, bedeutet auch bei den Alchemisten der spiritus eine subtile, volatile, aktive und belebende Essenz, als welche zum Beispiel der Alkohol verstanden wurde, sowie sämtliche Arkansubstanzen. Geist auf dieser Stufe ist Weingeist, Salmiakgeist, Ameisengeist usw.

Dieses Viertelhundert von Bedeutungen und Bedeutungsnuancen des Wortes «Geist» erschwert einerseits dem Psychologen die begriffliche Abgrenzung seines Gegenstandes, andererseits erleichtert es ihm die Aufgabe, seinen Gegenstand zu beschreiben, da die vielen verschiedenen Aspekte ein anschauliches Bild des Phänomens vermitteln. Es handelt sich um einen funktionalen Komplex, der ursprünglich, auf primitiver Stufe, als eine unsichtbare, hauchartige Gegenwart – a presence – empfunden wurde. WILLIAM JAMES hat in seinen *«Varieties of Religious Experience»* dieses Urphänomen anschaulich geschildert. Ein allbekanntes Beispiel ist auch der Wind des Pfingstwunders. Für die primitive Erfahrung liegt die Personifikation der unsichtbaren Präsenz als Spuk oder Dämon unmittelbar nahe. Die Seelen oder Geister der Verstorbenen sind das gleiche wie die psychische Tätigkeit des Lebenden; sie setzen diese fort. Die Auffassung, daß die Psyche ein Geist sei, ist damit ohne weiteres gegeben. Wenn daher im Individuum sich etwas Psychisches ereignet, das es als zu ihm selber gehörig empfindet, so ist das sein eigener Geist. Geschieht ihm aber etwas Psychisches, das ihm fremdartig erscheint, so ist das ein anderer Geist, der vielleicht eine Besessenheit veranlaßt. Der Geist im ersten Falle entspricht der subjektiven Einstellung, im letzten der öffentlichen Meinung, dem Zeitgeist oder der ursprünglich, noch nicht menschlichen, anthropoiden Disposition, die man auch als das Unbewußte bezeichnet.

Entsprechend der ursprünglichen Windnatur des Geistes ist dieser stets das aktive, beflügelte und bewegte sowohl wie das belebende, anregende, aufreizende, anfeuernde, inspirierende Wesen. Der Geist ist, modern ausgedrückt, das Dynamische, und darum formiert er den klassischen Gegensatz zum Stoff, nämlich zu dessen Statik, Trägheit und Unbelebtheit. Es ist in letzter Linie der Gegensatz zwischen Leben und Tod. Die spätere Differenzierung dieses Gegensatzes führt zu der eigentlich merkwürdigen Gegenüberstellung von Geist und Natur. Indem der Geist das essentiell Belebte und Belebende ist, kann man die Natur doch nicht als ungeistig oder tot empfinden. Es muß sich also um die (christliche) Voraussetzung eines Geistes handeln, dessen Leben demjenigen der Natur so sehr überlegen ist, daß sie sich zu ihm wie Tod verhält.

Diese spezielle Entwicklung der Anschauung vom Geiste beruht auf der Erkenntnis, daß die unsichtbare Präsenz des Geistes ein psychisches Phänomen, das heißt der *eigene Geist* sei, und daß dieser nicht nur aus Lebensaufwallungen, sondern auch aus inhaltlichen Gebilden bestehe. Unter ersteren treten besonders hervor jene Abbilder und Vorbilder, welche das innere Gesichtsfeld erfüllen, und unter letzteren sind es Denken und

Vernunft, welche die Bilderwelt ordnen. So hat sich ein Übergeist dem ursprünglichen, natürlichen Lebensgeist superponiert und sich zu diesem sogar als zu etwas bloß Natürlichem in Gegensatz gestellt. Der Übergeist wurde zum übernatürlichen und überweltlichen, kosmischen Ordnungsprinzip, und als solchem wurde ihm die Bezeichnung «Gott» gegeben, oder er wurde wenigstens zu einem Attribut der Einen Substanz (wie bei SPINOZA) oder zu einer Person der Gottheit (wie im Christentum).

Die entsprechende Entwicklung des Geistes in umgekehrter, hylozoistischer Richtung, also a maiori ad minus, fand unter antichristlichem Vorzeichen im Materialismus statt. Voraussetzung zu dieser Rückbildung ist die bis zur ausschließenden Gewißheit gelangte Identität des Geistes mit psychischen Funktionen, deren Abhängigkeit von Gehirn und Stoffwechsel immer deutlicher wurde. Man mußte der «Einen Substanz» nur noch einen anderen Namen geben und sie «Materie» benennen, um den Begriff eines Geistes zu erzeugen, welcher von der Ernährung und der Umwelt unbedingt abhing und dessen Höchstform der Intellekt respektive der Verstand war. Damit war die ursprünglich hauchartige Präsenz anscheinend ganz in den Bereich der menschlichen Physiologie geraten, und ein KLAGES konnte seine Anklage gegen den «Geist als Widersacher der Seele» vorbringen. In letzteren Begriff nämlich hatte sich die Urspontaneität des Geistes zurückgezogen, nachdem dieser zum unfreien Attribut des Stoffes herabgesunken war. Irgendwo mußte ja die dem Geiste eigentümliche Qualität des deus ex machina erhalten bleiben – wenn nicht bei ihm, so doch bei seinem ursprünglichen Synonym, der Seele, dem buntschillernden[4], schmetterlingartigen Hauchwesen (anima, ψυχή).

Wenn schon nicht überall die materialistische Auffassung des Geistes durchdrang, so blieb doch dessen Begriff außerhalb der religiösen Sphäre, im Raume der Bewußtseinsphänomene hängen. Geist als «subjektiver Geist» wurde zur Bezeichnung des endopsychischen Phänomens schlechthin, während «objektiver Geist» nicht etwa den Universalgeist oder die Gottheit bedeutete, sondern die Gesamtheit intellektueller Kulturgüter, welche unsere menschlichen Institutionen und den Inhalt unserer Bibliotheken ausmachen. Der Geist hat seine urtümliche Wesenheit, seine Autonomie und Spontaneität in weitestem Umfange eingebüßt, mit der einzigen Ausnahme des religiösen Gebietes, wo ihm sein Urcharakter wenigstens im Prinzip erhalten blieb.

In diesem Résumé ist eine Wesenheit beschrieben, die sich als unmittelbar psychisches Phänomen präsentiert, im Gegensatz zu anderen Psychismen, deren Existenz für die naive Anschauung kausal auf physischen Einwirkungen beruht. Eine Beziehung des Geistwesens zu physischen Bedingungen ist nicht ohne weiteres ersichtlich, weshalb dem geistigen Phänomen Immaterialität zugeschrieben wird, und zwar in noch höherem Maße, als dies bei der im engeren Sinne *seelischen* Erscheinung der Fall ist. Letzterer wird nicht nur eine gewisse Abhängigkeit von der Physis, sondern selbst eine gewisse Stofflichkeit zugedacht, wie dies die Idee des subtle body und die chinesische Anschauung von der gui-Seele zeigen. Bei der innigen Verbindung gewisser noch psychischer Vorgänge mit physischen Parallelerscheinungen läßt sich eine totale Unstofflichkeit des Seelischen nicht gut denken. Im Gegensatz dazu insistiert der consensus omnium auf der Immaterialität des Geistes, wobei ihm allerdings nicht alle auch eine eigene Substantialität zubilligen. Es ist aber nicht leicht einzusehen, warum die hypothetische Materie, die heute schon ganz anders aussieht als noch vor dreißig Jahren, allein real sein soll, der Geist aber nicht. Obschon der Begriff der Immaterialität an sich den der Realität keineswegs ausschließt, so verbindet die laienhafte Anschauung doch stets Wirklichkeit mit Stofflichkeit. Geist und Materie sind wohl Formen eines an sich transzendentalen Seins. So sagen die Tantristen zum Beispiel mit ebenso großem Recht, daß der Stoff nichts anderes sei als die Bestimmtheit der Gedanken Gottes. Die einzige unmittelbare Wirklichkeit ist die psychische der Bewußtseinsinhalte, die als geistiger oder materieller Herkunft gewissermaßen etikettiert sind[5].

Dem geistigen Wesen eignet erstens ein spontanes Bewegungs- und Tätigkeitsprinzip, zweitens die Eigenschaft der freien Bilderzeugung jenseits der Sinneswahrnehmung, und drittens die autonome und souveräne Manipulation der Bilder. Dieses Wesen steht dem primitiven Menschen *gegenüber,* gerät aber mit zunehmender Entwicklung in den Bereich des menschlichen Bewußtseins und wird zu einer Funktion, welche ersterem unterstellt ist, womit sein ursprünglicher Charakter der Autonomie anscheinend verloren geht. Letzterer wird nur noch von den konservativsten Anschauungen, nämlich von den Religionen, festgehalten. Der Herabstieg des Geistes in die Sphäre des menschlichen Bewußtseins drückt sich aus im Mythus vom göttlichen νοῦς, der in die Gefangenschaft der φύσις gerät. Dieser Prozeß, der sich über die Jahrtausende erstreckt, ist wohl eine unabwendbare Notwendigkeit, welcher gegenüber die Religionen sich auf verlorenem Posten befänden, wollten sie an den Versuch glauben, die Entwicklung aufhalten zu können. Es ist aber gar nicht deren Aufgabe, wenn sie wohlberaten sind, den unvermeidlichen Gang der Dinge zu hindern, sondern im Gegenteil diesen so zu gestalten, daß er ohne fatale Schädigungen der Seele verlaufen kann. Die Religionen sollen daher immer wieder an den Ursprung und den ursprünglichen Charakter des Geistes erinnern, damit der Mensch nie vergesse, was er in seine Sphäre hineinzieht und womit er sein Bewußtsein erfüllt. Er hat den Geist ja nicht selber erschaffen, sondern dieser macht, daß er erschafft; er gibt ihm den Antrieb und den glücklichen Einfall, die Ausdauer, die Begeisterung und die Inspiration. Aber er dringt so ins menschliche Wesen ein, daß der Mensch in schwerster Versuchung steht, zu glauben, daß er selber der Erschaffer des Geistes sei und daß er ihn *habe.* In Wirklichkeit aber nimmt das Urphänomen des Geistes den Menschen in Besitz, und zwar genau so, wie die physische Welt zwar scheinbar das willfährige Objekt menschlicher Absichten ist, in Wirklichkeit aber die Freiheit des Menschen in tausend Bande schlägt und zur obsedierenden idée-force wird. Der Geist bedroht den naiven Menschen mit Inflation, wofür unsere Zeit wohl die lehrreichsten Beispiele geliefert hat. Die Gefahr wird um so größer, je mehr das äußere Objekt das Interesse fesselt, und je mehr man vergißt, daß mit der Differenzierung unserer Beziehungen zur Natur eine solche der Beziehung zum Geiste Hand in Hand gehen sollte, um das nötige Gleichgewicht zu schaffen. Steht dem äußeren Objekt nicht das innere gegenüber, so entsteht ein hemmungsloser Materialismus, gekoppelt mit wahnhafter Selbstüberhebung oder mit einer Auslöschung der autonomen Persönlichkeit, was sowieso das Ideal des totalen Massenstaates ist.

Wie man bemerkt, stimmt der allgemeine moderne Begriff des Geistes schlecht zur christlichen Anschauung, insofern diese den Geist als summum bonum, als Gott selber, auffaßt. Allerdings besteht auch der Begriff eines bösen Geistes. Aber auch damit läßt sich der moderne Geistbegriff nicht zur Deckung bringen, indem dieser nicht notwendigerweise böse ist; vielmehr muß er moralisch indifferent oder neutral genannt werden. Wenn die Schrift sagt: «Gott ist Geist», so klingt es wie die Definition einer Substanz oder wie eine Qualifizierung. Dem Teufel aber kommt allem Anschein nach die gleiche Eigentümlichkeit einer geistigen Substanz zu, obschon einer bösen und verderbten. Die ursprüngliche Identität der Substanz drückt sich noch im Gedanken des Engelsturzes aus, sowohl wie in der nahen Beziehung von Jahwe und Satan im *Alten Testament.* Eine Nachwirkung dieser primitiven Beziehung dürfte wohl auch die Bitte des Vaterunser sein: «Führe uns nicht in Versuchung», wo dies doch das eigentliche Geschäft des *Versuchers,* des Teufels selber ist.

Damit kommen wir nun zu einer Frage, die wir im bisherigen Verlauf unserer Betrachtung noch gar nicht aufgeworfen haben. Wir haben ja erst die kulturgeschichtlichen und landläufigen Auffassungen, welche aus dem menschlichen Bewußtsein und dessen Überlegungen hervorgegangen sind, herangezogen, um uns ein Bild von der psychischen Erscheinungsweise des Faktors «Geist» zu machen. Wir haben aber nicht berücksichtigt, daß der Geist kraft seiner ursprünglichen, auch psychologisch nicht zu bezweifelnden Autonomie[6] durchaus in der Lage ist, sich selbst zu offenbaren.

b. Die Selbstdarstellung des Geistes in den Träumen

Die psychische Erscheinung des Geistes weist ohne weiteres darauf hin, daß sie archetypischer Natur ist, das heißt das Phänomen, das man Geist nennt, beruht auf der Existenz eines autonomen Urbildes, das vorbewußt in der Anlage der menschlichen Psyche universell vorhanden ist. Wie in allen ähnlichen Fällen bin ich diesem Problem bei meinen Patienten begegnet, und zwar bei der Erforschung ihrer Träume. Es ist mir zunächst aufgefallen, daß eine gewisse Art von Vaterkomplex einen sozusagen «geistigen» Charakter hat, das heißt vom Bilde des Vaters gehen Aussagen, Handlungen, Tendenzen, Antriebe, Meinungen usw. aus, denen man das Attribut «geistig» wohl nicht verwehren kann. Bei Männern führt ein positiver Vaterkomplex nicht selten zu einer gewissen Autoritätsgläubigkeit und zu einer ausgesprochenen Unterwerfungsbereitschaft gegenüber allen geistigen Satzungen und Werten, bei Frauen zu lebhaften geistigen Aspirationen und Interessen. In den Träumen ist es eine Vaterfigur, von der entscheidende Überzeugungen, Verbote und Ratschläge ausgehen. Die Unsichtbarkeit dieser Quelle wird oft dadurch betont, daß sie nur aus einer autoritären Stimme besteht, welche endgültige

Urteile fällt[7]. Es ist darum meist die Figur eines alten Mannes, welche den Faktor «Geist» symbolisiert. Gelegentlich ist es auch ein «eigentlicher» Geist, nämlich der eines Verstorbenen, der diese Rolle spielt. Seltener sind es groteske, heinzelmännchenartige Figuren oder sprechende und wissende Tiere, welche den Geist bedeuten. Die Zwergformen finden sich, wenigstens nach meiner Erfahrung, hauptsächlich bei Frauen, weshalb es mir als logisch erscheint, wenn BARLACH im *«Toten Tag»* der Mutter die gnomenhafte Figur des «Steißbartes» so zuschreibt, wie Bes der Muttergöttin von Karnak zugeordnet ist. Der Geist kann bei beiden Geschlechtern auch in der Gestalt eines Knaben oder Jünglings auftreten. Bei Frauen entspricht diese Figur einem sogenannten «positiven» Animus, welcher die Möglichkeit einer bewußten geistigen Unternehmung andeutet. Bei Männern ist diese Gestalt nicht so eindeutig. Sie kann positiv sein und hat dann die Bedeutung der «höheren» Persönlichkeit, des Selbst oder des filius regius, wie die Alchemisten ihn auffassen[8]. Er kann aber auch negativ sein und bedeutet dann den infantilen Schatten[9]. In beiden Fällen stellt der Knabe einen gewissen Geist dar[10]. Greis und Knabe gehören zusammen. Dieses Paar spielt auch in der Alchemie eine beträchtliche Rolle als Symbol des Mercurius.

Es ist nie mit hundertprozentiger Sicherheit festzustellen, daß die Geistfiguren der Träume moralisch gut sind. Öfters haben sie alle Anzeichen nicht nur der Zweideutigkeit, sondern auch der Boshaftigkeit. Ich muß aber betonen, daß der große Plan, nach dem das unbewußte Leben der Seele konstruiert ist, sich unserer Einsicht so sehr entzieht, daß wir nie wissen können, welches Böse notwendig ist, um durch Enantiodromie ein Gutes herbeizuziehen, und welches Gute zum Bösen verführen wird. Das «probate spiritus» [Prüft die Geister][11], das Johannes empfiehlt, kann oft beim besten Willen nichts anderes sein als ein ebenso vorsichtiges wie geduldiges Abwarten, wie es schließlich herauskommt.

Die Gestalt des alten Weisen kann nicht nur in Träumen, sondern auch in den Visionen der Meditation (oder der «aktiven Imagination») so plastisch hervortreten, daß sie, wie dies in Indien gelegentlich der Fall zu sein scheint, die Rolle eines Guru übernimmt[12]. Der «alte Weise» erscheint in Träumen als Magier, Arzt, Priester, Lehrer, Professor, Großvater oder als irgendeine Person, die Autorität besitzt. Der Archetypus des Geistes in Menschen-, Gnomen- oder Tiergestalt tritt jeweils in einer Situation auf, in welcher Einsicht, Verständnis, guter Rat, Entschluß,

Plan usw. nötig wären, aber aus eigenen Mitteln nicht hervorgebracht werden können. Der Archetypus kompensiert diesen geistigen Mangelzustand durch Inhalte, welche die Lücke ausfüllen. Ein vortreffliches Beispiel ist der Traum vom weißen und schwarzen Magier, welcher die geistigen Schwierigkeiten eines jungen Theologiestudenten zu kompensieren suchte. Ich kenne den Träumer selbst nicht, so daß mein persönlicher Einfluß ausgeschlossen ist. Er träumte, *er stehe vor einer erhabenen priesterlichen Gestalt, genannt der «weiße Magier», obschon er in ein langes schwarzes Gewand gekleidet war. Dieser hatte eben eine längere Rede mit den Worten beendet: «Und dazu brauchen wir die Hilfe des schwarzen Magiers». Da öffnete sich plötzlich die Tür, und ein anderer alter Mann trat herein, der «schwarze Magier», der in ein weißes Gewand gekleidet war. Auch er war schön und erhaben. Der schwarze Magier wollte sichtlich zu dem weißen Meister sprechen, aber er zögerte, dies in Gegenwart des Träumers zu tun. Da sagte der weiße Meister zu ihm, auf den Träumer deutend: «Rede, er ist ein Unschuldiger». Da begann der schwarze Magier eine seltsame Geschichte zu erzählen, wie er die verlorenen Schlüssel des Paradieses gefunden habe und nicht wisse, wie sie zu gebrauchen. Er sei, sagte er, zu dem weißen Magier gekommen, um eine Erklärung des Geheimnisses der Schlüssel zu erhalten. Er erzählte ihm, daß der König des Landes, in welchem er lebte, nach einem passenden Grabmal für sich suchte. Zufällig hätten seine Untertanen einen alten Sarkophag ausgegraben, der die sterblichen Reste einer Jungfrau enthielt. Der König öffnete den Sarkophag, warf die Gebeine weg und ließ den leeren Sarkophag wieder begraben, um ihn zum späteren Gebrauch zu verwahren. Aber sobald die Gebeine ans Tageslicht gelangten, verwandelte sich das Wesen, zu dem sie einst gehörten – die Jungfrau nämlich – in ein schwarzes Pferd, das in die Wüste entfloh. Der schwarze Magier verfolgte es durch die Wüste und darüber hinaus, und dort fand er nach vielen Wechselfällen und Schwierigkeiten die verlorenen Schlüssel des Paradieses.* Damit hörte seine Geschichte auf, und auch der Traum war leider zu Ende[13].

Die Kompensation geschah hier allerdings nicht so, daß dem Träumer das überreicht worden wäre, was ihm als wünschenswert erschien, sondern er wurde mit einem Problem konfrontiert, das ich oben andeutete und welches das Leben immer wieder an uns heranbringt, nämlich die Unsicherheit der moralischen Bewertung, das verwirrende Zusammenspielen von Gut und Böse und die unerbittliche Verkettung von Schuld, Leiden und Erlösung. Dieser Weg zur religiösen Urerfahrung ist richtig, aber wie viele können ihn erkennen? Er ist eine leise Stimme, und sie klingt von ferne. Sie ist zweideutig, zweifelhaft und dunkel, sie bedeutet Gefahr und Wagnis; ein unsicherer Pfad, den man nur um Gottes willen gehen kann, ohne Gewißheit und ohne Sanktion.

c. Der Geist im Märchen

Ich möchte meinem Leser gerne mehr von modernem Traummaterial vorlegen. Aber ich fürchte, daß der Individualismus der Träume viel zu hohe Anforderungen an die Darstellung erhebt und einen Raum beansprucht, der uns hier nicht zur Verfügung steht. Wir wenden uns darum lieber der Folklore zu, wo wir den Konfrontationen und Wirrnissen der individuellen Kasuistik enthoben sind und die Variationen des Geistmotives betrachten können, ohne Rücksicht auf mehr oder weniger einmalige individuelle Bedingungen nehmen zu müssen. In Mythen und Märchen wie im Traume sagt die Seele über sich selber aus, und die Archetypen offenbaren sich in ihrem natürlichen Zusammenspiel als «Gestaltung, Umgestaltung, des ewigen Sinnes ewige Unterhaltung»[14].

Der Häufigkeit, mit der der Typus des Geistes im Traum als alter Mann auftritt, entspricht ungefähr diejenige im Märchen[15]. Der alte Mann erscheint immer dann, wenn der Held sich in einer aussichtslosen und verzweifelten Situation befindet, aus der ihn nur gründliche Überlegung oder ein glücklicher Einfall befreien kann, also eine geistige Funktion oder ein endopsychischer Automatismus. Da der Held aber aus äußeren und inneren Gründen diese Leistung nicht vollbringen kann, so tritt, den Mangel kompensierend, die nötige Erkenntnis in Form eines personifizierten Gedankens auf, eben in der Gestalt des rat- und hilfebringenden Alten. In einem estnischen Märchen[16] wird zum Beispiel erzählt, wie ein mißhandelter Waisenknabe, dem beim Hüten eine Kuh entlaufen war, aus Furcht vor Strafe nicht mehr nach Hause zurückkehren wollte und auf gut Glück blindlings davonlief. Damit begab er sich in eine hoffnungslose Situation, in der kein Ausweg sichtbar war. Erschöpft fiel er in einen tiefen Schlaf. Als er erwachte, «kam es ihm vor, als ob er etwas Flüssiges im Munde gehabt habe, und er sah einen kleinen, alten Mann mit langem, grauem Barte vor sich stehen, der eben im Begriffe war, den Spund wieder auf sein Milchfäßchen zu setzen. ‹Gib mir noch zu trinken!› bat der Knabe. ‹Für heute hast du genug›, erwiderte der Alte, ‹wenn mein Weg mich nicht zufällig hierher geführt hätte, so wäre es sicher dein letzter Schlaf gewesen, denn als ich dich fand, warst du schon halb tot.› Dann befragte der Alte den Knaben, wer er sei und wohin er wolle. Der Knabe erzählte alles, was er erlebt hatte, solange er sich erinnern konnte, bis zu den Schlägen von gestern abend. Da sagte der Alte: ‹Mein liebes Kind! Dir ist es nicht besser noch schlimmer ergangen als so manchen, deren liebe Pfleger und Tröster im Sarge unter der Erde ruhen. Zurückkehren kannst du nicht mehr. Da du einmal fortgegangen bist, so mußt du dir ein neues Glück in der Welt suchen. Da ich weder Haus noch Hof, weder Weib noch Kind habe, so kann ich auch nicht weiter für dich sorgen, aber einen guten Rat will ich dir umsonst geben.›»

Bis dahin spricht der Alte das aus, was der Knabe, der Held der Erzählung, sich auch hätte denken können. Wenn er dem Drange seines Affektes folgend einfach so ins Blaue davonläuft, so müßte er sich doch zum mindesten überlegen, daß er der Nahrung bedürfe. Sodann wäre es auch nötig gewesen, in einem solchen Moment über seine Lage nachzudenken. Dabei wäre ihm seine ganze bisherige Lebensgeschichte bis in die jüngste Vergangenheit eingefallen, wie das so zu gehen pflegt. Es handelt sich bei einer solchen Anamnese um einen zweckmäßigen Vorgang, welcher darauf zielt, in dem kritischen Moment, der alle geistigen und physischen Kräfte herausfordert, die ganze Persönlichkeit und ihren Besitzstand gewissermaßen zu versammeln, um mit diesen geeinten Kräften das Tor der Zukunft aufzustoßen. Niemand wird ihm dabei helfen, und er wird gänzlich auf sich gestellt sein. Ein Zurück gibt es nicht mehr. Diese Einsicht wird seinem Handeln die nötige Entschiedenheit geben. Indem ihn der Alte zu dieser Realisierung veranlaßt, nimmt er ihm die Mühe des eigenen Denkens ab. Ja, der Alte ist selber dieses zweckmäßige Nachdenken und Konzentrieren der moralischen und physischen Kräfte, das sich dort, wo ein bewußtes Denken noch nicht oder nicht mehr möglich ist, im außerbewußten psychischen Raume spontan vollzieht. Der Konzentrierung und Spannung der psychischen Kräfte eignet etwas, das immer wieder wie Magie erscheint; sie entwickeln nämlich eine unerwartete Durchschlagskraft, welche der bewußten Willensleistung oft um ein Vielfaches überlegen ist. Man kann dies experimentell besonders im künstlichen Konzentrationszustand, in der Hypnose, beobachten: ich pflegte in meinen Kursen regelmäßig eine Hysterika von schwächlichem Körperbau im hypnotischen Tiefschlaf mit dem Hinterkopf auf den einen Stuhl und mit den Fersen, wie ein Brett, auf den anderen zu legen und sie etwa eine Minute so liegen zu lassen. Ihr Puls erhöhte sich allmählich bis auf 90. Ein kräftiger Turner unter den Studenten versuchte vergeblich, dieses Experiment mit bewußter Willensanstrengung nachzuahmen. Er knickte baldigst mit einem Puls von 120 zusammen.

Als der kluge Alte den Jungen soweit versammelt hatte, konnte der gute Rat beginnen, das heißt, die Situation erschien nicht mehr aussichtslos. Er riet ihm, ruhig weiter zu wandern, immer nach Osten, wo er nach sieben Jahren den großen Berg erreichen werde, welcher sein Glück bedeute. Das Große und Aufragende des Berges deutet die erwachsene Persönlichkeit an[17]. Aus der versammelten Kraft erwächst Gewißheit und damit die beste Garantie des Erfolges[18]. So wird ihm nichts mehr mangeln. «Nimm meinen Brotsack und mein Fäßchen», sagte der Alte, «du wirst darin täglich soviel Speise und Trank finden, als du bedarfst.» Ebenso gab er ihm ein Klettenblatt, das sich in ein Boot verwandeln konnte, wenn der Knabe über ein Gewässer setzen mußte.

Öfters stellt der Alte in den Märchen die Frage nach dem Wer, Warum, Woher und Wohin[19], um damit die Selbstbesinnung und Sammlung der moralischen Kräfte in die Wege zu leiten, und noch häufiger verleiht er die nötigen Zaubermittel[20], das heißt die unerwartete und unwahrscheinliche Erfolgskraft, welche eine Eigentümlichkeit der geeinten Persönlichkeit im Guten und Bösen darstellt. Aber ebenso unerläßlich scheint die Intervention des Alten, das heißt die spontane Objektivation des Archetypus, zu sein, da der bewußte Wille allein wohl kaum je imstande ist, die Persönlichkeit in dem Maße zu einigen, daß sie außergewöhnliche Erfolgskraft erreicht. Dazu bedarf es nicht nur im Märchen, sondern im Leben überhaupt des objektiven Dazwischentretens des Archetypus, welcher das bloß affektive Reagieren durch eine Kette innerer Konfrontations- und Realisierungsvorgänge stillstellt. Diese lassen das Wer, Wo, Wie, Wozu klar hervortreten und ermöglichen damit die Erkenntnis der momentanen Lage sowohl wie des Zieles. Die dadurch bewirkte Aufklärung und Entwirrung des Schicksalsknäuels hat oft etwas geradezu Zauberhaftes an sich, eine Erfahrung, die dem Psychotherapeuten nicht unbekannt ist.

Die Tendenz des Alten, Überlegung zu veranlassen, äußert sich auch in der Form der Aufforderung, zuerst einmal «darüber zu schlafen». So sagt er zu dem Mädchen, das seine verschwundenen Brüder sucht: «Leg dich hin; der Morgen ist klüger als der Abend[21].» Auch durchschaut er die dunkle Lage des in Bedrängnis geratenen Helden oder weiß wenigstens jene Informationen zu verschaffen, welche diesem weiterhelfen. Zu dem Zwecke bedient er sich gerne der Hilfe der Tiere, insbesondere der Vögel. Dem Prinzen, der den Weg ins Himmelreich sucht, sagt der Einsiedel: «Ich wohne bereits seit dreihundert Jahren hier, aber noch hat mich keiner nach dem Himmelreich gefragt; ich kann es dir nicht sagen, aber droben, im andern Stock des Hauses wohnen allerlei Vögel, die können es dir jedenfalls sagen[22].» Der Alte weiß, welche Wege zum Ziel führen, und zeigt sie dem Helden[23]. Er warnt vor kommenden Gefahren und gibt die Mittel, um diesen wirksam zu begegnen. Er belehrt zum Beispiel den Knaben, der das Silberwasser holen will, daß die Quelle von einem Löwen bewacht sei, welcher die trügerische Eigenschaft habe, mit geöffneten Augen zu schlafen, mit geschlossenen Augen aber zu wachen[24], oder er rät dem Jungen, der zu einer magischen Quelle reiten will, um dort den Heiltrank für den König zu holen, das Wasser nur im Trab zu schöpfen, weil dort Hexen lauern, welche nach allen, die zur Quelle kommen, den Lasso werfen[25]. Er läßt die Prinzessin, die ihren in einen Werwolf verwandelten Liebsten sucht, ein Feuer machen und einen Kessel mit Teer daraufsetzen. Dann muß sie ihre geliebte weiße Lilie in den kochenden Teer werfen, und als der Werwolf kommt, heißt er sie den Kessel dem Wolf über den Kopf stülpen, wodurch ihr Liebster entzaubert wird[26]. Gelegentlich zeichnet sich der Alte durch sein kritisches Urteil aus, wie in jenem kaukasischen Märchen vom jüngsten Prinzen, der dem Vater eine fehlerlose Kirche bauen wollte, um das Reich zu erben. Er baut sie, und niemand kann einen Fehler daran entdecken, aber ein alter Mann erscheint und sagt: «Ach, was sie da für eine schöne Kirche gebaut haben! Nur schade, daß die Grundmauer ein bißchen krumm ist!» Der Prinz läßt die Kirche niederreißen und baut eine neue. Aber auch hier entdeckt der Alte einen Fehler, und so zu dreien Malen[27].

Der Alte stellt also einerseits Wissen, Erkenntnis, Überlegung, Weisheit, Klugheit und Intuition, andererseits aber auch moralische Eigenschaften, wie Wohlwollen und Hilfbereitschaft, dar, womit sein «geistiger» Charakter wohl hinlänglich verdeutlicht sein dürfte. Da der Archetypus ein autonomer Inhalt des Unbewußten ist, so kann das Märchen, das sonst die Archetypen konkretisiert, den Alten im Traum erscheinen lassen, und zwar so, wie dies auch in modernen Träumen etwa vorkommt. In einem Balkanmärchen erscheint der Alte dem bedrängten Helden im Traum und gibt ihm guten Rat, wie er die ihm auferlegten, unmöglichen Aufgaben bewältigen könnte[28]. Seine Beziehung zum Unbewußten wird deutlich durch die Bezeichnung als «Waldkönig» in einem russischen Märchen[29]. Als sich der Bauer müde auf einen Baumstumpf niedersetzte, kroch daraus ein kleiner alter Mann hervor, «ganz runzlig war er, und ein grüner Bart hing ihm bis zu den Knien hinab». «‹Wer bist du denn?› fragte der Bauer. ‹Ich bin der Waldkönig Och›», sagte das Männchen. Der Bauer verdingte ihm seinen liederlichen Sohn. «Und als der Waldkönig mit ihm fortging, führte er ihn in jene andere Welt unter der Erde und brachte ihn in eine grüne Hütte... In der Hütte aber war alles grün: die Wände waren grün und die Bänke, Ochs Frau war grün und die Kinder waren grün, kurz – alles, alles. Und die Wasserweibchen, die bei ihm dienten, die waren so grün wie Rauten.» Sogar das Essen war grün. Der Waldkönig ist hier als ein Vegetations- oder Baumnumen geschildert, das einerseits im Walde dominiert, andererseits auch – durch die Nixen – Beziehung zum Wasserreich hat, woraus seine Zugehörigkeit zum Unbewußten deutlich zu erkennen ist, insofern dies häufig durch Wald sowohl als Wasser ausgedrückt wird.

Ebenfalls mit der Zugehörigkeit zum Unbewußten hat es zu tun, wenn der Alte als Zwerg erscheint. Im Märchen von der Prinzessin, die ihren Liebsten suchte, heißt es: «Die Nacht kam und die Finsternis, und die Sterne gingen auf und unter, und immer noch saß die Prinzessin auf derselben Stelle und weinte. Wie sie nun in tiefen Gedanken saß, hörte sie eine Stimme grüßen: ‹Guten Abend, schöne Jungfrau! Warum sitzest du hier so einsam und traurig?› Da sprang sie hastig auf und war sehr betreten, und das war kein Wunder. Aber als sie sich umsah, stand da nur ein winzig kleines altes Männchen, das nickte ihr zu und sah so herzlich bescheiden aus.» In einem Schweizermärchen begegnet dem Bauernsohn, welcher der Königstochter einen Korb voll Äpfel bringen will, «es chlis isigs Manndle, das frogtene, was er do e dem Chratte häig?» An einer anderen Stelle hat das «Manndle» «es isigs Chlaidle an»[30]. Unter «isig» ist wohl «eisern» zu verstehen, was wahrscheinlicher sein dürfte als «eisig». In letzterem Fall müßte es wohl heißen «es Chlaidli vo Is». Es gibt zwar «Eismännchen», aber auch Erzmännchen, und in einem modernen Traum habe ich sogar ein schwarzes eisernes Männchen gefunden, welches im Moment einer bedeutenden Lebenswendung auftrat, wie in diesem Märchen vom dummen Hans, der im Begriffe war, eine Prinzessin zu heiraten.

In einer modernen Visionenserie, in welcher der Typus des alten Weisen mehrfach auftrat, hat dieser das eine Mal normale Größe, als er im Grunde eines Kraters, der von hohen Felswänden umsäumt ist, erscheint, das andere Mal ist er von winziger Gestalt und befindet sich auf dem Gipfel eines Berges, innerhalb einer niederen, steinernen Umfriedung. Das gleiche Motiv findet sich auch in GOETHES Märchen von der Zwergenprinzessin, deren Wohnraum in einer Schatulle Platz hat[31]. In diesen Zusammenhang gehören das Anthroparion, das Bleimännchen der Zosimosvision[32], sowie die Erzmännchen der Bergwerke, die kunstfertigen Daktylen der Antike, die homunculi der Alchemisten, die Heinzelmännchen, die schottischen brownies usw. Wie «wirklich» dergleichen Vorstellungen sind, ist mir klar geworden anläßlich eines schweren Bergunglückes, wo nach der Katastrophe zwei der Teilnehmer bei hellem Tageslicht die Kollektivvision eines Kapuzenmännchens hatten, welches aus den unzugänglichen Schründen des Gletscherabsturzes herauskam und den Gletscher überquerte, was bei den beiden eine förmliche Panik auslöste. Ich bin öfters Motiven begegnet, welche mir den Eindruck machten, als ob das Unbewußte die Welt des unendlich Kleinen wäre. Rationalistischerweise könnte man dies aus dem dunklen Gefühl, es bei solchen Visionen mit etwas Endopsychischem zu tun zu haben, ableiten, indem man daraus den Schluß zieht, das Ding müsse doch sehr klein sein, um im Kopfe Platz zu haben. Ich bin kein Freund solcher «vernünftiger» Mutmaßungen, obschon ich nicht behaupten möchte, daß sie allemal daneben träfen. Wahrscheinlicher erscheint mir, daß die Neigung zum Diminutiv einerseits und zur übermäßigen Vergrößerung (Riesen!) andererseits mit der merkwürdigen Unsicherheit des Raum- und Zeitbegriffes im Unbewußten zu tun hat[33]. Menschliches Maßgefühl, das heißt unser rationaler Begriff von groß und klein, ist ein ausgesprochener Anthropomorphismus, welcher nicht nur im Reiche der physikalischen Erscheinungen, sondern auch in jenen Gebieten des kollektiven Unbewußten, welche jenseits der Reichweite des spezifisch Menschlichen liegen, seine Gültigkeit verliert. Der atman ist «kleiner als klein» und größer als groß, er ist von Daumengröße und «bedeckt doch die Welt allerorten zwei

Handbreit hoch»[34]. Und von den Kabiren sagt GOETHE: «klein an Gestalt, doch groß an Gewalt»[35]. So ist der Archetypus des Weisen zwar winzig klein, beinahe unmerkbar, und doch von schicksalbedingender Kraft, wie man sehen kann, wenn man den Dingen wirklich auf den Grund geht. Die Archetypen haben diese Eigentümlichkeit gemein mit der Atomwelt, die gerade in unseren Tagen anschaulich beweist, daß, je tiefer das Experiment des Forschers in die Welt des Allerkleinsten dringt, es um so verheerenderen Energiebeträgen, die dort gebunden liegen, begegnet. Daß aus dem Kleinsten größte Wirkung hervorgeht, ist nicht nur auf physikalischem Gebiet, sondern auch in der psychologischen Forschung offenbar geworden. Wie oft hängt in den kritischen Augenblikken des Lebens an einem scheinbaren Nichts ein Alles!

In gewissen primitiven Märchen drückt sich die erleuchtende Natur unseres Archetypus dadurch aus, daß der Alte mit der Sonne identifiziert wird. Er bringt einen Feuerbrand mit, den er dazu gebraucht, einen Kürbis zu rösten. Als er gegessen hat, nimmt er das Feuer aber wieder mit, was die Menschen veranlaßt, ihm dasselbe zu stehlen[36]. In einem nordamerikanischen Märchen ist der Alte ein Medizinmann, der das Feuer besitzt[37]. Der Geist hat den Aspekt des Feuers, wie wir aus der Sprache des *Alten Testaments* und aus der Erzählung des Pfingstwunders wissen.

Neben seiner Klugheit, Weisheit und Erkenntnis weist sich der Alte, wie schon erwähnt, auch über den Besitz von moralischen Eigenschaften aus, ja mehr noch: er prüft die moralischen Fähigkeiten der Menschen und macht seine Gaben von dieser Probe abhängig. Ein besonders deutliches Beispiel ist das estnische[38] Märchen von der Stieftochter und der Haustochter. Die erste ist ein Waisenkind, das sich durch Gehorsam und Ordentlichkeit auszeichnet. Die Geschichte beginnt damit, daß ihr der Spinnrocken in den Brunnen fällt. Sie springt ihm nach, ertrinkt aber im Brunnen nicht, kommt ins magische Land und gerät auf die Quest, wo ihr eine Kuh, ein Widder und ein Apfelbaum begegnen, denen sie ihre Wünsche erfüllt. Sie kommt nun zu einer Badestube, in der ein schmutziger kranker Mann sitzt und von ihr gewaschen werden will. Es entspinnt sich folgendes Zwiegespräch: Der Alte: «Schönes Mädchen, schönes Mädchen! Bad mich, es ist mir zu schwer, so schmutzig zu sein!» Sie: «Womit soll ich den Ofen heizen?» «Sammle Holzpflöcke und Krähenmist und heiz damit.» Sie aber holt Reisig und fragt: «Wo soll ich das Badewasser hernehmen?» Er: «Unter der Korndarre steht eine weiße Stute. Laß sie in den Zuber pissen!» Das Mädchen aber nimmt reines Wasser. «Wo soll ich einen Badequast hernehmen?» «Schneide der weißen Stute den Schwanz ab und mach daraus einen Badequast!» Sie macht aber einen solchen aus Birkenreisern. «Wo soll ich Seife hernehmen?» «Nimm einen Badstubenstein und scheure mich damit!» Sie aber holt aus dem Dorf Seife und wäscht damit den Alten[39]. Zum Lohn gibt ihr dieser eine Schachtel voll Gold und Edelsteine. Die Haustochter wird natürlich neidisch, wirft den Spinnrocken in den Brunnen, wo sie den Rokken aber gleich wieder findet. Sie geht trotzdem weiter und macht nun alles das verkehrt, was die Stieftochter richtig gemacht hat. Der Lohn ist dementsprechend. Bei der Häufigkeit dieses Motivs erübrigen sich weitere Belege.

Die Gestalt des ebenso überlegenen wie hilfreichen Alten legt es nahe, sie mit der Gottheit in irgendeine Beziehung zu bringen. In dem deutschen Märchen vom *«Soldaten und der schwarzen Prinzessin»*[40] wird erzählt, wie die verfluchte Prinzessin aus ihrem eisernen Sarg heraus jede Nacht den Soldaten, der am Grab Wache stehen sollte, zu sich holt und auffrißt. Ein Soldat nun, als die Reihe des Wachestehens an ihn kam, wollte fliehen. «Und als es Abend wurde, stahl er sich fort, lief über Berge und Felder und kam auf eine schöne Wiese. Da stand plötzlich ein kleines Männchen mit langem grauen Bart vor ihm, das war aber unser lieber Herrgott, der wollte den Jammer, welchen der Teufel allnächtlich anrichtete, nicht länger mit ansehen. ‹Wohin des Wegs?› sprach das Graumännchen, ‹darf man nicht mit?› Und weil das Alterchen so treuherzig aussah, erzählte ihm der Soldat, daß er fortgelaufen sei und warum er das getan habe.» Es folgt nun, wie üblich, der gute Rat. In dieser Erzählung wird tatsächlich der Alte mit der gleichen Naivität für Gott selber erklärt, wie der englische Alchemist Sir GEORGE RIPLEY den «alten König» als «antiquus dierum» [Der Alte der Tage] bezeichnet[41].

Wie alle Archetypen einen positiven, günstigen, hellen, nach oben weisenden Charakter haben, so auch einen nach unten weisenden, teils negativen und ungünstigen, teils bloß chthonischen, aber im weiteren neutralen Aspekt. Davon macht der Archetypus des Geistes keine Ausnahme. Schon seine Zwerggestalt bedeutet einen einschränkenden Diminutiv, ebenso die andeutungsweise Naturhaftigkeit eines Vegetationsnumens, das der Unterwelt entstammt. Als beeinträchtigt, insofern er ein Auge verloren hat, erscheint der Alte in einem Balkanmärchen[42]. Die

«Vilen», eine Art geflügelter Unholde, haben es ihm ausgestochen, und der Held muß dafür sorgen, daß sie es ihm wieder herstellen. Der Alte hat also einen Teil seines Augenlichtes, das heißt seiner Einsicht und Illumination, an die dämonische Dunkelwelt verloren; er ist von dieser beeinträchtigt und erinnert insofern an das Schicksal des Osiris, der sein eines Auge durch den Anblick eines schwarzen Schweines, nämlich des Seth, verlor, oder an dasjenige Wotans, der sein eines Auge an den Brunnen Mimirs opferte. Bezeichnenderweise ist das Reittier des Alten unseres Märchens ein Bock, was darauf hinweist, daß er selber auch eine dunkle Seite besitzt. In einem sibirischen Märchen erscheint der Alte als ein einbeiniger, einhändiger und einäugiger Greis, der mit einem eisernen Stab einen Toten erweckt. Im Verlaufe der Geschichte wird er irrtümlicherweise selber von dem mehrfach Wiederbelebten getötet, der damit auch sein ganzes Glück verscherzt hat. Der Titel des Märchens lautet: *«Der einseitige Alte»,* und in der Tat bedeutet seine Beeinträchtigung, daß er gewissermaßen nur aus einer Hälfte besteht. Die andere Hälfte ist unsichtbar, tritt aber in der Erzählung als ein Mörder auf, der dem Helden der Geschichte nach dem Leben trachtet. Schließlich gelingt es dem Helden, seinen mehrfachen Mörder zu töten; in der Raserei erschlägt er aber auch den einseitigen Alten, womit die Identität der beiden Getöteten angedeutet ist. Daraus geht die Möglichkeit hervor, daß der Alte auch zugleich sein Gegenteil sein könnte, ein Belebender sowohl als ein Töter – «ad utrumque peritus» [geschickt in beidem][43], wie es von Hermes heißt.

Unter diesen Umständen dürfte es sich aus heuristischen wie anderen Gründen empfehlen, wo immer der Alte «bescheiden» und «treuherzig» auftritt, die Umgebung sorgfältig abzuleuchten. In unserem ersterwähnten estnischen Märchen vom Verdingknaben, der die Kuh verloren hatte, erhebt sich darum der Verdacht, daß der rechtzeitig zur Stelle befindliche hilfreiche Alte zuvor die Kuh listig zur Seite geschafft hat, um seinem Schützling ein tüchtiges Motiv zum Ausreißen zu verschaffen. Das ist leicht möglich, wie die Alltagserfahrung zeigt, daß das überlegene, aber subliminale Wissen ums Schicksal den ärgerlichen Zwischenfall inszeniert, um den dummen August des Ichbewußtseins ins Bockshorn zu jagen und ihn damit auf seinen eigentlichen Weg zu bringen, den er aus reiner Blödigkeit heraus nie gefunden hätte. Hätte unser Waisenknabe geahnt, daß der Alte es war, der ihm die Kuh wegzauberte, so wäre ihm dieser wohl wie ein hämischer Troll oder Teufel vorgekommen. Der Alte hat in der Tat auch einen *bösen* Aspekt, wie der primitive Medizinmann einerseits der heilende Helfer, andererseits der gefürchtete Giftmischer ist, wie auch das Wort φάρμακον Heilmittel sowohl wie Gift bedeutet und Gift schließlich in Wirklichkeit beides sein kann.

So hat der Alte einen zweideutigen, elfischen Charakter, wie die äußerst lehrreiche Gestalt des Merlin, und wie er in gewissen Erscheinungsweisen das Gute selber zu sein scheint, so eignet ihm auch in anderen Formen der Aspekt des Bösen. Dann ist er der böse Zauberer, der aus Egoismus Böses um des Bösen willen tut. In einem sibirischen[44] Märchen ist der Alte ein böser Geist, «auf dessen Kopfe zwei Seen waren, in denen zwei Enten schwammen». Er nährt sich von Menschenfleisch. Die Geschichte erzählt, wie der Held und seine Leute zu einem Fest ins nächste Dorf gehen und ihre Hunde zu Hause lassen. Diese beschließen – nach dem Sprichwort «Wenn die Katze aus dem Haus ist, tanzen die Mäuse» – ebenfalls ein Fest zu veranstalten. Auf dem Höhepunkt desselben stürzen sich alle auf die Fleischvorräte. Als die Leute nach Hause kommen, jagen sie die Hunde hinaus. Diese aber entlaufen in die Wildnis. «Der Schöpfer sprach zu Ememqut, dem Helden der Geschichte: ‹Geh mit deiner Frau die Hunde suchen!›» Dieser gerät aber in einen furchtbaren Schneesturm und muß Zuflucht suchen in der Hütte des bösen Geistes. Es folgt darauf das bekannte Motiv des übertölpelten Teufels. «Schöpfer» heißt der Vater des Ememqut. Der Vater des Schöpfers aber heißt «Selbstgeschaffen», weil er sich selber geschaffen hatte. Obschon es nun nirgends im Märchen heißt, daß der Alte mit seinen zwei Seen auf dem Kopf den Helden und seine Frau zur Stillung seines Hungers hergelockt habe, so steht doch zu vermuten, daß ein besonderer Geist in die Hunde gefahren sei, der sie veranlaßt, wie die Menschen ein Fest zu feiern, um nachher, entgegen ihrer Art, davonzulaufen, weshalb Ememqut sie suchen muß; und daß der Held dann in den Schneesturm gerät, um dem bösen Alten in die Arme zu laufen. Als Ratgeber hilft dabei Schöpfer, der Sohn des Selbstgeschaffenen, mit, wodurch ein Problemknäuel entsteht, dessen Auflösung wir lieber den sibirischen Theologen überlassen wollen.

In einem Balkanmärchen gibt der Alte der kinderlosen Zarin einen zauberischen Apfel zu essen, wovon sie schwanger wird und einen Sohn gebiert, dessen Gevatter zu sein der Alte sich ausbedungen hat. Der Junge ist aber ein Teufelskerl, der alle Kinder prügelt und den Hirten das Vieh erschlägt. Zehn Jahre lang hat er keinen Namen erhalten. Der Alte erscheint, sticht ihm ein Messer ins Bein und nennt ihn «Messerprinz». Der Sohn will nun auf Abenteuer ausziehen, was ihm der Vater nach langem Zögern schließlich erlaubt. Das Messer, das ihm im Bein steckt, ist seine Lebensbedingung: zieht ein anderer es heraus, so stirbt er, zieht er es selber heraus, so lebt er. Schließlich wird ihm das Messer zum Verhängnis, indem eine alte Hexe es ihm im Schlaf herauszieht. Er stirbt, wird aber durch seine selbsterworbenen Freunde wieder zum Leben gebracht[45]. Hier ist der Alte zwar hilfreich, aber auch der Geber gefährlichen Schicksals, das sich ebensogut zum Bösen hätte wenden können. Das Böse manifestierte sich frühzeitig und deutlich im gewalttätigen Charakter des Jungen.

Ebenfalls in einem Balkanmärchen findet sich eine erwähnenswerte Variante unseres Motivs: Ein König sucht seine Schwester, die ein Fremder entführt hat. Auf der Wanderschaft kehrt er in der Hütte einer alten Frau ein, die ihn davor warnt, seine Suche fortzusetzen. Ein mit Früchten beladener Baum, der immer vor ihm zurückweicht, lockt ihn von der Hütte weg. Als er endlich stehen bleibt, steigt ein Alter aus der Krone herunter. Er bewirtet den König und bringt ihn zu der Burg, wo dessen Schwester als Frau des Alten wohnt. Sie sagt ihrem Bruder, daß ihr Mann ein böser Geist sei, der ihn töten werde. Nach drei Tagen ist der König auch richtig verschwunden. Sein jüngerer Bruder geht nun ebenfalls auf die Suche und tötet den bösen Geist in der Gestalt eines Drachen. Dadurch wird ein schöner, junger Mann entzaubert, der nunmehr die Schwester heiratet. Der zuerst als Baumnumen erscheinende Alte steht in offenkundiger Beziehung zur Schwester. Er ist ein Mörder. In einer eingeschobenen Episode wird ihm zur Last gelegt, daß er eine ganze Stadt verzaubert habe, indem er sie «eisern» machte, das heißt unbeweglich, starr und verschlossen[46]. Auch hält er die Schwester des Königs gefangen und läßt sie nicht mehr zu ihren Verwandten zurückkehren. Damit wird eine *Animusbesessenheit* der Schwester geschildert. Der Alte ist soweit also aufgefaßt als der Animus der Schwester. Die Art und Weise aber, wie der König in diese Besessenheit einbezogen wird, und die Suche nach der Schwester legen den Gedanken nahe, daß die Schwester für den Bruder Animabedeutung hat. Der schicksalgebende Archetypus hat demnach zuerst die Anima des Königs in Besitz genommen, das heißt er entzieht dem König den Archetypus des Lebens, welcher eben in der Anima personifiziert ist, nötigt ihm dadurch die Quest nach dem verlorenen Lebensreiz, der «schwer erreichbaren Kostbarkeit», auf und macht ihn damit zum mythischen Helden, das heißt zur höheren Persönlichkeit, die ein Ausdruck seines Selbst ist. Dabei handelt der Alte durchwegs als Bösewicht und muß gewaltsam beseitigt werden, um danach als der Gatte der Schwester-Anima zu erscheinen, recht eigentlich als Seelenbräutigam, der den heiligen Inzest als Symbol der Vereinigung des Entgegengesetzten und Gleichen feiert. Diese öfters begegnende, kühne Enantiodromie bedeutet nicht nur eine Verjüngung und Wandlung des Alten, sondern läßt auch eine geheime innere Beziehung des Bösen zum Guten und viceversa erahnen.

In dieser Geschichte sehen wir also den Archetypus des Alten in der Gestalt des Übeltäters, eingebettet in die Wandlungen und Peripetien eines Individuationsprozesses, der andeutungsweise bis zum hieros gamos reicht. Im vorhin erwähnten russischen Märchen vom Waldkönig erweist sich dieser umgekehrt zunächst als hilfreich und wohltätig, will aber dann seinen Verdingknaben nicht mehr herausgeben, so daß die Hauptereignisse der Erzählung in den mannigfachen Versuchen des Jungen bestehen, den Klauen des Zauberers zu entrinnen. An die Stelle der Quest tritt die Flucht, welche aber die gleichen Verdienste wie tapfer aufgesuchte Abenteuer zu haben scheint, denn am Ende heiratet der Held die Königstochter. Der Zauberer aber muß sich mit der Rolle des betrogenen Teufels begnügen.

d. Die theriomorphe Symbolik des Geistes im Märchen

Die Beschreibung unseres Archetypus wäre nicht vollständig, wenn wir nicht noch einer besonderen Erscheinungsweise desselben gedächten, nämlich seiner Tierform. Diese gehört ganz im allgemeinen zum Theriomorphismus der Götter und Dämonen und hat die gleiche psychologische Bedeutung. Die Tiergestalt zeigt nämlich an, daß die in Frage kommenden Inhalte und Funktionen sich noch im außermenschlichen Bereiche, das heißt in einem Jenseits des menschlichen Bewußtseins befinden, und daher einerseits am Dämonisch-Übermenschlichen, andererseits am Tierisch-Untermenschlichen teilhaben. Dabei ist aber in Betracht zu ziehen, daß diese Trennung nur im Raum des Bewußtseins Geltung hat, wo sie einer notwendigen Bedingung des Denkens entspricht. Die Logik sagt: «Tertium non datur»[47], das heißt wir können uns Gegensätze in ihrem Einssein nicht vorstellen. Die Aufhebung einer trotzdem bestehenden Antinomie kann mit anderen Worten für uns nur als Postulat gelten. Für das Unbewußte ist dem aber keineswegs so, indem dessen Inhalte samt und sonders paradox oder antinomisch in sich selber sind, die Kategorie des Seins nicht ausgenommen. Wenn jemand in Unkenntnis der Psychologie des Unbewußten sich von diesem Sachverhalt ein Bild machen will, so sei ihm das Studium der christlichen Mystiker und der indischen Philosophie empfohlen. Dort findet er die deutlichsten Auswirkungen der Antinomik des Unbewußten.

Obschon der Alte in unserer bisherigen Betrachtung ein meist menschliches Aussehen und Benehmen zur Schau trägt, so weisen doch seine zauberischen Fähigkeiten einschließlich seiner geistigen Überlegenheit auf das Außer- oder Über- und Untermenschliche im Guten und Bösen hin. Sein tierischer Aspekt bedeutet weder für den Primitiven noch für das Unbewußte eine Wertverminderung, denn in einer gewissen Hinsicht ist das Tier dem Menschen auch überlegen. Es hat sich noch nicht in sein Bewußtsein hineinverirrt und hat jener Macht, aus der es lebt, noch kein eigenwilliges Ich entgegengestellt, sondern erfüllt den Willen, der in ihm waltet, in nahezu vollkommener Weise. Wäre es bewußt, so wäre es frömmer als der Mensch. Die Legende vom Sündenfall enthält eine tiefe Lehre; ist sie doch der Ausdruck eines dunklen Gefühls, daß die Emanzipation des Ichbewußtseins eine luziferische Tat darstellt. Die menschliche Weltgeschichte besteht von Anfang an in einer Auseinandersetzung des Minderwertigkeitsgefühles mit der Selbstüberhebung. Die Weisheit sucht die Mitte und büßt dieses kühne Unterfangen durch eine mißliche Verwandtschaft mit Dämon und Tier und leidet darum an moralischer Mißdeutbarkeit.

Häufig begegnen wir im Märchen dem Motiv der *hilfreichen Tiere*. Diese benehmen sich menschlich, sprechen menschliche Sprache und zeigen eine Klugheit und ein Wissen, welches demjenigen des Menschen sogar überlegen ist. In diesem Fall kann man wohl mit Berechtigung sagen, daß der Archetypus des Geistes durch eine Tiergestalt ausgedrückt werde. In einem deutschen Märchen[48] wird erzählt, wie ein Junge, der sich auf der Suche nach seiner verschwundenen Prinzessin befindet, einem Wolf begegnet, der zu ihm spricht: «Fürchte dich nicht! Aber sage mir, wohin führt dich dein Weg?» Der Junge erzählt jenem seine Geschichte, worauf der Wolf ihm die magische Gabe, nämlich einige seiner Haare gibt, mit deren Hilfe der Junge ihn jederzeit zu Hilfe rufen könne. Dieses Intermezzo verläuft genauso wie die Begegnung mit dem hilfreichen Alten. In der gleichen Erzählung tritt auch die andere, nämlich die böse Seite des Archetypus auf. Zur Veranschaulichung will ich das Märchen auszugsweise mitteilen:

Wie der Junge im Walde seine Schweine hütet, entdeckt er einen großen Baum, dessen Zweige sich in den Wolken verlieren. «Wie mag es wohl sein», sagt der Junge zu sich, «wenn du dir von seinem Wipfel aus die Welt beschaust?» Er klettert nun den Baum empor, den ganzen Tag lang, ohne die Äste zu erreichen. Es wird Abend, und er muß auf einem Aststrunk übernachten. Anderentags klettert er weiter und langt um Mittag in der Krone an. Erst gegen Abend erreicht er ein Dorf, das in die Äste hineingebaut ist. Dort wohnen Bauern, die ihn bewirten und ihm Herberge für die Nacht geben. Am Morgen klettert er weiter. Gegen Mittag erreicht er ein Schloß, in welchem eine Jungfrau wohnt. Hier erfährt er, daß es nicht mehr höher geht. Sie ist eine Königstochter, die von einem bösen Zauberer gefangengehalten wird. Er bleibt nun bei der Prinzessin und darf in alle Zimmer des Schlosses gehen; nur eines hat sie ihm verboten zu betreten. Aber die Neugier ist stärker. Er schließt das Zimmer auf und findet darin einen Raben, der mit drei Nägeln an die Wand geheftet ist. Ein Nagel geht durch den Hals, die beiden anderen durch die Flügel. Der Rabe klagt über Durst, und der Junge, von Mitleid bewegt, gibt ihm Wasser zu trinken. Bei jedem Schluck fällt ein Nagel heraus, und beim dritten ist der Rabe frei und fliegt zum Fenster hinaus. Als die Prinzessin davon hört, ist sie sehr erschrocken und sagt: «Das ist der Teufel gewesen, der mich verzaubert hat... nun wird's nicht mehr lange währen, so holt er mich nach!» Eines schönen Morgens ist sie in der Tat verschwunden.

Der Junge geht nun auf die Suche, wo ihm, wie oben geschildert, der Wolf begegnet. In gleicher Weise begegnen ihm auch ein Bär und ein Löwe, von denen er ebenfalls Haare erhält. Außerdem verrät ihm der Löwe, daß die Prinzessin in der Nähe in einem Jägerhaus gefangen sei. Er findet das Haus und die Prinzessin, erfährt aber, daß Flucht unmöglich sei, weil der Jäger einen dreibeinigen Schimmel besitze, der alles wisse und den Jäger unfehlbar warnen würde. Trotzdem versucht der Junge die Flucht, aber vergebens. Der Jäger holt ihn ein, läßt ihn aber, da er ihm als Raben ja einmal das Leben gerettet habe, wieder laufen. Er reitet nun mit der Prinzessin davon. Der Junge aber schleicht sich, als der Jäger in den Wald gegangen war, wieder ins Haus ein und überredet die Prinzessin, dem Jäger das Geheimnis, wie er seinen klugen Schimmel erlangt habe, abzulocken. Dies gelingt ihr in der Nacht, und der Junge, der sich unter dem Bett versteckt hatte, erfährt, daß etwa eine Stunde vom Jägerhaus eine Hexe wohnt, welche Zauberpferde züchtet. Wer die Fohlen drei Tage lang hüten kann, der darf sich zum Lohn ein Pferd aussuchen. Vorzeiten habe sie auch noch zwölf Lämmer dreingegeben, um damit den Hunger der zwölf Wölfe, die im Wald ums Gehöft wohnen, zu stillen und sie damit abzuhalten, daß sie sich auf einen stürzten. Sie habe ihm aber keine Lämmer gegeben. Die Wölfe hätten ihn nun verfolgt, als er wegritt, und beim Überschreiten der Grenze wäre es ihnen noch gelungen, seinem Schimmel wenigstens einen Fuß abzureißen. Darum habe er nur drei Beine.

Schleunigst sucht nun der Junge die Hexe auf und verdingt sich bei ihr unter der Bedingung, daß sie ihm nicht nur das Pferd gebe, das er selbst wähle, sondern noch zwölf Lämmer obendrein. Sie ist damit einverstanden. Sie befiehlt nun den Fohlen, ihm davonzulaufen. Um ihn einzuschläfern, gibt sie ihm Branntwein mit. Er trinkt ihn, schläft ein, und die Fohlen laufen davon. Am ersten Tag holt er sie mit Hilfe des Wolfes ein, am zweiten hilft ihm der Bär und am dritten Tag der Löwe. Nun darf er sich seinen Lohn aussuchen. Die kleine Tochter der Hexe verrät ihm, welches das Reitpferd der Mutter ist. Das ist natürlich das beste Pferd, auch ein Schimmel. Diesen verlangt er. Kaum geht er aber aus dem Stall hinaus, da bohrt die Hexe dem Schimmel die vier Hufe an und saugt ihm das Mark aus den Knochen. Aus dem Mark bäckt sie einen Kuchen, den sie dem Jungen mit auf die Reise gibt. Das Pferd ist sterbensschwach, aber der Junge gibt ihm den Kuchen zu fressen, worauf es seine frühere Kraft wieder erlangt. Er gelangt unversehrt aus dem Walde heraus, nachdem er die zwölf Wölfe durch die zwölf Lämmer beschwichtigt hat. Er holt die Prinzessin ab und reitet mit ihr weg. Der dreibeinige Schimmel ruft wiederum den Jäger herbei, der den beiden sofort nachsetzt und sie darum rasch einholt, weil der vierbeinige Schimmel nicht laufen will. Als nun der Jäger in die Nähe kommt, ruft der vierbeinige dem dreibeinigen

Schimmel zu: «Schwesterchen, wirf ihn ab!» Der Zauberer wird abgeworfen und von den beiden Pferden zertreten. Der Junge setzt nun die Prinzessin auf den dreibeinigen Schimmel, und so reiten die beiden in das Königreich ihres Vaters, wo sie Hochzeit feiern. Der vierbeinige Schimmel bittet den Jungen, beiden Pferden den Kopf abzuschlagen, da sie sonst Unheil über ihn bringen würden. Als er dies tut, verwandeln sich die Pferde in einen stattlichen Prinzen und eine wunderschöne Prinzessin, welche dann nach einiger Zeit «in ihr eigenes Königreich» ziehen. Sie waren vom Jäger einstmals in Pferde verwandelt worden.

Abgesehen von der theriomorphen Symbolik des Geistes in dieser Erzählung ist die Tatsache besonders interessant, daß die Funktion des Wissens und der Intuition durch ein Reittier dargestellt ist. Damit wird ausgedrückt, daß der Geist auch Besitztum sein kann. So ist der dreibeinige Schimmel Eigentum des dämonischen Jägers, der vierbeinige aber zunächst das der Hexe. Der Geist ist hier zum einen Teil Funktion, die wie eine Sache den Besitzer wechseln kann (Pferd); zum anderen Teil aber auch autonomes Subjekt (Zauberer als Besitzer des Pferdes). Indem der Junge den vierbeinigen Schimmel von der Hexe erwirbt, befreit er einen Geist oder ein Denken besonderer Art von der Herrschaft des Unbewußten. Die Hexe bedeutet hier, wie an anderen Orten, eine mater natura, respektive den ursprünglichen, sozusagen «matriarchalen» Zustand des Unbewußten, wodurch eine psychische Verfassung angezeigt ist, in welcher dem Unbewußten nur ein schwaches und unselbständiges Bewußtsein gegenübersteht. Der vierbeinige Schimmel erweist sich als dem dreibeinigen überlegen, da er ihm befehlen kann. Da die Quaternität ein Ganzheitssymbol ist und die Ganzheit in der Bilderwelt des Unbewußten eine beträchtliche Rolle spielt[49], erscheint der Sieg der Vierbeinigkeit über die Dreibeinigkeit nicht ganz unerwartet. Was soll aber der Gegensatz zwischen Dreiheit und Vierheit bedeuten, respektive was bedeutet die Dreiheit gegenüber der Ganzheit? In der Alchemie heißt dieses Problem das *Axiom der Maria* und begleitet diese Philosophie durch mehr als ein Jahrtausend, um schließlich im *«Faust»* (Kabirenszene) nochmals aufgenommen zu werden. Seine literarisch früheste Fassung findet sich in den Eingangsworten des *«Timaios»*[50], an welche GOETHE wieder erinnert. Bei den Alchemisten können wir es deutlich sehen, wie der Trinität der Gottheit eine untere, chthonische Dreiheit (ähnlich dem dreiköpfigen Teufel bei DANTE) entspricht. Diese besteht in einem Prinzip, welches durch seine Symbolik Verwandtschaft mit dem Bösen verrät, obschon keineswegs feststeht, daß sie nichts als das Böse ausdrücke. Vielmehr weist alles darauf hin, daß das Böse, respektive dessen geläufiges Symbol, mit zur Familie jener Figuren gehört, die das Dunkle, Nächtige, Untere, Chthonische beschreiben. Das Untere verhält sich in dieser Symbolik zum Oberen als eine Entsprechung[51] im Gegensatz, das heißt es wird, wie das Obere, als Dreiheit gefaßt. Drei als männliche Zahl ist hier logischerweise dem bösen Jäger zugeordnet, den man (alchemistisch) als untere Dreiheit verstehen könnte. Die Vier dagegen, als weibliche Zahl, ist der Alten zugewiesen. Beide Pferde sind redende und wissende Wundertiere und stellen daher unbewußten Geist dar, der aber im einen Fall dem bösen Zauberer und im anderen der Hexe untergeordnet ist.

Zwischen der Dreiheit und der Vierheit besteht also zunächst der mann-weibliche Gegensatz, sodann ist die Vierheit ein Ganzheitssymbol, die Dreiheit aber nicht. Dafür bezeichnet diese, nach Ausweis der Alchemie, eine Gegensätzlichkeit, indem die eine Dreiheit immer auch eine andere voraussetzt, wie das Oben ein Unten, das Helle ein Dunkles, das Gute ein Böses. Gegensatz bedeutet energetisch ein Potential, und wo sich ein Potential findet, da ist die Möglichkeit eines Ablaufes und eines Geschehens, denn die Spannung der Gegensätze strebt nach Ausgleich. Wenn man sich die Vierheit als Quadrat vorstellt und dasselbe durch eine Diagonale in zwei Hälften teilt, so entstehen zwei Dreiecke, deren Spitzen in entgegengesetzter Richtung zeigen. Man könnte daher metaphorisch sagen: wenn man die durch die Vierheit symbolisierte Ganzheit in gleiche Hälften teilt, so entstehen zwei Dreiheiten von entgegengesetzter Richtung. Wie nun diese einfache Überlegung die Dreiheit aus der Vierheit ableitet, so erklärt auch der Jäger der gefangenen Prinzessin, daß und wie sein Schimmel aus einem Vierbeiner zu einem Dreibeiner geworden ist, indem ihm die zwölf Wölfe einen Fuß abgerissen haben. Die Dreibeinigkeit des Schimmels verdankt ihr Dasein also einem Unglücksfall, der sich in jenem Augenblick ereignete, als das Pferd im Begriffe war, das Reich der dunkeln Mutter zu verlassen. In psychologischer Sprache ausgedrückt, würde das heißen, daß, wenn die unbewußte Ganzheit manifest wird, das heißt das Unbewußte verläßt und in die Sphäre des Bewußtseins übertritt, eines von den vieren zurückbleibt, zurückgehalten vom horror vacui des Unbewußten. Dadurch entsteht eine Dreiheit, welcher, wie wir nicht aus dem Märchen, sondern aus der Symbolgeschichte wissen, eine entgegengesetzte Dreiheit entspricht[52], das heißt es entsteht ein Konflikt. Auch hier könnte man also mit Sokrates fragen: «Eins, zwei, drei – aber der vierte, mein lieber Timaios, von denen, die gestern die Gäste waren und heute die Gastgeber sind, wo bleibt er uns denn?»[53] Er blieb im Reiche der dunkeln Mutter, zurückgehalten von der wölfischen Gier des Unbewußten, das nichts aus seinem Bannkreis entlassen möchte, es sei denn, daß ein entsprechendes Opfer dafür gebracht werde.

Der Jäger respektive der alte Zauberer und die Hexe entsprechen den negativen Elternimagines in der magischen Welt des Unbewußten. Der Jäger tritt in der Erzählung zunächst auf in der Gestalt eines schwarzen Raben. Er hat die Prinzessin geraubt und hält sie gefangen. Sie bezeichnet ihn als «Teufel». Aber merkwürdigerweise ist er selber im *einen* verbotenen Raum des Schlosses eingesperrt und dort mit drei Nägeln an die Wand geheftet, das heißt soviel wie *gekreuzigt.* Er ist gefangen, wie jeder Gefangenenwärter, und selber gebannt, wie jeder, der verflucht. Das Gefängnis beider ist ein Zauberschloß im Wipfel eines Riesenbaumes, wohl des Weltbaumes. Die Prinzessin gehört zur lichten Oberwelt in der Sonnennähe. Wenn sie geradezu auf dem Weltenbaum gefangensitzt, so ist sie wohl eine Art von anima mundi, welche in die Macht der Finsternis geraten ist. Dieser Fang scheint aber letzterer auch nicht gut bekommen zu sein, indem nämlich der Räuber gekreuzigt wird, und zwar mit drei Nägeln. Die Kreuzigung bedeutet offenkundig eine qualvolle Gebundenheit und Suspension, die Strafe für den Tollkühnen, der sich in die Sphäre des Gegenprinzips wie ein Prometheus vorgewagt hat. Das hat der Rabe, der mit dem Jäger identisch ist, auch getan, denn er hat aus der lichten Oberwelt eine kostbare Seele gestohlen, und so wird er in der Ober- oder Überwelt zur Strafe an die Wand geheftet. Daß es sich hier um eine Spiegelung des christlichen Urbildes im Gegensatz handelt, dürfte wohl unverkennbar sein. Der Retter, der die Menschheitsseele von der Herrschaft des Herrn dieser Welt befreit hat, ist unten in der sublunaren Welt ans Kreuz geheftet, wie der diebische Rabe im himmlischen Wipfel des Weltbaumes für seinen Übergriff an die Wand genagelt wurde. Das unserem Märchen eigentümliche Instrument der Bannung ist die Dreiheit der Nägel. Wer den Raben gefangensetzte, ist im Märchen nicht gesagt. Er klingt aber, wie wenn es sich um einen Bannspruch im dreieinigen Namen gehandelt hätte.

Der Heldenjunge, der den Weltbaum erklettert hat und ins Zauberschloß eingedrungen ist, wo er die Prinzessin befreien soll, darf alle Zimmer betreten, nur eines nicht, nämlich jenes, in dem sich der Rabe befindet[54]. Wie von einem Baum im Paradies nicht gegessen werden soll, so darf auch das eine Zimmer nicht geöffnet werden, weshalb es natürlich eben erst recht betreten wird. Nichts wirkt so aufmerksamkeitserregend wie ein Verbot. Es ist sozusagen der sicherste Weg, um den Ungehorsam herauszufordern. Offenbar ist eine geheime Absicht am Werke, *nicht so sehr die Prinzessin, als vielmehr den Raben zu befreien.* Wie der Held des Raben ansichtig wird, fängt dieser an, jämmerlich zu schreien und über seinen Durst zu klagen[55], und der Junge, von der Tugend des Mitleids bewogen, letzt ihn nicht mit Ysop und Essig, sondern mit erquickendem Wasser, worauf alsbald die drei Nägel herausfallen und der Rabe durchs offene Fenster entfliegt. Damit ist der böse Geist wieder in Freiheit gesetzt, wandelt sich in den Jäger, raubt die Prinzessin zum zweiten Male und sperrt sie dieses Mal auf der Erde in seiner Jagdhütte ein. Die geheime Absicht entschleiert sich zum Teil: die Prinzessin sollte aus der Überwelt in die Menschenwelt gebracht werden, was ohne Mithilfe des bösen Geistes und des menschlichen Ungehorsams offenbar nicht möglich war.

Da aber auch in der Menschenwelt der Seelenjäger Herr über die Prinzessin ist, so muß der Held aufs neue eingreifen, indem er, wie wir schon erfahren haben, der Hexe den Vierbeiner ablistet und damit die dreibeinige Macht des Zauberers bricht. Die Dreiheit ist es, die den Raben bannt, und die Dreiheit ist zugleich auch die Macht des bösen Geistes. Das sind die beiden Dreiheiten, die entgegengesetzte Richtung haben.

In einem ganz anderen Bereiche, nämlich in dem der psychologischen Erfahrung, wissen wir, daß drei von den vier Bewußtseinsfunktionen sich differenzieren, das heißt bewußt werden können; eine aber bleibt mit dem Mutterboden, dem Unbewußten, verbunden und wird als die inferiore respektive «minderwertige» Funktion bezeichnet. Sie bildet die Achillesferse auch des heroischsten Bewußtseins. Irgendwo ist der Starke schwach, der Gescheite dumm, der Gute schlecht usw., und das Umgekehrte ist auch wahr. Nach unserem Märchen erscheint die Dreiheit als eine verstümmelte Vierheit. Könnte man das eine Bein den drei anderen beifügen, so entstünde die Ganzheit. So lautet auch das änigmatische *Axiom der Maria*: «Aus dem Dritten wird das Eine ⟨als⟩ Viertes» (ἐκ τοῦ τρίτου τὸ ἕν τέταρτον),[56] das heißt wohl: wenn aus dem Dritten das

Vierte kommt, so entsteht damit auch zugleich die Einheit. Das eine, verloren gegangene Stück, das sich im Besitze der Wölfe der großen Mutter befindet, ist zwar nur ein Viertel, macht aber mit den drei zusammen jene Ganzheit aus, welche die Trennung und den Konflikt aufhebt.

Woher nun aber kommt es, daß das eine Viertel nach der Aussage der Symbolik ebenfalls eine Dreiheit ist? Hier läßt uns die Symbolik des Märchens im Stich, und wir sind gezwungen, zu den Tatsachen der Psychologie unsere Zuflucht zu nehmen. Ich habe vorhin gesagt, daß drei Funktionen differenziert werden können, und nur eine im Banne des Unbewußten verbleibt. Diese Feststellung muß noch präzisiert werden. Erfahrungsgemäß gelingt die Differenzierung nur annähernd bei *einer* Funktion, welche deshalb als die superiore oder Hauptfunktion bezeichnet wird und neben Extra- und Introversion den Typus der Bewußtseinseinstellung ausmacht. Dieser Funktion stehen eine oder zwei, mehr oder weniger differenzierte, Auxiliärfunktionen zur Seite, welche aber fast nie denselben Grad an Differenzierung, das heißt an willkürlicher Verwendungsfähigkeit erreichen. Sie besitzen daher einen höheren Grad an Spontaneität als die Hauptfunktion, die sich in hohem Maße als zuverlässig und als unserer Absicht willfährig erweist. Die vierte, inferiore, Funktion dagegen zeigt sich unserem Willen gegenüber als unzugänglich. Bald erscheint sie als Kobold mit neckischen Störungen, bald als deus ex machina. Immer aber kommt und geht sie sua sponte. Aus dieser Darlegung geht hervor, daß auch die differenzierten Funktionen nur zu einem Teil sich von der Verwurzelung im Unbewußten befreit haben, zu einem anderen Teil aber noch im Unbewußten stecken und insoweit unter der Herrschaft des Unbewußten operieren. Den drei differenzierten Funktionen, welche dem Ich zur Verfügung stehen, entsprechen drei unbewußte Anteile, die sich vom Unbewußten noch nicht gelöst haben[57]. Und wie den drei bewußten und differenzierten Funktionsteilen eine vierte, undifferenzierte Funktion als mehr oder weniger peinlicher Störungsfaktor gegenübersteht, so scheint auch die superiore Funktion dem Unbewußten gegenüber der schlimmste Feind zu sein. Und eine besondere Finesse darf nicht unerwähnt bleiben: wie der Teufel sich gerne in einen Engel des Lichtes verkleidet, so beeinflußt in geheimer und tückischer Weise die inferiore am allermeisten die Hauptfunktion, wie diese jene am meisten unterdrückt[58].

Diese leider etwas abstrakten Ausführungen sind nötig, um die listen-

und andeutungsreichen Zusammenhänge unseres – wie man so zu sagen pflegt – «kindereinfachen» Märchens einigermaßen aufzuhellen. Die beiden gegensätzlichen Dreiheiten, die eine, welche den Bösen bannt und die andere, welche seine Macht darstellt, entsprechen sozusagen haargenau der funktionalen Struktur unserer bewußten und unbewußten Psyche. Das Märchen als ein spontanes, naives und unreflektiertes Produkt der Seele kann wohl nicht anders als das aussprechen, was eben die Seele ist. Daher stellt nun nicht etwa nur unser Märchen diese strukturellen psychischen Verhältnisse dar, sondern noch ungezählte andere Märchen[59] tun dasselbe.

Unser Märchen zeigt mit seltener Deutlichkeit einerseits die ganze Gegensätzlichkeit des Geistarchetypus, andererseits das verwirrende Zusammenspiel der Antinomien auf das eine große Ziel der höheren Bewußtwerdung hin. Der junge Schweinehirt, der aus animalischer Tiefe herauf den Riesenbaum der Welt erklettert und ganz oben in der lichten Überwelt seine Jungfrau Anima, die hochgeborene Prinzessin, entdeckt, symbolisiert den Aufstieg des Bewußtseins aus tiernahen Gebieten zu einem aussichtsreichen Höhepunkt, welcher die Vergößerung des Bewußtseinshorizontes in besonders geeigneter Weise darstellt[60]. Hat das männliche Bewußtsein einmal diese Höhe erreicht, so tritt ihm dort seine weibliche Entsprechung, die Anima, entgegen[61]. Diese ist eine Personifikation des Unbewußten. Die Begegnung zeigt, wie ungeeignet die Bezeichnung des Unbewußten als «Unterbewußtsein» ist. Es ist nicht nur «unter dem Bewußtsein», sondern auch darüber, ja es ist schon längst darüber, so daß der Held erst mühsam dazu emporklettern muß. Dieses «obere» Unbewußte ist aber keineswegs ein «Überbewußtsein» in dem Sinne, daß der, welcher es erlangt hat, wie unser Held, nun etwa ebenso hoch über dem «Unterbewußtsein» stünde wie über der Erdoberfläche. Im Gegenteil, er macht die unangenehme Entdeckung, daß seine hohe und lichte Anima, die Prinzessin Seele, dort oben verhext ist und so unfrei wie ein Vogel in einem goldenen Käfig. Er kann sich zwar rühmen, über die Niederungen einer fast animalischen Dumpfheit emporgediehen zu sein, aber seine Seele ist in der Macht eines bösen Geistes, einer finsteren Vaterimago unterweltlicher Art in Gestalt eines Raben, dieser bekannten theriomorphen Figur des Teufels. Was nützen ihm seine Höhe und der weite Horizont, wenn seine geliebte Seele im Gefängnis schmachtet? Ja, sie macht sogar das Spiel der Unterwelt mit und will den

Jungen anscheinend daran hindern, das Geheimnis ihrer Gefangenschaft zu entdecken, indem sie ihm das Betreten des einen Zimmers verbietet. Heimlich aber führt sie ihn eben durch das Verbot doch dazu hin. Es ist, wie wenn das Unbewußte zwei Hände hätte, wovon die eine immer das Gegenteil der anderen tut. Die Prinzessin möchte – und möchte nicht – befreit sein. Der böse Geist aber hat sich offenbar auch in eine Falle gelockt: er wollte sich eine schöne Seele der lichten Oberwelt rauben, was er als geflügeltes Wesen auch tun konnte, hatte aber nicht damit gerechnet, daß er dadurch selber in die Oberwelt gebannt würde. Er ist zwar ein finsterer Geist, hat aber Sehnsucht nach dem Licht. Das ist seine geheime Rechtfertigung, wie die Bannung die Strafe für den Übergriff bedeutet. Solange der böse Geist in der Oberwelt gefangen ist, kann auch die Prinzessin nicht auf die Erde hinunter, und der Held bleibt im Paradies verschwunden. Nun begeht er aber die Sünde des Ungehorsams, ermöglicht dadurch das Entkommen des Räubers und verursacht eine nochmalige Entführung der Prinzessin, also eine ganze Reihe schlimmer Folgen. Das Resultat aber ist, daß die Prinzessin auf die Erde kommt, und daß auch der teuflische Rabe die Menschengestalt des Jägers annimmt. Damit kommen die lichte, überweltliche Anima sowohl wie das böse Prinzip in Menschennähe, das heißt beide werden in den menschlichen Diminutiv übersetzt und dadurch erreichbar. Das dreibeinige, alleswissende Pferd des Jägers stellt dessen eigentliche Macht dar. Es entspricht den unbewußten Anteilen der differenzierbaren Funktionen[62]. Der Jäger aber personifiziert die inferiore Funktion, die auch im Helden als dessen Neugier und Unternehmungslust sichtbar wird. Im weiteren Verlauf gleicht er sich dem Jäger sogar noch mehr an: wie dieser sich sein Roß von der Hexe holt, so unser Held. Aber im Unterschied zu ihm hat der Jäger versäumt, zu gleicher Zeit zwölf Lämmer mitzunehmen, um die zwölf Wölfe zu füttern, die ihm dann sein Pferd beschädigen. Er vergaß, den chthonischen Mächten den Tribut zu entrichten, weil er eben nichts ist als ein Räuber. Durch sein Versäumnis aber lernt der Held, daß nur gegen ein Opfer das Unbewußte seine Geburten entläßt[63]. Die Zwölfzahl ist hier wohl ein Zeitsymbol mit der Nebenbedeutung von zwölf Werken (ἆϑλα)[64], die für das Unbewußte geleistet werden müssen, ehe man sich davon befreien kann[65]. Der Jäger erscheint wie ein erstmaliger, mißratener Versuch des Helden, mit Raub und Gewalt in den Besitz seiner Seele zu gelangen. Die Erlangung der Seele aber bedeutet in Wirklichkeit ein opus von Geduld, Opferwillen und Hingebung. Indem der Held das vierbeinige Pferd in seinen Besitz bringt, tritt er vollends an Stelle des Jägers und erjagt sich damit auch die Prinzessin. Die Vierheit erweist sich in unserer Erzählung als die größere Macht, denn sie integriert in ihrer Ganzheit jenes Stück, das dieser noch fehlte, um ganz zu sein.

Der Archetypus des Geistes ist in diesem – beiläufig gesagt keineswegs primitiven – Märchen theriomorph ausgedrückt, als ein System von drei Funktionen, welches einer Einheit, dem bösen Geist, untergeordnet ist, so wie eine ungenannte Instanz mittels einer Dreiheit von Nägeln den Raben gekreuzigt hat. Die in beiden Fällen übergeordnete Einheit entspricht im ersten Fall der inferioren Funktion, die der unbewußte Widersacher der Hauptfunktion ist, also dem Jäger; im letzten Fall der Hauptfunktion, also dem Helden. Held und Jäger gleichen sich schließlich aneinander an, so daß die Funktion des Jägers im Helden aufgeht. Ja, der Held selber steckt schon von Anfang im Jäger drin und veranlaßt diesen, mit allen ihm zu Gebote stehenden unmoralischen Mitteln den Raub der Seele zu vollziehen und sie sozusagen gegen seinen eigenen Willen allmählich dem Helden in die Hand zu spielen. An der Oberfläche herrscht wilder Kampf zwischen beiden, im Hintergrund aber besorgt der eine des anderen Geschäft. Die Lösung des Knotens erfolgt in jenem Moment, wo es dem Helden gelingt, die Vierheit zu erobern, das heißt psychologisch: die inferiore Funktion in das Dreiersystem aufzunehmen. Damit ist der Konflikt mit einem Schlag beendet, und die Gestalt des Jägers verflüchtigt sich ins Nichts. Nach diesem Sieg setzt der Held seine Prinzessin auf das dreibeinige Pferd und reitet mit ihr in das Königreich ihres Vaters. Sie leitet und personifiziert nunmehr jene Region des Geistes, die zuvor dem bösen Jäger diente. Die Anima ist und bleibt also die Vertreterin jenes Teiles des Unbewußten, der nie und nimmer in eine menschlich erreichbare Ganzheit aufgenommen werden kann.

e. Nachtrag

Erst nach Abschluß meines Manuskriptes wurde ich von befreundeter Seite auf eine russische Variante unseres Märchens aufmerksam gemacht. Es hat den Titel: «*Maria Morewna*»[66]. Der Held der Geschichte ist kein Schweinehirt, sondern Iwan Zarewitsch. Für die drei hilfreichen Tiere gibt es hier eine interessante Erklärung: sie bilden eine Entsprechung zu den drei Schwestern Iwans und deren Männern, die eigentlich Vögel sind. Die drei Schwestern stellen eine unbewußte Funktionstriade dar, welche mit dem Tier-, respektive geistigen Reich in Beziehung steht. Die Vogelmenschen sind eine Art Engel und betonen die auxiliäre Natur der unbewußten Funktionen. In der Geschichte greifen sie denn auch in jenem entscheidenden Moment rettend ein, wo der Held (unähnlich der deutschen Variante) in die Gewalt des bösen Geistes gerät und von diesem getötet und zerstückelt wird (ein typisches Schicksal des Gottmenschen!)[67]. Der böse Geist ist ein Greis, oft nackt dargestellt, und heißt Koschtschej Bessmertnoi (Koschtschej[68], der Unsterbliche). Die entsprechende Hexe ist die bekannte Baba-Jaga. Die drei hilfreichen Tiere der deutschen Variante sind hier verdoppelt, einmal die Vogelmenschen, sodann der Löwe, der fremde Vogel und die Bienen. Die Prinzessin ist hier die Königin Maria Morewna, eine große Heerführerin (Maria, die Himmelskönigin, wird im russisch-orthodoxen Hymnus als «Heerführerin» gepriesen!), welche in ihrem Schloße, im verbotenen Zimmer, den bösen Geist an zwölf Ketten gefesselt hält. Als Iwan dem Alten den Durst stillt, raubt dieser die Königin. Die magischen Reittiere verwandeln sich am Schluß nicht in Menschen. Das russische Märchen hat einen ausgesprochen primitiveren Charakter.

f. Anhang

Die hier folgenden Ausführungen beanspruchen insofern kein allgemeines Interesse, als sie im wesentlichen technisch sind. Ich wollte sie bei dieser Neuausgabe zuerst unterdrücken, habe mich aber dann anders besonnen und sie in einem Anhang beigefügt. Der nicht speziell psychologisch interessierte Leser kann diesen Abschnitt ruhig überschlagen. Ich habe nämlich im Folgenden das scheinbar abstruse Problem der Drei- und Vierbeinigkeit der magischen Pferde behandelt und dabei meine Überlegungen so dargestellt, daß die dabei befolgte Methode sichtbar wird. Dieses psychologische Räsonnement beruht einerseits auf den irrationalen Gegebenheiten des Stoffes, das heißt des Märchens, Mythus oder Traumes, andererseits auf der Bewußtmachung der «latenten» rationalen Beziehungen der Gegebenheiten zueinander. Daß solche Beziehungen überhaupt existieren, ist zunächst eine Hypothese, wie zum Beispiel diejenige, welche besagt, daß Träume einen Sinn haben. Die Wahrheit dieser Annahme steht nicht a priori fest. Ihr Nutzen kann sich nur durch ihre Anwendung ergeben. Es ist darum zunächst abzuwarten, ob ihre methodische Applikation an das irrationale Material eine sinnvolle Deutung desselben ermöglicht. Ihre Anwendung besteht darin, daß dasselbe so angesprochen wird, als ob es einen sinnvollen inneren Zusammenhang besäße. Zu diesem Zwecke bedürfen die meisten Gegebenheiten einer gewissen Amplifikation, das heißt einer gewissen Verdeutlichung, Generalisierung und Annäherung an einen mehr oder weniger allgemeinen Begriff, entsprechend der Cardanischen Deutungsregel. So muß zum Beispiel die Dreibeinigkeit, um erkennbar zu werden, zunächst vom Pferde gesondert und ihrem eigenen Prinzip, nämlich der Dreiheit, angenähert werden. Die im Märchen erwähnte Vierbeinigkeit tritt auf der erhöhten Stufe des allgemeinen Begriffes ebenfalls in Beziehung zur Dreiheit, woraus sich das Rätsel des «*Timaios*», nämlich das Problem von Drei und Vier, ergibt. Triade und Tetrade stellen archetypische Strukturen dar, welche in der allgemeinen Symbolik eine bedeutende Rolle spielen und gleichermaßen für die Mythen- wie für die Traumforschung wichtig sind. Die Erhebung der irrationalen Gegebenheit (nämlich der Drei- und Vierbeinigkeit) auf die Stufe eines allgemeinen Anschauungsbegriffes läßt die universale Bedeutung des Motivs auf der Bildfläche erscheinen und verleiht dem nachdenkenden Verstande den Mut, das Argument ernsthaft in Angriff zu nehmen. Diese Aufgabe involviert eine Reihe von Überlegungen und Schlußfolgerungen technischer Natur, die ich dem psychologisch interessierten Leser und insbesondere dem Fachmann nicht vorenthalten möchte, um so weniger, als diese Verstandesarbeit für die Auflösung von Symbolen überhaupt typisch und zum Verständnis der Produkte des Unbewußten unerläßlich ist. Nur auf diese Weise kann der Sinn unbewußter Zusammenhänge aus diesen selber erarbeitet werden, im Gegensatz zu jenen deduktiven Deutungen, die aus einer vorausgesetzten Theorie hervorgehen, wie zum Beispiel die astro- und meteoromythologischen und – last not least – die sexualtheoretischen Interpretationen.

Das dreibeinige und das vierbeinige Pferd bilden in der Tat eine geheimnisvolle Angelegenheit, welche einer genaueren Untersuchung würdig ist. Die Drei und die Vier erinnern nicht nur an jenes Dilemma der psychologischen Funktionenlehre, sondern auch an jenes Axiom der Maria Prophetissa, das in der Alchemie eine beträchtliche Rolle spielt. Es dürfte sich daher lohnen, etwas näher auf die Bedeutung der beiden Wunderpferde einzutreten.

Es scheint mir vor allem beachtenswert, daß der Dreibeiner der Prinzessin einerseits als Reittier zugeordnet und andererseits selber eine Stute und zugleich eine verzauberte Prinzessin ist. Die Dreiheit verbindet sich hier unzweideutig mit der Weiblichkeit, während sie in der dominierenden religiösen Ansicht des Bewußtseins eine exquisit männliche Angelegenheit darstellt, ganz abgesehen davon, daß drei als ungerade Zahl sowieso männlich ist. Man könnte daher die Dreiheit direkt als «Männlichkeit» übersetzen, welche in der altägyptischen Drei-Einigkeit von Gott–Kamutef[69]–Pharao noch eindrücklicher ist.

Die Dreibeinigkeit als Eigenschaft eines Tieres bedeutet eine dem weiblichen Wesen unbewußt innewohnende Männlichkeit. Bei der wirklichen Frau entspräche ihr der Animus, der, wie das Zauberpferd, «Geist» darstellt. Bei der Anima hingegen koinzidiert die Dreiheit nicht etwa mit einer christlichen Trinitätsvorstellung, sondern mit dem «unteren Dreieck», der inferioren Funktionstriade, welche den sogenannten «Schatten» ausmacht. Die inferiore Persönlichkeitshälfte ist meistens und größtenteils unbewußt. Sie bedeutet nicht das ganze Unbewußte, sondern nur dessen persönlichen Ausschnitt. Die Anima hingegen, insofern sie vom Schatten unterschieden wird, personifiziert das kollektive Unbewußte. Ist ihr die Dreiheit als Reittier zugeordnet, so will das bedeuten, daß sie den Schatten «reitet», das heißt sich als Mare[70] zu ihm verhält. In diesem Fall possediert sie den Schatten. Ist sie selber aber das Pferd, so hat sie ihre dominierende Stellung als Personifikation des kollektiven Unbewußten verloren und ist als Reittier von der Prinzessin A, der Gemahlin des Helden, «geritten», das heißt possediert. Sie ist als Prinzessin B, wie das Märchen richtig sagt, in den Dreibeiner verzaubert. Diese etwas verworrene Angelegenheit läßt sich folgendermaßen auflösen:

1. Prinzessin A ist die Anima[71] des Helden. Sie reitet, das heißt possediert den Dreibeiner, den Schatten, das heißt die inferiore Funktionstriade ihres späteren Gemahls. Etwas einfacher ausgedrückt heißt das, daß sie die inferiore Persönlichkeitshälfte des Helden mit Beschlag belegt hat. Sie hat ihn von seiner schwachen Seite aus erwischt, wie solches im gewöhnlichen Leben häufig der Fall ist, denn wo man schwach ist, braucht man Stütze und Ergänzung. An der schwachen Seite des Mannes

ist die Frau sogar an der richtigen und sinngemäßen Stelle. So müßte man wohl die Situation formulieren, wenn man den Helden und Prinzessin A als zwei gewöhnliche Personen betrachtet. Da die Geschichte aber wunderbar ist und sich hauptsächlich in der Welt des Magischen abspielt, so ist die Deutung der Prinzessin A als Anima des Helden wohl richtiger. In diesem Fall ist der Held durch sein Zusammentreffen mit der Anima der profanen Welt entrückt, wie Merlin durch seine Fee; das heißt als gewöhnlicher Mensch ist er einer, der, in einem wundersamen Traum gefangen, die Welt nur noch wie durch einen Nebel sieht.

2. Nun kompliziert sich die Sachlage erheblich durch den unerwarteten Umstand, daß der Dreibeiner seinerseits weiblich ist, das heißt eine Entsprechung der Prinzessin A darstellt. Er ist die Prinzessin B. Diese entspräche in ihrer Pferdegestalt dem Schatten der Prinzessin A (also ihrer inferioren Funktionstirade). Prinzessin B unterscheidet sich aber von Prinzessin A dadurch, daß sie nicht wie diese das Pferd reitet, sondern in diesem enthalten, respektive in dieses verhext und damit unter die Herrschaft einer männlichen Dreiheit geraten ist. Sie ist also von einem Schatten besessen.

3. Die Frage ist nun: von wessen Schatten ist sie besessen? Es kann nicht der Schatten eines Helden sein, denn dieser ist schon von seiner (des Helden) Anima in Besitz genommen. Das Märchen gibt uns die Antwort, daß es der Jäger respektive Zauberer sei, der sie verhext hat. Wie wir gesehen haben, steht der Jäger in einem gewissen Zusammenhang mit dem Helden, indem letzterer sich allmählich an dessen Stelle setzt. Man könnte daher auf die Vermutung kommen, daß der Jäger im Grunde genommen nichts anderes sei als der Schatten des Helden. Dieser Auffassung widerspricht nun aber die Tatsache, daß der Jäger eine bedeutende Macht repräsentiert, die sich nicht nur auf die Anima des Helden, sondern noch viel weiter erstreckt, nämlich auch auf das königliche Bruder-Schwester-Paar, von dessen Existenz der Held und seine Anima keine Ahnung haben und die auch im Märchen selbst sehr unvermittelt erscheinen. Die Macht, welche weiter als der Bannkreis eines einzelnen reicht, hat überindividuellen Charakter und kann daher nicht mit dem Schatten identifiziert werden, insofern wir diesen als die dunkle Persönlichkeitshälfte des einzelnen auffassen und definieren. Als überindividueller Faktor ist das Numen des Jägers jene Dominante des kollektiven Unbewußten, welche vermöge ihre Charakteristika, wie Jäger, Zauberer,

Rabe, Wunderpferd, Kreuzigung respektive Suspension im Wipfel des Weltbaumes[72] insbesondere die germanische Seele angeht. Der Widerschein der christlichen Weltanschauung im Meere des Unbewußten nimmt daher folgerichtigerweise die Züge Wotans an[73]. Wir stoßen in der Figur des Jägers auf eine imago dei, ein Gottesbild, denn Wotan ist auch ein Wind- und Geistgott, weshalb ihn die Römer passend als Merkur deuteten.

4. Der Prinz und seine Schwester, Prinzessin B, sind also vom heidnischen Gott in Besitz genommen und in Pferde verwandelt, das heißt in die tierische Sphäre hinuntergedrückt worden. Diese entspricht dem Unbewußten. Die beiden in ihrer eigentlichen Menschengestalt gehörten demnach einmal dem Reiche des kollektiven Bewußtseins an. Wer sind sie aber?

Zu Beantwortung dieser Frage müssen wir von der Tatsache ausgehen, daß die beiden unzweifelhaft eine Entsprechung zum Helden und zur Prinzessin A darstellen. Beide stehen mit letzteren auch dadurch in Zusammhang, daß sie als deren Reittiere dienen, mithin als deren untere, animalische Hälften erscheinen. Das Tier in seiner fast gänzlichen Unbewußtheit ist seit jeher das Symbol jener psychischen Sphäre im Menschen, welchen in der Dunkelheit des körperlichen Trieblebens verborgen ist. Der Held reitet auf dem Hengst, der durch die gerade (weibliche) Zahl (Vier) gekennzeichnet ist; Prinzessin A auf der Stute, welche nur drei Beine (also eine männliche Zahl) hat. Durch diese Zahlen wird es offenbar, daß mit der Verwandlung in die Tiere auch eine gewisse Änderung im Geschlechtscharakter eingetreten ist: der Hengst hat ein weibliches Attribut, die Stute ein männliches. Dieses Ergebnis wird durch die Psychologie bestätigt: In dem Maße nämlich, in welchem ein Mann vom kollektiven Unbewußten überwältigt wird, tritt nicht nur seine Triebsphäre hemmungsloser in Erscheinung, sondern auch ein gewisser weiblicher Charakter, den ich als «Anima» zu bezeichnen vorgeschlagen habe. Gerät dagegen eine Frau unter die Herrschaft des Unbewußten, so tritt die dunklere Seite ihrer weiblichen Natur, verbunden mit ausgesprochen männlichen Zügen, stärker hervor. Diese werden unter dem Begriff «Animus» zusammengefaßt[74].

5. Nach der Aussage des Märchens ist aber die Tierform des Bruder-Schwester-Paares uneigentlich und verdankt ihr Dasein der zauberischen Einwirkung des heidnischen Jägergottes. Wären sie nichts als Tiere, so

könnten wir uns wohl mit obiger Deutung begnügen. Dabei würden wir allerdings die merkwürdige Andeutung der Veränderung im Geschlechtscharakter mit unberechtigtem Stillschweigen übergehen. Der Schimmel ist aber kein gewöhnliches Pferd, sondern ein Wundertier mit übernatürlichen Eigenschaften. Die menschliche Figur, aus der das Tier durch Verzauberung entstanden ist, muß daher ebenfalls den Charakter der Übernatürlichkeit an sich haben. Das Märchen bemerkt dazu allerdings nichts. Aber wenn unsere Annahme zu Recht besteht, daß die Tierform der beiden dem untermenschlichen Bestandteil des Helden und der Prinzessin entspricht, dann ergibt es sich, daß die menschliche Form einem übermenschlichen Bestandteil derselben gleichkommt. Die Übermenschlichkeit des ursprünglichen Schweinehirten offenbart sich darin, daß er zum Helden, das heißt soviel wie zu einem Halbgott wird, indem er nicht bei seinen Schweinen bleibt, sondern den Weltbaum erklettert, wo er beinahe wie Wotan zum Gefangenen desselben wird. Ebenso könnte er sich nicht dem Jäger angleichen, wenn er nicht, wie wir gesehen haben, eine gewisse Ähnlichkeit mit diesem besäße. Gleicherweise bedeutet die Gefangenschaft der Prinzessin A im Wipfel des Weltbaumes eine gewisse Erwähltheit derselben, und insofern sie das Bett des Jägers teilt, wie das Märchen berichtet, ist sie sogar Gottesbraut.

Die außergewöhnlichen, ans Übermenschliche streifenden Kräfte des Heldentums und der Erwähltheit sind es, welche zwei gewöhnliche Menschenkinder in übermenschliches Schicksal verwickeln. Im profanen Bereich wird dadurch ein Schweinehirt König, und eine Prinzessin bekommt einen ihr zusagenden Mann. Da es aber für das Märchen nicht bloß eine profane, sondern auch eine magische Welt gibt, ist mit dem menschlichen Schicksal noch nicht alles gesagt. Es wird darum nicht unterlassen, auch das anzudeuten, was in der magischen Welt geschieht. Auch dort sind ein Prinz und eine Prinzessin in die Gewalt des bösen Geistes geraten, und dieser selbst befindet sich in einer recht üblen Lage, aus der er sich ohne fremde Hilfe nicht mehr befreien kann. Damit ist das menschliche Schicksal, das dem Jungen und der Prinzessin A zustößt, auf der Stufe der magischen Welt parallelisiert. Insofern aber der Jäger als ein heidnisches Gottesbild sich noch über die Welt der Heroen und Göttergeliebten erhebt, reicht der Parallelismus noch über das bloß Magische hinaus in einen göttlichen und geistigen Bereich, wo der böse Geist, der Teufel oder wenigstens *ein* Teufel, der Bannung durch ein mindestens ebenso mächtiges oder vielleicht noch mächtigeres Gegenprinzip, das durch die drei Nägel angedeutet ist, verfällt. Diese höchste Gegensatzspannung, von welcher das ganze Drama seinen Ausgang nimmt, ist offenbar der Konflikt zwischen der oberen und der unteren Dreiheit, oder weltanschaulich ausgedrückt, zwischen dem christlichen Gott einerseits und dem Teufel, der die Züge Wotans[75] angenommen hat, andererseits.

6. Es scheint, daß wir von dieser höchsten Instanz auszugehen haben, wenn wir das Märchen richtig verstehen wollen, denn der erste Grund zum Drama besteht in dem allem anderen vorausgegangenen Übergriff des bösen Geistes. Die nächste Folge ist seine Kreuzigung. In seiner qualvollen Lage braucht er fremde Hilfe, die, da sie nicht von oben kommt, nur von unten herbeigerufen werden kann. Ein Hirtenjunge besitzt die ebenso tollkühne wie knabenhafte Unternehmungslust und Neugierde, den Weltbaum zu erklettern. Wäre er heruntergefallen und hätte er sich alle Knochen gebrochen, so hätten die Leute wohl gesagt: welcher böse Geist hat ihm diese Narretei eingegeben, gerade auf einen solchen Riesenbaum zu steigen! Und in der Tat hätten sie nicht so unrecht gehabt, denn das war gerade das, was der böse Geist unbedingt brauchte. Die Gefangennahme der Prinzessin A war ein Übergriff in der profanen Welt, und die Verzauberung des, wie wir vermuten dürfen, halbgöttlichen Bruder-Schwester-Paares war ein ebensolcher in der magischen Welt. Wir wissen es zwar nicht, aber es ist möglich, daß diese Freveltat der Verhexung der Prinzessin A sogar zeitlich voranging. Auf alle Fälle beweisen beide Fälle ein Übergreifen des bösen Geistes in die magische Welt sowohl wie in die profane.

Es ist wohl nicht ohne tieferen Sinn, daß der Befreier oder Erlöser gerade ein Schweinehirt ist, wie der Verlorene Sohn. Er kommt aus dem Untersten und hat dies gemein mit der seltsamen Erlöservorstellung der Alchemisten. Seine erste Befreiungstat ist die Erlösung des bösen Geistes aus der über diesen verhängten göttlichen Strafe. Von dieser Tat aus, als erster Stufe der Lysis, löst sich die dramatische Verwicklung überhaupt.

7. Die Moral dieser Geschichte ist in der Tat höchst seltsam. Das Ende befriedigt insofern, als der Hirt und die Prinzessin A Hochzeit feiern und zum Königspaare werden. Prinz und Prinzessin B feiern ebenfalls ihre Hochzeit, aber nach archaischer Königsprärogative als Inzest, was einigen Anstoß erregen dürfte, jedoch als eigentümliche Gepflogen-

heit in Halbgötterkreisen hingenommen werden muß[76]. Was geschieht aber mit dem bösen Geist, mit dessen Befreiung von gerechter Strafe das ganze Drama angehoben hat? Der böse Jäger wird von den Rossen zertrampelt, was dem Geiste vermutlich keinen dauernden Schaden zufügt. Er verschwindet scheinbar spurlos; jedoch nur scheinbar, indem er trotz alledem seine Spur hinterläßt, nämlich ein schwer erkauftes Glück in der profanen sowohl wie in der magischen Welt. Die Vierheit, dargestellt durch den Hirten und Prinzessin A einerseits und Prinz und Prinzessin B andererseits, hat sich wenigstens zur Hälfte geeint und fest verbunden: es stehen sich jetzt zwei Ehepaare gegenüber, die einander zwar parallel, aber sonst voneinander getrennt sind, indem das eine Paar der profanen, das andere der magischen Welt angehört. Trotz dieser unzweifelhaften Trennung bestehen aber, wie wir gesehen haben, geheime psychologische Beziehungen zwischen ihnen, die es uns erlauben, das eine Paar von dem anderen abzuleiten.

Im Geiste des Märchens gesprochen, welches sein Drama an höchster Stelle beginnen läßt, müßte man sagen, daß die Halbgötterwelt der profanen vorausgehe und diese gewissermaßen aus sich erzeuge, wie erstere als aus der Götterwelt hervorgegangen gedacht werden muß. So aufgefaßt, bedeuten Hirt und Prinzessin A nichts anderes als irdische Abbilder von Prinz und Prinzessin B, wie diese ihrerseits wiederum Abkömmlinge göttlicher Vorbilder wären. Vergessen wir nicht, daß zum Jäger die pferdezüchtende Hexe gehört als weibliches Gegenstück, so etwas wie eine alte Epona (die keltische Pferdegöttin). Leider wird nicht berichtet, wie die Verzauberung in Pferde geschah. Daß aber die Hexe ihre Hand im Spiele hatte, geht daraus hervor, daß beide Schimmel aus ihrem Stalle stammen und daher gewissermaßen ihre Erzeugnisse sind. Der Jäger und die Hexe bilden ein Paar, das der Widerschein eines göttlichen Elternpaares im nächtlich-chthonischen Teil der magischen Welt ist. Das göttliche Paar ist unschwer in der christlichen Zentralvorstellung von sponsus et sponsa, Christus und der bräutlichen Kirche, zu erkennen.

Wollte man das Märchen personalistisch erklären, so würde dieser Versuch an der Tatsache scheitern, daß die Archetypen nicht Willkürerfindungen, sondern autonome Elemente der unbewußten Psyche und vor aller Erfindung schon da sind. Sie stellen die unveränderliche Struktur einer psychischen Welt dar, die durch ihre determinierenden Wirkungen auf das Bewußtsein zeigt, daß sie «wirklich» ist. So ist es eine bedeutsame psychische Wirklichkeit, daß dem Menschenpaar[77] ein anderes Paar im Unbewußten entspricht, wobei letzteres nur anscheinend eine Spiegelung des ersteren ist. Das königliche Paar ist in Wirklichkeit stets und überall a priori, und darum bedeutet das Menschenpaar weit eher eine individuelle, zeitlich-räumliche Konkretisierung des ewigen Urbildes, wenigstens in seiner geistigen Struktur, die dem biologischen Kontinuum aufgeprägt ist.

So könnte man wohl sagen, daß der Schweinehirt eben diesen animalischen Menschen darstellt, dem irgendwo in der Überwelt eine Partnerin zugesellt ist. Durch ihre königliche Geburt beweist sie ihren Zusammenhang mit dem a priori existierenden halbgöttlichen Paar. Unter diesem Gesichtswinkel betrachtet, stellt es all das dar, wozu der Mensch noch werden kann, wenn er nur weit genug am Weltenbaum hinaufklettert[78]. Denn in dem Maße, als der junge Hirt sich seiner hochgeborenen, weiblichen Hälfte bemächtigt, nähert er sich auch dem halbgöttlichen Paar an und erhebt sich in die Sphäre des Königtums, das heißt der Allgemeingültigkeit. In jenem Zwischenspiel, das sich in der *«Chymischen Hochzeit»* des CHRISTIAN ROSENCREUTZ findet, begegnen wir dem gleichen Motiv: Der Königssohn muß seine königliche Braut zuerst aus der Gewalt eines Mohren befreien, dem sie sich freiwillig als Konkubine zugesellt hat. Der Mohr stellt dort die alchemische nigredo dar, in welcher die Arkansubstanz verborgen ist; welcher Gedanke eine weitere Parallele unseres Mythologems, daß heißt – psychologisch ausgedrückt – eine weitere Variante dieses Archetypus bildet.

Wie die Alchemie, so beschreibt auch unser Märchen jene unbewußten Vorgänge, welche die christliche Bewußtseinslage kompensieren. Es schildert das Wirken eines Geistes, welcher die christlichen Gedanken über die von der kirchlichen Auffassung gesetzten Grenzen weiterspinnt, um eine Antwort zu finden auf jene Fragen, welche weder Mittelalter noch Neuzeit beantworten konnten. Es ist ja nicht schwer zu sehen, daß im Bilde des zweiten königlichen Paares eine Entsprechung zur kirchlichen Vorstellung von Bräutigam und Braut und im Bilde von Jäger und Hexe eine Verzerrung des christlichen Gedankens in der Richtung eines noch bestehenden, unbewußten Wotanismus vorliegt. Daß es sich um ein deutsches Märchen handelt, macht die Sache besonders interessant, insofern derselbe Wotanismus dem Nationalsozialismus psychologisch zu Gevatter gestanden hat[79]. Dieser hat die Verzerrung nach unten der

Welt deutlich vor Augen geführt. Andererseits aber zeigt das Märchen, daß die Erreichung der Totalität im Sinne einer Ganzwerdung des Menschen nur durch die Einbeziehung des dunkeln Geistes möglich ist, ja daß dieser letztere sogar eine causa instrumentalis der erlösenden Individuation darstellt. In völliger Verkehrung dieses nicht nur von der Natur erstrebten, sondern auch von der christlichen Doktrin präfigurierten Zieles der geistigen Entwicklung hat der Nationalsozialismus die sittliche Autonomie des Menschen zerstört und die widersinnige Totalität des Staates aufgerichtet. Das Märchen hingegen zeigt, wie zu verfahren ist, wenn man die Macht des dunkeln Geistes überwinden will: man muß dessen Methoden gegen ihn selber anwenden; was natürlich nicht geschehen kann, wenn jene magische Unterwelt des finsteren Jägers unbewußt bleibt und die Besten der Nation lieber Lehr- und Glaubenssätze predigen als die menschliche Seele ernst nehmen.

g. Schlußwort

Wenn wir den Geist in seiner archetypischen Form, wie er uns im Märchen und in den Träumen erscheint, betrachten, so ergibt sich ein Bild, das seltsam verschieden ist von der in so viele Bedeutungen aufgespaltenen bewußten Idee des Geistes. Geist ist ursprünglich ein Geist in Menschen- oder Tiergestalt, ein Daimonion, das dem Menschen gegenübertritt. Aber unser Material läßt bereits Spuren der Bewußtseinserweiterung erkennen, welche allmählich jenes ursprünglich unbewußte Gebiet zu okkupieren beginnt und jene Daimonia zum Teil in Willkürakte verwandelt. Der Mensch erobert sich nicht nur die Natur, sondern auch den Geist, ohne sich zu vergegenwärtigen, was er damit tut. Dem aufgeklärten Verstand erscheint es wie eine Berichtigung, wenn er erkennt, daß das, was er für Geister hielt, des Menschen und schließlich sein eigener Geist ist. All das Übermenschliche im Guten wie im Bösen, das frühere Zeiten von den Daimonia aussagten, wird wie eine Übertreibung auf «vernünftiges» Maß reduziert, und damit scheint alles in bester Ordnung zu sein. Aber waren die übereinstimmenden Überzeugungen der Vergangenheit wirklich und gewiß nur Übertreibungen? Waren es keine, so bedeutet die Integration des menschlichen Geistes nichts weniger als eine Dämonisierung desselben, indem übermenschliche Geisteskräfte, die ehedem in der Natur gebunden lagen, in das menschliche Wesen hineingenommen werden und diesem eine Macht verleihen, welche die Grenzen des Menschseins in gefährlichster Weise in das Unbestimmte hinausverlegen. Ich muß dem aufgeklärten Rationalisten die Frage vorlegen: Hat seine vernünftige Reduktion zu einer wohltätigen Beherrschung der Materie und des Geistes geführt? Er wird stolz auf die Fortschritte der Physik und der Medizin, auf die Befreiung des Geistes von mittelalterlicher Dumpfheit und als wohlmeinender Christ auf die Erlösung von der Dämonenangst hinweisen. Wir fragen aber weiter: Wozu haben alle sonstigen Kulturerrungenschaften geführt? Die furchtbare Antwort liegt vor unseren Augen: Man ist von keiner Angst erlöst, ein finsterer Alpdruck liegt auf der Welt. Die Vernunft hat bis jetzt kläglich versagt, und gerade das, was alle vermeiden wollen, geschieht in schauerlicher Progression. Gewaltiges an Nützlichem hat sich der Mensch errungen, dafür aber hat er auch den Abgrund der Welt aufgerissen, und wo wird er, wo kann er noch haltmachen? Man hat nach dem letzten Weltkrieg auf die Vernunft gehofft; man hofft jetzt wieder. Aber schon ist man von den Möglichkeiten der Uranspaltung fasziniert und verspricht sich ein goldenes Zeitalter – beste Gewähr dafür, daß der Greuel der Verwüstung ins Ungemessene wächst. Und wer ist es, der all dies zustande bringt? Es ist der sogenannte harmlose, begabte, erfinderische und vernünftige menschliche Geist, der nur leider seiner ihm anhaftenden Dämonie unbewußt ist. Ja, dieser Geist tut alles, um sein eigenes Gesicht nicht sehen zu müssen, und jeder hilft ihm dabei nach Kräften. Nur ja keine Psychologie, denn diese Ausschweifung könnte zur Selbsterkenntnis führen! Dann schon lieber Kriege, an denen jeweils der andere schuld ist; und keiner sieht, daß alle Welt besessen ist, das zu tun, was man flieht und fürchtet.

Mir scheint – offen gestanden –, als ob die vergangenen Zeiten nicht übertrieben, der Geist seine Dämonie nicht abgestreift und die Menschen vermöge ihrer wissenschaftlichen und technischen Entwicklung sich der Gefahr der Besessenheit in zunehmendem Maße ausgeliefert hätten. Wohl ist der Archetypus des Geistes als böser sowohl wie guter Wirkung fähig charakterisiert, aber es hängt an der freien, das heißt bewußten Entscheidung des Menschen, ob nicht auch das Gute sich noch ins Satanische verkehren soll. Seine schlimmste Sünde ist das Unbewußtsein, aber ihr frönen mit größter Andacht sogar die, welche den Menschen als Lehrer und Vorbild dienen sollten. Wann kommt endlich die Zeit, wo man den Menschen nicht einfach in barbarischer Weise voraussetzt, sondern allen Ernstes nach Mitteln und Wegen sucht, ihn zu exorzisieren, seiner Besessenheit und Unbewußtheit zu entreißen, und dies zur wichtigsten Kulturaufgabe macht? Kann man nicht endlich begreifen, daß alle äußeren Änderungen und Verbesserungen die innere Natur des Menschen nicht berühren, und daß doch schließlich alles davon abhängt, ob der Mensch, der die Wissenschaft und Technik handhabt, zurechnungsfähig ist oder nicht? Wohl hat das Christentum für uns den Weg geöffnet, aber es ist nicht tief genug unter die Oberfläche gedrungen, wie die Tatsachen beweisen. Welcher Verzweiflung wird es noch bedürfen, um den verantwortlichen Führern der Menschheit so weit die Augen zu öffnen, daß sie sich selber wenigstens der Verführung enthalten können?

Die transzendente Funktion

VORWORT

Der vorliegende Aufsatz ist 1916 entstanden. Vor kurzem ist er von den Studenten des C. G. Jung-Instituts entdeckt worden und in seiner ersten provisorischen Fassung, jedoch in englischer Übersetzung, als Privatdruck erschienen. Ich habe das Manuskript unter Wahrung seines Gedankenganges und der unvermeidlichen Beschränktheit seines Horizontes stilistisch überarbeitet, um es in druckfertige Gestalt zu bringen. Nach zweiundvierzig Jahren hat das Problem nichts an seiner Aktualität eingebüßt, wennschon dessen Darstellung heute noch vieler Ergänzungen bedürfte, wie jeder Kenner der Materie ohne weiteres sehen kann. Leider erlaubt es mir mein hohes Alter nicht, mich dieser erheblichen Mühewaltung zu unterziehen. Der Aufsatz möge daher mit allen seinen Unvollständigkeiten der Ausarbeitung als ein historisches Dokument bestehenbleiben. Er möge Kunde geben von den Anstrengungen des Verständnisses, welche die ersten Versuche einer synthetischen Auffassung des psychischen Geschehens im Prozesse der Behandlung erforderten. Da seine grundsätzlichen Überlegungen wenigstens noch heute gelten, möge er den Leser zu einem weiteren und tieferen Verständnis dieses Problems anregen. Ist dieses letztere doch identisch mit der universalen Frage: *Wie setzt man sich praktisch mit dem Unbewußten auseinander?*

Das ist die Frage, die die Philosophie Indiens, insbesondere aber der Buddhismus und die Zen-Philosophie sich stellen. Indirekt ist sie aber die praktische Grundfrage aller Religionen und Philosophien überhaupt.

Das Unbewußte ist ja nicht nur dieses oder jenes, sondern das uns unmittelbar affizierende Unbekannte. Es erscheint uns als psychisch, aber über seine wirkliche Natur läßt sich ebensowenig ausmachen wie über die der Materie – oder ebensoviel, wenn man sich optimistisch ausdrükken will. Während aber die Physik sich der Modellnatur ihrer Aussagen bewußt ist, drücken sich die religiösen Philosophien metaphysisch aus und hypostasieren ihre Bilder. Wer noch auf letzterem Standpunkt steht, kann die psychologische Aussage nicht verstehen; er wird ihr vorwerfen, sie sei metaphysisch oder materialistisch – oder wenigstens agnostisch, wenn nicht gar gnostisch. Von diesen noch mittelalterlichen Kritikern werde ich daher das eine Mal als Mystiker und Gnostiker, das andere Mal als Atheist angeprangert. Ich muß dieses Mißverständnis als ein hauptsächliches Hindernis des Verstehens hervorheben: es handelt sich um einen gewissen Bildungsmangel, der noch von keiner Erkenntniskritik weiß und daher naiverweise annimmt, daß der Mythos entweder historisch wahr sein müsse oder, wenn nicht, dann überhaupt nichts sei. Für solche Leute ist die Verwendung von mythologischen und folkloristischen Aussagen in bezug auf psychologische Tatbestände durchaus «unwissenschaftlich».

Mit diesem Vorurteil verbaut man sich den Zugang zur Psychologie des Unbewußten und damit den Weg zur weiteren Entwicklung des inneren Menschen, dessen intellektuelles und moralisches Versagen eine der schmerzlichsten Entdeckungen unserer Epoche ist. Jeder, der etwas zu sagen hat, spricht von «man sollte» und «man müßte» und merkt nicht, welch klägliche Hilflosigkeit er damit eingesteht. Alle Mittel, die er empfiehlt, sind eben gerade diejenigen, die versagt haben. Psychologie ist in ihrem tieferen Verständnis *Selbsterkenntnis*. Da aber letztere nicht photographiert, gezählt, gewogen und gemessen werden kann, ist sie unwissenschaftlich. Ist aber jener noch sehr unbekannte psychische Mensch, der Wissenschaft betreibt, auch «unwissenschaftlich» und daher der weiteren Erforschung unwürdig? Wenn der Mythos nicht den psychischen Menschen charakterisiert, dann muß man auch dem Webervogel sein Nest absprechen und der Nachtigall ihren Gesang. Es besteht Grund genug zur Annahme, daß der Mensch im allgemeinen eine tiefwurzelnde Abneigung dagegen hat, etwas mehr über sich selber zu wissen, und daß hier die eigentliche Ursache dafür zu suchen ist, warum allem äußeren Fortschritt gegenüber keine entsprechende innere Entwicklung und Verbesserung stattgefunden hat.

Ergänzung für die englische Ausgabe der Gesammelten Werke:

Die Methode der «aktiven Imagination»[1] ist das wichtigste Hilfsmittel in der Produktion jener Inhalte des Unbewußten, die sozusagen unter der Schwelle des Bewußtseins liegen und, wenn intensiviert, am ehesten spontan in das Bewußtsein einbrechen würden. Die Methode hat daher ihre Gefahren und sollte wenn möglich nicht ohne ärztliche Kontrolle angewendet werden. Eine kleinere Gefahr besteht darin, daß sie leicht ergebnislos bleibt, indem ihr Procedere in die sogenannte «freie Assoziation» FREUDS übergeht, womit der Patient in den sterilen Kreislauf seiner Komplexe heineingerät, aus dem er sich sowieso schon nicht befreien kann. Ein weiteres und an sich harmloses Risiko besteht darin, daß zwar authentische Inhalte produziert werden, denen der Patient aber nur ein ausschließlich ästhetisches Interesse entgegenbringt, womit er in deren Phantasmagorik steckenbleibt; damit ist natürlich nichts erreicht. Sinn und Wert dieser Phantasien offenbaren sich ja erst in deren Integration in die Gesamtpersönlichkeit, nämlich in dem Moment, wo man mit ihnen sinngemäß und auch moralisch konfrontiert ist.

Eine dritte Gefahr endlich – und dies ist unter Umständen eine sehr bedenkliche Angelegenheit – besteht darin, daß die unterschwelligen Inhalte allbereits eine derartig hohe energetische Ladung besitzen, daß sie, wenn ihnen durch die aktive Imagination ein Ausweg eröffnet wird, das Bewußtsein überwältigen und von der Persönlichkeit Besitz ergreifen. Dadurch entsteht ein Zustand, der sich – temporär wenigstens – von einer Schizophrenie nicht unterscheiden läßt, ja der sogar zu einem echten psychotischen Intervall werden kann. Diese Methode ist daher kein Spielzeug für Kinder. Die allgemein vorherrschende Unterschätzung des Unbewußten trägt zur Gefährlichkeit der Methode erheblich bei. Auf der anderen Seite dagegen stellt sie ein unschätzbares psychotherapeutisches Hilfsmittel dar.

Küsnacht, September 1959 C. G. JUNG

Unter dem Namen transzendente Funktion ist nichts Geheimnisvolles, sozusagen Übersinnliches oder Metaphysisches, zu verstehen, sondern eine psychologische Funktion, die sich ihrer Art nach mit einer mathematischen Funktion gleichen Namens vergleichen läßt und eine Funktion imaginärer und realer Zahlen ist. Die psychologische «transzendente Funktion» geht aus der Vereinigung *bewußter* und *unbewußter* Inhalte hervor.

Die Erfahrung hat jeden, der sich mit der analytischen Psychologie beschäftigt, reichlich gelehrt, daß das Bewußtsein und das Unbewußte in puncto Inhalt und Tendenz selten übereinstimmen. Dieser Mangel an Parallelität ist, wie die Erfahrung lehrt, nicht zufällig oder planlos, sondern beruht darauf, daß das Unbewußte sich kompensatorisch oder komplementär zum Bewußtsein verhält. Man kann auch umgekehrt formulieren und sagen, daß das Bewußtsein sich komplementär zum Unbewußten verhalte. Dieses Verhältnis kommt daher, daß 1. die Inhalte des letzteren einen Schwellenwert besitzen, so daß alle zu schwachen Elemente im Unbewußten bleiben, daß 2. das Bewußtsein vermöge seiner gerichteten Funktionen eine Hemmung auf alles nicht passende Material ausübt (die FREUD als Zensur bezeichnet hat), wodurch dieses nicht passende Material dem Unbewußten verfällt, daß 3. das Bewußtsein den momentanen Anpassungsprozeß bildet, während das Unbewußte alles vergessene Material der individuellen Vergangenheit sowie alle ererbten, strukturellen Funktionsspuren des menschlichen Geistes überhaupt enthält, und 4. daß das Unbewußte alle noch nicht überschwellig gewordenen Phantasiekombinationen enthält, die im Laufe der Zeit unter entsprechenden Umständen ins Licht des Bewußtseins treten werden.

Aus dieser Zusammenstellung ergibt sich die komplementäre Einstellung des Unbewußten zum Bewußtsein von selbst.

Die Bestimmtheit und Gerichtetheit der Bewußtseinsinhalte ist eine in der Stammesgeschichte erst sehr spät erworbene Eigenschaft, die zum Beispiel beim heutigen Primitiven in höherem Maße fehlt. Ebenso ist sie vielfach durchbrochen beim Neurotischen, der sich dadurch vom Normalen insofern unterscheidet, als bei ihm die Bewußtseinsschwelle verschiebbarer oder, mit anderen Worten, die Scheidewand zwischen Bewußtsein und Unbewußtem durchlässiger ist. Der Psychotische vollends steht ganz unter dem direkten Einfluß des Unbewußten.

Die Bestimmtheit und Gerichtetheit des Bewußtseins ist eine ungemein wichtige Errungenschaft, welche die Menschheit unter schwersten Opfern erkauft und welche ihrerseits der Menschheit die größten Dienste geleistet hat. Ohne sie wären Wissenschaft, Technik und die Zivilisation einfach unmöglich, denn sie setzen alle eine verläßliche Dauerhaftigkeit, Gleichmäßigkeit und Zielgerichtetheit des psychischen Prozesses voraus. Vom höchsten Staatsbeamten, vom Arzt, vom Ingenieur hinunter bis zum Taglöhner werden diese Eigenschaften als unerläßlich vorausgesetzt. Die soziale Wertlosigkeit steigt im allgemeinen in dem Maße, als diese Eigenschaften vom Unbewußten außer Kraft gesetzt werden. Allerdings gibt es davon auch Ausnahmen, nämlich schöpferische Begabungen. Solche Menschen finden eben gerade ihren Vorteil in der Durchlässigkeit ihrer Scheidewand zwischen Bewußtsein und Unbewußtem. Für soziale Organisationen, welche gerade Gleichmäßigkeit und Verläßlichkeit erfordern, taugen aber die Ausnahmemenschen in der Regel wenig.

Es ist darum nicht nur begreiflich, sondern auch notwendig, daß der psychische Prozeß im einzelnen Falle so fest und so bestimmt wie möglich sei, denn die Not des Lebens erfordert es. Mit dem Vorteil dieser Eigenschaften ist aber auch ein großer Nachteil verbunden: die Tatsache ihres Gerichtetseins schließt die Hemmung oder Aussperrung aller derjenigen psychischen Elemente in sich, die scheinbar oder wirklich nicht dazu passen, beziehungsweise geeignet sind, die vorgezeichnete Richtung in ihrem Sinne abzubiegen und den Prozeß zu einem ungewollten Ziele zu führen. Wodurch aber wird erkannt, daß das nebenherlaufende psychische Material nicht «passend» ist? Diese Erkenntnis beruht auf einem Urteilsakt, der die Richtung des eingeschlagenen und gewollten Weges festlegt. Dieses Urteil ist Partei und voreingenommen, denn es wählt ein Einzelnes aus auf Kosten aller anderen Möglichkeiten. Das Urteil geht seinerseits immer aus der Erfahrung hervor, das heißt aus dem, was bereits als bekannt vorliegt. Es basiert also in der Regel nie auf dem Neuen, das noch unbekannt ist und unter gewissen Umständen den gerichteten Prozeß wesentlich bereichern könnte. Es kann natürlicherweise nicht darauf basieren, insofern die unbewußten Inhalte das Bewußtsein nicht erreichen können.

Durch solche Urteilsakte wird der gerichtete Prozeß notwendigerweise einseitig, auch wenn das rationale Urteil vielseitig und anscheinend unvoreingenommen ist. Schließlich kann sogar die Rationalität des Urteils ein Präjudizium sein; denn vernünftig ist, was uns als vernünftig erscheint. Was uns also als unvernünftig vorkommt, verfällt der Ausschließung eben um seines irrationalen Charakters willen, der ja wirklich irrational sein, aber ebensowohl auch bloß als irrational erscheinen kann, ohne es in höherem Sinne zu sein.

Die Einseitigkeit ist eine unvermeidliche, weil notwendige Eigenschaft des gerichteten Prozesses, denn Richtung ist Einseitigkeit. Die Einseitigkeit ist zugleich ein Vorteil und ein Nachteil. Auch wenn kein äußerlich erkennbarer Nachteil vorhanden zu sein scheint, so ist doch immer eine ebenso ausgesprochene Gegenposition im Unbewußten vorhanden, wenn es sich nicht geradezu um den idealen Fall eines völligen Zusammentreffens aller psychischen Komponenten in einer und derselben Richtung handelt, ein Fall, dessen Möglichkeit theoretisch nicht zu bestreiten ist, der aber praktisch wohl sehr selten sein dürfte. Die Gegenposition im Unbewußten ist so lange harmlos, als sie keine höheren Energiewerte aufweist. Steigt aber die Gegensatzspannung infolge einer zu großen Einseitigkeit, dann bricht die Gegentendenz ins Bewußtsein durch, und zwar in der Regel in dem Moment, wo die Durchführung des gerichteten Prozesses gerade am wichtigsten wäre. So passiert dem Redner das Versprechen gerade dann, wenn es ihm am meisten darauf ankommt, nichts Dummes zu sagen. Dieser Moment ist darum kritisch, weil er die höchste energetische Spannung aufweist, die bei einer schon bestehenden Ladung des Unbewußten leicht überschlägt und den unbewußten Inhalt auslöst.

Unser zivilisiertes Leben erfordert konzentrierte, gerichtete Bewußtseinstätigkeit und konstelliert damit das Risiko einer ausgiebigen Abtrennung vom Unbewußten. Je weiter man sich aber vom Unbewußten durch gerichtetes Funktionieren zu entfernen vermag, desto eher kann sich eine entsprechend intensive Gegenposition ausbilden, die, wenn sie durchbricht, unliebsame Folgen haben kann.

Durch die analytische Therapie haben wir einen starken Eindruck von der Wichtigkeit der unbewußten Einflüsse gewonnen und haben so viel für unser praktisches Leben daraus gelernt, daß wir es für unklug halten, nach der sogenannten Vollendung der Behandlung eine Eliminierung oder Stillegung des Unbewußten zu erwarten. Aus einer dunklen Erkenntnis dieser Sachlage können viele Patienten sich nicht oder nur schwer entschließen, die Analyse aufzugeben, obschon Patient und Arzt das Abhängigkeitsgefühl als lästig und ungehörig empfinden. Manche fürchten sich geradezu, den Versuch zu wagen und auf eigenen Füßen zu stehen, weil sie aus Erfahrung wissen, daß das Unbewußte in anscheinend unberechenbarer Weise immer wieder einmal störend in ihr Leben eingreifen kann.

Man hat früher angenommen, daß die Patienten bereit seien, das normale Leben aufzunehmen, wenn sie selber soviel von praktischer Selbsterkenntnis gelernt hätten, um zum Beispiel imstande zu sein, ihre eigenen Träume zu verstehen. Die Erfahrung hat aber gezeigt, daß selbst die ärztlichen Analytiker, von denen man die Beherrschung der Trauminterpretation erwarten sollte, ihren eigenen Träumen gegenüber öfters kapitulieren und die Hilfe eines Kollegen in Anspruch nehmen müssen. Wenn also sogar derjenige, der die Methode fachmännisch zu beherrschen vorgibt, sich als unfähig erweist, seine eigenen Träume befriedigend zu deuten, so kann dies vom Patienten um so weniger erwartet werden. FREUDS Hoffnung, das Unbewußte ausschöpfen zu können, hat sich nicht erfüllt. Das Traumleben und die Intrusionen des Unbewußten gehen – mutatis mutandis – unbekümmert weiter.

Es existiert ein allgemein verbreitetes Vorurteil, das die Analyse als etwas wie eine «Kur» auffaßt, die man eine Zeitlang über sich ergehen läßt, um dann daraus geheilt entlassen zu werden. Das ist ein laienhafter Irrtum, der noch aus den Anfangszeiten der Psychoanalyse stammt. Die analytische Behandlung kann zwar als eine mit Hilfe des Arztes vollzogene Neuadjustierung der psychologischen Einstellung betrachtet werden. Selbstverständlich kann diese neugewonnene und den inneren und äußeren Bedingungen besser entsprechende Einstellung auf geraume Zeit vorhalten, aber es gibt nur sehr wenige Fälle, wo eine einmalige «Kur» einen derartigen Dauererfolg hat. Der ärztliche Optimismus, der bekanntlich noch zu keiner Zeit mit Reklame gekargt hat, weiß zwar immer von definitiven Heilungen zu berichten. Man darf sich aber durch das Menschlich-Allzumenschliche des Praktikus nicht verblüffen lassen, sondern muß sich stets die Tatsache vor Augen halten, daß das Leben des Unbewußten weitergeht und immer wieder problematische Situationen erzeugt. Wir brauchen nicht pessimistisch zu sein; dazu haben wir doch zuviel von guten Erfolgen gesehen, die man mit Glück und gründlicher Arbeit erworben hat. Aber das wird uns nicht daran hindern, der Tatsache Rechnung zu tragen, daß die Analyse keine «Kur» ein für allemal ist, sondern zunächst bloß eine mehr oder weniger gründliche Neuadjustierung. Es gibt aber schlechterdings keine Veränderung, welche unbedingt und auf längste Sicht hinaus gültig wäre. Das Leben will immer wieder aufs neue erworben werden. Es gibt zwar äußerst dauerhafte Kollektiveinstellungen, die typische Konfliktlösungen ermöglichen. Eine Kollektiveinstellung fügt zwar das Individuum reibungslos in die Sozietät ein, indem sie wie irgendeine andere Lebensbedingung auf es einwirkt. Die Schwierigkeit des Patienten besteht aber eben gerade darin, daß sich seine individuelle Gegebenheit nicht reibungslos in eine typische Norm einfügen läßt, sondern eine individuelle Konfliktlösung erfordert, soll die Ganzheit der Persönlichkeit als lebensfähig erhalten bleiben. Keine rationale Lösung kann dieser Aufgabe gerecht werden, und es gibt schlechterdings keine kollektive Norm, welche eine individuelle Lösung ohne Verlust ersetzen könnte.

Die in der Analyse gewonnene Neueinstellung pflegt nach längerer oder kürzerer Zeit in irgendeiner Hinsicht ungenügend zu werden, und zwar notwendigerweise so infolge des beständigen Flusses des Lebens, das immer erneute Anpassung verlangt, denn keine Anpassung ist ein für allemal geleistet. Man könnte allerdings die Forderung erheben, die Behandlungsmethode müsse so beschaffen sein, daß Neuorientierungen ohne Schwierigkeiten auch im späteren Leben geleistet werden könnten. Wie die Erfahrung lehrt, ist dies auch bis zu einem gewissen Grade der Fall. Wir sehen es oft, daß solche Patienten, die durch eine gründliche Analyse gegangen sind, bei späteren Neuadjustierungen bedeutend geringere Schwierigkeiten haben. Aber immerhin sind diese Schwierigkeiten doch ziemlich häufig und zuweilen recht lästig. Daher kommt es, daß auch diejenigen Patienten, die eine gründliche Behandlung erfahren haben, später sich öfters wieder an ihren früheren Arzt wenden, um Hilfe zu erbitten. Im Vergleich zur allgemeinen ärztlichen Praxis ist dies ja weiter nicht sonderbar, aber es dementiert nicht nur einen gewissen übel angebrachten Therapeutenenthusiasmus, sondern auch die Auffassung, daß die Analyse eine einmalige «Kur» darstelle. Es ist ja schließlich auch höchst unwahrscheinlich, daß es je eine Therapie geben könnte, welche alle Schwierigkeiten wegräumt. Der Mensch bedarf der Schwierigkeiten, sie gehören zu seiner Gesundheit. Es ist bloß ihr ungebührliches Maß, das einem überflüssig erscheinen will.

Die therapeutische Grundfrage ist nicht bloß die, wie die momentane Schwierigkeit wegzuräumen wäre, sondern wie zukünftigen Schwierigkeiten mit Erfolg begegnet werden könnte. Die Frage ist: Was für eine geistig-moralische Einstellung gegenüber den Störungseinflüssen des Unbewußten ist notwendig, und wie kann sie dem Patienten vermittelt werden?

Die Antwort besteht offenbar darin, die Trennung zwischen Bewußtsein und Unbewußtem aufzuheben. Das geschieht nicht dadurch, daß die Inhalte des Unbewußten einseitig durch bewußte Entscheidung verurteilt werden, sondern vielmehr dadurch, daß ihr Sinn für die Kompensation der Einseitigkeit des Bewußtseins erkannt und in Rechnung gestellt wird. Die Tendenz des Unbewußten und die des Bewußtseins sind nämlich jene zwei Faktoren, welche die transzendente Funktion zusammensetzen. *Sie heißt transzendent, weil sie den Übergang von einer Einstellung in eine andere organisch ermöglicht,* das heißt ohne Verlust des Unbewußten. Die konstruktive Methode setzt bewußte Erkenntnisse voraus, welche auch beim Patienten potentiell wenigstens vorhanden sind und deshalb bewußtgemacht werden können. Weiß der Arzt nichts von diesen Möglichkeiten, so kann er in dieser Hinsicht auch nichts aus dem Patienten entwickeln, es sei denn, daß Arzt und Patient gemeinschaftlich dieser Frage ein gelegentliches Studium widmen, was in der Regel aber ausgeschlossen sein dürfte.

In praxi vermittelt daher der entsprechend vorgebildete Arzt dem Patienten die transzendente Funktion, das heißt, er hilft dem Patienten, Bewußtsein und Unbewußtes zusammenzusetzen und dadurch zu einer neuen Einstellung zu gelangen. In dieser Funktion des Arztes liegt eine der verschiedenen Bedeutungen der *Übertragung*: der Patient klammert sich mit der Übertragung an den Menschen, der ihm eine Erneuerung der Einstellung zu versprechen scheint; er sucht mit der Übertragung diese Veränderung, die für ihn unerläßlich ist, zu erlangen, auch wenn er sich dessen nicht bewußt ist. Der Arzt hat daher für den Patienten den Charakter einer unentbehrlichen und zum Leben absolut notwendigen Figur. So infantil eine derartige Abhängigkeit auch scheinen mag, so drückt sich darin doch eine ungemein wichtige Erwartung aus, deren Enttäuschung dem Arzt oft mit bitterem Haß gelohnt wird. Es ist darum von Belang zu wissen, worum es sich bei dieser in der Übertragung verborgenen Erwartung handelt: man ist ja geneigt, diese Forderung nur reduktiv zu verstehen im Sinne einer erotischen Infantilphantasie. Das würde aber bedeuten, daß diese Phantasie, die sich in der Regel auf die Eltern bezieht, wörtlich genommen sei, wie wenn der Patient, beziehungsweise dessen Unbewußtes, tatsächlich jene Erwartung wieder oder noch hätte, wie sie einst beim Kinde gegenüber den Eltern bestand. Dem äußeren Anschein nach ist es noch die gleiche Erwartung, wie sie das Kind in bezug auf die Hilfe und den Schutz der Eltern hatte, aber in der Zwischenzeit ist aus dem Kind ein Erwachsener geworden, und was beim Kinde normal war, wird beim Erwachsenen uneigentlich. Es wird zu einem metaphorischen Ausdruck für die im Bewußtsein nicht realisierte Hilfebedürftigkeit in einer Notlage. Es ist zwar historisch richtig, wenn der erotische Charakter der Übertragung auf den infantilen Eros zurückerklärt wird. Aber damit ist Zweck und Sinn der Übertragung nicht verstanden, und die Deutung als infantil-sexuelle Phantasie führt vom eigentlichen Problem weg. Das Verständnis der Übertragung ist nicht in ihren historischen Voraussetzungen, sondern in ihrem Zweck zu suchen. Die einseitige reduktive Erklärung wird sinnwidrig, namentlich dann, wenn überhaupt nichts Neues mehr dabei herauskommt als die vermehrten Widerstände des Patienten. Die dann in der Behandlung eintretende Langeweile ist nichts als der Ausdruck für die Monotonie und Ideenarmut – nicht des Unbewußten, wie gelegentlich vermutet wurde, sondern des Analytikers, der nicht versteht, daß diese Phantasien nicht bloß konkretistisch-reduktiv, sondern vielmehr konstruktiv aufzufassen sind. Mit letzterer Einsicht ändert sich oft mit einem Schlage die stockende Situation.

Durch die konstruktive Behandlung des Unbewußten, das heißt durch die Frage nach Sinn und Zweck, wird das Fundament gelegt für die Einsicht in jenen Prozeß, den ich als transzendente Funktion bezeichne.

Es dürfte nicht überflüssig sein, hier eine Bemerkung einzuflechten über den oft gehörten Einwand, die konstruktive Methode sei Suggestion. Die Methode beruht nämlich darauf, daß das Symbol (nämlich das Traumbild oder die Phantasie) nicht mehr *semiotisch,* als Zeichen gewissermaßen, für elementare Triebvorgänge gewertet wird, sondern wirklich *symbolisch,* wobei unter «Symbol» ein Ausdruck verstanden ist, der bestmöglich einen komplexen und durch das Bewußtsein noch nicht klar erfaßten Tatbestand wiedergibt. Durch analytische Auflösung dieses Ausdruckes wird nichts gewonnen als die Verdeutlichung der elementaren Komponenten desselben, welche ihn ursprünglich zusammengesetzt haben. Damit soll nicht geleugnet werden, daß eine vermehrte Einsicht in die Elemente bis zu einem gewissen Grade auch ihre Vorteile hat. Aber sie führt an der Zweckfrage vorbei. Die Auflösung des Symbols in diesem Stadium der Analyse ist daher verwerflich. Die Methode zur Herausarbeitung des durch das Symbol angedeuteten Sinnes ist allerdings zunächst dieselbe wie bei der analytischen Auflösung: man sammelt die Einfälle des Patienten, die in der Regel sogar genügen, synthetisch verwendet zu werden. Ihre Verwendung geschieht wiederum nicht in semiotischer, sondern in symbolischer Hinsicht. Die Frage lautet, auf welchen Sinn weisen die Einfälle A, B, C usw., mit dem manifesten Trauminhalt zusammengeschaut, hin?

Eine unverheiratete Patientin träumte, *jemand überreiche ihr ein aus einem Tumulus ausgegrabenes prachtvolles, reichverziertes, uraltes Schwert.*

Einfälle der Patientin

Der Degen ihres *Vaters,* den er einmal vor ihr in der Sonne funkeln ließ, was ihr besonders eindrucksvoll war. Ihr Vater war ein in jeder Hinsicht tatkräftiger, willensstarker Mann, von stürmischem Temperament, abenteuerlich in Liebesbeziehungen. Ein *keltisches* Bronzeschwert. Die Patientin rühmt sich ihrer keltischen Abstammung. Die Kelten sind voll Temperament, stürmisch, leidenschaftlich. Die Verzierungen haben ein geheimnisvolles Aussehen, *alte Tradition,* Runen, Zeichen alter Weisheit, uralte Kulturen, Erbgut der Menschheit, aus dem Grabe wieder ans Tageslicht gebracht.

Analytische Deutung

Die Patientin hat einen ausgesprochenen Vaterkomplex und ein reiches erotisches Phantasiegewebe um den Vater, den sie früh verloren hat. Sie setzte sich stets an Stelle der Mutter, allerdings mit starken Widerständen gegen den Vater. Sie hat den vaterähnlichen Mann nie annehmen können und deshalb wider Willen schwächliche, neurotische Männer gewählt. Auch in der Analyse heftige Wider-

Konstruktive Deutung

Es ist, wie wenn die Patientin eine solche Waffe nötig hätte. Ihr Vater hatte die Waffe. Er war tatkräftig, lebte dementsprechend und nahm auch die Schwierigkeiten seines Temperamentes auf sich, weshalb er zwar ein leidenschaftlich bewegtes Leben lebte, aber nicht neurotisch war. Diese Waffe ist ein altes Erbgut der Menschheit, das in der Patientin begraben lag und durch die Ausgrabungsarbeit (Analy-

stände gegen den Arzt-Vater. Der Traum gräbt ihren Wunsch nach der «Waffe» des Vater aus. Eine theoretische Vorwegnahme würde hier ohne weiteres auf eine phallische Phantasie hinweisen.

se) an den Tag gekommen ist. Die Waffe hat mit der Einsicht, der Weisheit zu tun. Sie ist ein Mittel des Angriffs und der Verteidigung. Die Waffe des Vaters war ein leidenschaftlicher, unbeugsamer Wille, mit dem er seinen Weg durchs Leben bahnte. Die Patientin war bis jetzt in jeder Hinsicht das Gegenteil. Sie ist eben auf dem Punkte, zu realisieren, daß der Mensch auch wollen kann und nicht bloß getrieben zu sein braucht, wie sie immer glaubte. Der auf Lebensweisheit und Einsicht basierte Wille ist ein altes Erbgut der Menschheit, das auch in ihr liegt, aber bis jetzt begraben war, denn sie ist auch in dieser Hinsicht die Tochter ihres Vaters, was sie aber aus lauter Verwöhntheit und kindisch-larmoyantem Wesen bis jetzt nicht gewürdigt hat. Sie war äußerst passiv und sexuellen Phantasien ergeben.

In diesem Fall bedurfte es weiter keiner ergänzenden Analogiebeiträge von seiten des Arztes. Die Assoziationen der Patientin hatten alles Nötige ergeben. Man kann nun gegen diese Behandlung des Traumes den Einwand der Suggestion erheben. Dabei vergißt man aber vollständig, daß eine Suggestion, für die keine innere Bereitschaft vorhanden ist, nie angenommen wird oder, wenn auf besondere Insistenz doch angenommen, sofort wieder verfliegt. Eine Suggestion, die auf die Dauer angenommen wird, entspricht immer einer starken psychologischen Bereitschaft, die durch die sogenannte Suggestion bloß ausgelöst wurde. Dieser Einwand ist daher gedankenlos und traut der Suggestion eine magische Kraft zu, die sie keineswegs besitzt, sonst wäre die Suggestionstherapie von unerhörter Wirkung und würde analytische Prozeduren gänzlich überflüssig machen. Dem ist aber keineswegs so. Überdies würde der Einwand der Suggestion die Tatsache außer acht lassen, daß die Einfälle der Patientin selber auf die Kulturbedeutung des Schwertes hinweisen.

Nach dieser Abschweifung kehren wir zur Frage der transzendenten Funktion zurück. Wir sehen, daß die transzendente Funktion in der Behandlung sozusagen als künstlich veranlaßt erscheint, weil sie durch die Hilfe des Arztes wesentlich unterstützt wird. Soll aber der Patient auf die eigenen Füße zu stehen kommen, so sollte er auf die Dauer nicht auf äußere Hilfe angewiesen sein. Die Interpretation der Träume wäre zwar ideal, ein ideales Mittel der Synthese unbewußter und bewußter Daten, aber die praktische Schwierigkeit der eigenen Traumanalyse ist zu groß.

Zur Herstellung der transzendenten Funktion bedürfen wir der Daten des Unbewußten. Hier bietet sich zunächst der Traum an als der am bequemsten zugängliche Ausdruck der unbewußten Prozesse. Er ist sozusagen ein Reinprodukt des Unbewußten. Die Veränderungen, die er im Prozeß des Bewußtwerdens erleidet, sind nicht zu bezweifeln, fallen jedoch außer Betracht, indem sie ebenfalls unbewußter Provenienz und nicht etwa absichtliche Entstellungen sind. Die möglichen Veränderungen des ursprünglichen Traumbildes entstammen einer mehr oberflächlichen Schicht des Unbewußten und bestehen somit aus ebenfalls verwertbarem unbewußtem Material. Es sind *Weiterdichtungen* im Sinne des Traumes. Dies gilt auch von den häufigen nachträglichen Vorstellungen, die im Halbschlummer oder unmittelbar beim Erwachen «freisteigend» auftreten. Da der Traum aus dem Schlafe stammt, so trägt er alle Merkmale des «abaissement du niveau mental» (JANET) an sich, nämlich der geringen energetischen Spannung: die logische Diskontinuität, das Fragmentarische, die Analogiebildungen, die oberflächlichen Assoziationen sprachlicher, klanglicher und bildlicher Natur, die Kontaminationen, die Irrationalität des Ausdrucks, das Verworrene usw. Mit verstärkter energetischer Spannung gewinnen die Träume geordneteren Charakter, sie werden dramatisch komponiert, zeigen deutlichen Sinnzusammenhang, und die Wertigkeit ihrer Assoziationen nimmt zu.

Da die energetische Spannung im Schlaf in der Regel sehr gering ist, so sind auch die Träume, verglichen mit den Bewußtseinsinhalten, minderwertige Ausdrücke der unbewußten Inhalte, die in konstruktiver Hinsicht sehr schwer verständlich sind, dagegen meistens leichter verständlich in reduktiver Hinsicht. Die Träume sind darum ein im allgemeinen ungeeignetes, beziehungsweise schwer verwertbares Material für die transzendente Funktion, weil sie an das Subjekt meistens zu hohe Anforderungen stellen.

Wir müssen uns daher nach anderen Quellen umsehen: Es gibt zum Beispiel die unbewußten Interferenzen im Wachzustand, die sogenannten «freisteigenden Einfälle», die unbewußten Störungen des Handelns, Erinnerungstäuschungen, Vergeßlichkeiten, Symptomhandlungen usw. Diese Materialien sind meistens in reduktiver Hinsicht wertvoller als in konstruktiver; sie sind zu fragmentarisch und leiden am Mangel längeren Zusammenhanges, der für das Sinnverständnis unerläßlich ist.

Ein anderes ist es mit den *spontanen Phantasien.* Sie treten meistens in relativ komponierter und zusammenhängender Form auf und enthalten oft sichtbar Bedeutungsvolles. Manche Patienten verfügen über die Fähigkeit, zu jeder Zeit Phantasien produzieren zu können, die sie einfach durch Ausschließung der kritischen Aufmerksamkeit frei «heraufsteigen» lassen.

Diese Phantasien sind verwertbar, nur ist diese besondere Gabe nicht allzu häufig. Aber man kann durch besondere Übung diese Fähigkeit ausbilden, so daß die Zahl der Menschen mit solch freier Phantasiebildung nicht unwesentlich erhöht wird. Das Training besteht zunächst in einer systematischen Übung in der Ausschließung der kritischen Aufmerksamkeit, wodurch eine Leere des Bewußtseins erzeugt wird, welche das Aufsteigen der bereitliegenden Phantasien begünstigt. Voraussetzung hierbei ist allerdings, daß tatsächlich libidobesetzte Phantasien bereitliegen. Dies ist natürlich nicht immer und überall der Fall. Wo dies nicht der Fall ist, bedarf es besonderer Maßnahmen.

Bevor ich auf die Besprechung dieser besonderen Methoden eingehe, muß ich einem persönlichen Gefühl nachgeben, das mir sagt, daß der Leser sich zweifelnd frage, wozu denn eigentlich eine derartige Veranstaltung gut sei und warum man denn unter allen Umständen die unbewußten Inhalte heraufbringen müsse. Es genüge doch, wenn sie selber von Zeit zu Zeit aus eigenen Mitteln sich meist unliebsam bemerkbar machen; man brauche das Unbewußte doch nicht mit Gewalt an die Oberfläche zu zerren; es wäre im Gegenteil ein Ziel der analytischen Behandlung, das Unbewußte von Phantasien zu entleeren und es auf diese Weise unwirksam zu machen.

Es scheint mir nicht überflüssig zu sein, diese Bedenken hier etwas ausführlicher zu würdigen, indem die Methoden zur Bewußtmachung unbewußter Inhalte neu und ungewohnt, vielleicht auch sonderbar erscheinen mögen. Darum müssen wir uns vorerst mit diesen natürlichen

Einwänden auseinandersetzen, damit sie uns nicht hinderlich werden, wenn wir darangehen, die erwähnten Methoden zu demonstrieren.

Wir bedürfen, wie gesagt, der unbewußten Inhalte zur Ergänzung der bewußten. Wäre die Bewußtseinseinstellung nur in geringerem Maße «gerichtet», so könnte das Unbewußte ganz von selbst einfließen, was auch der Fall bei allen denjenigen Menschen ist, bei denen die Bewußtseinsspannung anscheinend keine höheren Grade erreicht, wie zum Beispiel bei den Primitiven. Bei diesen bedarf es keiner besonderen Maßnahmen, dem Unbewußten Eingang zu verschaffen. Dazu bedarf es in einem gewissen Sinne überhaupt nirgends besonderer Maßnahmen; denn wer seine unbewußte Seite am wenigsten kennt, ist am meisten davon beeinflußt. Aber er ist sich dessen nicht bewußt. Die geheime Mitwirkung des Unbewußten am Leben ist immer und überall da; sie ist nicht zu suchen. Das, was gesucht wird, ist die Bewußtmachung der unbewußten Inhalte, die in unser Handeln einzufließen im Begriffe stehen; dadurch werden eben die geheime Beimischung des Unbewußten und deren unerwünschte Folgen vermieden.

Man wird gewiß fragen: Warum kann man das Unbewußte nicht sich selber überlassen? Wer in dieser Hinsicht nicht schon einige schlechte Erfahrungen gemacht hat, wird natürlich keinen Anlaß suchen, das Unbewußte zu kontrollieren. Wer aber über die nötigen Erfahrungen verfügt, der wird die bloße Möglichkeit einer Kontrolle des Unbewußten begrüßen. Das Gerichtetsein ist eine unbedingte Notwendigkeit für den bewußten Prozeß, bedingt aber, wie wir sahen, unvermeidliche Einseitigkeit. Da die Psyche ein selbstregulierender Apparat wie der lebende Körper ist, so bereitet sich im Unbewußten jeweils die regulierende Gegenwirkung vor. Wäre nun das Gerichtetsein der bewußten Funktion nicht vorhanden, so könnten die gegensätzlichen Einflüsse des Unbewußten ohne weiteres eingreifen. Das Gerichtetsein aber schließt sie eben gerade aus. Dadurch wird natürlich die Gegenwirkung nicht unterdrückt, sondern sie findet trotzdem statt. Ihr regulierender Einfluß aber wird durch die kritische Aufmerksamkeit und den zielbewußten Willen ausgeschaltet, weil die Gegenwirkung als solche zur bewußten Richtung nicht zu passen scheint. Insofern ist die Psyche des zivilisierten Menschen kein selbstregulierender Apparat mehr, sondern etwa einer Maschine vergleichbar, deren automatische Geschwindigkeitsregulierung einerseits so unempfindlich ist, daß sie ihre Tätigkeit bis zur Selbstbeschädigung fortsetzen kann, andererseits aber dem Eingriff einer einseitig orientierten Willkür unterworfen ist.

Wenn die unbewußte Gegenwirkung unterdrückt wird, so verliert sie ihren regulierenden Einfluß. Sie fängt dann an, beschleunigend und intensivierend im Sinne der Richtung des bewußten Prozesses zu wirken. Es scheint, als ob die Gegenwirkung ihren regulierenden Einfluß und überhaupt ihre Energie verlöre, denn es tritt ein Zustand ein, in welchem nicht nur keine hemmende Gegenwirkung stattzufinden, sondern wo sich ihre Energie zu derjenigen der bewußten Richtung zu addieren scheint. Dies erleichtert natürlich zunächst die Durchführung der bewußten Absicht, die aber, weil ungehemmt, sich dann auf Kosten des Ganzen unverhältnismäßig durchsetzen kann. Wenn zum Beispiel jemand eine etwas gewagte Behauptung aufstellt und dabei die Gegenwirkung, nämlich den angebrachten Zweifel, unterdrückt, so wird er zu seinem eigenen Schaden um so mehr auf seiner Behauptung insistieren.

Die Leichtigkeit, mit der die Gegenwirkung ausgeschaltet wird, entspricht dem Grade der Dissoziierbarkeit der Psyche und führt zu Instinktverlust, wie er für den zivilisierten Menschen charakteristisch, aber auch nötig ist, indem Triebe von ursprünglicher Kraft die soziale Anpassung erheblich erschweren. Immerhin handelt es sich nicht um eine eigentliche Triebverkümmerung, sondern in der Regel bloß um ein relativ dauerhaftes Erziehungsprodukt, das sich auch nie dermaßen festsetzen würde, wenn es nicht wichtigen Interessen des Individuums diente.

Um nicht von den alltäglichen Beispielen in der Praxis zu sprechen, erwähne ich den Fall NIETZSCHE, wie er sich in *«Also sprach Zarathustra»* offenbart. Die Entdeckung des «höheren» sowie des «häßlichsten» Menschen entspricht der unbewußten Regulierung, denn die «höheren» Menschen wollen Zarathustra in die Sphäre der Durchschnittsmenschheit, wie sie von jeher war, herunterziehen, und der «häßlichste» Mensch ist sogar die Personifikation der Gegenwirkung selber. Aber der «moralische Löwe» Zarathustras «brüllt» alle diese Einflüsse, vor allem aber das Mitleid, wieder in die Höhle des Unbewußten zurück. Damit ist der regulierende Einfluß unterdrückt, nicht aber die geheime Gegenwirkung des Unbewußten, welche sich in den Schriften NIETZSCHES deutlich bemerkbar macht. Zuerst sucht er den Widersacher in WAGNER, dem er den *«Parsifal»* nicht verzeihen kann, bald aber konzentriert sich sein ganzer Zorn auf das Christentum und besonders auf Paulus, dem es ja in gewissen Beziehungen ähnlich ergangen ist. Wie bekannt, brachte ihm die Psychose zuallererst die Identifikation mit dem «Gekreuzigten» und dem zerrissenen Zagreus. Die Gegenwirkung hatte mit dieser Katastrophe die Oberfläche erreicht.

Ein weiteres Beispiel ist jener klassische Fall von Cäsarenwahnsinn, den uns das vierte Kapitel des *Buches Daniel* aufbewahrt hat. Als Nebukadnezar nämlich auf der Höhe seiner Macht stand, hatte er einen Traum, der ihm Unheil verkündete, wenn er sich nicht selbst demütige. Daniel interpretierte den Traum durchaus fachmännisch, allerdings ohne Gehör zu finden. Die nachmaligen Geschehnisse aber gaben seiner Deutung recht, denn Nebukadnezar verfiel, nachdem er den unbewußten regulierenden Einfluß unterdrückt hatte, der Psychose, welche eben jene Gegenwirkung enthielt, der der König sich hatte entziehen wollen: er, der Herr der Erde, wurde zum Tier.

Ein Bekannter erzählte mir einmal einen Traum, *in welchem er vom Gipfel eines Berges ins Leere hinaustrat*. Ich erklärte ihm einiges vom Einfluß des Unbewußten und warnte ihn vor allzu gefährlichen bergsteigerischen Unternehmungen, die er ganz besonders liebte. Er lachte mich aber aus, mit dem Erfolg, daß er einige Monate später tatsächlich ins Leere trat und tödlich abstürzte.

Diese Dinge, die in allen möglichen Abstufungen immer wieder geschehen, stimmen den, der sie erfährt, nachdenklich. Man wird sich bewußt, wie leicht man die regulierenden Einflüsse übersieht, und sollte sich daher bemühen, die unbewußte Regulierung, die unserer geistigen und körperlichen Gesundheit so nötig ist, nicht zu übersehen. Dementsprechend wird man sich mit Selbstbeobachtung und Selbstkritik zu behelfen suchen. Aber bloße Selbstbeobachtung und intellektuelle Selbstanalyse sind unzureichende Mittel, den Kontakt mit dem Unbewußten herzustellen. Obschon dem Menschen böse Erfahrungen niemals erspart bleiben, so scheut sich doch jeder, solche zu riskieren, besonders noch, wenn er irgendwo eine Möglichkeit zu sehen glaubt, eine solche Erfahrung zu umgehen. Die Tendenz, Unangenehmes tunlichst zu vermeiden, ist durchaus legitim. Die Kenntnis der regulierenden Einflüsse kann tatsächlich in vielen Fällen die Umgehung von unnützen schlechten Erfahrungen ermöglichen. Viele Umwege, die nicht durch einen besonderen Reiz, sondern durch ermüdende Konflikte ausgezeichnet sind, brauchen nicht gemacht zu werden. Es genügt, wenn wir Umwege und Irrtümer in unbekanntem und unerforschtem Land erleiden; aber im bewohnten Lande auf breiten Straßen in die Irre zu gehen, ist bloß ärgerlich. Das kann man sich durch die Kenntnis der regulierenden Faktoren ersparen. Die Frage ist nun: welches sind die Wege und Möglichkeiten, die uns zur Erkennung des Unbewußten zur Verfügung stehen?

Wenn keine freie Phantasieproduktion vorhanden ist, dann sind wir auf Kunsthilfe angewiesen. Der Anlaß, eine solche Hilfe in Anspruch zu nehmen, ergibt sich meistens aus einem deprimierten oder sonstwie gestörten Gemütszustand, für den kein genügender Grund nachzuweisen ist. Natürlich hat er rationale Gründe in Fülle. Schon das schlechte Wetter genügt als Grund. Aber keiner dieser Gründe ist befriedigend als Erklärung, denn eine kausale Erklärung dieser Zustände ist meist nur für den Außenstehenden befriedigend, und auch für diesen nur halbwegs. Der Außenstehende begnügt sich mit einer relativen Sättigung seines Kausalitätsbedürfnisses; es genügt ihm, zu wissen, woher die Sache kommt, denn er fühlt ja nicht die Forderung, die für den anderen in der Depression liegt. Der Betroffene möchte nämlich viel weniger die Frage des Woher als die des Wozu oder die Frage der Abhilfe beantwortet haben. In der Intensität der affektiven Störung liegt der Wert, das heißt die Energie, welche der Leidende disponibel haben sollte, um den Zustand der verminderten Anpassung zu beheben. Dadurch daß man diesen Zustand verdrängt oder rational entwertet, ist nichts gewonnen.

Um der an falscher Stelle befindlichen Energie habhaft zu werden, nimmt man den affektiven Zustand als Basis oder Ausgangspunkt der Prozedur. Man macht sich die Stimmungslage möglichst bewußt, indem man sich rückhaltlos darein versenkt und alle auftauchenden Phantasien und sonstigen Assoziationen schriftlich fixiert. Der Phantasie muß freiester Spielraum gelassen werden, jedoch nicht so, daß sie den Umkreis ihres Objektes, nämlich des Affektes, verläßt, indem sie sozusagen vom Hundertsten ins Tausendste fortschreitend weiter assoziiert. Diese sogenannte «freie Assoziation» führt vom Gegenstand weg zu irgendwelchen Komplexen, von denen man keineswegs sicher ist, daß sie sich auf den Affekt beziehen und nicht Verschiebungen darstellen, die sich an seine Stelle setzen. Aus dieser Beschäftigung ergibt sich ein mehr oder weniger vollständiger Stimmungsausdruck, der den Inhalt der Verstimmung irgendwie umfänglich konkret oder symbolisch wiedergibt. Da die Verstimmung nicht vom Bewußtsein gemacht wurde, sondern eine unwillkommene Interferenz von seiten des Unbewußten darstellt, so ist der erarbeitete Ausdruck sozusagen ein Bild der in der Verstimmung in globo enthaltenen Inhalte und Tendenzen des Unbewußten. Die Prozedur stellt eine Art von Anreicherung und Verdeutlichung des Affektes dar, und dadurch nähert sich dieser mit seinen Inhalten dem Bewußtsein an. Er wird eindrücklich und dadurch auch verständlich. Diese Arbeitsleistung allein schon kann einen günstigen und belebenden Einfluß ausüben. Jedenfalls aber ist damit eine neue Situation geschaffen, indem der vorher beziehungslose Affekt zu einer mehr oder weniger deutlichen und artikulierten Vorstellung geworden ist, und zwar dank dem Entgegenkommen und der Kooperation von seiten des Bewußtseins. Es ist somit ein Anfang der transzendenten Funktion gemacht, nämlich der Zusammenwirkung unbewußter und bewußter Daten.

Die affektive Störung kann auch in anderer Weise zwar nicht intellektuell erleuchtet, aber wenigstens anschaulich gestaltet werden. Patienten, die etwelche malerische oder zeichnerische Begabung haben, können dem Affekt durch ein *Bild* Ausdruck verleihen. Auf eine technisch oder ästhetisch befriedigende Darstellung kommt es dabei nicht an, sondern bloß darauf, daß der Phantasie Spielraum gewährt und im übrigen die Sache so gut wie möglich gemacht werde. Im Prinzip stimmt diese Prozedur mit der vorhin beschriebenen überein. Auch in diesem Fall wird ein unbewußt und bewußt beeinflußtes Produkt geschaffen, welches das Streben des Unbewußten nach dem Licht und das des Bewußtseins nach Substanz in einem gemeinsamen Produkt verkörpert.

Es gibt nun aber oft Fälle, wo überhaupt keine bestimmt faßbare affektive Verstimmung besteht, sondern nur ein allgemeines dumpfes, unfaßliches Mißbehagen, ein Gefühl von Resistenz gegen alles, eine Art von Langeweile oder etwas wie ein Ekel unbestimmbarer Natur oder wie eine nicht näher zu definierende Leere. In diesen Fällen ist kein bestimmter Ausgangspunkt vorhanden, sondern er wäre erst zu schaffen. Hier ist eine besondere Introversion der Libido nötig, vielleicht sogar unterstützt von günstigen äußeren Bedingungen, wie völliger Ruhe, besonders nachts, wo die Libido sowieso eine Neigung zur Introversion hat. «Nacht ist es – nun reden lauter alle springenden Brunnen, und auch meine Seele ist ein springender Brunnen», wie NIETZSCHE sagt[2].

Die kritische Aufmerksamkeit muß ausgeschaltet werden. Visuell Begabte haben ihre *Erwartung* darauf zu richten, daß sich ein inneres Bild herstellen werde. In der Regel wird sich auch ein solches (vielleicht hypnagogisches) Phantasiebild anbieten, das sorgfältig zu beobachten und schriftlich zu fixieren ist. Akustisch-sprachlich Begabte pflegen innere Worte zu hören. Anfangs sind es vielleicht bloß Fragmente von anscheinend sinnlosen Sätzen, die aber ebenfalls sorgfältig zu fixieren sind. Andere vernehmen in diesen Momenten einfach ihre «andere» Stimme. Es gibt nämlich nicht wenige, die eine Art von innerem Kritiker oder Richter besitzen, der sie in ihrem Tun und Treiben beurteilt. Geisteskranke hören diese Stimme als laute Halluzinationen. Aber auch Normale mit einigermaßen entwickeltem Innenleben können diese unhörbare Stimme ohne weiteres reproduzieren. Allerdings wird sie wegen ihrer notorischen Lästigkeit und Aufsässigkeit fast regelmäßig verdrängt. Solchen Personen fällt es natürlich nicht schwer, die Beziehung zum unbewußten Material und damit die Vorbedingung zur transzendenten Funktion herzustellen.

Es gibt wiederum andere Menschen, die innerlich weder sehen noch hören, aber ihre *Hände* haben die Fähigkeit, Inhalte des Unbewußten auszudrücken. Solche Patienten bedienen sich mit Vorteil plastischer Materialien. Relativ selten sind solche, deren motorische Begabung einen Ausdruck des Unbewußten durch *Bewegung,* beziehungsweise Tanz, ermöglicht. Dem Nachteil, daß Bewegungen nicht fixiert werden können, muß dadurch begegnet werden, daß die Bewegungen nachher sorgfältig nachgezeichnet werden, damit sie dem Gedächtnis nicht verlorengehen. Noch seltener, aber ebenfalls verwendbar, ist *automatisches Schreiben,* direkt oder mit der Planchette. Diese Prozedur liefert ebenfalls sehr brauchbare Resultate.

Wir gelangen nun zur weiteren Frage, was mit dem auf eine der beschriebenen Weisen gewonnenen Material weiter zu geschehen habe. Für diese Frage gibt es keine apriorische Antwort, indem erst aus der Konfrontation des Bewußtseins mit den Produkten des Unbewußten eine vorläufige, aber alles folgende bestimmende Reaktion hervorgeht. Die praktische Erfahrung allein kann darüber Aufschluß erteilen. Soweit meine bisherige Erfahrung reicht, scheinen hauptsächlich zwei verschiedene Tendenzen aufzutreten: die eine geht in Richtung der *Gestaltung,* die andere in der des *Verstehens.*

Wo das *Prinzip der Gestaltung* überwiegt, werden die gewonnenen Materialien variiert und vermehrt, wobei eine Art von Kondensation der

Motive zu mehr oder weniger stereotypen Symbolen stattfindet, welche die gestaltende Phantasie anregen und dabei vorwiegend als ästhetische Motive wirken. Diese Tendenz führt zu dem ästhetischen Problem *künstlerischer Gestaltung*.

Wo hingegen das *Prinzip des Verstehens* überwiegt, interessiert der ästhetische Aspekt relativ wenig und wird sogar gelegentlich als Hindernis empfunden; dagegen findet eine intensive Auseinandersetzung mit dem *Sinngehalt* des unbewußten Produktes statt.

Während die ästhetische Gestaltung des Ausdruckes die Tendenz hat, bei dem formalen Aspekt des Motives zu verharren, versucht ein intuitives Verstehen oft den Sinn aus bloßen und ungenügenden Andeutungen im Material zu erhaschen, ohne jene Elemente in Berücksichtigung zu ziehen, welche bei sorgfältigerer Gestaltung ans Licht gekommen wären.

Diese beiden Richtungen treten nicht etwa durch einen Willkürakt in die Erscheinung, sondern ergeben sich aus der individuellen Eigenart der Persönlichkeit. Beide Richtungen haben ihre Risiken, beziehungsweise ihre typischen Abwege und Irrtümer. Die Gefahr der ästhetischen Tendenz ist die Überschätzung des Formalen, beziehungsweise des «künstlerischen» Wertes der hervorgebrachten Gestaltungen, wodurch die Libido vom eigentlichen Ziel der transzendenten Funktion auf den Abweg rein ästhetisch-künstlerischer Gestaltungsprobleme geführt wird. Die Gefahr des Verstehenwollens ist die Überschätzung des inhaltlichen Aspektes, der einer intellektuellen Analyse und Deutung unterzogen wird, wodurch der essentiell symbolische Charakter des Objektes in Verlust gerät. Bis zu einem gewissen Punkte müssen diese Abwege aber auch beschritten werden, um die individuell jeweils vorwiegenden ästhetischen oder intellektuellen Forderungen zu befriedigen. Aber die Gefahr beider Abwege verdient hervorgehoben zu werden, denn die Überschätzung der vom Unbewußten hervorgebrachten Gestaltungen pflegt von einem gewissen Punkte der psychischen Entwicklung an sehr groß zu sein wegen der vorausgehenden ebenso maßlosen Unterschätzung derartiger Produkte. Die Unterschätzung ist eines der größten Hindernisse in der Gestaltung der unbewußten Stoffe. Bei dieser Gelegenheit kommt die ganze kollektive Unterbewertung individueller Produkte zum Vorschein: nichts ist gut oder schön, was nicht ins kollektive Schema paßt. Die zeitgenössische Kunst fängt zwar an, in dieser Hinsicht kompensierende Versuche zu machen. Was fehlt, ist nicht die kollektive Anerkennung des individuellen Produktes, sondern dessen subjektive Würdigung, nämlich das Verstehen von dessen Sinngehalt und dessen Wert *für das Subjekt.* Das Minderwertigkeitsgefühl für das eigene Produkt findet sich natürlich nicht überall; nicht selten ist auch sein Gegenteil, nämlich eine naive und kritiklose Überschätzung mit dem obligaten Anspruch auf kollektive Anerkennung. Wenn das anfänglich hinderliche Minderwertigkeitsgefühl überwunden wird, so kann es leicht in sein Gegenteil umschlagen, nämlich in eine ebenso große Überschätzung. Im umgekehrten Fall verwandelt sich die anfängliche Überschätzung oft in eine entwertende Skepsis. Der Fehler dieser Urteile liegt in der Unselbständigkeit und Unbewußtheit des Individuums, das entweder nur an Kollektivwerten zu messen versteht oder infolge Ich-Inflation das Urteil überhaupt verliert.

Der eine Weg scheint das regulierende Prinzip des anderen zu sein: beide Wege stehen zueinander in kompensatorischer Beziehung. Die Erfahrung gibt dieser Formel recht. Soweit im gegenwärtigen Moment schon allgemeinere Schlüsse möglich sind, bedarf die ästhetische Gestaltung des Sinnverständnisses und das Verstehen der ästhetischen Gestaltung. Damit ergänzen sich die beiden Tendenzen zur transzendenten Funktion.

Die ersten Schritte auf beiden Wegen folgen demselben Prinzip: das Bewußtsein leiht seine Ausdrucksmittel dem unbewußten Inhalt; mehr als das darf das Bewußtsein nicht geben, um nicht die unbewußten Inhalte im Sinne der Bewußtseinsrichtung abzubiegen. Die Führung in puncto Form und Inhalt ist soweit als möglich dem vom Unbewußten abhängigen Einfall zu überlassen. Diese Situation bedeutet eine als peinlich empfundene Zurückstellung des bewußten Standpunktes. Das begreift man unschwer, wenn man sich vergegenwärtigt, wie sich die Inhalte des Unbewußten zu präsentieren pflegen, nämlich als Dinge, die entweder von Natur aus zu schwach sind, die Bewußtseinsschwelle zu überschreiten, oder als Inkompatibilitäten, die aus vielerlei Gründen ausgeschlossen werden. Es sind meistens teils unwillkommene, teils unerwartete, irrationale Inhalte, deren Nichtbeachtung oder Verdrängung ohne weiteres verständlich zu sein scheint. Nur ein kleiner Teil der Inhalte ist von ungewöhnlichem Wert, entweder vom kollektiven oder vom subjektiven Standpunkt aus gesehen. Inhalte, die kollektiv wertlos sind, können, vom individuellen Standpunkt aus gesehen, von größtem Wert sein. Diese Tatsache drückt sich durch die affektive Betonung aus, gleichgültig ob diese vom Subjekt als positiv oder negativ empfunden wird. Auch die Sozietät ist zwiespältig in der Aufnahme neuer und unbekannter Ideen, die ihrer Emotionalität nahetreten. Der Zweck der Anfangsprozedur ist die Auffindung *gefühlsbetonter Inhalte,* denn es handelt sich immer um solche Situationen, wo die Einseitigkeit des Bewußtseins auf den Widerstand der Instinktsphäre stößt.

Die beiden Wege spalten sich prinzipiell erst dann, wenn dem einen der ästhetische Aspekt maßgebend wird, dem anderen aber der intellektuell-moralische. Der Idealfall wäre ein gleichmäßiges Nebeneinander oder ein rhythmisches Alternieren der beiden Möglichkeiten. Das eine ohne das andere scheint kaum möglich zu sein, kommt aber trotzdem in der Erfahrung vor: auf Kosten des Sinnes rafft das Gestaltenwollen seinen Gegenstand an sich, oder das Verstehenwollen setzt sich vorzeitig über die Gestaltung hinweg. Die unbewußten Inhalte wollen zuerst deutlich in die Erscheinung treten, was ihnen nur durch Gestaltung möglich wird, und erst hernach beurteilt werden, wenn all ihre Aussagen faßbar vorliegen. Aus diesem Grunde ließ schon FREUD die Trauminhalte sozusagen ihre Aussagen in Form der «freien Assoziationen» machen, bevor sie gedeutet wurden.

Es ist nicht in allen Fällen genügend, nur den gedanklichen Kontext eines Trauminhaltes sich klarzumachen. Oft drängt sich die Notwendigkeit auf, daß undeutliche Inhalte durch sichtbare Gestaltung verdeutlicht werden müssen. Dies kann geschehen durch Zeichnen, Malen und Modellieren. Oft wissen die Hände ein Geheimnis zu enträtseln, an dem der Verstand sich vergebens mühte. Durch die Gestaltung nämlich wird im Wachzustand der Traum weiter und ausführlicher geträumt, und der anfänglich unfaßbare, isolierte Zufall wird in die Sphäre der Gesamtpersönlichkeit integriert, wennschon dies dem Subjekt zunächst unbewußt bleibt. Die ästhetische Gestaltung läßt es damit sein Bewenden haben und verzichtet darauf, einen Sinn entdecken zu wollen. Daraus entsteht bei Patienten gelegentlich der Wahn, Künstler – natürlich verkannte – zu sein. Das Verstehenwollen, das auf sorgfältige Gestaltung verzichtet, setzt beim rohen Einfall ein und entbehrt daher einer genügenden Grundlage. Es kann aber mit einiger Aussicht auf Erfolg erst bei einem gestalteten Produkt beginnen. Je weniger das Ausgangsmaterial ausgestaltet wird, desto größer ist die Gefahr, daß das Verständnis nicht durch die empirische Gegebenheit, sondern durch theoretische und moralische Vorurteile bestimmt wird. Das Verstehen, um das es sich auf dieser Stufe handelt, besteht in der Konstruktion des Sinnes, der dem Ureinfall hypothetisch einzuwohnen scheint.

Es ist klar, daß eine derartige Prozedur legitimerweise nur dann stattfinden kann, wenn ein zureichendes Motiv dafür vorhanden ist. Man kann dem Unbewußten auch nur dann die Führung überlassen, wenn in ihm ein Führungswille lebendig ist. Das ist aber nur der Fall, wenn das Bewußtsein sich irgendwie in einer Notlage befindet. Wenn es geglückt ist, den unbewußten Inhalt zu gestalten und den Sinn des Gestalteten zu verstehen, dann erhebt sich die Frage, wie das Ich sich zu dieser Sachlage verhalte. Damit hebt die *Auseinandersetzung zwischen dem Ich und dem Unbewußten* an. Dies ist der zweite und wichtigere Teil der Prozedur, die Annäherung der Gegensätze und die Entstehung und Herstellung eines Dritten: der transzendenten Funktion. Auf dieser Stufe hat nicht mehr das Unbewußte die Führung, sondern das Ich.

Das individuelle Ich soll hier nicht definiert, sondern in seiner banalen Wirklichkeit belassen werden als jenes kontinuierliche Zentrum des Bewußtseins, dessen Vorhandensein sich seit den Tagen der Kindheit erwiesen hat. Ihm gegenüber steht ein psychischer Tatbestand, ein Produkt, das seine Existenz einem hauptsächlich unbewußten Geschehen verdankt und sich daher in einem gewissen Gegensatz zum Ich und seiner Tendenz befindet.

Dieser Gesichtspunkt ist wesentlich für jede Auseinandersetzung mit dem Unbewußten. Das Ich ist dem Unbewußten gegenüber als gleichwertig festzuhalten und vice versa. Das bedeutet soviel wie eine notwendige Warnung; denn genauso wie das Bewußtsein des zivilisierten Menschen eine beschränkende Wirkung auf das Unbewußte ausübt, so hat ein wieder anerkanntes Unbewußtes oft eine geradezu gefährliche Wirkung auf das Ich. Wie dies zuvor das Unbewußte unterdrückte, so kann ein befreites Unbewußtes das Ich zur Seite schieben und überwältigen. Die Gefahr besteht darin, daß es seine «Fassung verliert», das heißt, daß es gegen den Andrang affektiver Faktoren seine Existenz nicht mehr verteidigen kann, eine Situation, die öfters am Anfang einer Schizophrenie angetroffen wird. Diese Gefahr bestünde allerdings nicht, oder doch wenigstens nur in geringem Maße, wenn die Auseinandersetzung mit dem Unbewußten die Dynamik der Affekte abstreifen könnte. Dies wird auch in der Regel durch Ästhetisierung oder Intellektualisierung der Gegenposition versucht. Die Auseinandersetzung mit dem Unbewußten muß aber eine allseitige sein, denn es handelt sich bei der transzendenten Funktion nicht um einen Teilprozeß, der irgendwie bedingt ablaufen kann, sondern um ein ganzheitliches Geschehen, in welches alle Aspekte einbezogen oder – besser – einzubeziehen sind. Der Affekt muß daher in seinem vollen Wert eingesetzt werden. Ästhetisierung und Intellektualisierung sind zwar ausgezeichnete Waffen gegen bedrohliche Affekte, aber eben nur dort anzuwenden, wo es sich um vitale Bedrohung handelt, und nicht, um sich billigerweise einer Verpflichtung zu entziehen.

Wir verdanken es der grundsätzlichen Einsicht FREUDS, daß die Neurosenbehandlung das Vorhandensein des emotionalen Faktors in vollem Umfang zu berücksichtigen hat, das heißt, die Persönlichkeit muß als Ganzes ernst genommen werden, was für beide Teile gilt, für den Patienten wie für den Arzt. Wie weit letzterer sich dabei durch den Schild der Theorie abschirmen darf, bleibt eine delikate Ermessensfrage. Auf alle Fälle ist die Neurosenbehandlung keine psychologische Badekur, sondern eine Erneuerung der Persönlichkeit, demnach allseitig und in jedes Gebiet des Lebens eingreifend. Die Auseinandersetzung mit der Gegenposition ist eine ernsthafte Sache, von der bisweilen sehr viel abhängt. Das Ernstnehmen der anderen Seite stellt ein unbedingtes Erfordernis der Auseinandersetzung dar. Allein dadurch können regulierende Faktoren einen Einfluß auf das Handeln gewinnen. Das Ernstnehmen bedeutet nicht Wörtlichnehmen, sondern soviel wie eine Krediterteilung ans Unbewußte, dem sich damit die Möglichkeit der Kooperation an Stelle einer automatischen Störung des Bewußtseins eröffnet.

So ist bei der Auseinandersetzung nicht nur der Standpunkt des Ich berechtigt, sondern es wird auch dem Unbewußten eine entsprechende Autorität verliehen. Die Auseinandersetzung wird zwar vom Ich aus geführt, aber auch dem Unbewußten wird das Wort gelassen – «audiatur et altera pars».

Die Art und Weise, wie diese Auseinandersetzung geführt werden kann, läßt sich am ehesten dartun an jenen Fällen, wo die «andere» Stimme mehr oder weniger deutlich vernommen wird. Es ist für solche Leute technisch sehr einfach, die «andere» Stimme schriftlich zu fixieren und auf deren Aussage vom Standpunkt des Ich aus zu antworten. Es ist so, wie wenn ein Dialog zwischen zwei gleichberechtigten Personen stattfände, in welchem jeder dem anderen ein gültiges Argument zutraut und es deshalb der Mühe wert hält, die gegensätzlichen Standpunkte durch gründliche Vergleichung und Diskussion einander anzugleichen oder sie klar zu unterscheiden. Da der Weg zur Einigung aber selten unmittelbar offensteht, so wird in der Regel ein längerer Konflikt, der von beiden Seiten Opfer fordert, auszutragen sein. Eine derartige Auseinandersetzung könnte ebensogut zwischen Arzt und Patient stattfinden, wobei ersterem leicht die Rolle des advocatus diaboli zufiele.

Es ist erschreckend, zu sehen, wie wenig der Mensch imstande ist, das Argument des anderen gelten zu lassen, obschon diese Fähigkeit eine unerläßliche Grundbedingung jeder menschlichen Gemeinschaft darstellt. Mit dieser allgemeinen Schwierigkeit hat jeder zu rechnen, der eine Auseinandersetzung mit sich selber beabsichtigt. Im selben Maße, in dem er den anderen nicht gelten läßt, gesteht er auch dem «anderen» in sich selbst das Existenzrecht nicht zu – et vice versa. Die Fähigkeit zum inneren Dialog ist ein Maßstab für äußere Objektivität.

So einfach die Auseinandersetzung im Fall des inneren Dialoges sein dürfte, so unzweifelhaft komplizierter scheint sie in jenem anderen Falle zu sein, wo nur bildliche Produkte vorliegen, die für den Verstehenden zwar an sich eine beredte Sprache führen, welche dem Nichtverstehenden aber als Taubstummheit erscheint. Solchen Gestaltungen gegenüber muß das Ich die Initiative ergreifen und sich die Frage vorlegen: «Wie wirkt dies Zeichen auf mich ein?» Die Faustische Frage kann eine erleuchtende Antwort hervorlocken. Je unmittelbarer und natürlicher sie ausfällt, desto wertvoller ist sie, denn Unmittelbarkeit und Natürlichkeit garantieren eine annähernde Ganzheitlichkeit der Reaktion. Es ist dabei kein unbedingtes Erfordernis, daß die Auseinandersetzung selber in allen Stücken bewußt werde. Öfters nämlich findet eine ganzheitliche Reaktion nicht jene geistigen Voraussetzungen, Anschauungen und Begriffe vor, die eine klare Fassung ermöglichen würden. In diesem Falle muß man sich mit dem wortlosen, aber ahnungsreichen Gefühl begnügen, das an deren Stelle tritt und mehr wert ist als gescheites Geschwätz.

Das Hin und Her der Argumente und Affekte stellt die transzendente Funktion der Gegensätze dar. Die Gegenüberstellung der Position bedeutet eine energiegeladene Spannung, die Lebendiges erzeugt, ein Drittes, das keine logische Totgeburt ist, entsprechend dem Grundsatz «tertium non datur», sondern eine Fortbewegung aus der Suspension zwischen Gegensätzen, eine lebendige Geburt, die eine neue Stufe des Seins, eine neue Situation, herbeiführt. Die transzendente Funktion offenbart sich als eine Eigenschaft angenäherter Gegensätze. Solange diese einander ferngehalten werden – natürlich zum Zwecke der Konfliktvermeidung –, funktionieren sie nicht und bleiben toter Stillstand.

Als was immer die Gegensätze im individuellen Fall erscheinen mögen, im Grunde genommen handelt es sich immer um ein in Einseitigkeit verirrtes und verbohrtes Bewußtsein, konfrontiert mit dem Bild instinktiver Ganzheit und Freiheit. Es ist der Anblick des Anthropoiden und des archaischen Menschen mit seiner angeblich ungehemmten Triebwelt einerseits und seiner vielfach verkannten geistigen Anschauungswelt andererseits, der, unsere Einseitigkeit kompensierend und korrigierend, aus dem Dunkel hervortritt und uns zeigt, wie und wo wir uns von der Grundzeichnung entfernt und uns psychisch verkrüppelt haben.

Ich muß mich hier damit begnügen, die äußeren Formen und Möglichkeiten der transzendenten Funktion darzustellen. Eine weitere Aufgabe von größerem Belang wäre die Darstellung der *Inhalte* der transzendenten Funktion. Es liegen zwar bereits größere Materialien in dieser Richtung vor. Jedoch sind noch nicht alle Schwierigkeiten ihrer Darstellung behoben. Es bedarf nämlich noch einer Reihe von Vorarbeiten, bis die begriffliche Grundlage geschaffen ist, auf der eine begreifbare und anschauliche Darstellung dieser Inhalte möglich wird. Ich habe leider bis jetzt die Erfahrung gemacht, daß das wissenschaftliche Publikum noch nicht allgemein imstande ist, solchen psychologischen Überlegungen und Darstellungen zu folgen, indem sich noch immer entweder eine zu persönliche Einstellung oder das philosophisch-intellektuelle Präjudiz einmischen, welche eine sinnentsprechende Würdigung psychologischer Zusammenhänge verunmöglichen. Die persönliche Affiziertheit urteilt immer subjektiv, indem sie alles für unmöglich erklärt, was für sie vielleicht nicht gilt oder was sie nicht zu wissen vorzieht. Sie erweist sich darum als unfähig, einzusehen, daß das, was für sie gilt, für einen anderen Menschen mit einer anderen Psychologie unter Umständen ganz und gar nicht gilt. Wir sind von einem allgemein gültigen Erklärungsschema auf alle Fälle noch himmelweit entfernt.

Als ein großes Hindernis psychologischer Verständigung erweist sich der Vorwitz, wissen zu wollen, ob der vorgebrachte psychologische Zusammenhang «wahr» oder «richtig» sei. Wenn die Darstellung nicht verdreht oder gar erlogen ist, dann ist der Tatbestand, so wie er ist, gültig und erweist seine Gültigkeit durch seine Existenz. Ist der Platypus eine «wahre» oder «richtige» Erfindung des Schöpferwillens? Ebenso kindisch ist das Präjudiz gegen die Rolle, welche mythologische Voraussetzungen im Leben der Psyche spielen. Da sie nicht «wahr» seien, könnten sie doch nicht – so meint man – ihren Platz in einer wissenschaftlichen Erklärung finden. Mythologeme *existieren,* auch wenn sich ihre anscheinenden Aussagen mit unserem inkommensurabeln Begriff von «Wahrheit» nicht decken.

Da die Auseinandersetzung mit der Gegenposition ganzheitlichen Charakter hat, so ist nichts davon ausgeschlossen. Alles steht in Diskussion, auch wenn nur Bruchteile bewußt sind. Das Bewußtsein wird durch Gegenüberstellung von bisher unbewußten Inhalten beständig erweitert oder – besser gesagt – könnte erweitert werden, wenn es sich um deren Integration bemühen wollte. Das ist natürlich keineswegs immer der Fall. Auch wenn genügend Intelligenz vorhanden ist, um die Fragestellung zu verstehen, so fehlt es doch an Mut und Selbstvertrauen, oder man ist geistig und moralisch zu träge oder zu feige, eine Anstrengung zu machen. Wo aber die nötigen Voraussetzungen vorhanden sind, da bildet die transzendente Funktion nicht nur eine wertvolle Ergänzung der psychotherapeutischen Behandlung, sondern verschafft dem Patienten den nicht zu unterschätzenden Vorteil, aus eigenen Kräften einen gewichtigen Beitrag an die ärztliche Bemühung zu leisten und in diesem Maße nicht vom Arzt und seinem Können in einer oft demütigenden Weise abhängig zu sein. Es ist ein Weg, sich durch eigene Anstrengung zu befreien und den Mut zu sich selbst zu finden.

Über Synchronizität

Meine Damen und Herren!

Es wäre vielleicht angebracht, meiner Darstellung eine Definition des Begriffes, um den es sich hier handelt, voranzuschicken. Ich möchte aber lieber den umgekehrten Weg gehen und Ihnen zuerst jene Tatsachen skizzieren, welche unter dem Begriff der Synchronizität zusammengefaßt werden sollen. Dieser Terminus hat, wie sein Wortlaut zeigt, etwas mit Zeit beziehungsweise mit einer Art von *Gleichzeitigkeit* zu tun. Statt letzteren Ausdruckes können wir uns auch des Begriffes der *sinngemäßen Koinzidenz* zweier oder mehrerer Ereignisse bedienen, wobei es sich um etwas anderes als Zufallswahrscheinlichkeit handelt. Zufällig ist ein statistisches, das heißt wahrscheinliches Zusammentreffen von Ereignissen, wie zum Beispiel die in Spitälern bekannte «Duplizität der Fälle». Derartige Gruppierungen können auch mehrere bis viele Glieder aufweisen, ohne deshalb aus dem Rahmen des Wahrscheinlichen und rational Möglichen herauszufallen. So kann es sich zum Beispiel ereignen, daß jemand zufälligerweise auf die Nummer seines Trambahnbillets aufmerksam wird. Zu Hause angelangt, erhält er einen Telephonanruf, bei welchem die gleiche Nummer angegeben wird. Abends kauft er sich ein Theaterbillet, das wiederum die gleiche Nummer trägt. Die drei Ereignisse bilden eine Zufallsgruppe, die zwar nicht oft zustande kommen wird, jedoch wegen der Häufigkeit jedes ihrer Glieder durchaus innerhalb des Rahmens der Wahrscheinlichkeit liegt. Aus meiner persönlichen Erfahrung möchte ich Ihnen folgende Zufallsgruppe berichten, die nicht weniger als sechs Glieder aufweist:

Am 1. April 1949 habe ich mir am Vormittag eine Inschrift notiert, in welcher es sich um eine Figur handelt, die oben Mensch, unten Fisch ist. Beim Mittagessen gab es Fisch. Jemand erwähnte den Brauch des «Aprilfisches». Am Nachmittag zeigte mir eine frühere Patientin, die ich seit

Monaten nicht mehr gesehen hatte, einige eindrucksvolle Fischbilder. Am Abend zeigte mir jemand eine Stickerei, die Meerungeheuer und Fische darstellt. Früh am nächsten Morgen sah ich eine frühere Patientin, die mir nach zehn Jahren zum erstenmal wieder begegnete. Sie hatte in der Nacht vorher von einem großen Fisch geträumt. Als ich einige Monate später diese Serie in einer größeren Arbeit verwendete und eben die Niederschrift beendet hatte, begab ich mich vors Haus an den See an eine Stelle, wo ich am selben Morgen schon mehrere Male gewesen war. Diesmal lag nun ein fußlanger Fisch auf der Seemauer. Da niemand dort gewesen sein konnte, weiß ich nicht, wie der Fisch dorthin gelangt ist.

Wenn sich Koinzidenzen derart häufen, so kann man wohl nicht anders, als davon beeindruckt sein. Denn je mehr Glieder eine derartige Serie hat oder je ungewöhnlicher deren Charakter ist, desto mehr sinkt ihre Wahrscheinlichkeit. Aus gewissen Gründen, die ich anderenorts erwähnt habe, hier aber nicht des näheren erörtern möchte, nehme ich an, daß es sich hier um eine Zufallsgruppierung handelt. Es muß aber zugegeben werden, daß sie unwahrscheinlicher ist als etwa eine bloße Duplizität.

Beim oben erwähnten Fall mit dem Trambillett sagte ich, daß der Beobachter «zufälligerweise» die praktisch sonst nie beachtete Nummer wahrgenommen und im Gedächtnis behalten hatte, was die Bedingung für die Feststellung der Zufallsserie bildete. Was ihn zur Beachtung der Nummer veranlaßt hat, ist mir unbekannt. Es scheint mir aber hier ein Unsicherheitsfaktor in die Beurteilung der Zufallsserie hereinzukommen, welcher eine gewisse Aufmerksamkeit erheischt. Ich habe in anderen Fällen ähnliches gesehen, ohne jedoch imstande gewesen zu sein, irgendwelche verläßlichen Schlüsse daraus abzuleiten. Man kann sich aber gelegentlich schwer des Eindruckes erwehren, daß eine Art von Vorwissen um die kommende Ereignisserie besteht. Dieses Gefühl wird unabweisbar in jenen relativ häufigen Fällen, wo man meint, auf der Straße einem alten Freund zu begegnen, und dann enttäuscht feststellen muß, daß es ein Fremder ist. Man geht dann um die nächste Ecke und trifft den Angekündigten leibhaftig an. Derartige Fälle ereignen sich in allen möglichen Formen und nicht allzu selten, werden jedoch nach einer momentanen Verwunderung in der Regel rasch wieder vergessen.

Je mehr sich nun die vorausgehenden Einzelheiten eines Ereignisses häufen, desto bestimmter ist der Eindruck eines bestehenden Vorauswissens und desto unwahrscheinlicher der Zufall. Ich erinnere mich der Geschichte eines Studienfreundes, dem sein Vater eine Reise nach Spanien versprochen hatte, wenn er sein Schlußexamen gut bestünde. Mein Freund träumte nun, *er gehe durch eine spanische Stadt. Die Straße führte auf eine Plaza, wo eine gotische Kathedrale stand. Er ging, dort angelangt, nach rechts um die Ecke in eine andere Straße. Dort begegnete ihm eine elegante Kalesche, die mit zwei Falben bespannt war.* Dann erwachte er. Er erzählte uns den Traum am Biertisch. Nach bald darauf glücklich bestandenem Examen begab er sich nach Spanien und erkannte dort in einer Straße die Stadt seines Traumes. Er fand die Plaza und die Kirche, die genau dem Traumbild entsprachen. Zuerste wollte er direkt zur Kirche gehen, dann erinnerte er sich aber, daß er im Traum an der Ecke nach rechts in eine andere Straße eingebogen war. Er war nun neugierig, ob sich sein Traum weiter bestätigen würde. Kaum war er um die Ecke gelangt, so sah er auch die Kalesche mit den zwei Falben in Wirklichkeit.

Das sentiment du déjà-vu beruht, wie ich in mehreren Fällen konstatieren konnte, auf einem Vorauswissen in Träumen, das aber, wie wir sahen, auch im Wachen vorkommt. In solchen Fällen wird der bloße Zufall äußerst unwahrscheinlich, indem die Koinzidenz vorausgewußt ist. Dadurch verliert sie ihren Zufallscharakter einerseits psychologisch und subjektiv, andererseits aber auch objektiv, indem die Häufung von Einzelheiten, die zusammentreffen, die Unwahrscheinlichkeit des Zufalls ins Unermeßliche steigert. (Für bestimmt vorausgesehene Todesfälle sind von DARIEX und FLAMMARION Wahrscheinlichkeiten von 1:4 Millionen bis 1:800 Millionen berechnet worden.) In solchen Fällen wäre es daher unangebracht, von «Zufällen» zu reden. Es handelt sich vielmehr um sinngemäße Koinzidenzen. Gewöhnlich erklärt man derartige Fälle durch Präkognition, das heißt Vorwissen. Man spricht auch von Hellsehen, Telepathie usw., allerdings ohne angeben zu können, worin diese Fähigkeiten bestehen, beziehungsweise welcher Übertragungsmittel sie sich bedienen, um räumlich oder zeitlich distante Ereignisse der Wahrnehmung zugänglich zu machen. Es handelt sich bei diesen Vorstellungen um bloße nomina, aber nicht um wissenschaftliche Begriffe, von denen man voraussetzt, daß sie etwas Prinzipielles aussagen. Es ist bis jetzt nämlich nicht gelungen, eine kausale Brücke zwischen den Gliedern einer sinngemäßen Koinzidenz zu schlagen.

Auf dem weitgespannten Gebiete derartiger Phänomene kommt J. B. RHINE das große Verdienst zu, durch seine ESP (extra-sensory perception)-Experimente verläßliche Grundlagen geschaffen zu haben. Er bediente sich eines Satzes von 25 Karten, von denen je fünf dasselbe Zeichen tragen (Stern, Rechteck, Kreis, Kreuz, zwei Wellenlinien). Die Versuchsordnung war folgende: Der Kartensatz wird bei jeder Versuchsserie 800mal herausgelegt, und zwar so, daß die Versuchsperson die herausgelegten Karten nicht sehen kann. Es wird ihr die Aufgabe gestellt, die herausgelegten Karten zu erraten. Die Wahrscheinlichkeit eines Treffers ist 1:5. Das Resultat, das aus sehr großen Zahlen hervorgeht, besteht aus einem Durchschnitt von 6,5 Treffern. Die Wahrscheinlichkeit einer Zufallsdeviation von 1,5 beträgt nur 1:250000. Einzelne Individuen erzielten das Doppelte und mehr an Treffern. Einmal wurden sogar alle 25 Karten korrekt gelesen, was einer Wahrscheinlichkeit von 1:289023223876953125 entspricht. Die räumliche Distanz zwischen Experimentator und Versuchsperson [V.P.] wurde ohne Beeinträchtigung des Resultates von wenigen Metern bis zu etwa 4000 Meilen ausgedehnt.

Eine zweite Versuchsanordnung bestand darin, daß der V.P. die Aufgabe gestellt wurde, eine in der näheren oder ferneren Zukunft noch herauszulegende Kartenserie zu erraten. Die zeitliche Distanz wurde von wenigen Minuten bis auf zwei Wochen erstreckt. Das Resultat dieser Versuche ergab eine Wahrscheinlichkeit von 1:400000.

Eine dritte Versuchsanordnung bestand darin, daß die V.P. versuchen mußte, durch Wünschen einer bestimmten Zahl das durch einen Apparat besorgte Würfeln zu beeinflussen. Dieses sogenannte *psychokinetische* Experiment (PK) fiel um so positiver aus, je mehr Würfel aufs Mal benützt wurden.

Das Resultat des Raumversuches beweist mit hinlänglicher Sicherheit, daß die Psyche den Raumfaktor in einem gewissen Maße ausschalten kann. Der Zeitversuch beweist, daß der Zeitfaktor (wenigstens in der Dimension der Zukunft) psychisch relativiert werden kann. Der Würfelversuch beweist, daß auch bewegte Körper psychisch beeinflußt werden; ein Ergebnis, das man aus der psychischen Relativität von Raum und Zeit voraussagen kann.

Der Energiesatz erweist sich beim RHINEschen Experiment als unanwendbar. Damit fallen alle Vorstellungen einer Kraftübertragung weg. Ebenso wird das Kausalgesetz ungültig; ein Umstand, den ich schon vor dreißig Jahren angedeutet habe. Man kann sich nämlich nicht vorstellen, wie ein zukünftiges Ereignis ein solches in der Gegenwart zu bewirken vermöchte. Da vorderhand keinerlei Möglichkeiten einer Kausalerklärung vorliegen, so müssen wir provisorisch annehmen, daß unwahrscheinliche Zufälle beziehungsweise *sinngemäße Koinzidenzen* akausaler Natur eingetreten seien.

Als Bedingung dieser bemerkenswerten Resultate kommt die von Rhine entdeckte Tatsache in Betracht, daß die jeweilig ersten Versuchsserien bessere Resultate aufweisen als die späteren. Das Absinken der Trefferzahl hängt mit der Stimmung der V. P. zusammen. Eine gläubige und optimistische Anfangsstimmung bedingt gute Resultate. Skeptizismus und Widerstand bewirken das Gegenteil, das heißt, sie schaffen eine ungünstige Disposition. Da die energetische und damit auch die kausale Betrachtungsweise in diesen Experimenten sich als unanwendbar erweist, so kann dem *affektiven* Faktor vorerst nur die Bedeutung einer *Bedingung,* unter der sich das Phänomen ereignen *kann,* aber nicht *muß,* zukommen. Nach den RHINEschen Resultaten dürfen wir immerhin 6,5 Treffer statt bloß 5 erwarten. Wann der Treffer eintritt, läßt sich allerdings nicht voraussagen. Könnte man es, so würde es sich um ein Gesetz handeln, was der Natur des Phänomens allerdings in jeder Hinsicht widerspräche. Es hat den Charakter eines *unwahrscheinlichen Zufalls,* dessen Eintreten mit einer mehr als bloß wahrscheinlichen Häufigkeit erfolgt und in der Regel von einem gewissen affektiven Zustand abhängt.

Diese Beobachtung, die sich durchgehend bestätigt hat, weist darauf hin, daß der psychische Faktor, der die Prinzipien des physikalischen Weltbildes modifiziert beziehungsweise eliminiert, mit der Affektivität der V. P. zusammenhängt. Obschon die Phänomenologie des ESP- und PK-Experimentes durch weitere Versuche der oben skizzierten Art noch erheblich bereichert werden kann, so wird sich eine tiefere Erforschung der Grundlagen notwendigerweise mit dem Wesen der Affektivität zu befassen haben. Ich habe darum meine Aufmerksamkeit auf gewisse Beobachtungen und Erfahrungen gerichtet, die sich mir im Laufe meiner langen ärztlichen Tätigkeit – ich kann wohl sagen – des öfteren aufgedrängt haben. Sie betreffen spontane sinngemäße Koinzidenzen von hoher Unwahrscheinlichkeit, welche dementsprechend unglaubwürdig erscheinen. Ich will Ihnen darum nur einen Fall dieser Art schildern, und zwar nur, um ein Beispiel zu geben, das eine ganze Kategorie von Phänomenen charakterisiert. Es tut nichts zur Sache, ob Sie dem einzelnen Fall den Glauben verweigern oder ihn mit einer Erklärung ad hoc abtun. Ich könnte Ihnen noch eine Reihe solcher Geschichten erzählen, die im Prinzip nicht wunderlicher oder unglaubwürdiger sind als die nicht zu widerlegenden RHINEschen Resultate, und Sie würden dann bald sehen, daß fast jeder Fall eine eigene Erklärung erfordert. Die einzige naturwissenschaftlich mögliche Kausalerklärung versagt aber infolge der psychischen Relativierung von Raum und Zeit, welche unabdingbare Voraussetzungen für den Ursache-Wirkungs-Zusammenhang bilden.

Mein Beispiel betrifft eine junge Patientin, die sich trotz beidseitiger Bemühung als psychologisch unzugänglich erwies. Die Schwierigkeit bestand darin, daß sie alles besser wußte. Ihre treffliche Erziehung hatte ihr zu diesem Zweck eine geeignete Waffe in die Hand gegeben, nämlich einen scharfgeschliffenen cartesianischen Rationalismus mit einem geometrisch einwandfreien Wirklichkeitsbegriff. Nach einigen fruchtlosen Versuchen, ihren Rationalismus durch eine etwas humanere Vernunft zu mildern, mußte ich mich auf die Hoffnung beschränken, daß ihr etwas Unerwartetes und Irrationales zustoßen möge, etwas, das die intellektuelle Retorte, in die sie sich eingesperrt hatte, zu zerbrechen vermöchte. So saß ich ihr eines Tages gegenüber, den Rücken zum Fenster gekehrt, um ihrer Beredsamkeit zu lauschen. Sie hatte die Nacht vorher einen eindrucksvollen Traum gehabt, *in welchem ihr jemand einen goldenen Skarabäus (ein kostbares Schmuckstück) schenkte.* Während sie mir noch diesen Traum erzählte, hörte ich, wie etwas hinter mir leise an das Fenster klopfte. Ich drehte mich um und sah, daß es ein ziemlich großes fliegendes Insekt war, das von außen an die Scheiben stieß mit dem offenkundigen Bemühen, in den dunklen Raum zu gelangen. Das erschien mir sonderbar. Ich öffnete sogleich das Fenster und fing das hereinfliegende Insekt in der Luft. Es war ein *Scarabaeide,* Cetonia aurata, der gemeine Rosenkäfer, dessen grüngoldene Farbe ihn an einen Skarabäus am ehesten annähert. Ich überreichte den Käfer meiner Patientin mit den Worten: «Hier ist Ihr Skarabäus». Dieses Ereignis schlug das gewünschte Loch in ihren Rationalismus, und damit war das Eis ihres intellektuellen Widerstandes gebrochen. Die Behandlung konnte nun mit Erfolg weitergeführt werden.

Diese Geschichte soll nur als Paradigma gelten für die zahllosen Fälle von sinngemäßer Koinzidenz, welche nicht nur ich, sondern viele andere auch beobachtet und zum Teil in großen Sammlungen niedergelegt haben. Hierher gehört alles, was unter den Namen von Hellsehen, Telepathie usw. geht, von der wohlbeglaubigten Vision SWEDENBORGS vom großen Brand in Stockholm bis zum jüngsten Berichte des Luftmarschalls Sir VICTOR GODDARD vom Traum eines ihm unbekannten Offiziers, der die nachmalige Katastrophe von GODDARDS Aeroplan vorausgesehen hatte.

Alle die angedeuteten Phänomene lassen sich in drei Kategorien ordnen:

1. Koinzidenz eines psychischen Zustandes des Beobachters mit einem gleichzeitigen, objektiven, äußeren Ereignis, welches dem psychischen Zustand oder Inhalt entspricht (wie zum Beispiel der Skarabäus), wobei zwischen psychischem Zustand und äußerem Ereignis kein Kausalzusammenhang ersichtlich und, unter Berücksichtigung der oben festgestellten psychischen Relativierung von Raum und Zeit, auch nicht einmal denkbar ist.

2. Koinzidenz eines psychischen Zustandes mit einem entsprechenden (mehr oder weniger gleichzeitigen) äußeren Ereignis, welches aber außerhalb des Wahrnehmungsbereiches des Beobachters, also räumlich distant, stattfindet und erst nachträglich verifiziert werden kann (wie zum Beispiel der Brand von Stockholm).

3. Koinzidenz eines psychischen Zustandes mit einem entsprechenden, noch nicht vorhandenen, zukünftigen, also zeitlich distanten Ereignis, das ebenfalls erst nachträglich verifiziert werden kann.

In den Fällen zwei und drei sind die koinzidierenden Ereignisse im Wahrnehmungsbereich des Beobachters noch nicht vorhanden, sondern sie sind insofern zeitlich vorausgenommen, als sie erst nachträglich verifiziert werden können. Aus diesem Grunde bezeichne ich derartige Ereignisse als *synchronistisch,* was nicht mit *synchron* zu verwechseln ist.

Unsere Überschau über dieses weite Erfahrungsgebiet wäre unvollständig, wenn wir nicht auch die sogenannten *mantischen Methoden* in unsere Betrachtung einbezögen. Die Mantik erhebt ja den Anspruch, synchronistische Ereignisse wenn nicht geradezu zu erzeugen, so doch ihren Zwecken dienstbar zu machen. Ein illustratives Beispiel hierfür bietet die Orakelmethode des *I Ging,* über welche Herr DR. HELMUT WILHELM an dieser Tagung ausführlich berichtet. Voraussetzung des *I Ging* ist, daß eine synchronistische Entsprechung zwischen dem psychischen Zustand des Fragenden und dem antwortenden Hexagramm besteht. Letzteres verdankt seine Entstehung entweder der rein zufälligen Teilung der 49

Schafgarbenstengel oder dem ebenso zufälligen Wurf der drei Münzen. Das Resultat dieser Methode ist unbestreitbar sehr interessant, bietet jedoch, soweit ich sehen kann, keinerlei Handhabe zu einer objektiven Tatsachenfeststellung, das heißt zu einer statistischen Erfassung, indem der in Frage kommende psychische Zustand viel zu unbestimmt und unbestimmbar ist. Das gleiche gilt vom *geomantischen* Experiment, das auf ähnlichen Prinzipien beruht.

In einer etwas günstigeren Lage befinden wir uns bei der *astrologischen* Methode, welche eine «sinngemäße Koinzidenz» von planetaren Aspekten und Positionen mit dem Charakter oder jeweiligen psychischen Zustand des Fragestellers voraussetzt. Im Lichte neuester astrophysikalischer Forschung betrachtet, handelt es sich bei der astrologischen Entsprechung wahrscheinlich nicht um Synchronizität, sondern zum größeren Teil um eine Kausalbeziehung. Wie Herr Professor KNOLL an dieser Tagung ausführt, wird die solare Protonenstrahlung von planetaren Konjunktionen, Oppositionen und quadratischen Aspekten derart beeinflußt, daß sich das Auftreten magnetischer Stürme mit nicht geringer Wahrscheinlichkeit voraussagen läßt. Zwischen der Kurve der erdmagnetischen Strömungen und der Mortalität lassen sich Beziehungen feststellen, welche den ungünstigen Einfluß von ☌, ☍ und □ und den günstigen Einfluß von trigonalen und sextilen Aspekten erhärten. Hier kommt also wahrscheinlicherweise eine kausale Beziehung, das heißt ein Naturgesetz in Frage, welches Synchronizität ausschließt beziehungsweise beschränkt. Daneben aber bildet die zodiakale Qualifikation der Häuser, die im Horoskop eine beträchtliche Rolle spielt, insofern eine Komplikation, als der astrologische Zodiakus zwar mit dem kalendermäßigen übereinstimmt, nicht aber mit den wirklichen Tierkreiskonstellationen, die sich infolge der Präzession der Äquinoktien seit der Zeit von 0° ♈ (um die Wende unserer Zeitrechnung) beträchtlich verschoben haben, nämlich beinahe um einen ganzen Platonischen Monat. Wer also heutigentags im Widder geboren ist laut Kalender, der ist in Wirklichkeit in den Fischen geboren. Seine Geburt hat nur zu einer Zeit stattgefunden, die heute (seit zirka 2000 Jahren) «Widder» genannt wird. Die Astrologie setzt voraus, daß dieser Zeit eine bestimmende Qualität zukomme. Diese Eigenschaft kann möglicherweise, wie die erdmagnetischen Störungen, mit den beträchtlichen saisonmäßigen Schwankungen, denen die solare Protonenstrahlung unterliegt, zusammenhängen. Es ist daher nicht ausgeschlossen, daß auch die zodiakalen Positionen einen kausal bedingten Faktor darstellen.

Obschon die psychologische Deutung des Horoskops noch eine sehr unsichere Sache ist, so hat man doch heutzutage einige Aussicht auf eine mögliche kausale Erklärung und damit auf eine natürliche Gesetzmäßigkeit. Infolgedessen besteht keine Berechtigung mehr, die Astrologie als eine mantische Methode zu bezeichnen. Sie steht im Begriffe, zu einer Wissenschaft zu werden. Da aber der Unsicherheiten noch sehr viele sind, so habe ich mich vor geraumer Zeit entschlossen, wenigstens eine Stichprobe zu machen und festzustellen, wie sich eine anerkannte astrologische Tradition der statistischen Fragestellung gegenüber verhält. Zu diesem Zwecke mußte ein bestimmter und unzweifelhafter Tatbestand gewählt werden. Meine Wahl fiel auf die *Ehe*. In dieser Hinsicht besteht seit dem Altertum die Tradition, daß sie durch eine Konjunktion von Sonne und Mond im Horoskop der Ehegatten, das heißt ☉ mit einem Orbis von 8° bei dem einen, in ☌ mit ☾ beim anderen Partner begünstigt wird. Eine zweite, ebenfalls alte Tradition nimmt ☾ ☌ ☾ als ebenso charakteristisch an. Ebenso wichtig sind die Aszendentkonjunktionen mit den großen Luminarien.

Ich habe nun mit meiner Mitarbeiterin, Frau Dr. phil. LILIANE FREY-ROHN zunächst 180 Ehen, d.h. 360 Horoskope gesammelt[1] und darin die 50 hauptsächlichsten Aspekte, die für eine Ehe möglicherweise charakteristisch sein können (☉ ☾ ♂ ♀ Asz.-Desz. ☌ und ☍), verglichen. Es stellte sich ein Maximum von 10% bei ☉ ☌ ☾ heraus. Wie Herr Prof. MARKUS FIERZ in Basel, der sich freundlicherweise der Mühe unterzogen hat, die Wahrscheinlichkeit meines Resultates zu berechnen, mitteilt, hat meine Zahl die Wahrscheinlichkeit von rund 1:10000. Die Ansichten über die Bedeutung dieser Zahl, welche ich bei verschiedenen mathematischen Physikern erfragt habe, sind geteilt: die einen halten sie für beachtlich, die anderen für fragwürdig. Unsere Zahl ist insofern unsicher, als die Zahl von 360 Horoskopen hinsichtlich einer Statistik in der Tat viel zu klein ist.

Während die Aspekte der 180 Ehen statistisch bearbeitet wurden, wurde unsere Sammlung fortgesetzt, und als wir 220 weitere Ehen beisammen hatten, wurde auch dieses «Paket» einer gesonderten Bearbeitung unterzogen. Wie das erste Mal, so wurde ebenso beim zweiten Mal das Material, wie es gerade hereinkam, verwertet. Es war nach keinerlei

Gesichtspunkten ausgewählt und wurde aus den verschiedensten Quellen bezogen. Bei der Bearbeitung des zweiten Paketes ergab sich als Hauptresultat ☾ ☌ ☾ 10,9%. Die Wahrscheinlichkeit dieser Zahl beträgt ebenfalls rund 1:10000.

Schließlich kamen noch 83 Ehen nachträglich dazu, die wiederum gesondert untersucht wurden. Hier ergab sich als Maximum ☾ ☌ Asz. 9,6%. Die Wahrscheinlichkeit dieser Zahl ist annähernd 1:3000.

Es fällt unmittelbar auf, daß es sich, der astrologischen Erwartung entsprechend, um *Mondkonjunktionen* handelt. Aber das Seltsame ist, daß hier die drei Grundpositionen des Horoskops in Erscheinung treten, nämlich ☉ ☾ und Aszendent. Die Wahrscheinlichkeit für ein Zusammentreffen von ☉ ☌ ☾ mit ☾ ☌ ☾ beträgt 1:100 Millionen. Das Zusammentreffen der drei Mondkonjunktionen mit ☉ ☾ Asz. hat eine Wahrscheinlichkeit von $1:3 \times 10^{11}$; mit anderen Worten, die Unwahrscheinlichkeit eines bloßen Zufalls ist dermaßen groß, daß man die Existenz eines hierfür verantwortlichen Faktors in Betracht ziehen muß. Bei der Kleinheit der drei Pakete kommt den einzelnen Wahrscheinlichkeiten von 1:10000 und 1:3000 wohl keine theoretische Bedeutung zu. Ihr Zusammentreffen aber ist dermaßen unwahrscheinlich, daß man nicht umhin kann, eine Notwendigkeit anzunehmen, welche dieses Resultat hervorgebracht hat.

Der möglicherweise naturgesetzliche Zusammenhang der astrologischen Daten mit der Protonenstrahlung ist hierfür nicht verantwortlich zu machen, denn die Wahrscheinlichkeiten von 1:10000 und 1:3000 sind denn doch zu groß, als daß man unser Resultat mit einiger Sicherheit für mehr als bloß zufällig ansehen könnte. Überdies verwischen sich die Maxima, sobald man die Anzahl der Ehen durch Summierung der Pakete vermehrt. Um eine vielleicht doch mögliche statistische Regelmäßigkeit solcher Ergebnisse, das heißt von Sonne-, Mond- und Aszendent-Konjunktionen festzustellen, würde es Hunderttausende von Ehehoroskopen brauchen, und selbst dann wäre ein Erfolg zweifelhaft. Daß sich aber ein dermaßen unwahrscheinliches Zusammentreffen der drei klassischen Mondkonjunktionen ergibt, kann man entweder nur durch einen absichtlichen oder unabsichtlichen Betrug oder eben durch eine sinngemäße Koinzidenz beziehungsweise durch Synchronizität erklären.

Wenn ich oben den mantischen Charakter der Astrologie in Abrede stellen mußte, so muß ich angesichts dieses Resultates meinem astrologischen Experiment den mantischen Charakter wieder zuerkennen. Das zufällige Arrangement der Ehehoroskope, die einfach so aneinandergereiht wurden, wie sie aus den verschiedensten Quellen hereinkamen, und die ebenso zufällige Einteilung in drei ungleiche Pakete paßten sich der hoffnungsvollen Erwartung der Untersucher an und erzeugten ein Gesamtbild, das man sich, vom Standpunkt der astrologischen Voraussetzung betrachtet, kaum schöner wünschen könnte. Der Erfolg des Experimentes liegt ganz auf der Linie der RHINEschen ESP-Resultate, die ja auch von Erwartung, Hoffnung und Glauben begünstigt werden. Eine bestimmte Erwartung lag allerdings nicht vor. Das zeigt schon die Auswahl unserer 50 Aspekte. Nach dem Resultat des ersten Paketes bestand eine gewisse Erwartung, daß die ☉ ☌ ☾ sich bestätigen würde. Diese Erwartung aber wurde enttäuscht. Wir formierten das zweite Mal ein größeres Paket aus den neu hinzugekommenen Horoskopen, um mehr Sicherheit zu gewinnen. Das Resultat war aber die ☾ ☌ ☾. Für das dritte Paket bestand nur die leise Erwartung, daß ☾ ☌ ☾ sich bestätigen würde, was wiederum nicht der Fall war.

Was sich hier ereignet hat, ist zugegebenermaßen eine Kuriosität, eine anscheinend einmalige sinngemäße Koinzidenz. Wenn man davon beeindruckt ist, so kann man sie ein kleines Wunder nennen. Diesen Begriff müssen wir allerdings heutzutage mit etwas anderen Augen betrachten, als man es bisher getan hat. Die RHINEschen Experimente haben nämlich inzwischen bewiesen, daß Raum und Zeit und damit auch die Kausalität eliminierbare Faktoren sind, und daß mithin akausale Phänomene, das heißt sogenannte Wunder, als möglich erscheinen. Alle natürlichen Erscheinungen dieser Art sind einmalige höchst kuriose Zufallskombinationen, die unmißverständlich durch den gemeinsamen Sinn ihrer Teile als Ganzes zusammengehalten sind. Obschon sinngemäße Koinzidenzen in ihrer Phänomenologie unendlich verschieden sind, so bilden sie als akausale Ereignisse doch ein Element, das in das naturwissenschaftliche Weltbild gehört. Kausalität ist die Art, wie wir uns die Brükke zwischen zwei aufeinanderfolgenden Ereignissen vorstellen. Synchronizität aber bezeichnet den zeitlichen und sinngemäßen Parallelismus von psychischen und psychophysischen Ereignissen, welche unsere bisherige Erkenntnis auf ein gemeinsames Prinzip reduzieren konnte. Der Begriff erklärt nichts, sondern formuliert bloß das Vorkommen von sinngemäßen Koinzidenzen, die zwar an sich Zufälle sind, aber eine derartige

Unwahrscheinlichkeit besitzen, daß man annehmen muß, sie beruhten auf einem Prinzip, beziehungsweise auf einer Eigenschaft des empirischen Objektes. Die Parallelereignisse lassen nämlich im Prinzip keinen gegenseitigen Kausalzusammenhang erkennen, weshalb sie eben einen Zufallscharakter tragen. Die einzige erkenn- und feststellbare Brücke zwischen ihnen ist *der gemeinsame Sinn* (oder eine Gleichartigkeit). Auf der Erfahrung solcher Zusammenhänge beruhte die alte Korrespondenzlehre, welche in der Idee der prästabilierten Harmonie von LEIBNIZ ihren Gipfel und zugleich ihr vorläufiges Ende erreichte und dann durch den Kausalismus ersetzt wurde. Synchronizität bedeutet die moderne Differenzierung des obsoleten Begriffes der Korrespondenz, Sympathie und Harmonie. Sie gründet sich nicht auf philosophische Voraussetzung, sondern auf Erfahrbarkeit und Experiment.

Die synchronistischen Phänomene beweisen das simultane Vorhandensein von sinngemäßer Gleichartigkeit in heterogenen, kausal nicht verbundenen Vorgängen, oder mit anderen Worten die Tatsache, daß ein vom Beobachter wahrgenommener Inhalt *ohne kausale Verbindung* zugleich auch durch ein äußeres Ereignis dargestellt sein kann. Daraus ergibt sich der Schluß, daß entweder die Psyche räumlich nicht lokalisierbar oder daß der Raum psychisch relativ ist. Dasselbe gilt auch für die zeitliche Bestimmung der Psyche oder für die Zeit. Daß eine Feststellung dieser Art weitreichende Konsequenzen mit sich bringt, braucht nicht mehr weiter hervorgehoben zu werden.

Meine Damen und Herren! Im Zeitraum eines Vortrages ist es mir leider nicht möglich, das umfängliche Problem der Synchronizität mehr als bloß kursorisch zu behandeln. Für diejenigen unter Ihnen, die sich über diese Frage gründlicher unterrichten möchten, erwähne ich, daß demnächst eine ausführliche Arbeit von mir erscheinen wird mit dem Titel *«Synchronizität als ein Prinzip akausaler Zusammenhänge»*[2]. Die Publikation erfolgt zusammen mit einer Arbeit von Prof. WOLFGANG PAULI in einem Buche *«Naturerklärung und Psyche»*.

Anmerkungen

Theoretische Überlegungen zum Wesen des Psychischen

Ursprünglich als «Der Geist der Psychologie» erschienen im *Eranos-Jahrbuch* 1946. Rhein-Verlag, Zürich 1947. Der Titel rechtfertigte sich durch das Thema der damaligen Tagung: «Geist und Natur». Erweiterte Neuausgabe unter dem jetzigen Titel in: *Von den Wurzeln des Bewußtseins. Studien über den Archetypus.* (Psychologische Abhandlungen IX) Rascher, Zürich 1954. *GW 8.*

1 HERMANN SIEBECK, *Geschichte der Psychologie.* 2 Teile, Gotha 1880/84.

2 Diese Feststellung gilt wirklich nur von der alten Psychologie. In neuerer Zeit hat sich der Standpunkt beträchtlich verändert.

3 *Psychologia empirica.*

4 In angelsächsischen Ländern gibt es allerdings den Grad des «doctor scientiae», und ebenso genießt die Psychologie eine größere Selbständigkeit.

5 Neuerdings ist eine gewisse Besserung dieser Zustände eingetreten.

6 Von mir hervorgehoben.

7 WILHELM WUNDT, *Grundriß der Psychologie*, Leipzig [5]1902, p. 248.

8 In: GUIDO VILLA, *Einleitung in die Psychologie der Gegenwart.* Übersetzung, Leipzig 1902, p. 339.

9 VILLA, l. c.

10 *Grundzüge der physiologischen Psychologie* III, Leipzig [5]1903, p. 327.

11 [l. c., p. 326[4].]

12 *L'Automatisme psychologique,* Paris 1889, pp. 238 ff. und 243.

13 GUSTAV TH. FECHNER, *Elemente der Psychophysik* II, Leipzig [2]1889, p. 438 f. FECHNER sagt, daß «der Begriff der psychophysischen Schwelle... für den Begriff des Unbewußtseins überhaupt ein festes Fundament giebt. Die Psychologie kann von unbewußten Empfindungen, Vorstellungen, ja von Wirkungen unbewußter Empfindungen, Vorstellungen nicht abstrahiren.»

14 *Grundzüge* III, p. 328.

15 *Grundzüge* III, p. 326. CHRISTIAN AUGUST WOLFF, *Vernünfftige Gedancken von Gott, der Welt und der Seele des Menschen,* Berlin 1895, § 193.

16 *Ethnische Elementargedanken in der Lehre vom Menschen,* Halle [3]1725, und *Der Mensch in der Geschichte* I, Leipzig 1860, pp. 166 ff., 203 ff. und II, 24 ff.

17 *Völkerpsychologie* V, 2. Teil, Leipzig, 10 Bde. 1910–1923, p. 460.

18 l. c. IV, 1. Teil, p. 41.

[19] FECHNER sagt: «Empfindungen, Vorstellungen haben freilich im Zustande des Unbewußtseins aufgehört, als wirkliche zu existiren, ... aber es geht etwas in uns fort, die psychophysische Thätigkeit» usw. (*Elemente der Psychophysik* II, p. 439 f.) Dieser Schluß ist insofern etwas unvorsichtig, als der psychische Vorgang mehr oder weniger derselbe bleibt, ob er unbewußt sei oder nicht. Eine «Vorstellung» besteht nicht nur in ihrem Vorgestelltsein, sondern auch – und dies hauptsächlich – in ihrer psychischen Existentialität.

[20] Vgl. *Der Begriff des Unbewußten,* in: III. Internat. Kongreß für Psychologie in München, München 1897, p. 146 ff., und *Grundtatsachen des Seelenlebens,* Neudruck Bonn 1912, p. 125 ff.

[21] *Leitfaden der Psychologie,* Leipzig ²1906, p. 64.

[22] l. c., p. 65 f. Die Hervorhebung stammt von mir.

[23] Ich gebe hier wieder, was WILLIAM JAMES über die Bedeutung der Entdeckung einer unbewußten Seele sagt (*The Varieties of Religious experience,* London 1919, p. 233): «Ich bin der Überzeugung, daß der wichtigste Schritt vorwärts, der in der Psychologie vollzogen wurde, seit ich Student dieser Wissenschaft war, die – 1886 gemachte – Entdeckung ist, daß... es nicht nur das Bewußtsein des gewöhnlichen Feldes gibt, mit seinem üblichen Zentrum und seinem Randbereich, sondern eine Ergänzung dazu in Form einer Ansammlung von Erinnerungen, Gedanken und Gefühlen, die jenseits des Randes und gänzlich außerhalb des primären Bewußtseins liegen, jedoch als eine Art bewußter Fakten angesehen werden müssen, fähig, ihre Anwesenheit durch unmißverständliche Zeichen anzuzeigen. Ich nenne dies den bedeutendsten Schritt vorwärts, weil diese Entdeckung uns weit hinaus über die anderen Fortschritte, welche die Psychologie erzielte, eine völlig unvermutete Eigentümlichkeit in der Beschaffenheit der menschlichen Natur offenbart hat. Kein anderer Fortschritt kann einen ähnlichen Anspruch erheben» (engl. Text s. GW). Die Entdeckung von 1886, auf die sich JAMES bezieht, ist die Aufstellung des Begriffes einer «subliminal consciousness» durch FREDERIC W. H. MYERS. Weiteres siehe unten.

[Die deutsche Ausgabe dieses Werkes von William James: *Die Vielfalt religiöser Erfahrungen,* Olten 1979.]

[24] Ein Mathematiker sagte einmal, daß alles in der Wissenschaft vom Menschen gemacht sei, die Zahlen aber seien von Gott selber geschaffen.

[25] GEORGE HENRY LEWES (*The Physical Basis of Mind*, London 1877) setzt diese Annahme sozusagen voraus. Er sagt p. 338: «Das Empfindungsvermögen hat verschiedene Wirkungsweisen und Grade – wie Wahrnehmung, Vorstellung, Gemütsbewegung, Wollen, welche bewußt, unterbewußt oder unbewußt sein können»; p. 363: «Bewußtsein und Unbewußtes sind Korrelate, und beide gehören zum Bereich des Empfindungsvermögens. Jeglicher unbewußte Prozeß ist wirksam, ändert den allgemeinen Zustand des Organismus und ist in der Lage, in einer gesonderten Empfindung hervorzutreten, wenn die ausgleichende Kraft gestört ist»; p. 367 f.: «Es gibt viele unwillkürliche Handlungen, deren wir uns deutlich bewußt sind, und viele willkürliche Handlungen, deren wir zuzeiten unter- und unbewußt sind. Gerade weil der Gedanke, der uns in einem Augenblick unbewußt, in einem anderen bewußt streift, an sich derselbe Gedanke ist..., so ist die Handlung, die zu einem Zeitpunkt willkürlich und zu einem anderen unwillkürlich verläuft, an sich die gleiche Handlung.» LEWES geht allerdings etwas zu weit, wenn er sagt (p. 373): «Es gibt keine wirkliche und wesentliche Unterscheidung zwischen willkürlichen und unwillkürlichen Handlungen» (engl. Texte s. GW). Gelegentlich liegt eine Welt dazwischen.

[26] FECHNER, l. c. II, p. 483 f.

[27] Wir wollen hier von dem «Klugen Hans» und dem von der «Urseele» redenden Hund absehen.
[28] JAMES, *Varieties*, [vgl. deutsche Ausgabe] p. 232. [Punkt, Augenblick, des Ausbruchs, Platzens, Berstens]
[29] HANS DRIESCH, *Philosophie des Organischen*, Leipzig ²1921, p. 357.
[30] l. c., p. 487.
[31] *Die Psychoide als Prinzip der organischen Entwicklung*, Berlin 1925, p. 11. Ein fem. sing., offenbar in Analogie zu «Psyche» konstruiert (ψυχοειδής = seelenähnlich).
[32] l. c., p. 11.
[33] l. c., p. 33.
[34] Ich kann mich des Wortes «psychoid» um so eher bedienen, als mein Begriff zwar einer anderen Anschauungssphäre entstammt, aber ungefähr jene Gruppe von Phänomenen zu erfassen sucht, die auch E. BLEULER im Auge hatte. Dieses nicht differenzierte Psychische nennt ADOLF BUSEMANN das «Mikropsychische» (*Die Einheit der Psychologie und das Problem des Mikropsychischen*, Stuttgart 1948, p. 31).
[35] Dieses «Überbewußtsein» wird mir namentlich entgegengehalten von Leuten, welche durch indische Philosophie beeinflußt sind. Sie bemerken in der Regel nicht, daß ihr Einwand nur der Hypothese eines «Unterbewußtseins» gilt, welchen mißverständlichen Terminus ich nicht verwende. Mein Begriff des Unbewußten hingegen läßt die Frage von «über» oder «unter» durchaus offen und umschließt beide Aspekte des Psychischen.
[36] *Philosophie des Unbewußten*, Leipzig 1869.
[37] Eine Würdigung seiner Leistung findet sich bei JEAN PAULUS, *Le Problème de l'hallucination et l'évolution de la psychologie d'Esquirol à Pierre Janet,* Lüttich und Paris 1941.
[38] In diesem Zusammenhang soll auch des bedeutenden schweizerischen Psychologen THÉODORE FLOURNOY und dessen Hauptwerks, *Des Indes à la planète Mars*, Paris und Genf 1900, gedacht werden. Als Bahnbrecher sind auch die Engländer W. B. CARPENTER *(Principles of Mental Physiology)* und G. H. LEWES *(Problems of Life and Mind)* zu erwähnen.
[39] Es könnte eine Undeutlichkeit und Verwischung der Instinkte vorliegen, welche, wie EUGÈNE N. MARAIS (*The Soul of the White Ant.* Übersetzung, London 1937, p. 42 f.) beim Affen gezeigt hat, auch beim Menschen mit der gegenüber dem Instinkt überwiegenden Lernfähigkeit zusammenhängt. Zur Frage der Triebe vgl. L. SZONDI, *Experimentelle Triebdiagnostik*, Bonn 1947/49, und *Triebpathologie,* Bern 1952.
[40] «Die Triebe sind physiologische und psychische Dispositionen, welche... Bewegungen des Organismus zur Folge haben, die eine deutlich bestimmte Richtung zeigen.» (JERUSALEM, *Lehrbuch der Psychologie*, p. 192) Von einem anderen Gesichtspunkt aus beschreibt OSWALD KÜLPE den Trieb als «eine Verschmelzung von Gefühlen und Organempfindungen» (*Grundriß der Psychologie*, Leipzig 1893, p. 333).
[41] *Les Névroses*, Paris 1909, p. 384 ff.
[42] JANET sagt (l. c., p. 384): «Es scheint mir notwendig, in jeder Funktion untere und obere Teile zu unterscheiden. Wenn eine Funktion seit langem ausgeübt wird, enthält sie Teile, die sehr alt sind, sehr leicht zu handhaben, und die vertreten werden durch ganz bestimmte, hochspezialisierte Organe... das sind die unteren Teile der Funktion. Ich glaube jedoch, daß in jeder Funktion auch obere Teile vorhanden sind, welche in der Anpassung dieser Funktion an neuere, bedeutend ungewohntere Umstände bestehen, die durch viel weniger

differenzierte Organe vertreten sind.» Der höchste Teil der Funktion aber besteht «... in der Anpassung an den besonderen Umstand, der zum gegenwärtigen Zeitpunkt gegeben ist, im Augenblick, da wir sie anwenden müssen» (franz. Text s. GW).

[43] *Instinct and the Unconscious*, in: British Journal of Psychology X, 1909/1920, pp. 1–7.

[44] Diese Formulierung ist bloß psychologisch gemeint und hat mit dem philosophischen Problem des Indeterminismus nichts zu tun.

[45] *Die «Seele» als elementarer Naturfaktor*, Leipzig 1903, pp. 80 und 82. «Individualisierte Reize teilen... dem ‹Primär-Wissenden› den abnormen Zustand mit, und nun ‹will› eben dieses ‹Wissende› nicht nur Abhilfe, sondern ‹weiß› sie auch.»

[46] Ich möchte hier meinen Leser auf Abschnitt F dieser Abhandlung «Das Unbewußte als multiples Bewußtsein» verweisen.

[47] JAMES spricht auch von einem «transmarginal field» des Bewußtseins und identifiziert dasselbe mit der «subliminal consciousness» von FREDERIC W. H. MYERS, einem der Begründer der British Society for Psychical Research (vgl. hierzu *Proceedings S.P.R.*, VII, p. 305, und JAMES, *Frederic Myers' Service to Psychology*, ebenda, XLII, Mai 1901). Über das «field of consciousness» sagt JAMES (*Varieties*, p. 232): «Die wichtige Tatsache, an die diese ‹Feld›-Formel erinnert, ist die Unbewußtheit des Randgebietes. So unaufmerksam die Sache, die im Randgebiet enthalten ist, auch erfaßt wird, befindet sie sich doch dort und hilft uns, sowohl unser Verhalten zu steuern, als auch die nächste Bewegung unserer Aufmerksamkeit zu bestimmen. Es liegt um uns herum wie ein ‹magnetisches Feld›, innerhalb dessen unser Energiezentrum sich wie eine Kompaßnadel dreht, sobald die jeweilige Bewußtseinslage sich in die ihr folgende verändert. Unser gesamter bisheriger Vorrat an Erinnerungen fließt über diesen Rand, bei jeder Berührung bereit, hereinzuströmen; und die gesamte Masse restlicher Kräfte, Impulse und Kenntnisse, die unser empirisches Selbst ausmachen, reicht unablässig über dieses hinaus. So unscharf sind die Umrisse zwischen dem, was zu irgendeinem Zeitpunkt unseres bewußten Lebens aktuell und dem, was nur potentiell ist, daß es immer schwerfällt, von gewissen geistigen Inhalten zu sagen, ob wir ihrer bewußt sind oder nicht» (engl. Text s. GW). [vgl. dt. Ausgabe *Vielfalt.*]

[48] [Die Kategorien sollen nicht über das Notwendige hinaus vermehrt werden.]

[49] Bei schizophrener Dissoziation fehlt diese Veränderung im bewußten Zustand, weil die Komplexe nicht in einem vollständigen, sondern in einem fragmentarischen Bewußtsein rezipiert werden. Letztere erscheinen darum so häufig in ihrem ursprünglichen d. h. archaischen Zustand.

[50] Bei GOETHE hat Rot allerdings geistige Bedeutung, aber im Sinne des GOETHEschen Bekenntnisses zum *Gefühl.* Man darf hier alchemistisch-rosenkreuzerische Hintergründe vermuten, nämlich die rote Tinktur und den Carbunculus. [Vgl. *Grundwerk* 6, Nr. 6 Bi: *Der Einhornbecher.*]

[51] Darauf hat schon E. BLEULER hingewiesen (*Naturgeschichte der Seele und ihres Bewußtwerdens*, Berlin 1921, p. 300f.).

[52] Davon ist das psychoide Unbewußte ausdrücklich ausgenommen, weil es das Nichtbewußtseinsfähige und nur Seelenähnliche in sich begreift.

[53] In diesem Zusammenhang ist zu erwähnen, daß C. A. MEIER solche Beobachtungen mit ähnlichen physikalischen Anschauungen in Beziehung bringt. Er sagt: «Das Komplementaritätsverhältnis zwischen Bewußtsein und Unbewußtem legt noch eine weitere physikalische Parallele nahe, die Forderung nach einer strengen Durchführung des ‹Korrespondenz-

prinzips›. Sie könnte den Schlüssel dafür geben, was wir in der Analytischen Psychologie so oft als ‹strenge Logik› (Wahrscheinlichkeitslogik) des Unbewußten erleben und was geradezu an einen ‹erweiterten Bewußtseinszustand› erinnert.» (*Moderne Physik – moderne Psychologie*, Berlin 1935, p. 360)

[54] *Psychologie und Alchemie* [*Grundwerk* 5, Mandalasymbolik, 16. Traum] und a. a. O.

[55] [Lat. Text s. GW] *Artis auriferae quam chemiam vocant,* Basel 1593, I, p. 208, ein angebliches MORIENUS-Zitat. Dasselbe wiederholt MYLIUS, *Philosophia reformata,* Frankfurt 1622, p. 146. Auf p. 149 fügt er noch «scintillas aureas» [goldene Funken] hinzu.

[56] «Ihre verschiedenen Strahlen und Funken sind über den ganzen gewaltigen Klumpen der Urmaterie verteilt und zerstreut: die Funken der einen Allseele, die nun diesen abgesprengten Teilen der Welt, welche dann von Ort und Masse des Körpers und sogar von ihrem Umfang getrennt worden sind, innewohnen» (*Amphitheatrum,* Hanau 1604, pp. 195 f. und 198; lat. Text s. GW).

[57] l. c., p. 197. Vgl. damit die gnostische Lehre von den Lichtsamen, welche die Lichtjungfrau einsammelt, ebenso die manichäische Lehre der Lichtteilchen, die man sich durch die rituelle Nahrung, eine Art von Eucharistie, bei der Melonen genossen wurden, einverleiben mußte. Die früheste Erwähnung dieser Idee scheint der καρπιστής (Sammler?) bei IRENAEUS, *Contra haereses*, I, 2, 4, zu sein. Zu «Melone» vgl. M. L. v. FRANZ, *Der Traum des Descartes,* in: Zeitlose Dokumente der Seele, Zürich 1952.

[58] «Der Verstand des menschlichen Geistes ist ein erhabenerer und leuchtenderer Funke» (KHUNRATH, *Amphitheatrum*, p. 63).

[59] KHUNRATH, *Von hylealischen Chaos*, Magdeburg 1597, p. 63. [*Weisheit Salomos*: lat. Text s. GW]

[60] Als Synonyme erwähnt KHUNRATH «wässerige Form, meerartige Form, Schlamm der Erde Adams, Azoth, Quecksilber» usw. (*Chaos*, p. 216).

[61] *Chaos*, p. 216.

[62] Die «Formae Scintillaeve Animae Mundi» werden von KHUNRATH (*Chaos*, p. 189) auch als «Rationes Seminariae Naturae specificae» [Formen oder Funken der Weltseele – Samenmodelle der arterzeugenden Natur] bezeichnet, womit er einen antiken Gedanken wiederholt. Ebenso nennt er die scintilla «Entelechia» (p. 65).

[63] ed. HUSER X, Basel 1589–91, p. 206; ed. SUDHOFF XII, München und Berlin 1922–35, p. 231.

[64] *Chaos*, p. 94.

[65] *Chaos*, p. 249.

[66] *Chaos*, p. 54 [lat. Text s. GW]. Dies in Übereinstimmung mit PARACELSUS, der das lumen naturae als Quintessenz bezeichnet, von Gott selber aus den vier Elementen ausgezogen (SUDHOFF XII, pp. 36 und 304).

[67] XIX, 1 f.

[68] (*Theatrum chemicum*, Straßburg 1602, I. *De speculativa philosophia*, p. 275.)

[69] «Die Sonne ist in den Menschen unsichtbar, auf der Erde aber sichtbar, und doch stammen beide von ein und derselben Sonne.» (*De speculativa phil.*, p. 308, lat. Text s. GW.)

[70] «Und das Leben war das Licht der Menschen, und das Licht leuchtet in der Finsternis» (*Joh.* 1, 4 und 5).

[71] (*Theatr. chem.*, 1602, I: *De philosophia meditativa*, p. 460) [Von JUNG hervorgehoben, lat. Text s. GW).

[72] HUSER X, p. 19; SUDHOFF XII, p. 23: «... was im liecht der natur ist, das ist die wirkung des gestirns.»
[73] *Philosophia sagax*, HUSER X, p. 1; SUDHOFF XII, p. 3.
[74] *Phil. sag.*, HUSER X, p. 3 f.; SUDHOFF XII, p. 5 f.
[75] Die Apostel sind «astrologi» (*Phil. sag.*, HUSER X, p. 23; SUDHOFF XII, p. 27).
[76] *Phil. sag.*, HUSER X, p. 54; SUDHOFF XII, p. 62.
[77] *Phil. sag.*, HUSER X, p. 344; SUDHOFF XII, p. 386. Letzterer Satz bezieht sich auf *Math.* 5, 14: «Vos estis lux mundi.»
[78] *Phil. sag.*, HUSER X, p. 409; SUDHOFF XII, p. 456 f.
[79] «... als die hanen die da kreen zukünftiges wetter und die pfauen ires herren tot... dis alles ist aus dem angebornen geist und ist das liecht der natur.» (*Fragmenta medica: De morbis somnii,* HUSER V, p. 130; SUDHOFF IX, p. 361.)
[80] *Liber de generatione hominis,* HUSER VIII, p. 172; SUDHOFF I, p. 300.
[81] *De vita longa*, hg. von ADAM VON BODENSTEIN, Basel 1562, lib. V, cap. II.
[82] Vgl. *Phil. sag.*, HUSER X, p. 341; SUDHOFF XII, p. 382: «Nun ist offenbar, das alle menschliche weisheit zu dem irdischen leib im liecht der natur liegt.» Es ist «des menschen liecht der ewigen weisheit.» (*Phil. sag.*, HUSER X, p. 395; SUDHOFF XII, p. 441.)
[83] *De gen. hom.*, HUSER VIII, p. 171 f.; SUDHOFF I, p. 299 f. [Von JUNG hervorgehoben.]
[84] «Ein Feuer auf die Erde zu bringen bin ich gekommen, und wie sehr wünschte ich, es wäre schon entfacht.» (*Luk.* 12, 49)
[85] *Fragmenta cum libro de fundamento sapientiae*, HUSER IX, p. 448; SUDHOFF XIII, p. 325 f.
[86] *Phil. sag.*, HUSER X, p. 46; SUDHOFF XII, p. 53.
[87] *Phil. sag.*, HUSER X, p. 79; SUDHOFF XII, p. 94.
[88] *Practica in scientiam divinationis*, HUSER X, p. 434; SUDHOFF XII, p. 488.
[89] *Liber de caducis*, HUSER IV, p. 274; SUDHOFF VIII, p. 298.
[90] In den *Hieroglyphica* des HORAPOLLON bedeutet der Sternhimmel Gott als das endgültige Fatum, wobei er durch eine Fünfzahl, vielleicht eine Quincunx, symbolisiert ist.
[91] Vgl. *Paracelsus als geistige Erscheinung* [GW 13, Paragr. 148].
[92] *De occulta philosophia*, Köln 1533, p. LXVIII. «Denn nach der Lehre der Platoniker wohnt den unteren Dingen eine bestimmte Kraft inne, durch die sie weitgehend mit den oberen übereinstimmen, weshalb es scheint, daß die stillschweigende Übereinstimmung der Lebewesen mit den göttlichen Körpern in Einklang steht und daß ihre Körper und Affekte von diesen Kräften beeinflußt werden» (lat. Text s. GW) usw. (l. c., p. LXIV).
[93] Vgl. LYNN THORNDIKE, *A History of Magic and Experimental Science*, New York, II, p. 348 f.
[94] FRANÇOIS PICAVET, *Essais sur l'histoire générale et comparée des théologies et des philosophies médiévales*, Paris 1913, p. 207.
[95] Vgl. *Psychologie und Alchemie* [Grundwerk 5, *Die Mandalasymbolik,* 16. Traum, Abs. mit Anm. 45; Grundwerk 6, Nr. 5 B,h, Abs. mit Anm. 194 und Nr. 6 A, 2. Abs.].
[96] *Art. aurif.* I: *Liber de compositione alchemiae*, p. 32. Die «oculi piscium» wurden von den Autoren selber in «scintillae» umgedeutet.
[97] *Opera omnia chemica*, Kassel 1649, p. 159.
[98] [Lat. Text s. GW.]
[99] EIRENAEUS ORANDUS, *Nicolas Flammel: His Exposition of the Hieroglyphicall Figures* etc., Londen 1624.

[100] Dieses Mythologem ist für die Deutung der «cauda pavonis» wichtig.

[101] (*Elenchos*, IV, 47, 2f. [p. 69]; griech. Text s. GW.)

[102] *Textes et monuments figurés relatifs aux mystères de Mithra* I, Brüssel 1899, p. 80.

[103] (PITRA, *Analecta sacra*, V, p. 300, zit. bei ROBERT EISLER, *Weltenmantel und Himmelszelt* II, München 1910, p. 389, Anm. 5.)

[104] EISLER, l. c. II, p. 388: «Der allsehende Chronos» und der «auf alles schauende Dämon». Dazu gehört auch *Zach.* 3, 9: «Auf *einem* Stein ruhen sieben Augen.»

[105] LUDOVICUS GONSALVUS, *Acta antiquissima.*

[106] Ebenso hatte IGNATIUS die Vision einer «res quaedam rotunda tanquam ex auro et magna» [gewissen runden Dinges, gleichsam wie aus Gold und groß], die vor ihm schwebte. Er deutete sie auf Christus, der ihm wie eine Sonne erschien. (PHILIPP FUNK, *Ignatius von Loyola*, Berlin 1913, pp. 57, 65, 74 und 112)

[107] HILLEBRANDT, *Lieder des Ṛgveda*, Göttingen 1913, p. 130.

[108] HIPPOLYTUS, *Elenchos*, VIII, 12, 5 [p. 232].

[109] l. c., VIII, 12, 2 [p. 232].

[110] Ähnlich dem alchemistischen Meisterspruch: «Seminate aurum in terram albam foliatam.» [Säet Gold in weiße, geblätterte Erde.]

[111] Vgl. dazu meine Ausführungen über das «vereinigende Symbol» in: *Psychologische Typen* [Definitionen, s. v.], GW 6.

[112] Auch FREUD gelangte zu ähnlich paradoxen Schlüssen. So sagt er (*Zur Technik der Psychoanalyse und zur Metapsychologie*, p. 213f.): «Ein Trieb kann nie Objekt des Bewußtseins werden, nur die Vorstellung, die ihn repräsentiert. Er kann *aber auch im Unbewußten nicht anders als durch die Vorstellung repräsentiert sein.*» (Von mir hervorgehoben.) Wie bei meiner obigen Darstellung die Frage nach dem Subjekt des unbewußten Willens übrigbleibt, so muß man hier fragen: *Wem* ist der Trieb im unbewußten Zustande vorgestellt? Denn «unbewußte» Vorstellung ist eine contradictio in adiecto.

[113] Weiteres siehe bei C. L. MORGAN, *Instinkt und Gewohnheit*, Übersetzung, 1909.

[114] Vgl. dazu *Ziele der Psychotherapie* [Grundwerk 1, pp. 42ff.] und *Die Beziehungen zwischen dem Ich und dem Unbewußten* [Grundwerk 3, pp. 97ff.].

[115] Etwas Ähnliches ist der Fall mit den pentadischen Gestalten.

[116] Soweit sich die Entwicklung an objektiven Materialien feststellen läßt.

[117] Vgl. dazu *Psychologie und Alchemie* [Grundwerk 5, *Mandalasymbolik* D,7. Abs.].

[118] *Über die Psychologie des Unbewußten* [GW 7, Paragr. 151].

[119] Gelegentlich sind damit sogar synchronistische respektive parapsychische Effekte verknüpft. Unter Synchronizität verstehe ich, wie ich schon a. a. O. ausgeführt habe, das nicht allzu selten beobachtbare Zusammentreffen subjektiver und objektiver Tatbestände, welches kausal, wenigstens mit unseren jetzigen Mitteln, nicht zu erklären ist. Auf diese Voraussetzung gründen sich die Astrologie und die Methode des *I Ging*. Diese Beobachtungen sind, wie die astrologischen Befunde, nicht allgemein anerkannt, was den Tatsachen bekanntlich nie schädlich war. Ich erwähne diese Effekte nur der Vollständigkeit halber und nur für diejenigen meiner Leser, die Gelegenheit gehabt haben, sich von der Wirklichkeit parapsychischer Phänomene zu überzeugen. Im übrigen siehe meine Abhandlung über *Synchronizität als ein Prinzip akausaler Zusammenhänge*, GW 8 und *Über Synchronizität* (in diesem Band).

[120] Die Nachweise hierfür in: *Psychologie und Alchemie*, Grundwerk 5: *Traumsymbole.*

[121] «th» wird englisch ausgesprochen.
[122] «Natur» hat hier die Bedeutung des schlechthin Gegebenen und Vorhandenen.
[123] Diese gründet sich auf die Erfahrung, daß Blau als Luft- und Himmelsfarbe gerne für die Darstellung geistiger Inhalte, Rot dagegen als «warme» Farbe für diejenige gefühlsmäßiger und emotionaler Inhalte verwendet wird.
[124] [*Faust*, 1. Teil, Vor dem Tor.]
[125] JAMES JEANS, *Physik und Philosophie*, Zürich 1944, p. 282 f., betont, daß die Schatten auf der Wand der Platonischen Höhle ebenso real sind wie die unsichtbaren schattenwerfenden Figuren, deren Vorhandensein nur mathematisch erschlossen werden kann.
[126] *Synchronizität als ein Prinzip akausaler Zusammenhänge*, GW 8 und *Über Synchronizität* (in diesem Band).
[127] *Zur Phänomenologie des Geistes im Märchen* (in diesem Band).
[128] Es ist sehr wahrscheinlich, daß die Archetypen als Instinkte eine spezifische Energie besitzen, welche ihnen auf die Dauer nicht weggenommen werden kann. Die dem Archetypus eigentümliche Energie genügt normalerweise nicht, um diesen ins Bewußtsein zu heben. Zu diesem Zwecke bedarf es eines bestimmten Energiequantums, das vom Bewußtsein her dem Unbewußten zufließt, sei es, daß das Bewußtsein diese Energie nicht verwendet, oder sei es, daß der Archetypus sie von sich aus anzieht. Dieser zusätzlichen Ladung kann er beraubt werden, nicht aber seiner spezifischen Energie.
[129] [Fürst dieser Welt] *Joh.* 12,3 und 16,11. Obwohl beide Stellen andeuten, daß der Teufel noch zu Lebzeiten Jesu erledigt sein werde, so ist doch in der Apokalypse dessen eigentliche Unschädlichmachung eine Angelegenheit der Zukunft und des Jüngsten Gerichtes (*Off.* 20,2 ff.).
[130] Dies ist trefflich ausgedrückt in dem von ORIGENES zitierten Logion (*In Jerem. hom.* XX, 3): «Wer mir nahe ist, ist nahe dem Feuer. Wer mir ferne ist, ist ferne vom Reich.» Dieses «herrenlose Herrenwort» bezieht sich auf *Jes.* 33,14.
[131] Die bewußte Ganzheit besteht in einer geglückten Vereinigung von Ich und Selbst, wobei beide ihre wesentlichen Eigenschaften bewahren. Tritt statt der Vereinigung eine Überwältigung des Ich durch das Selbst ein, dann erreicht auch das Selbst nicht jene Form, die es haben sollte, sondern bleibt auf einer primitiveren Stufe stehen und kann dann nur durch archaische Symbole ausgedrückt werden.
[132] Ich verdanke diese Formulierung der liebenswürdigen Unterstützung durch Herrn Prof. W. Pauli.
[133] Es wird meine Leser wohl interessieren, die Meinung eines Physikers zu diesem Punkte zu vernehmen. Herr Prof. Pauli, der die Güte hatte, das Manuskript meines Nachwortes durchzusehen, schrieb mir: «Der Physiker wird in der Tat eine Entsprechung in der Psychologie an dieser Stelle erwarten, weil die erkenntnistheoretische Situation betreffend die Begriffe ‹Bewußtsein› und ‹Unbewußtes› eine weitgehende Analogie zu der unten skizzierten Situation der ‹Komplementarität› innerhalb der Physik aufzuweisen scheint. Einerseits läßt sich ja das Unbewußte nur indirekt erschließen durch seine (anordnenden) Wirkungen auf Bewußtseinsinhalte, andererseits hat jede ‹Beobachtung des Unbewußten›, d. h. jedes Bewußtmachen unbewußter Inhalte, eine zunächst unkontrollierbare Rückwirkung auf diese unbewußten Inhalte selbst (was bekanntlich ein ‹Erschöpfen› des Unbewußten durch ‹Bewußtmachung› prinzipiell ausschließt). Der Physiker wird also per analogiam schließen, daß eben diese unkontrollierbare Rückwirkung des beobachtenden Subjektes auf das Unbe-

wußte den objektiven Charakter seiner Realität begrenzt und dieser zugleich eine Subjektivität verleiht. Obwohl ferner die *Lage* des ‹Schnittes› zwischen Bewußtsein und Unbewußtem (wenigstens bis zu einem gewissen Grade) der freien Wahl des ‹psychologischen Experimentators› anheimgestellt ist, bleibt die *Existenz* dieses ‹Schnittes› eine unvermeidliche Notwendigkeit. Das ‹beobachtete System› würde demnach vom Standpunkt der Psychologie nicht nur aus physikalischen Objekten bestehen, sondern das Unbewußte mitumfassen, während dem Bewußtsein die Rolle des ‹Beobachtungsmittels› zukäme. Es ist unverkennbar, daß durch die Entwicklung der ‹Mikrophysik› eine weitgehende Annäherung der Art der Naturbeschreibung in dieser Wissenschaft an diejenige der neueren Psychologie erfolgt ist: Während erstere infolge der als ‹Komplementarität› bezeichneten prinzipiellen Situation der Unmöglichkeit gegenübersteht, die Wirkungen des Beobachters durch determinierbare Korrekturen zu eliminieren, und deshalb auf die objektive Erfassung aller physikalischen Phänomene im Prinzip verzichten mußte, konnte die letztere die nur subjektive Bewußtseinspsychologie durch das Postulat der Existenz eines Unbewußten von weitgehend objektiver Realität grundsätzlich ergänzen.»

[134] Zum Begriff «Synchronizität» siehe C. G. JUNG und W. PAULI, *Naturerklärung und Psyche*, Zürich 1952, Jungs Beitrag: *Synchronizität als ein Prinzip akausaler Zusammenhänge*, GW 8, und *Über Synchronizität* (in diesem Band).

[135] Der Physiker PASCUAL JORDAN (*Positivistische Bemerkungen über die paraphysischen Erscheinungen*, in: Zentralblatt für Psychotherapie IX [Leipzig 1936], p. 14 ff.) hat bereits die Idee des relativen Raumes für die Erklärung telepathischer Phänomene herangezogen.

[136] Briefliche Mitteilung.

[137] In: *Die kulturelle Bedeutung der Komplexen Psychologie*, Festschrift zum 60. Geburtstag von C. G. Jung, Berlin 1935, p. 362.

[138] Damit soll nur gesagt sein, daß den psychischen Erscheinungen ein energetischer Aspekt eignet, vermöge dessen sie eben als «Erscheinungen» bezeichnet werden können. Damit soll aber keineswegs gesagt sein, daß der energetische Aspekt das Ganze der Psyche umfasse oder gar erkläre.

[139] Im Kiswahili heißt mana «Bedeutung» und mungu «Gott».

[140] Vgl. meine Schrift *Über psychische Energetik und das Wesen der Träume* [= GW 8, I, VI, XI und Grundwerk 1: *Allgemeine Gesichtspunkte zur Psychologie des Traumes*; *Vom Wesen der Träume*; *Allgemeines zur Komplex-Theorie.*]

Über die Archetypen des kollektiven Unbewußten

Erstmals erschienen in: *Eranos-Jahrbuch* 1934 (Rhein-Verlag, Zürich 1935). Bearbeitet als Abhandlung I in: *Von den Wurzeln des Bewußtseins. Studien über den Archetypus.* (Psychologische Abhandlungen IX) Rascher, Zürich 1954. *GW 9/I.*

[1] FREUD hat seine hier angedeutete Grundansicht in späteren Arbeiten differenziert: die Instinktpsyche nannte er das «Es», und sein «Über-Ich» bezeichnet das dem Individuum teils bewußte, teils unbewußte (verdrängte) Kollektivbewußtsein.

[2] *De mundi opificio,* Opera Bd. I, Lyon 1561.

[3] *Adversus omnes haereses,* 2,6.
[4] Scott, *Hermetica* I, Oxford 1934, p. 140.
[5] II,4 [Migne, P. G.-L. III col. 144]
[6] II,6 [Migne, l. c., col. 595]
[7] *De diversis quaestionibus,* LXXXIII, xlvi col. 49. – Ähnlich wird «archetypus» bei den Alchemisten gebraucht, so im *Tractatus aureus* des Hermes Trismegistus (*Theatrum chemicum,* 1613, IV, p. 718): «wie Gott alle Schätze seiner Gottheit … in sich wie in einem Archetypus verbirgt … so trägt in gleicher Weise Saturn heimlich das Abbild metallischer Körper in sich umschlossen.» Bei Vigenerus (*Tractatus de igne et sale* in: *Theatrum chemicum,* 1661, VI, Kp. 4, p. 3) ist die Welt «nach dem Bilde seines Archetypus geschaffen» und wird darum «magnus homo» [großer Mensch] («homo maximus» bei Swedenborg) genannt.
[8] Man muß, um genau zu sein, zwischen «Archetypus» und «archetypischen Vorstellungen» unterscheiden. Der Archetypus stellt an sich eine hypothetische, unanschauliche Vorlage dar, wie das in der Biologie bekannte «pattern of behaviour». Siehe dazu *Theoretische Überlegungen zum Wesen des Psychischen* in diesem Band.
[9] Allegorie ist eine Paraphrasierung eines bewußten Inhaltes, Symbol dagegen ein bestmöglicher Ausdruck für einen erst geahnten, aber noch unbekannten, unbewußten Inhalt.
[10] Vgl. dazu Jung und Kerényi, *Einführung in das Wesen der Mythologie = Zur Psychologie des Kindarchetypus,* in diesem Band, und GW 9/I, VII.
[11] [Schiller, *Die Piccolomini,* II,6, p. 118.]
[12] [Vgl. Jung, *Bruder Klaus,* GW 11]
[13] Fritz Blanke, *Bruder Klaus von Flüe,* Zürich 1948, p. 92 f. Übersetzung: Alban Stöckli, *Die Visionen des seligen Bruder Klaus,* Einsiedeln 1933, p. 34.]
[14] Blanke, l. c., p. 94.
[15] Stöckli, l. c.
[16] Lavaud *(Vie profonde de Nicolas de Flue)* parallelisiert in ebenso treffender Weise mit einem Text des *Horologium sapientiae* des Heinrich Seuse, in welchem der apokalyptische Christus als wütender und zorniger Rächer erscheint, sehr im Gegensatz zu dem Jesus der Bergpredigt.
[17] [*Ein nutzlicher und loblicher Tractat von Bruder Claus und einem Bilger.* Stöckli, p. 95.]
[18] l. c., p. 95 ff.
[19] [*Viertzig Fragen von der Seelen Vrstand, Essentz, Wesen, Natur und Eigenschafft* usw., Amsterdam 1682.]
[20] Vgl. *Zur Empirie des Individuationsprozesses,* GW 9/I.
[21] [Werke, 16 Bde., Leipzig 1899–1911, p. 12.]
[22] [Vgl. *Thomasakten* in: *Neutestamentliche Apokryphen* (hg. von Hennecke), Tübingen [2]1924, pp. 277–281.]
[23] Augustinus, *Confessionum libri,* XIII, xxi col. 395, 29.
[24] [Engl. Text s. GW.]
[25] Daß es wiederum der Traum eines Theologen ist, erstaunt darum nicht, weil ein Pfarrer schon rein professionell mit dem Motiv des Aufstiegs beschäftigt ist. Er muß so oft davon sprechen, daß die Frage naheliegt, wie wohl sein eigener geistiger Aufstieg beschaffen sei.
[26] *Die Edda,* p. 149. Diese Stelle wurde – nota bene – im Jahre 1934 geschrieben.
[27] in: *Märchen aus dem Unbewußten,* München 1932, p. 14 ff.
[28] Vgl. dazu Paracelsus, *De vita longa,* hg. von Adam von Bodenstein (1562), und mei-

nen Kommentar dazu in: *Paracelsus als geistige Erscheinung,* GW 13.
[29] [GOETHE, *Der Fischer.* Ballade.]
[30] Vgl. dazu das Bild des Adepten im *Liber mutus* von 1677 [Bild 13 in: Grundwerk 3, *Die Psychologie der Übertragung*]. Er fischt und fängt eine Nixe. Seine soror mystica aber fängt mit ihrem Garn Vögel, welche den Animus darstellen. Die Idee der Anima findet sich mehrfach in der Literatur des 16. und 17. Jahrhunderts, so bei RICHARDUS VITUS, ALDROVANDUS und dem Kommentar des *Tractatus aureus.* Siehe meinen Aufsatz über *Das Rätsel von Bologna* [= *Das Enigma Bolognese,* GW 14/I].
[31] [HENNECKE (Hg.), *Neutestamentliche Apokryphen,* p. 35.]
[32] LA ROCHEFOUCAULD, *Maxime* [*supprimée*] DCXXX, Paris 1868, p. 264. [Vgl. Grundwerk 8, *Die Entstehung des Heros* (Grundwerk 8).]
[33] [Schöne und Gute.]
[34] Vgl. LINDA FIERZ-DAVID, *Der Liebestraum des Poliphilo,* Zürich 1947.
[35] *Bilder und Symbole aus E. T. A. Hoffmanns Märchen «Der Goldne Topf»,* in C. G. Jung, *Gestaltungen des Unbewußten,* Zürich 1950.
[36] Meinen Standpunkt habe ich ausführlich dargestellt in meinem Buch *Die Psychologie der Übertragung* [Grundwerk 3].
[37] [franz. Text s. GW.]
[38] Ich beziehe mich hier auf allgemein zugängliche literarische Beispiele statt auf klinisches Material. Für unsere Zwecke genügt das literarische Beispiel vollkommen.
[39] Gemeint ist die Auseinandersetzung mit den Inhalten des Unbewußten überhaupt. Dies stellt die eine große Aufgabe des Integrationsprozesses dar.
[40] Hierfür bildet das kleine Buch von GUSTAV SCHMALTZ, *Östliche Weisheit und westliche Psychotherapie,* Stuttgart 1951, ein gutes Beispiel.
[41] [*Metamorphoseos,* XI,23, p. 240.]
[42] Ich habe diesen Traum bereits erwähnt in: *Zur Phänomenologie des Geistes im Märchen* [in diesem Band] und in: *Psychologie und Erziehung* [GW 18/II, unter XVI] als Beispiel eines «großen» Traumes, ohne näheren Kommentar.
[43] Vgl. dazu das Motiv des «alten Königs» in der Alchemie. [Grundwerk 6, Nr. 5.g) 2. Abs. ff.]
[44] [Vgl. auch M. R. JAMES, *The Apocryphal New Testament,* Oxford 1924, p. 25 ff.]
[45] [«Sils-Maria» in: *Lieder des Prinzen Vogelfrei*, p. 360.]
[46] REITZENSTEIN faßt den *Hirten des Hermas* als christliche Konkurrenzschrift zum *Poimandres* auf.
[47] Siehe *Zur Phänomenologie des Geistes im Märchen* (in diesem Band).
[48] [senex et iuvenis simul.]
[49] ARTHUR AVALON [Hg.], *The Serpent Power*, London 1919.
[50] ERWIN ROUSSELLE, *Seelische Führung im lebenden Taoismus*, Zürich 1934.
[51] RUDOLF BERNOULLI, *Zur Symbolik geometrischer Figuren und Zahlen*, Zürich 1935.
[52] *Denkwürdigkeiten eines Nervenkranken.*
[53] *Analytische Beobachtungen über Phantasien eines Schizophrenen*, Leipzig und Wien 1912.
[54] JOHN CUSTANCE, *Wisdom, Madness and Folly,* New York 1952, dt.: *Weisheit und Wahn*, Zürich 1954.
[55] RULANDUS, *Lexicon alchemiae*, Frankfurt 1612, s. meditatio.
[56] Ich verweise auf meine Ausführungen in: *Symbole der Wandlung* [Grundwerk 7 und 8].

[57] *Aion. Untersuchungen zur Symbolgeschichte* [GW 9/II].
[58] *Psychologie und Alchemie* [Grundwerk 5].

Der Begriff des kollektiven Unbewußten

Ursprünglich ein Vortrag, gehalten unter dem Titel «The Concept of the Collective Unconscious» in der Abernethian Society am St. Bartholomew's Hospital, London, am 19. Oktober 1936. Veröffentlicht im *Journal* dieses Spitals, XLIV (London 1936/37) pp. 46–49 und 64–66. *In GW 9/I* erstmals in deutscher Übersetzung.

[1] *Eine Kindheitserinnerung des Leonardo da Vinci*, Leipzig und Wien 1910, IV.
[2] [*Leben des Benvenuto Cellini*, übersetzt und hg. von GOETHE, Tübingen 1803.]
[3] [I, 11, p. 32. – FREUD, l. c., II, p. 24 ff.]
[4] *Symbole der Wandlung* [Grundwerk 7, *Das Lied von der Motte:* Abs. mit Anm. 46 ff.; *Die Wandlung der Libido:* Abs. mit Anm. 29 und *Die Struktur der Seele*, GW 8, VII, Paragr. 317].
[5] *Eine Mithrasliturgie*, Leipzig und Wien 1910, pp. 6/7. [Wie JUNG später erfuhr, handelt es sich bei der Ausgabe von 1910 eigentlich um die zweite Auflage. Das Buch ist 1903 erschienen. Der Patient war indessen einige Jahre vor 1903 hospitalisiert worden.]
[6] [*Grundsätzliches zur praktischen Psychotherapie*, Grundwerk 1; vgl. auch *Traumsymbole des Individuationsprozesses*, Grundwerk 5.]

Über den Archetypus mit besonderer Berücksichtigung des Animabegriffes

Erstmals erschienen in: *Zentralblatt für Psychotherapie und ihre Grenzgebiete* IX/5 (Leipzig 1936), pp. 259–275. Revidiert als Abhandlung II in: *Von den Wurzeln des Bewußtseins. Studien über den Archetypus* (Psychologische Abhandlungen IX), Rascher, Zürich 1954, *GW 9/I.*

[1] G. TH. FECHNER, *Elemente der Psychophysik*, Leipzig 1889.
[2] WILHELM WUNDT, *Grundzüge der physiologischen Psychologie*, Leipzig [5]1902/03.
[3] Z. B. die Sammlung von Dr. G. H. SCHUBERT, *Altes und Neues aus dem Gebiet der innren Seelenkunde*, Leipzig und Erlangen 1825–1844.
[4] *L'Automatisme psychologique*, Paris 1889; *L'Etat mental des hystériques*, Paris 1893; *Névroses et idées fixes*, Paris 1898.
[5] *Des Indes à la planète Mars* und *Nouvelles observations sur un cas de somnambulisme avec glossolalie*, Paris und Genf [3]1900.
[6] Ich hebe insbesondere den Schamanismus hervor mit seiner Vorstellung der «épouse céleste». (ELIADE, *Le Chamanisme*, Paris 1951, p. 80 ff.)
[7] [Lat. Text s. GW.]
[8] SPENCER AND GILLEN, *The Northern Tribes of Central Australia*, London 1904, p. 331 u. a. O.; ebenso CRAWLEY, *The Idea of the Soul*, London 1909, p. 87 f.
[9] *In somnium Scipionis*, Lyon 1556.

[10] WILHELM UND JUNG, *Das Geheimnis der Goldenen Blüte* (1929), p. 49 ff. [Jungs Beitrag in GW 13]; CHANTEPIE DE LA SAUSSAYE [Hg.], *Lehrbuch der Religionsgeschichte* I, Tübingen [4]1924, p. 193 ff.

[11] Dieser Standpunkt beruht auf KANTS Erkenntniskritik und hat mit Materialismus nichts zu tun.

[12] Syzygos: gepaart, vereinigt; syzygia: coniugatio.

[13] JOSEF WINTHUIS, *Das Zweigeschlechterwesen bei den Zentralaustraliern und anderen Völkern,* Leipzig 1928.

[14] Besonders im System der Valentinianer. Vgl. IRENAEUS, *Adversus omnes haereses.*

[15] *I Ging. Das Buch der Wandlungen* [Olten und Freiburg [4]1981].

[16] Instruktive Beispiele liefert in Fülle die sogenannte hermetisch-alchemistische Philosophie vom 14. bis 17. Jh. Einen relativ genügenden Einblick ermöglicht MICHAEL MAIER, *Symbola aureae mensae,* Frankfurt 1617.

[17] Es gibt allerdings Fälle, wo trotz scheinbar genügender Einsicht die Rückwirkung der Projektion auf das Subjekt nicht aufhört, d. h. die erwartete Befreiung nicht eintritt. In diesem Fall sind, wie ich öfters gesehen habe, noch bedeutungsvolle, aber unbewußte Inhalte mit dem Projektionsträger verbunden. Diese sind es, welche die Wirksamkeit der anscheinend eingesehenen Projektion unterhalten.

[18] Lebte um 300 v. Chr.; vgl. R. DE BLOCK, *Euphémère. Son livre et sa doctrine,* Mons 1876.

[19] [Je mehr es sich ändert, desto mehr bleibt es sich gleich.]

[20] Daneben ist selbstverständlich nicht zu übersehen, daß es eine vermutlich weit größere Anzahl von Visionen gibt, die dem Dogma entsprechen. Es sind dies jedoch keine spontanen und autonomen Projektionen im strengen Sinne, sondern *Visualisierungen bewußter Inhalte,* hervorgerufen durch Andacht, Auto- und Heterosuggestion. In dieser Richtung wirken besonders die Exerzitien wie auch die vorgeschriebenen Meditationspraktiken des Ostens. Bei einer genaueren Untersuchung solcher Visionen müßte unter anderem auch festgestellt werden, was die eigentliche Vision war und wieviel die Verarbeitung im dogmatischen Sinne zur Gestaltung der Vision beigetragen hat.

[21] ALBAN STÖCKLI, *Die Visionen des seligen Bruder Klaus,* Einsiedeln 1933, und FRITZ BLANKE, *Bruder Klaus von der Flüe,* Zürich 1948.

[22] Die eigenartige Liebesgeschichte dieses jüngsten Anons ist bei IRENAEUS, *Adversus omnes haereses,* I, 2, 2 ff., zu finden.

[23] JUNG, *Bruder Klaus,* GW 11.

[24] GUILLAUME schrieb drei *Pèlerinages* in der Art der *Divina Commedia,* aber unabhängig von DANTE, zwischen 1330 und 1350. Er war Prior des Zisterzienserklosters von Châlis in der Normandie. Vgl. JOSEF DELACOTTE, *Guillaume de Digulleville... Trois romans-poèmes du XIVe siècle,* 2 Bde., Leipzig 1906/15. [Ferner Grundwerk 5, *Die Mandalasymbolik,* Abs. mit Anm. 148 ff.]

[25] MAITLAND, *Anna Kingsford: Her Life, Letters, Diary and Work* I, London 1896, p. 130. MAITLANDS Vision entspricht in Form und Sinn derjenigen im *Poimandres* (SCOTT, *Hermetica* I, 1, p. 114 ff.), wo das geistige Licht auch als «mannweiblich» bezeichnet wird. Ich weiß nicht, ob MAITLAND den *Poimandres* gekannt hat, wahrscheinlich nicht.

[26] HUBERT ET MAUSS (*Mélanges d'histoire des religions,* préface p. XXIX, Paris 1909) nennen diese apriorischen Anschauungsformen «Kategorien», vermutlich in Anlehnung an KANT: «Sie bestehen für gewöhnlich eher in Form von Gewohnheiten, welche das Bewußtsein len-

ken, selbst aber unbewußt sind.» Die Autoren nehmen an, daß die Urbilder durch die Sprache gegeben seien. Diese Annahme ist zwar in einzelnen Fällen richtig, im allgemeinen aber ist sie widerlegt durch die Tatsache, daß durch die Traumpsychologie wie durch die Psychopathologie eine Menge archetypischer Bilder und Zusammenhänge zutage gefördert werden, welche durch historischen Sprachgebrauch nicht einmal mitteilbar wären.

27 [climax a maiori ad minus.]

28 Entsprechend dem doppelgeschlechtigen Urmenschen PLATONS, *Symposion,* XIV, und den hermaphroditischen Urwesen überhaupt.

29 Die «doppelte Geburt» bedeutet jenes aus der Heldenmythologie bekannte Motiv, welches den Helden von göttlichen und menschlichen Eltern abstammen läßt. Das Motiv spielt eine bedeutende Rolle in Mysterien und Religionen als Tauf- oder Wiedergeburtsmotiv. Dieses Motiv hat auch FREUD zu einem Mißgriff verleitet in seiner Studie *Eine Kindheitserinnerung des Leonardo da Vinci.* Ohne sich darüber Rechenschaft zu geben, daß LEONARDO keineswegs der einzige ist, der das Motiv von St. Anna selbdritt gemalt, macht er den Versuch, Anna und Maria, nämlich Großmutter und Mutter, auf die Mutter und die Stiefmutter des LEONARDO zu reduzieren, d. h. das Bild an seine Theorie zu assimilieren. Haben die anderen Maler auch alle Stiefmütter gehabt? Was FREUD zu dieser Gewalttätigkeit veranlaßt hat, war offenkundig die Phantasie der zweifachen Abstammung, welche durch LEONARDOS Biographie nahegelegt wurde. Die Phantasie übermalte die nichtpassende Wirklichkeit, daß St. Anna die Großmutter ist, und hinderte FREUD selber, der Biographie anderer Künstler, die sich auch mit St. Anna selbdritt beschäftigten, nachzuforschen. Die p. 17 erwähnte «religiöse Denkhemmung» hat sich am Autor selber bestätigt. Auch die so sehr betonte Inzesttheorie beruht auf einem Archetypus, dem wohlbekannten und im Heldenmythus häufig angetroffenen Inzestmotiv. Es leitet sich logisch ab aus dem ursprünglichen Hermaphroditustypus, der weit in primitive Vorzeit zu reichen scheint. Immer wenn eine psychologische Theorie etwas gewalttätig vorgeht, so besteht der begründete Verdacht, daß ein archetypisches Phantasiebild die Wirklichkeit zu entstellen versucht, was also dem FREUDschen Begriff der «religiösen Denkhemmung» entsprechen würde. Die Entstehung der Archetypen aber durch Inzesttheorie zu erklären, wäre genauso ergiebig, wie wenn man aus einem Kessel Wasser schöpfte in ein danebenstehendes, anderes Gefäß, das aber mit dem Kessel durch eine Röhre verbunden ist. Man kann den einen Archetypus nicht durch einen anderen erklären, d. h. man kann überhaupt nicht erklären, woher der Archetypus kommt, weil es keinen Archimedischen Punkt außerhalb dieser apriorischen Bedingungen gibt.

30 «Warum gabst du uns die tiefen Blicke». April 1776. [An Frau von Stein.]

31 AVALON [Hg.], *The Serpent Power,* London 1919. Ferner *Shrī-Chakra-Sambhara Tantra* und WOODROFFE, *Shakti and Shâkta,* London ²1920.

32 WOLFGANG SCHULTZ, *Dokumente der Gnosis,* Jena 1910; besonders die Listen bei IRENAEUS, l. c.

33 Vgl. *Psychologie und Alchemie* [Grundwerk 5 und 6].

34 In meiner Schrift *Die Beziehungen zwischen dem Ich und dem Unbewußten* [Grundwerk 3] habe ich die für die Therapie wesentliche Problematik dargestellt, ebenso in: *Die Psychologie der Übertragung* [Grundwerk 3]. Zum mythologischen Aspekt der Anima möge der Leser die mit KARL KERÉNYI gemeinsam herausgegebene *Einführung in das Wesen der Mythologie* vergleichen [Jungs Beitrag: *Zur Psychologie des Kindarchetyps,* in diesem Band].

Die psychologischen Aspekte des Mutterarchetypus

Erstmals erschienen in: *Eranos-Jahrbuch* 1938 (Rhein-Verlag, Zürich 1939). Revidiert als Abhandlung III in: *Von den Wurzeln des Bewußtseins. Studien über den Archetypus.* (Psychologische Abhandlungen IX) Rascher, Zürich 1954. *GW 9/I.*

[1] [SCOTT, *Hermetica* I, Oxford 1934, p. 140.]

[2] Vgl. *Instinkt und Unbewußtes* [GW 8].

[3] *Das Weihnachtsfest,* Bonn ²1911, p. 3.

[4] Dies ist die etymologische Bedeutung der drei Gunas. Siehe WECKERLING [Hg.], *Das Glück des Lebens. Medizinisches Drama von Anandarâyamakhî,* Greifswald 1937, p. 21 ff. und Richard GARBE, *Die Sâṃkhya-Philosophie,* Leipzig 1917, p. 272 ff.

[5] Hierfür liefert die amerikanische Psychologie Beispiele in großem Maßstab. Ein eigentliches, aber erzieherisch gedachtes Pasquill ist in dieser Hinsicht PHILIP WYLIE, *Generation of Vipers,* New York-Toronto 1942.

[6] Hier spielt aber auch der Vaterkomplex eine erhebliche Rolle.

[7] [*Über die Psychologie des Unbewußten,* GW 7, Paragr. 16 ff.: «Die Erostheorie».]

[8] Ich stelle in diesem Kapitel eine Reihe von Typen des Mutterkomplexes auf, womit ich keine therapeutischen Erfahrungen formuliere. «Typen» sind nicht Einzelfälle, was jeder Gebildete wissen sollte. Auch ist «Typus» kein erfundenes Schema, in welches alle vorkommenden Fälle hineingepreßt werden müssen. «Typen» sind ideale Konstruktionen, Durchschnittsbilder der Erfahrung, womit sich nie ein Einzelfall identifizieren läßt. Leute, die ihre Erfahrung nur aus Büchern oder aus psychologischen Laboratorien haben, können sich allerdings von der psychologischen Erfahrung des Arztes kein rechtes Bild machen.

[9] Dieser Satz gründet sich auf die vielfache Erfahrung, daß wo Liebe fehlt, die Macht den leeren Platz besetzt.

[10] Der Terminus, den ich hierfür in meinen englischen Seminarien benützt habe, lautet «natural mind».

[11] In diesem Fall geht die Initiative von der Tochter aus. In anderen Fällen verursacht die Psychologie des Vaters (Animaprojektion) eine Inzestbindung bei der Tochter.

[12] Hierin unterscheidet sich dieser Typus von seinem Verwandten, dem weiblichen Vaterkomplex, wo dann im Gegenteil eine Bemutterung und Ausbrütung des «Vaters» eintritt.

[13] Das will nicht heißen, daß sie über die bloßen Tatsachen unbewußt wären. Es ist nur deren Bedeutung, die ihnen unbewußt bleibt.

[14] Diese Art Frau hat eine sonderbar erleichternde Wirkung auf den Ehemann, so lange nämlich, bis er entdeckt, *wen* er geheiratet hat und mit *wem* er sein Ehebett teilt, nämlich mit der Schwiegermutter.

[15] [*Faust,* 2. Teil, Bergschlucht.]

[16] [l. c., 1. Teil, Studierzimmer.]

[17] Verursacht durch die Projektion der Instinkte.

[18] [*Faust,* 2. Teil, Finstere Galerie.]

[19] [«Nichts ist drinnen, nichts ist draußen; / Denn was innen, das ist außen.» *Gott und Welt. Epirrhema.*]

[20] WARNECK, *Die Religion der Batak,* Leipzig 1909.

[21] [Geheimnis der Ungerechtigkeit (Sünde)]

[22] [*Faust,* 1. Teil, Nacht. Der Erdgeist spricht.]

[23] Von mir hervorgehoben.
[24] [BULTMANN-Zitat in:] F. BURI, *Theologie und Philosophie,* in: Theologische Zeitschrift VIII (Basel 1952) p. 117.
[25] Selbstverständlich kann auch die Tochter die Mutter idealisieren, wozu aber besondere Umstände nötig sind, während beim Mann die Idealisierung sozusagen innerhalb des normalen Rahmens stattfindet.
[26] JULIUS RUSKA (Hg.), Heidelberg 1926, p. 2.
[27] [*Metamorphoseos,* lib. XI, p. 223 f.]
[28] *Synchronizität als ein Prinzip akausaler Zusammenhänge* [GW 8]; *Über Synchronizität* [in diesem Band].

Zur Psychologie des Kindarchetypus

Zusammen mit einem Beitrag von KARL KERÉNYI («Das Urkind in der Urzeit») als Monographie (Albae Vigiliae VI/VII) in der Pantheon Akademischen Verlagsanstalt, Amsterdam-Leipzig, 1940 unter dem Titel *Das Göttliche Kind. In mythologischer und psychologischer Beleuchtung* erschienen. Dann, zusammen mit der Abhandlung *Zum psychologischen Aspekt der Korefigur* als: C. G. JUNG UND KARL KERÉNYI, *Einführung in das Wesen der Mythologie. Gottkindmythos/Eleusinische Mysterien,* im gleichen Verlag 1941. Neuausgabe unter demselben Obertitel, aber mit dem Untertitel *Das göttliche Kind/Das göttliche Mädchen* im Rhein-Verlag, Zürich 1951. *GW 9/I.*
[1] [KERÉNYI, *Das göttliche Kind.*]
[2] [JUNG,] *Die Struktur der Seele* [GW 8, Paragr. 317 ff.].
[3] FREUD (*Die Traumdeutung,* p. 185) parallelisierte gewisse Aspekte der infantilen Psychologie mit der Ödipussage und bemerkte, daß deren «allgemeingültige Wirksamkeit» aus der ähnlichen infantilen Voraussetzung zu erklären sei. Die eigentliche Bearbeitung mythologischer Stoffe ist dann von meinen Schülern aufgenommen worden. ALPHONSE MAEDER, *Essai d'interprétation de quelques rêves,* in: Archives de psychologie VI (1907) 354–375, und *Die Symbolik in den Legenden, Märchen, Gebräuchen und Träumen,* in: Psychologisch-neurologische Wochenschrift X (1908/9) 45–55; FRANZ RIKLIN, *Über Gefängnispsychosen,* in: Psychol.-neurol. Wochenschrift IX (1907) 269–273, und *Wunscherfüllung und Symbolik im Märchen,* Leipzig und Wien 1908; KARL ABRAHAM, *Traum und Mythus,* Leipzig und Wien 1909. Darauf folgt aus der Wiener Schule OTTO RANK, *Der Mythus von der Geburt des Helden,* Leipzig und Wien 1909. In *Wandlungen und Symbole der Libido* (1911) habe ich sodann eine etwas umfänglichere Untersuchung der psychischen und mythologischen Parallelen vorgelegt. Vgl. auch meinen Aufsatz *Über den Archetypus mit besonderer Berücksichtigung des Animabegriffes* [in diesem Band].
[4] Die Tatsache ist bekannt, und die einschlägige ethnologische Literatur größer, als daß sie angeführt werden könnte.
[5] *Die Struktur der Seele* [GW 8, Paragr. 328 ff.].
[6] Eine Ausnahme machen gewisse Fälle spontaner Visionen, «automatismes téléologiques» (FLOURNOY) und die Vorgänge der von mir angegebenen Methode der «aktiven Imagination» [*Zur Empirie des Individuationsprozesses,* GW 9/I].
[7] Einschlägiges Material findet sich nur in ungedruckten Berichten des Psychologischen Seminars der Eidgenössischen Technischen Hochschule, Zürich 1936–1939.

[8] [Gefahren der Seele.]
[9] M. Berthelot, *Collection des anciens alchimistes grecs,* Paris 1887/88, III, xxxv, p. 201.
[10] G. Agricola, *De animantibus subterraneis,* Basel 1549; A. Kircher, *Mundus subterraneus,* Amsterdam 1678, VIII, 4.
[11] J. D. Mylius, *Philosophia reformata,* Frankfurt 1622.
[12] *Allegoria super librum turbae* in: *Artis auriferae* I, p. 161.
[13] *Texte aus der deutschen Mystik des 14. und 15. Jahrhunderts,* hg. v. A. Spamer, Jena 1912, pp. 143 f. und 150 f.
[14] J. H. Ingram, *The Haunted Homes and Family Traditions of Great Britain,* London 1897, p. 43 ff.
[15] Es gibt eine alte alchemistische Autorität namens Morienes, Morienus oder Marianus (*De compositione alchemiae* in: Mangetus, *Bibliotheca chemica curiosa* I, p. 509 ff.). Bei dem ausgesprochen alchemistischen Charakter von *Faust,* 2. Teil, wäre ein solcher Zusammenhang nicht ganz unerwartet.
[16] *Denkwürdigkeiten eines Nervenkranken,* Leipzig 1903.
[17] Allgemeine Darstellung in: *Bewußtsein, Unbewußtes und Individuation* [GW 9/I]. Spezielle Phänomenologie *Traumsymbole des Individuationsprozesses* [Grundwerk 5] und *Zur Empirie des Individuationsprozesses* [GW 9/I].
[18] *Die Beziehungen zwischen dem Ich und dem Unbewußten,* Zweiter Teil, III [Grundwerk 3; ferner *Die transzendente Funktion,* in diesem Band].
[19] *Symbole der Wandlung* [Grundwerk 7 und 8].
[20] Es ist vielleicht nicht überflüssig, zu bemerken, daß ein laienhaftes Vorurteil stets geneigt ist, das Kindmotiv mit der konkreten Erfahrung «Kind» in eins zu setzen, als ob das reale Kind die kausale Voraussetzung für die Existenz des Kindmotives wäre. In der psychologischen Wirklichkeit ist die empirische Vorstellung «Kind» aber nur Ausdrucksmittel (und nicht einmal das einzige!), um einen nicht näher zu fassenden seelischen Tatbestand auszudrücken. Darum ist auch die mythologische Kindvorstellung ausdrücklich keine Kopie des empirischen «Kindes», sondern ein als solches klar erkennbares Symbol: es handelt sich um ein göttliches, wunderbares, eben gerade nicht menschliches Kind, gezeugt, geboren und aufgezogen unter ganz außergewöhnlichen Umständen. Seine Taten sind ebenso wunderbar oder monströs wie seine Natur oder seine körperliche Beschaffenheit. Einzig und allein vermöge dieser nicht empirischen Eigenschaften besteht überhaupt die Notwendigkeit, von einem «Kindmotiv» zu sprechen. Überdies ist das mythologische «Kind» auch variiert als Gott, Riese, Däumling, Tier usw., was auf eine nichts weniger als rationale oder konkret menschliche Kausalität hinweist. Das gleiche gilt von den Archetypen des «Vaters» und der «Mutter», welche mythologisch ebenfalls irrationale Symbole sind.
[21] *Psychologische Typen* [GW 6, Paragr. 879 f.] und *Die Beziehungen zwischen dem Ich und dem Unbewußten,* Erster Teil, 3. Kp. [Grundwerk 3].
[22] *Psychologische Typen* [GW 6, Paragr. 315 ff.].
[23] *Traumsymbole des Individuationsprozesses* [Grundwerk 5] und *Psychologie und Religion* [GW 11].
[24] *Die Beziehungen zwischen dem Ich und dem Unbewußten* [Grundwerk 3, pp. 120 ff. *Die Mandalasymbolik, vgl. auch Aion,* 4. Kp. GW 9/II].
[25] *Psychologie und Alchemie* [Grundwerk 5, Abs. mit Anm. 159].
[26] Höhere Vertebrate symbolisieren hauptsächlich Affekte.

[27] Diese Bedeutung der Schlange findet sich schon bei HIPPOLYTOS, *Refutatio,* IV, 49–51. Vgl. auch HANS LEISEGANG, *Die Gnosis,* Leipzig 1924, p. 146.
[28] *Psychologische Typen* [GW 6, Paragr. 249 ff.].
[29] Sogar Christus ist noch von feuriger Natur («Wer mir nahe ist, ist dem Feuer nahe»: ORIGENES, *Homiliae in Ieremiam,* XX, 3, zit. in: PREUSCHEN, *Antilegomena,* p. 44); ebenso der Heilige Geist.
[30] Das Material ist zusammengestellt in: *Traumsymbole des Individuationsprozesses* [Grundwerk 5] und *Die Erlösungsvorstellungen in der Alchemie* [Grundwerk 6]. Mercurius als Diener in der Parabel des EIRENAEUS PHILALETHES, *Erklärung der Hermetisch Poetischen Werke Herrn Georgii Riplaei,* Hamburg 1741, p. 131 ff.
[31] [Vgl. Katha-Upanishad in: *Sacred Books of the East* XV, p. 11, übersetzt und kommentiert in: *Psychologische Typen,* Paragr. 342.]
[32] GEORG KOEPGEN, *Die Gnosis des Christentums,* Salzburg 1939, p. 315 ff.
[33] Der Lapis als Mediator und Medium; vgl. *Tractatus aureus cum scholiis* in: MANGETUS, *Bibl. chem.* I, p. 408 b, und *Art. aurif.*, p. 641.
[34] *Psychologische Typen* [GW 6], Definitionen, s. u. Seele, und *Die Beziehungen zwischen dem Ich und dem Unbewußten* [Grundwerk 3, Zweiter Teil, 2. Kp.].
[35] Hosea, 1,2 ff.
[36] Vgl. LEONHARD FENDT, *Gnostische Mysterien,* München 1922.
[37] HENNECKE, *Neutestamentliche Apokryphen,* Tübingen 1924, p. 176, 12.
[38] CLEMENS, *Stromata,* III, 13, 92 [und HENNECKE, l. c., p. 23].
[39] *Das fließende Licht der Gottheit.*
[40] RICHARD SALOMON, *Opicinus de Canistris,* London 1936.
[41] Vgl. die Anklage des Bischofs ASTERIUS (PAUL FOUCART, *Mystères d'Eleusis,* Paris 1914, Kp. XX). Nach dem Bericht des HIPPOLYTOS hat sich der Hierophant durch Genuß eines Schierlingstrankes sogar impotent gemacht. Ähnlicher Bedeutung sind die priesterlichen Selbstkastrationen im Dienste der Muttergöttin.
[42] Zur Auseinandersetzung mit dem Unbewußten siehe *Die Beziehungen zwischen dem Ich und dem Unbewußten* [Grundwerk 3, Erster Teil, 2. Kp.].
[43] *Die Beziehungen zwischen dem Ich und dem Unbewußten* [Grundwerk 3].

Zur Phänomenologie des Geistes im Märchen

Erstmals erschienen im *Eranos-Jahrbuch* 1945 (Rhein-Verlag, Zürich 1946) unter dem Titel «Zur Psychologie des Geistes». Bearbeitet und erweitert unter dem obigen Titel in: *Symbolik des Geistes.* (Psychologische Abhandlungen VI) Rascher, Zürich 1948. *GW 9/I.*
[1] [Ligamentum animae et corporis.]
[2] [Zitat konnte nicht ermittelt werden. Sinngemäß gehört es u. a. in: *Logik* III: *Logik der Geisteswissenschaften.*]
[3] Dazu meine Ausführungen in: *Geist und Leben,* GW 8.
[4] Seele, urgerm. saiwalô, ist vielleicht mit αἰόλος (buntschillernd, bewegt, veränderlich) verwandt. Dieses hat auch die Bedeutung von listig und täuschend, womit die alchemistische Definition der anima als Mercurius eine gewisse Wahrscheinlichkeit erhielte.

[5] [Dieser Abschnitt erhielt aus Versehen in der angloamerikanischen Ausgabe (1959) keine Absatzziffer.]

[6] Auch wenn man der Auffassung ist, daß eine Selbstoffenbarung des Geistes, z.B. eine Geistererscheinung, nichts sei als eine Halluzination, so ist diese dennoch ein spontanes (unserer Willkür nicht unterworfenes) psychisches Geschehen. Es ist auf alle Fälle ein autonomer Komplex, was für unsere Zwecke völlig genügt.

[7] Ein entsprechender Fall ist dargestellt in: *Psychologie und Alchemie* [Grundwerk 5: *Die Initialträume*].

[8] Die Vision vom «nackenden Knaben» bei Meister ECKHART gehört hierher [vgl. p. 183 in diesem Band].

[9] Ich erinnere an die «Knaben» in dem Roman von BRUNO GOETZ, *Das Reich ohne Raum*, Potsdam 1919, Konstanz 1925.

[10] Vgl. dazu das «göttliche Kind» [p. 181 ff. in diesem Band].

[11] [«Prüfet die Geister, ob sie von Gott sind» (*1. Joh.* 4, 1).]

[12] Daher die vielen Wundergeschichten der rishis und mahatmas. Ein gebildeter Inder, mit dem ich mich über das Wesen des guru unterhielt, antwortete mir auf meine Frage, wer sein guru gewesen sei: «Das war Śaṅkarāchārya» (8./9. Jh.). Erstaunt bemerkte ich: «Aber das ist ja der bekannte Kommentator.» Worauf er entgegnete: «Ja, das war er, aber natürlich sein Geist», wobei ihn meine abendländische Beunruhigung nicht im geringsten störte.

[13] [Vgl. *Analytische Psychologie und Erziehung*, GW 17, Paragr. 208 ff., und *Die Beziehungen zwischen dem Ich und dem Unbewußten*, Grundwerk 3, p. 65.]

[14] [*Faust,* Zweiter Teil, Finstere Galerie.]

[15] Das Märchenmaterial, das ich hier benutze, verdanke ich der freundlichen Unterstützung durch Dr. Marie-Louise von Franz.

[16] *Wie ein Waisenknabe unverhofft sein Glück fand* (Finnische und Estnische Volksmärchen Nr. 68, in: Die Märchen der Weltliteratur, Diederichs).

[17] Der Berg stellt das Ziel der Wanderschaft und des Aufstieges dar, darum bedeutet er psychologisch oft das Selbst. Das *I Ging* beschreibt als Ziel: «Der König stellt ihn dem Westberg vor» (Hexagramm Nr. 17, Sui, Die Nachfolge). Bei HONORIUS VON AUTUN (*Speculum de mysteriis ecclesiae* in: MIGNE, P. L. CLXXII, p. 345) heißt es: «Die Berge sind die Patriarchen und die Propheten.» RICHARD VON ST. VICTOR sagt: «Willst du den verklärten Christus sehen? Steige auf diesen Berg, lerne dich selbst erkennen» (*Benjamin minor* in: MIGNE, P. L. CXCVI col. 53–56).

[18] In dieser Hinsicht ist die Phänomenologie des Yoga besonders hervorzuheben.

[19] Hierfür gibt es zahlreiche Beispiele: Spanische und Portugiesische Volksmärchen [Nr. 34: *Der weiße Papagei;* Nr. 45: *Königin Rose und der kleine Thomas*]; Russische Volksmärchen [Nr. 26: *Das Mädchen ohne Hände*]; Märchen aus dem Balkan [Nr. 15: *Der Hirt und die drei Samovilen*]; Märchen aus Iran [*Das Geheimnis des Bades Bâdgerd*]; Nordische Volksmärchen I [Schweden Nr. 11: *Der Werwolf*], p. 231; alle in: Die Märchen der Weltliteratur, Diederichs.

[20] Dem Mädchen, das seine Brüder sucht, gibt er einen Knäuel, der zu ihnen hinrollt (Finnische und Estnische Volksmärchen Nr. 83 [*Die kämpfenden Brüder*, p. 280]). Dem Prinzen, der das Himmelreich sucht, wird ein Kahn gegeben, der von selber fährt (Deutsche Märchen seit Grimm [*Die eisernen Stiefel*], p. 381). Ein anderes Geschenk ist eine Flöte, die alles tanzen macht (Märchen aus dem Balkan [*Die zwölf Brocken*], p. 173), oder die wegeweisen-

de Kugel und der unsichtbarmachende Stock (Nordische Volksmärchen [Nr. 18 Dänemark: *Die Prinzessin mit den zwölf Paar Goldschuhen*], p. 97) oder wunderbare Hunde (l.c., p. 287 [Nr. 20 Schweden: *Die drei Hunde*]) oder ein Buch mit geheimer Weisheit (Chinesische Volksmärchen, p. 248 [Nr. 86: *Dschang Liang*]).

21 Finnische und Estnische Volksmärchen Nr. 83 [Estland: *Die kämpfenden Brüder*], p. 280.

22 Deutsche Märchen seit Grimm [*Die eisernen Stiefel*], p. 382. In einem Balkanmärchen [15: *Der Hirt und die drei Samovilen*] ist der Alte «Zar aller Vögel». Dort weiß die Elster Bescheid. Vgl. auch den mysteriösen «Herrn des Taubenschlags» in MEYRINKS Novelle *Der weiße Dominikaner*, Wien 1921.

23 Märchen aus Iran [*Das Geheimnis des Bades Bâdgerd*], p. 152.

24 Spanische Märchen Nr. 34 [*Der weiße Papagei*], p. 158.

25 l.c. [Nr. 41: *Königin Rose oder der kleine Thomas*, p. 199].

26 Nordische Volksmärchen I, Nr. 11 [Schweden: *Der Werwolf*], p. 231 f.

27 Kaukasische Märchen, p. 35 f. [*Der Sprosser und die Nachtigall*], p. 35 f. [*Die Nachtigall Gisar:* Balkan Nr. 51].

28 Balkanmärchen [Nr. 49: *Die Lubi und die Schöne der Erde*], p. 217.

29 Russische Märchen [Nr. 6: *Och*], p. 30 f.

30 Es handelt sich um das Märchen *Der Vogel Greif*, Nr. 84 der Kinder- und Hausmärchen, gesammelt durch die Brüder GRIMM, 1922, II, p. 29 ff. Der Text wimmelt von phonetischen Fehlern.

31 *Die neue Melusine.* Märchen.

32 Vgl. meinen Aufsatz *Die Visionen des Zosimos* [Grundwerk 9].

33 In einem sibirischen Märchen (Nr. 13, p. 62 [*Der in Stein verwandelte Mann*]) erscheint der Alte als weiße, bis zum Himmel ragende Gestalt.

34 [Vgl. p. 194 ff. in diesem Band.]

35 [*Faust,* 2. Teil, Kabirenszene. Vgl. Grundwerk 5, *Die Mandalasymbolik,* 22. Traum (dort zitiert).]

36 Indianermärchen aus Südamerika, p. 285 [*Das Ende der Welt und der Feuerdiebstahl*].

37 Indianermärchen aus Nordamerika, p. 74 [*Geschichten von Mänäbusch: Der Feuerdiebstahl*].

38 [Nr. 53: *Der Lohn der Stieftochter und der Haustochter,* p. 192 ff.]

39 [Die angloamerikanische Ausgabe weist hier ein Alinea auf, das wir nicht übernehmen möchten.]

40 Deutsche Märchen seit Grimm, Diederichs, p. 189 ff.

41 [Dan. 7,9 n. 13] – In seiner «Cantilena», in: RIPLAEUS, Georgius (Sir George Ripley), Opera omnia chemica, Kassel 1649.

42 [Balkanmärchen Nr. 36: *Der König und seine drei Söhne.*]

43 PRUDENTIUS, *Contra Symmachum;* siehe: HUGO RAHNER, *Die seelenheilende Blume,* p. 132.

44 [Nr. 36: *Die Hunde des Schöpfers.*]

45 [Balkanmärchen Nr. 9: *Die Taten des Zarensohnes und seiner beiden Gefährten.*]

46 [Nr. 35: *Der Schwiegersohn aus der Fremde.*]

47 [Ein Drittes gibt es nicht.]

48 *Die Prinzessin auf dem Baum* (Deutsche Märchen seit Grimm).

49 Hinsichtlich Quaternität muß ich auf meine früheren Arbeiten verweisen, insbesondere auf *Psychologie und Religion* [Grundwerk 4] und *Psychologie und Alchemie* [Grundwerk 5 und 6].

[50] Die älteste mir bekannte Darstellung des Problems ist diejenige der vier Horussöhne, von denen gelegentlich drei mit Tierköpfen und einer mit einem Menschenkopf dargestellt sind. Chronologisch schließt sich daran die *Ezechiel*-Vision der vier Gestalten, die dann in den vier Evangelistenattributen wiederkehren. Bekanntlich sind drei tierköpfig, und einer hat einen Menschenkopf (der Engel).

[51] Nach dem Satz der *Tabula Smaragdina:* «Was unten, ist gleich dem, was oben ist», J. RUSKA, Heidelberg 1926.

[52] Vgl. *Psychologie und Alchemie,* Abb. 54 [Grundwerk 5], ausführlicher in: *Der Geist Mercurius* [GW 13].

[53] [*Platons Dialoge Timaios und Kritias,* p. 29]. Diese unerklärte Stelle wollte man einer «neckischen Laune» PLATONS zuschreiben.

[54] In dem GRIMMschen Märchen (I, Nr. 55: *Marienkind*) befindet sich im verbotenen Zimmer die «Dreieinigkeit», was mir bemerkenswert erscheint.

[55] Schon AELIAN (*De natura animalium,* Leipzig 1864, I, 47) berichtet, daß Apollon die Raben zum Durst verurteilt hat, weil ein zum Wasserholen geschickter Rabe zu lange verweilte. In der deutschen Folklore wird gesagt, daß der Rabe im Brachmonat oder August an Durst leiden müsse. Als Grund wird angegeben, daß er allein über Christi Tod nicht betrübt gewesen sei, oder daß er, als Noah ihn ausschickte, nicht zurückkehrte. (PANZER, *Zeitschrift für deutsche Mythologie* II, p. 171, und KÖHLER, *Kleinere Schriften zur Märchenforschung* I, 3. Zu Rabe als Allegorie des Bösen siehe die erschöpfende Darstellung bei HUGO RAHNER, *Erdgeist und Himmelsgeist in der patristischen Theologie*, Zürich 1946. Andererseits steht der Rabe in naher Beziehung zu Apollon als ihm geheiligtes Tier; ebenso kommt er auch in der Bibel in positiver Bedeutung vor (*Ps.* 147, 9): «Der dem Getier seine Speise gibt, den jungen Raben, die zu ihm schreien.» *Hiob* 38, 41: «Wer bereitet dem Raben seine Speise, wenn seine Jungen zu Gott schreien...» Ähnlich *Luk.* 12, 24. Als eigentliche «dienstbare Geister» erscheinen sie *1. Könige* 17, 5, wo sie Elias die tägliche Nahrung bringen.

[56] [Vgl. *Psychologie und Alchemie,* Grundwerk 5 u. 6, s. Index: Maria Prophetissa.]

[57] In einem nordischen Märchen [Norwegen, Nr. 24: *Die drei Prinzessinnen im Weißland*], dargestellt als drei zu erlösende Prinzessinnen, die bis zum Hals in der Erde stecken.

[58] Zur Funktionenlehre vgl. *Psychologische Typen* [*Allgemeine Beschreibung der Typen:* Grundwerk 1].

[59] Für den Laien auf diesem Gebiet möchte ich hier beifügen, daß die Strukturlehre der Psyche nicht etwa aus Märchen und Mythen abgeleitet wurde, sondern auf den Erfahrungen und Beobachtungen der ärztlich-psychologischen Forschung beruht und erst sekundär ihre Bestätigung durch vergleichende Symbolforschung in Gebieten gefunden hat, die dem Arzt zunächst sehr ferne lagen.

[60] Es handelt sich um eine typische Enantiodromie: auf diesem Wege geht es nicht noch höher hinaus, sondern man muß nun auch die andere Seite seines Wesens realisieren und dazu hinuntersteigen.

[61] Der Junge fragt sich beim Anblick des großen Baumes: «Wie mag es wohl sein, wenn du dir von seinem Wipfel aus die Welt beschaust!»

[62] Das Allwissen der unbewußten Funktionsanteile ist natürlich eine Übertreibung. Tatsächlich verfügen diese aber über die – oder, besser gesagt, sind sie beeinflußt von den – subliminalen Wahrnehmungen und Erinnerungen sowie von den instinktiven, archetypi-

schen Inhalten des Unbewußten. Diese sind es, welche den unbewußten Tätigkeiten Informationen von unerwarteter Richtigkeit vermitteln.

63 Der Jäger hat seine Rechnung ohne den Wirt gemacht, wie dies meistens geschieht. Man denkt selten oder nie an die Kosten, welche die Tätigkeit des Geistes verursacht.

64 Vgl. den Heraklesmythus.

65 Die Alchemisten betonen die lange Dauer des Werkes und sprechen von «longissima via», «diuturnitas immensae meditationis» [sehr langem Weg – Länge der gewaltigen Meditation] usw. Die Zwölfzahl dürfte mit dem Kirchenjahr, in welchem das Erlösungswerk Christi abläuft, zusammenhängen. Das Lammopfer wird wohl auch aus dieser Quelle stammen.

66 Tochter des Meeres. [AFANAS'EV, Russian Fairy Tales, New York 1946, p. 553 ff.]

67 Der Alte tut die zerstückelte Leiche in ein Faß, das er ins Meer wirft, was an das Schicksal des Osiris (Kopf und Phallus!) erinnert.

68 Von kosth = Knochen, und pakosth, kaposth = ekelhaft, schmutzig.

69 Kamutef bedeutet «Stier seiner Mutter». Siehe HELMUT JACOBSOHN, *Die dogmatische Stellung des Königs in der Theologie der alten Ägypter,* Glückstadt 1939, pp. 17, 35 und 41 ff.

70 Vgl. *Symbole der Wandlung* [Grundwerk 8, *Symbole der Mutter und der Wiedergeburt,* Abs. mit Anm. 90 ff. und *Das Opfer,* Abs. mit Anm. 44 ff.].

71 Daß sie kein gewöhnliches Mädchen, sondern eine königliche Person und erst noch electa des bösen Geistes ist, beweist ihre nicht menschliche, sondern mythologische Natur. Ich muß den Begriff der Anima als bekannt voraussetzen.

72 Ich weiß, wie ich hing am windigen Baum neun ewige Nächte,
vom Speere verwundet, dem Wodan geweiht: ich selber geweiht mir selber,
an jenem Baume, der Jedem verbirgt, wo er den Wurzeln entwachsen.
«Wodans Runenkunde» (Hâvamâl, Vers 139) in: *Die Edda.*

73 Vgl. das von NIETZSCHE geschilderte Gotteserlebnis in der «Klage der Ariadne»:
... – dein Wild nur bin ich,
grausamster Jäger!
deine stolzeste Gefangene,
du Räuber hinter Wolken ...: *Dichtungen: Dionysos-Dithyramben* (Werke VIII, p. 423).

74 Vgl. dazu EMMA JUNG, *Ein Beitrag zum Problem des Animus,* in: *Animus und Anima,* Zürich 1967.

75 Zur Dreiheit Wotans vgl. MARTIN NINCK, *Wodan und germanischer Schicksalsglaube,* Jena 1935, p. 142 f.

76 Daß es sich hier um ein Bruder–Schwester-Paar handelt, ist eine Annahme, die sich auf die Tatsache stützt, daß der Hengst die Stute mit «Schwesterchen» anredet. Das kann einerseits bloße Redensart sein, andererseits aber meint «Schwesterchen» eben doch Schwester, ob dies nun eigentlich oder uneigentlich sei. Überdies spielt der Inzest in der Mythologie sowohl wie in der Alchemie eine bedeutende Rolle.

77 Insofern die Anima durch eine menschliche Person ersetzt ist.

78 Der große Baum entspricht der arbor philosophica der Alchemie. Die Begegnung des irdischen Menschen mit der aus der Krone herunterkommenden Anima in Melusinengestalt ist z. B. in der Ripley Scroll dargestellt. Siehe *Psychologie und Alchemie* [Grundwerk 6], Abb. 257.

79 Vgl. meine *Aufsätze zur Zeitgeschichte* [insbesondere *Wotan* und *Nach der Katastrophe* [GW 10 und *Das C. G. Jung-Lesebuch*].

Die transzendente Funktion

Geschrieben 1916. Das Manuskript lag bis 1953 bei den Akten des Verfassers. 1957 erschien es in englischer Übersetzung als Privatdruck, herausgegeben von der Studentenschaft des C. G. Jung-Institutes, Zürich. Das deutsche Original, vom Autor bearbeitet, bildete dessen Beitrag zu: *Geist und Werk. Aus der Werkstatt unserer Autoren. Zum 75. Geburtstag von Dr. Daniel Brody.* Rhein-Verlag, Zürich 1958. *GW 8.*

[1] [Zur aktiven Imagination siehe auch: p. 47; *Ziele der Psychotherapie* (Grundwerk 1); *Die Beziehungen zwischen dem Ich und dem Unbewußten* (Grundwerk 3); *Zur Empirie des Individuationsprozesses* (GW 9/I)].

[2] [*Also sprach Zarathustra,* «Das Nachtlied», p. 153.]

Über Synchronizität

Vortrag, gehalten an der Eranos-Tagung in Ascona und erschienen im *Eranos-Jahrbuch* 1951. Rhein-Verlag, Zürich 1952. *GW 8.*

[1] Dieses Material stammt aus verschiedenen Quellen. Es sind einfach Horoskope von Verheirateten. Es fand hierbei keinerlei Auswahl statt. Wir nahmen wahllos alle Ehehoroskope, auf die wir die Hand legen konnten.

[2] *Synchronizität als ein Prinzip akausaler Zusammenhänge,* GW 8; vgl. auch Briefe III, in denen das Thema ebenfalls ausführlich behandelt wird (s. dort Index).

Register

«abaissement du niveau mental» 67, 180, 263
Aberglaube 62, 80, 144, 199
Abortus 200
Absicht 31, 104, 202, 235
– bewußte 121, 132, 169, 266
– menschliche 212
Abstammung zweifache 304
Abstoßung erotische 152
Abstraktion 45 f.
Acker (als Mutterarchetypus) 148, 182
Adam 99, 295
Adler Alfred 115
Affe 184, 293
Affekt 19, 35, 95, 98, 141, 162, 169, 217, 268 f., 275 f., 296, 307
Affektivität 272, 274, 283
Agnostizismus 252
Ägypten 52, 91, 101, 117, 171, 241
Ahnen 112, 178 f.
Ahnfrau 148
Ahnungen 202
Alchemie 35 f., 39 f., 55, 85, 105, 108, 111, 113, 130, 162, 174 f., 182, 195, 207 f., 214, 221, 223, 231 f., 241, 245, 247, 294, 297, 299, 301, 307 f., 311 f.
– und Astrologie 39
Alcherringazeit 112
Alkohol 142, 208
Allegorie (Allegorik) 41, 79, 110, 149, 172, 179, 197, 300
Allesseher 41
all-or-none reaction 27, 33
Allseele 35 f., 295
Allzu-Weibliche, das 165
Alte, der (die) 310, 312
– einseitige 224
– hilfreiche 229
– weise (siehe unter Weise)
altjira 178
Analogiebildung 263
Analyse 112, 119, 257 f., 261
– intellektuelle 271
Anamnese 179, 217
Androgynie (siehe auch Hermaphrodit) 198
Angst 88, 90, 92, 98, 194, 202, 249
– Macher der 90, 194
Ängstlichkeit 187
Anima 97 ff., 126 ff., 149, 152 f., 160, 201, 208, 210, 226 f., 238, 241 ff., 300, 308, 312
– Begriff der 126 ff.
– -besessenheit 112
– catholica 35
– Deutung der 104
– als Göttin, Himmelsgöttin 102
– Jungfrau – 236
– als Archetypus des Lebens 105
– mundi 39 f., 233
– -mythologie 112
– -projektion 155, 163, 305
– rationalis 99
– als weiblicher und chthonischer Seelenteil 131, 140
– -theorie 199
– überweltliche 237
Animus 103, 160, 201, 208, 214, 241, 243, 300
– besessenheit 226
Anonymität, Anonymus 51

Anpassung 32, 53, 102, 254, 258, 266, 268, 293
– -funktion 23
Anschauung 13, 56, 80f., 106, 115, 240, 276
– archetypische 75
– christliche 212
– geistige 277
– religiöse 48
– subjektive 8
– transzendentale 131
Anthroparion 221
Anthropoiden 277
Anthropomorphismus 17, 200, 221
Antike 7, 101, 105, 130f., 143, 167f., 201, 221
Antizipation 193
Anziehung erotische 152
Apfel zauberischer 225
Apokalypse 82, 107, 298
Apollon 311
Apotropäismus 171
Apperzeption 19, 22, 137
Apriori unbewußtes 46
Archaismus 26, 32, 43, 75, 77, 119, 197, 204, 245
Archäologie 69, 123
Archetypus 13, 36f., 46, 50ff., 60, 63ff., 69, 72, 77ff., 115f., 119f., 120ff., 126ff., 143ff., 176ff., 213, 215ff., 227, 246, 248f., 298ff.
– Amplifikation des 47
– und Animabegriff 126ff.
– autonomer 113
– Begriff des 78, 114, 143ff.
– und Bewußtsein 36, 185
– Dynamik des 167
– Erklärung des 184
– als Erlebniskomplex 103
– Funktion des 186ff.
– Gefühlswert des 51
– in Geistgestalt 48
– hermaphroditischer 142
– Inhalt des 73, 79
– und Instinkt 48, 115
– als Mythos, mythologischer 138, 180
– Natur des 55, 57, 72, 222
– numinoser 48
– und pattern of behaviour 42ff.
– als handelnde Persönlichkeit 110
– regulierender 47
– als scintillae 36
– des Sinnes 105
– und Trieb 51, 55
– unstofflicher 78
– als Verhaltensform 69
– vorbewußter 52
– Wesen des 56
– biologischer Zweck des 185
– Zukunftscharakter des 188ff.
Argos 40
Arkansubstanz 36, 39, 208, 247
Armut 88f.
Arzt 73, 103, 119, 126, 214, 255ff., 262
– Erfahrung des 305
– als Heiland 133
– und Patient 59, 132, 151, 256, 258f., 263, 275f., 278
Assimilation 51, 54, 66, 79, 84
Assoziation 23, 26, 32, 121, 262f., 268
– freie 121, 253, 268, 273
– religiöse 132
Assoziationsexperiment 20
assumptio 172, 174
Ästhetik 101, 153, 253, 272ff.
Astrologie 39, 79f., 286ff., 296
astronomia 37
Astrophysik 286
astrum 37ff.
Atem (Odem) 52, 99
Atheismus 133f., 252
Athene 118
athîsta 52
Ätiologie 116
Atlantis 103
Atman 195, 221
Atom 59, 72, 129, 222
Atombombe 61, 64f.
Atommodell 57
Atomphysik 76, 141, 206
Atomspaltung 249

Atomtheorie 127
Auffassung 15, 120, 208
– bewußte 202
– empirische 8
– organologische 24
Auffassungsvermögen 39, 84
Aufklärung 86, 159, 170, 182
Aufmerksamkeit 31, 180, 264f., 269
Auge 18, 40ff., 223f.
Aurora consurgens 35
Aussage 17, 206, 252
Außen – Innen 94, 166, 305
Außerordentlich-Wirksame, das 75
Australien 112, 129, 179
Autoerotismus 68
automatisme ambulatoire 31
automatisme téléologique 306
Automatismus 32f.
Autonomie 113, 211, 213
Autorität 150, 214
Autoritätsgläubigkeit 213
Autosuggestion 303
Axiom der Maria 231, 234
Ayik 194
Azoth 295

Baba-Jaga 239
Baldur 191
Bär 229f.
Batak 167
Baubo 154
Baum (im Märchen usw.) 148, 175, 222, 226, 229, 234, 312
Baumgeburt 182
Baumnumen 220, 226
Befreiung, Befreier 245f., 249, 278, 303
Begegnung mit sich selbst 93f.
Begriff 15, 172, 203, 276
– allgemeingültiger 46
– rationaler 160
– wissenschaftlicher 281
Begriffssystem 13
Bekehrung des Paulus 53
Berg (im Traum usw.) 218, 267, 309
Bes 171, 214
Besessenheit 95, 112, 170, 188, 208f., 226, 249f.
Bewußtheit 19f., 21f., 26, 29, 33, 42, 63, 72, 106, 115, 162f., 165
– höhere 111, 161, 165
– seiner selbst 29
Bewußtsein 10, 13, 16ff., 22ff., 26ff., 35ff., 44ff., 54, 64ff., 88, 91f., 94ff., 100, 112f., 114f., 121, 134f., 137f., 160, 181, 185ff., 192f., 194ff., 212ff., 228, 232, 246, 260, 294, 297f., 303
– -änderung 65
– Anpassung des 102
– apperzepierendes 71, 135
– approximatives 34
– aufgeklärtes 86
– Aufstieg des 236
– dämmerhaftes 196
– denkendes 106
– Differenzierung des 8f., 182, 187, 196
– Dissoziierbarkeit des 169
– Einbruch in das 253
– Einheit des 21f., 28, 35, 170
– Einseitigkeit des 186, 194, 259, 273, 277
– Einstellung des 26, 235, 265
– Entwicklung des 87
– -erlebnis 14, 20
– und Erscheinungswelt 71
– Erweiterung des 62, 65, 248
– -fähigkeit 26, 53
– -faktoren 194
– fragmentarisches 294
– Ganzheit des 35
– Gerichtetheit des 254ff., 265
– «gleitendes» 50
– Grundlagen des 72
– heroisches 234
– höheres 193
– individuelles 8, 12, 79
– Inhalt des 14f., 21, 33, 47, 52, 58, 69, 72, 115, 130, 177, 187, 211, 254f., 263, 269, 298
– Integration in das 25
– kollektives 48, 60, 63, 243
– -konzentration 180

Bewußtsein, Forts.
– männliches 199, 236, 241
– menschliches 17, 48, 79, 98, 190, 211, 213, 227
– passives 47
– -phänomene 15, 19f., 42, 112, 210
– primäres 292
– primitives 180
– Psychologie des 299
– relatives 42
– Schwelle des 11, 19, 21, 73, 253f., 272, 294
– und Seele 18f., 42
– sekundäres 21
– und Sinnesfunktion 22
– soziales 60, 63
– -spaltung 28, 112
– -spannung 265
– -störung 34, 275
– subjektives 61, 63, 71, 73
– sublimales 292, 294
– Totalität des 33
– und Trieb 49f.
– Überwältigung des 253
– und das Unbewußte 10ff., 19, 20f., 24, 30ff., 35ff., 42f., 47, 53, 56, 60ff., 91, 93, 114f., 130, 162, 166f., 178f., 183, 190f., 192, 194, 198ff., 231f., 234, 247, 248, 254ff., 263, 265, 268ff., 292, 294, 297f.
– Integration des Ubw. in das Bew. 112
– Synthese des Ubw. mit dem Bew. 190
– unentwickeltes 49
– Untergang des 95
– -vorgänge 30
– wahrnehmendes 106, 197
– weibliches 200
– Wesen des 186
– Widerstand des 92
– Wurzeln des 185
– wurzelloses 182
– Zentrum des 264
– -zustand 294
Bewußtwerdung 8, 65, 68, 79, 115, 121, 133, 162, 191, 263
– höhere 236
Beziehung rationale 239
Bibel 36, 40ff., 82, 84, 92, 109, 169f., 200, 222, 267, 298, 300f., 304, 310f.
Biene 239
Bild 13f., 43, 46f., 54, 80, 85f., 97, 111, 116, 120, 129, 146, 184f., 209ff., 269, 276
– allgemeines 78
– archetypisches 54, 84, 86, 111, 303
– Assimilation des 54
– ewiges 81
– Deutung des 45
– heilendes 85
– heiliges 85
– hypostasiertes 252
– inneres 269
– Platons 36
– schützendes 85
– seelisches 137
– Situations- 47
– -sprache 184
– symbolisches 35
– verdrängtes 137
Bilderfolge 178
Bilderserie alchemistische 111
Biologie 28f., 43f., 50, 62, 69, 76, 103, 115, 200f., 247, 300
Bleimännchen 221
Blume (als Archetypus) 148
Bock 224
Böse, das 62, 93, 100, 108, 120, 162f., 168f., 174, 214f., 225ff., 228, 232, 236f., 248f.
– Symbol des 232
Bösewicht 227
Bräutigam und Braut 247
brownie 221
Bruder und Schwester 219, 226, 242f., 245, 312
Brunnen 148, 269
«Bube, der nackende» 183
Buddha 183
Buddhismus 81, 251
bugari 179
bursting point 21, 53

Carbunculus 294
Chakrensystem 111

Chaos, chaotisch 36, 45, 74, 104
Charakterologie, psychologische 80
Chemie, Chemismus 27, 58, 129f.
China 81
Christbaum 52
Christentum, Christ 42, 81, 85ff., 101, 109, 117f., 168f., 172, 210, 247ff., 250, 266
Christophorus 182
Christus 117, 124, 172, 307
– Androgynie von 198
– -bild 83
– Erlösungswerk von 312
– Erscheinen von 173
– Gottheit von 85
– -kind 116, 118, 124
– und Kirche 246
– Mutter von 117
– als Rächer 300
– als Sonne 297
– Tod von 311
– verklärter 309
Chronos 41, 297
common sense 16
complexio oppositorum 45, 84
concupiscentia 160
coniugium solis et lunae 200
coniunctio 200f.
Cornucopia 149
corpus glorificatum 195
– mysticum 189
– subtile 38
Credo 85
Cucullatus 201

Daktylen 201, 221
Dämon, Daimonion 18, 22, 109, 170, 184, 209, 224, 227, 248f., 297
Däumling 182, 307
Déesse Raison 159
Delirium 112, 180
Delphin 201
Demeter 148, 154, 156
Denken 23, 32, 59, 106, 110, 116, 145, 147, 178, 209, 228
– bewußtes 178, 217
– indisches 195
– präexistentes 106
– rationales 207
– unbewußtes 106, 147
Denkfähigkeit 207
Denkhemmung religiöse 304
Depression 98, 268
Destruktivität 64
Deus terrenus 194
Deus ex machina 235
Deutung 45, 105, 240, 271
Deutungsregel Cardanische 240
Diagramm mystisches 82
Dialog innerer (siehe auch: Zwiegespräch) 276
Differenzierung 8, 234f.
Dionysos 134, 172
Diskontinuität logische 263
Disposition 10, 13, 144, 146, 209
– psychische 10, 146, 293
Dissoziabilität (Dissoziierbarkeit) 20ff., 113, 169, 266
Dissoziation 20f., 28, 32, 34, 42, 112, 151, 186, 189, 204
– neurotische 66
– schizophrene 294
Dogma 63, 84f., 95, 99, 172ff., 303
– und das kollektive Unbewußte 85
Don Juanismus 152f.
double conscience, Doppelbewußtsein 12, 20, 42
double personnalité 31f.
Drache, draco 40f., 55, 91, 149, 181, 184, 190, 226
Drei(heit) 231ff., 238, 240ff.
– und Ganzheit 231f.
– als männliche Zahl 232, 241f.
– obere / untere 232, 245
– und Vierheit 232, 234
– als weibliche Zahl 241f.
Dreieck 232, 241
Dreieinigkeit (siehe auch Trinität) 311
Dreifaltigkeitsvision des Niklaus von Flüe 53, 82, 135
Dritte, das (und das Vierte) 234f.

Dualität 45
Dunkelheit, das Dunkle 149, 193, 196f., 224, 232, 234
Dunkelheitsangst 193f.
Dunkelheitsungeheuer 191
Duplizität der Fälle 279ff.

Ecclesia mater 64
– spiritualis 153
Edelstein (Motiv) 184, 223
Egoismus, Egozentrismus 67f., 93, 225
Ehe 156, 287f.
– -horoskope 287ff., 313
– ideale 161
– Unsicherheit der 102
– -zerstörung 161
Ei goldenes (Motiv) 184, 196
Eine, das 38, 234
Einfall 44, 46, 212, 216, 261f., 272
– freisteigender 264
– Ur- 274
Einfluß bewußter 269
– magischer 171
– unbewußter 256
Einfühlungsvermögen weibliches 153
Einheit 189, 235, 238
Einseitigkeit 50, 62f., 142, 187, 194, 198, 256, 259, 265, 273
Einsicht 51, 224, 262
Einstellung 150, 208
– bewußte 109
– empirische 126, 144
– geistige 259
– introspektive 70
– neue 259
– passive 47
– persönliche 277
– psychische 64, 257
– subjektive 209
Eismännchen 220
Ekstase 98, 124
Elementargedanken 13, 114
Elfen, Elfin 98, 100, 104, 182, 225
Elgonyi 51f., 90, 194
Eltern 91, 131f., 135, 138, 303
– göttliche 117, 246, 303
– -Imago 132ff., 137, 233
– und theistische Vorstellungen 134
– Mythologisierung der 138
Elternkomplex 160
Elternpaar 131, 135f., 159
Elternschaft doppelte 117, 260, 303
Emotion 33, 119, 133, 141, 160, 162, 208, 275
– Quelle der Bewußtwerdung 162
Emotionalität 149, 273
Empfindung 11f., 292f.
– religiöse 81
– unbewußte 13f., 19, 291
Empfindungsvermögen 292
Empirie 10, 73, 116, 141, 144f., 189
Empirismus 7, 77, 144
Empusa 149
Enantiodromie 61, 111, 214, 227, 311
Energetismus 49
Energie 19, 22, 28f., 42, 67, 71, 75, 105, 134, 160, 167, 222, 232, 253, 256, 263, 266, 268, 294, 298f.
– psychische 54
– -verlust 21
Engel 239
– guter 113
– des Lichts 235
– -sturz 213
Engraphie 23
Entelechie 189f., 295
– Handlungs- 23
Entgötterung 139
Enthexung 95
Entmythologisierung 170
Entropie 27
Entscheidung 20, 249, 259
Entwicklung 188, 193
– geistige 62, 171, 248
– innere 252
– psychologische 120, 171, 271
Entwurzelung 187f., 198
Epidemie psychische 182
Epilepsie 146
Epona 246
épouse céleste 302

Erde (Archetypus) 148
– und Himmel 173
Erdgöttin 172
Erdmagnetismus und Mortalität 286
Erdmutter 171
Ereignisse, Zusammentreffen von 279
Erfahrbare, das 129
Erfahrung 9ff., 20f., 23, 34, 46, 73, 114, 255, 258
– bewußte 166
– böse 267
– individuelle 80, 150
– konkrete 202
– mystische 117
– und Philosophie 9
– praktische 270
– primitive 209
– psychiatrische 21
– psychologische 234, 305
– religiöse 169
– seelische 172, 202
– unmittelbare 71, 110
Erfahrungswissenschaft 9, 81
Erinnerung 292, 294, 311
Erinnerungstäuschung 264
Erkennen, Erkenntnis 16, 18f., 25, 46, 60, 62, 76, 128f., 166, 182, 195, 205, 216, 219, 222, 255
– -akt 113
– bewußte 16, 259
– -drang 173
– -kritik 17, 252, 302
– -objekt 16
– -psychologische 176, 185
– -struktur 145
– transzendentes Subjekt der 196
– -theorie 16, 18f., 298
– «unterscheidendes» 149
– visionäre 185
– Wirkungslosigkeit der 113
Erlebnis 84, 111, 134, 191, 205
Erleuchter 193
Erlkönigstochter 97
Erlösung, Erlöser 108, 170, 192, 194, 215, 245
Erlösungssehnsucht 148
Eros 64, 153f., 155, 157, 161ff.
– infantiler 260
– und Macht 154
Eroten 201
Erscheinung natürliche 206
– seelische 211, 213, 299
Erscheinungswelt 70f., 73
Erziehung 116, 199, 266
Erzmännchen 220f.
Es 299
ESP-Phänomene 281ff.
Ethik 50, 113
Ethnologie 46, 176, 306
Eva 99
Evangelistenattribute 310
Existenz seelische 130
Existenzialismus 133
Extraversion 235

Fabelwesen 166
facultas praeformandi 147
Faktor, factor 95f., 100
– geistiger 64
– psychischer 60, 63f., 130, 283
– regulierender 268
– unbewußter 73
Familie 157, 189
Farbensymbolik 53f., 297
Faszination 98, 111, 140, 157, 160, 192
Faust 54, 101, 183, 201, 231, 276, 307
Fee 117, 167, 242
Fels (Archetyp) 148
Feuer (Element) 89f., 99, 105, 162, 181, 193, 222, 298, 307
Feuergott 123
Figur symbolische 78
filius regius 214
– sapientiae 171, 183, 195
Finsternis 149
Firmament 37, 39
Fisch, Fischauge 40, 91, 97, 149, 279f.
– als Symbol des Heilbringers 91
Fischer 97
Fliegen 187

Flöte (Märchen) 309
Fo 183
Folklore 69, 151, 182, 216, 252 , 311
fonction, partie supérieure et partie
inférieure 26 ff.
Form 129, 148, 167, 272
– geistige 28
– psychische 69
– transzendente 105
Fortschritt 168, 187, 199
Frau 148, 152, 154, 162, 164 ff., 171, 174, 213 f., 242 f.
– destruktive 162
– Weiße 148
– wirkliche 241
Freiheit 44, 92, 187, 277
– schöpferische 145
Freud Sigmund 22, 25 f., 31 f., 43, 77, 102, 115 f., 118, 121, 126 f., 150, 253 f., 257, 273, 275, 297, 299, 304
Freundschaft 153
Frieden 95
fringe of consciousness 43
Fruchtbarkeitszauber 201
Fühlen 31 f., 147
Funken (Lichtfunken; siehe auch: scintillae) 35 ff., 67, 295
Funkensymbolik 40
Funktion 27 ff., 42, 44, 227, 238, 293
– autonome 196 f.
– Auxiliär- 235
– bewußte 265
– differenzierte 235, 237
– geistige 216
– Haupt- 235, 238
– inferiore 237 f., 241 f.
– körperliche 23
– -lehre 240
– mathematische 254
– primitive 43
– psychische 10, 24, 52, 59, 210
– psychoide 31
– psychologische 240, 254
– subkortikale 23
– superiore 235
– transzendente 251 ff., 277
– unbewußte 53, 239
– Veränderungen der 29
– und Wille 29
– zentralnervöse 23

Ganzheit 15, 22, 33, 35, 43, 62, 67, 188 f., 190, 192, 194, 198, 234 f., 238, 266, 275, 277, 289, 299
– bewußte 298
– menschliche 199, 202
– seelische 202
– Symbole der 188 f., 231 f.
– unbewußte 199
Ganzheitspotentialität 189
Ganzheitswerdung 66, 248
Garten (Archetypus) 148
Gebärmutter (Archetypus) 149, 157
Gebet 94
Geburt doppelte 139, 303
– jungfräuliche 81, 85, 190
– wunderbare 190, 191
Gedächtnis 19, 23, 207, 270
Gedanke 106, 292
– personifizierter 216
– unbewußter 19
Gefährdung 190, 191, 194
Gefäß (Archetypus) 148, 184
Gefühl 19, 51, 153, 165, 168, 276, 292 f.
Gefühlsentwicklung 168
Gefühlsfunktion 75
Gegengeschlecht 100
Gegensatz (-paar) 49 f., 54 f., 61 f., 104, 108 f., 140, 160, 162, 167, 172, 174 f., 188, 192, 195 ff., 227 f., 232 f., 236, 245, 276 f.
– Vereinigung der 175, 188, 198, 200
Gegenwart 182, 186, 196, 209
– bewußte 188, 198
Geheime, das 149
Geheimlehre 78 ff.
Geheimnis 108, 171
Geiersymbol 118, 121
Geist 8, 48, 53, 58, 88 ff., 117 f., 124, 207 ff., 231, 241, 248
– «angeborener» 38

Geist, Forts.
- Archetypus des 108, 214, 223, 228, 236, 238, 248 f.
- Askese des 166
- Begriff des 212
- böser 208, 212, 225 f., 234, 236 ff., 239, 244 ff., 312
- chaotischer 83
- Dämonisierung des 248 f.
- dunkler 248
- dynamischer 209
- Entthronung des 173
- als Feuer 222
- und Gehirn 210
- und Gott 207, 210, 212
- Immaterialität des 174
- männlicher 166
- im Märchen 206, 216 ff., 227 ff., 208 ff.
- und Materie 173 ff., 207, 211
- menschlicher 16 f., 33, 46, 131, 248, 254, 295
- -motiv 216
- und Natur 207, 209
- Natur des 248
- von oben 89, 96
- objektiver 208, 210
- paradoxer 64
- Personifikation des 208
- primitiver 100, 178 f., 185, 197
- und Seele 207, 209 f.
- Selbstoffenbarung des 308
- und Stoff 207, 209 f.
- subjektiver 210
- Substantialität des 211
- Symbol des 214
- im Traum 213 ff.
- und Trieb 29, 49 f.
- unbewußter 232
- Ursprung des 212
- und Verstand 48
- und Wille 29
- zwiespältiger 64

Geister 98
Geisterbannung 95
Geisteskrankheit 112, 122, 270
Gekreuzigten, Identifikation mit dem 267
Gemeinschaft 63, 157
Gemüt 48, 81, 207, 268, 292
genius 75
Geomantisches Experiment 286
Geschlecht 243 f.
Geschlechter, Freundschaft zwischen 153
Geschlechtsgegensatz 140, 152
Gesellschaft (Sozietät) 51, 64, 101, 109, 157, 161
Gesellschaftsordnung 160
Gesetz 104, 187
Gesetzlose, der 187
Gesetzmäßigkeit 8, 206
Gespenst 150, 208
Gestaltung 270 ff.
Gestaltwandel 182 f.
Gewissen moralisches 98
Gift 225
Glauben 64, 81, 144, 207, 289
Gleichgewicht 63 f., 83, 92, 160, 212
- psychisches 202
- Störung des 83

Gleichnis 181
Gleichung persönliche 59, 145
Gleichzeitigkeit – siehe Synchronizität
Gnom (siehe auch Zwerg) 214
Gnosis, Gnostizismus 85, 91, 99, 117, 131, 135, 140, 198, 200 f., 252, 295
godfather und godmother 117, 139, 159
Gold, Goldkugel 40, 42, 184, 223, 297
Goldenes Zeitalter 52, 249
Gott 52, 79, 81 f., 99, 108, 123 f., 133, 136, 191, 195, 207, 210, 212, 216, 241, 292, 295 f., 299
- Anschauung Gottes 99
- Gottesauge 40
- bacchantischer 17
- Bild Gottes 37, 244
- Gottesbraut 244
- christlicher 84, 245
- als complexio oppositorum 49
- Gottesdefinition 17
- Gottesehe 200
- Gotteserfahrung 84
- Gotteserlebnis 83, 136, 312

Gott, Forts.
– Gedanken Gottes 211
– Gegenspieler Gottes 173
– Geist Gottes 17, 36
– guter 18, 168
– heidnischer 243
– höchster 118
– jahwistischer 84
– jüdischer 168
– Gotteskindschaft 135
– liebender 84
– als Mann und Frau 83
– -mensch 239
– Gottesmutter 148, 172 f.
– nächtlicher 90
– Gottesreich 148
– Gottessohn 108, 173
– sterbender und auferstehender 172
– ist tot 169
– Thron Gottes 124, 136
– Gottesverehrung 52
– -vertrauen 88
– Gottesvorstellung 135
– Willen Gottes 62
– Wort Gottes 39
– Wunderwerk Gottes 38
Götter 22, 86 f., 95 f., 100, 123, 154, 156, 183, 197, 227, 246
– Gestaltwandel der 182 f.
– -legenden 168
– Leugnung der 169
– -paar 131, 135, 138 f., 159
– Paradoxie der 168
Gottheit 36, 81, 84 f., 91, 124, 169, 210, 223, 231
– Erfahrung der 81 f., 124
Götti und Gotte 117, 139
Göttin 103, 148, 167
Grab 149
Graeen 149
Gral (-schloß) 97, 91
Greis (siehe auch Weiser) und Knabe 214
Gretchen (in «Faust») 140
Griechenland 101, 117, 123, 176, 195
Größenwahn 139, 202
Großmutter 148, 167, 304
Großvater 167, 214
gui 131, 211
Guna 149, 305
guru 214, 309
Gute, das 149
Gute, das und das Böse 62, 93 f., 100, 108, 163, 169, 174, 214 f., 225, 227 f., 232, 248 f.
Gute, das und das Schöne 101, 301

Halbgott (-göttlichkeit) 190, 244, 246
Halluzination 270, 308
Handeln, Handlung 12, 23, 52, 120, 147, 203, 208, 217, 264 f., 292
Hans dummer 221
Hans kluger 292
Harmonie prästabilierte 76, 290
Hase 149
Hauchkörper 38
Haushalt seelischer 185
Heiland 67, 108, 133
Heilbringer 91, 182, 188, 195, 198, 225
Heiliger 84
Heiliger Geist 38 ff., 124, 135, 307
Heilkraft 106
Heilmittel 117
Heiltrank 219
Heilung 48, 257
Heilversprechen 193
Heinzelmännchen 214, 221
Hekate 166
Held (Heros) 55, 79, 191, 216, 219 f., 224 ff., 236 ff., 242 ff.
– Gemahlin des 241
Heldenkind 190 f., 195, 234
Heldenmythos 54, 196, 204, 303 f.
Helena 101, 103
Heliosapotheose 112
hell – dunkel 45, 111, 232
Hellsehen 73, 281, 284
Hera 40, 117
Herakles 117, 191, 195, 311
Hermaphroditus 139, 150, 182, 197 ff., 203 303 f.
– göttlicher 138

Hermas 110, 301
Hermes 110, 201, 224, 299
– ityphallischer 171
Hermetische Philosophie (Corpus Hermeticum) 123, 143, 199 f.
Herz 92, 96
Hexagramm 285
Hexe 98, 103, 149 f., 151, 167, 219, 226, 230 ff., 239, 246 f.
Hexenkind 184
Hieroglyphica 118
Hierophant 308
Hieros gamos 174, 200 f., 227
Hilflosigkeit 156
Himmel 143, 148, 173 f.
Himmelreich 107, 219, 309
Himmelskönigin 102, 136, 169
Hirte 246
Hochzeit Chymische 247
Höhle Platons 148, 298
Hohlform (Archetyp) 149
Hölle 99, 168
Homoousie 81
Homosexualität 142, 152 f.
Homunculus 183, 189, 221
Horoskop 80, 287 ff., 313
horror vacui 192, 232
Hosea 200
Huldinnen 97 f.
Hund 20, 225, 292, 309
Hylozoismus 207, 210
Hypnerotomachia 101
Hypnose 74, 217 f.

Ich 12 f., 21 f., 24, 31, 33 ff., 61, 67 f., 94, 167, 228, 235, 274, 276
– Assimilation des – durch das Unbewußte 67
– aufgeblasenes 67
– Auflösung des 66
– -bestimmtheit 92
– bewußtes 34
– -bewußtsein 21 f., 25, 33 ff., 53, 60, 66 f., 106, 167, 224, 228
– Bewußtwerdung des 68
– -bezogenheit 137
– Einstellung des 63
– -fragmente 35
– Ganzheit des 189
– individuelles 274
– Inflation des 64, 272
– -komplex 34 f., 66
– männliches 100
– -persönlichkeit 66
– und Selbst 67 f., 203, 298
– Struktur des 66
– und Subjekt 12
– Überwältigung des 67
– unbewußtes 34
– -veränderung 66
– zweites 32, 34
Ideal 187, 198
Idee 105 f., 172
– abgeleitete 144
– allgemeine 60
– archetypische 198
– Besessenheit durch die 133
– christliche 81
– ewige 105
– mythologische 177
– neue 273
– als nomina 144
– Platonische 36, 143, 147
– politische 88
– religiöse 64, 133 f.
– soziale 88
– Vernünftigkeit der 65
idée-force 212
Identifikation 17
Identität, Auslösung der 204
I Ging 111, 285, 297, 309
Illusion 35, 165
Imagination 131
– aktive 47, 53, 121, 183, 214, 253, 306
– Kategorien der 114
Imago 208
Immaterialität 211
Impotenz 152
Indianer 87
Indien 81, 149, 171, 176, 195, 214

Individualitäten, Verschiedenartigkeit der 9
Individuation 68, 107, 172, 190, 248
Individuationsprozeß 44, 66, 68, 111 ff., 183, 188 f., 196, 204, 227
Individuum 12, 28
– entwicklungsfähiges 65
– Inertie des 187
– Psychologie des 188, 191
– mit vielen Seelen 21
– Sinn des 64
– Unbewußtheit des 272
– Veränderung des 119
– und Wahrheit 62
infans noster 183
Infantilismus 35, 204
Infantilphantasie 259
Inflation 17, 64, 204, 212, 272
Inhalte 12, 120, 151, 187, 192, 215, 227 f., 271
– bewußte 19, 21 f., 25, 29, 33 f., 42, 47, 114, 300, 303
  – Projektion – 132
  – Synthese bewußter und unbewußter Inhalte 53
– bewußtseinsfähige 29, 78, 186
– emotionale 273, 297
– geistige 294, 297
– irrationale 272
– kollektive 60, 78
– numinose 113
– psychische 19 f., 31, 73, 78, 98, 131
– religiöse 134
– subjektive 22
– subliminale 26, 243
– symbolische 22, 192
– symptomatische 22
– unbewußte 12, 31 ff., 35, 42, 66 f., 78 f., 113, 131 f., 135, 180, 188, 255 f., 263 f., 272 ff., 298, 300, 303
  – Integration – in das Bewußtsein 60, 63, 74
  – Umwandlung – in bewußte 25, 66, 73
– verdrängte 61, 77
– vergessene 26, 77
Innen und Außen 94, 166, 305
Instinkt 28 f., 32, 35, 43, 47 f., 53 f., 101, 112, 116, 120, 128, 137, 146, 148, 149, 151, 163, 192, 194, 273, 293, 298, 305
– und Geist 29
– männlicher 153
– menschlicher 13
– -psyche 190, 299
– -schädigung 165
– sexueller 115
– -theorie 116
– -typen 43
– -verlust 266
– weiblicher 152, 154, 157
– und Wille 28 f.
Integration 51, 66, 278
Intellekt 29, 89, 207 ff., 275, 302
– philosophischer 14
– unwissenschaftlicher 179
– wissenschaftlicher 181
Intellektualismus, -isierung 133, 271, 274 f.
Introjektion 98
Introspektion indische 195
Introversion 235, 269
Intrusion 169
Intuition 42, 219, 231
Inzest 155, 245, 305, 312
– heiliger 227
– -phantasie 132, 135, 137
– -theorie 304
Irrationale, das 160, 192, 196, 240, 256, 263, 272, 284
Irrtum 267 f., 271
Isis (-mysterium) 112, 124, 160, 172
-ismen 22, 48, 61, 63 f., 133

Jäger 230 ff., 242 ff.
– -gott 243
Jahwe 84, 168, 213
– und Satan 213
Jenseitshoffnung 187
Jerusalem himmlisches 99, 148
Jesus 298, 300
– -kind 182, 193
Jugendverfolgung 120

Jungfrau 80, 85, 107, 118, 148, 156, 184, 215, 229
- -Mutter 108
Jüngling 184, 214

Kabiren 222, 231
Kaiser 62
Kali 149, 166, 168
Kamutef 241, 312
Kapuzenmännchen 221
Kastrationskomplex 138 f.
Kasuistik 126, 216
Katastrophe 63, 68, 187
Kategorienlehre Kants 144
Katholizismus 85, 198
Kausalbeziehung astrologische 286
Kausalgesetz 282
Kausalismus 290
Kausalität 61, 116, 202, 268, 289, 307
- Relativierung der 61
Kausalzusammenhang 290
Kind 62, 137 f., 167, 176 ff., 260
- als Anfang- und Endwesen 201 ff.
- -Archetypus 176 ff.
- ewiges 203
- Geburt 196
- -Gottheit 176, 182, 188, 190 f.
- göttliches 186, 194, 307, 309
- Hermaphroditismus des 197 ff.
- als Kulturbringer 193
- -motiv 183 f., 185, 186, 188, 189 ff., 307
- und Mutter 151
- Mythologie des 176, 307
- numinoser Charakter des 192
- Objektivierung des 204
- Phänomenologie des 189
- religiöse Deutung des 183
- Symbol des 192
- Unüberwindlichkeit des 194 ff.
- Vernichtung des 154
- als Zukunft 188
Kinderschreck 149
Kindheit 122, 181, 202
- -bild 186
- -schicksale 190
Kirche 63 f., 82, 84 f., 95, 102, 135, 148, 189, 201, 247
- Autorität der 86
Kleine, das unendlich 89, 221 f.
kleiner als klein und größer als groß 195, 221
Kleinheitswahn 139
Klugheit 219, 222, 228
Knabe 183 f., 189, 201, 214, 216 ff., 228 ff., 244 f.
- der «nackende» 309
Knechtsgestalt 195
Koan 168
Kobold 235
Kochtopf (Archetyp) 149
Koinzidenz sinngemäße 280 ff.
Kollektivbewußtsein 299
Kollektiveinstellung 258
Kollektivseele 185, 188
Kollektivwerte 272
Kompensation 18, 67, 187, 216, 259, 272
Komplementarität 73 f., 294, 298 f.
Komplex 11, 20, 25, 53, 117, 126, 164 f., 253, 268, 294
- gefühlsbetonter 32, 78
Komplexität 98
Konfessionen 63, 133
Konflikt 120, 162, 191 ff., 194, 233, 235, 238, 267, 276
- innerer 84
- -lösung 258
- moralischer 102, 161, 193
- -vermeidung 277
König (im Traum, Märchen) 106, 181, 219, 226, 231, 244, 309, 312
- alter 223, 301
- -paar 245
- -sohn 184
- -tochter 220, 229
Königtum 247
Konkretismus metaphysischer 187
Konstitution psychische 120
Kontinuum physikalisches 72
Konzentration 121, 180, 217
Kooperation des Unbewußten 188, 275

Kore 148
Körper 43, 197, 265, 295 f., 308
Korrespondenzlehre 290
Koschtschej Bessmertnoi 239
Kosmos 15 f., 41, 60, 104, 166
Kostbarkeit schwer erreichbare 38, 184, 227
Kraft psychische 53, 217
Kreis 45 f., 188
Kreuz christliches 120, 149
Kreuzigung 233, 243, 245
Krieg 95
Kritik, Kritiker innerer 158, 270
Krokodil 184
Kryptomnesie 116
Kugel 188, 309
Kuh (Archetyp) 149, 222, 224
Kultur 64, 79, 113, 160, 167, 193, 198, 208, 249 f., 261 f.
– -bringer 193
– -entwicklung 199
– -geschichte 176
– Unbehagen in der 140
– Zerstörung der 64
Kundaliniyoga 140
Kunst, Künstler 17, 121, 142, 271, 273
Kybele-Attis 148, 152

Lama 70
Lamien 97
Lämmer (Märchen) 230, 237
Land (Archetyp) 148
lapis philosophorum 130, 195
Leben 120, 154, 188, 258
– Archetypus des 227
– -äußerungen 146
– Baum des 107
– chaotisches 108
– Deutung des 104
– Eigengesetzlichkeit des 27
– Gleichgewicht des 82
– individuelles 185
– kollektives 206
– neues 201, 258
– und Psyche 24
– psychisches 14, 100, 119, 179
– religiöses 185
– Sinn des 165
– sinnloses 101
– immaterielle Substanz des 207
– und Tod 209
– Wesen des 82
Lebenserfahrung 13, 104, 164
Lebenserscheinungen 24, 39 f.
Lebensgeheimnis 166 f.
Lebensgeist 207, 210
Lebensgesetze 104
Lebenshälfte zweite 142, 164
Lebenskraft 181
Lebensmitte 141
Lebensvorgang 58
Leere 164, 269
Lehrer 108 f., 214
Leidenschaften 54, 107, 149, 173
Leonardo da Vinci 116 ff., 121, 304
Libido 29, 75, 269, 271
Licht 38, 71, 101, 191, 195, 233, 237, 295 f., 303
– archetypisches 78, 143
– -vision 136
Liebe 82, 305
Liebespaar 135
Lilith 149
Lingam 171
Logik 145, 294
Logos 162
Loslösung 192, 195
Löwe 181, 219, 229 f., 239, 266
Lumen 37
lumen naturae 39, 295 f.
Luminositas (-ität) 35 ff., 203
Luzifer 89, 110, 228

Macher 95
Macht 154, 158, 305
– -instinkt 67
– -sprache schizophrene 17 f.
Magie 15, 48, 85, 95, 98, 100, 178, 185, 214, 217, 233, 242, 244 ff.
Magier schwarzer und weißer 106 ff., 215
mahatma 309

Malen 44, 269, 273
Mana 52, 75, 87, 106, 299
Mandala 42, 55 f., 70, 82 ff., 107, 148, 184
Manichäismus 168, 295
Mann 102, 213
– alter (siehe auch Weiser) 108, 214 f., 216, 219 f.
– Individualität des 164
– Psychologie des 141
– und Vaterkomplex 213
Mann und Frau (männlich und weiblich) 100, 103, 131, 136, 139 f., 152, 154, 164, 166, 171, 174, 199 f., 232, 241 ff., 303
– coniunctio von 198
Männchen eisernes, graues 221, 223
Mantik 285, 287 ff.
Märchen 78 f., 151, 178, 180, 206 ff., 308 ff.
Mare 241
Maria (Madonna) 116, 118, 124, 149, 168, 172
– Aegyptiaca 169
– Morewna 238 f.
– Prophetissa 240
Marienlegende 101
Maske (siehe auch Persona) 163
Masse, Identität mit der 199
Massenstaat 212
Massenverwüstung seelische 64
mater naturae 159, 231
mater spiritualis 159
materia prima 195
Materialismus 77, 126 f., 129 f., 133, 173 f., 210, 212, 252, 302
Materie 57, 59, 71, 76, 130, 148, 157, 173 ff., 207, 210 f., 249, 251
– Beseeltheit der 174
– und Geist 173 ff.
– Vergötterung der 173
Mathematik 59, 73, 75
Matriarchat 161
Maui 191
Meditation 101, 113, 214, 303
Medizin 117, 119, 249
– primitive 191
Medizinmann 51, 109, 222, 225
Meer 40, 148, 201
Meister 108 f.
Melusine 97
Mensch 36, 146, 212
– antiker 81, 102
– archaischer 277
– Autonomie des 248
– Einheit des 170
– empirischer 65
– Entwicklung des 16, 112, 252
– entwurzelter 175
– erdgeborener 101
– Frage nach dem 202
– Freiheit des 212
– ganzer, Ganzheit des 50, 93, 202
– geistiger 99
– großer 300
– Grundlagen des 199
– «häßlichster» 266
– höherer 266
– Innerstes des 48
– Instinkte, Instinkttypen des 43, 115
– körperlicher 172
– Lebenskraft des 181
– Massen- 51, 61 f.
– mittelalterlicher 17, 62 f., 102
– moderner 62
– mythische Sphäre des 119
– Natur des 55, 94, 250, 292
– primitiver 187, 202, 211
– psychischer 66, 99, 252
– religiöser 50
– Seele des 79
– und Tier 228
– unbewußter 8, 52
– vernünftiger 20
– Wesen des 202, 212
– Wissen des – um sich selbst 94
– zivilisierter 176, 265 f.
Menschenfresserin 150
Menschenpaar 247
Menschheit 16, 65, 95, 117, 173, 186, 255, 261
– bewußtere 52
– Entwicklung der 68

Menschheit, Forts.
– Erfahrungen der 21
– Führer der 250
– -seele 233
– seelischer Gesamtbezirk der 13
– -vernunft 18
Menstruationsbeschwerden 157
Mercurius 40, 182, 214, 308
Merkur 243
Merlin 225, 242
Messerprinz 226
Metall 182, 193, 299
Metallmännchen 182
Metaphysik 62, 100, 129, 131, 140, 144f., 167f., 177, 201, 252, 254
Methode 126, 145
– dialektische 113
– konstruktive 259f.
– mantische 285, 287ff.
Mignon 140
Migrationshypothese 176, 180
Mimir 224
Minderwertigkeitsgefühl 155f., 204, 228, 272
Misogynie 140
Mißbehagen 269
Mithras 123, 134
Mitleid 234, 266
Mittelalter 124, 130, 172, 182f., 198, 200, 247, 249
Monade 41f.
Monas 36f.
Mond 52, 60, 148, 181
Monotheismus 168
Moral 62, 99, 101, 168, 215, 222, 228, 252, 273
Motivation 29, 115f.
Motive 56, 114, 120, 121, 156, 178, 240, 271, 274
– archaische 112
– archetypische 119, 183
– ästhetische 271
– ideale 208
– mythologische 46, 113, 116, 130, 176f.
– mungu 52, 299
Mutter 118, 136f., 140, 150, 158ff., 167ff., 181, 192, 214, 261, 304
– Abwehr gegen die 157f.
– Animafaszination der 142
– -archetypus 143ff., 148ff., 307
– Autorität der 150
– chthonische 171
– dunkle 232f.
– -göttin 143, 214, 308
– göttliche 135, 139
– Große 143, 167, 170f., 235
– Idealisierung der 171
– Identität mit der 155f., 163
– -Imago 159, 170ff.
– -instinkt 154f., 158
– und Kind 151
– -komplex 118, 138, 140, 151ff., 158ff., 166, 305
  – negativer 157, 164ff.
  – weiblicher 161
– königliche 135
– -liebe 158
– Macht der 158
– Numinosität der 150
– persönliche 150, 167
– -pflichten 157
– schreckliche 149
– und Sohn 102, 108, 152f., 171
– -symbol 118
– und Tochter 154ff., 305
– traumatische Wirkungen der 150
– überbesorgte 151
– Übermacht der 157
– Urbild der 143
Mütterliche, das 143, 149, 154
Mütterlich-Weibliche, das 165
Mutterschaft doppelte (Zweimüttermotiv) 119
Mutterschaft mythische 118
Mysterien 85
Mysterium 201, 304
Mysterium iniquitatis 168, 200
Mystik 48, 53, 68, 82, 117, 123, 135, 198, 252
– christliche 228
– katholische 198, 200

Mystizismus 12, 116
Mythensymbolismus 13
Mythologem 39, 56, 70, 153, 177, 204, 247, 278, 296
Mythologie 32, 46, 48, 69, 77, 114, 116f., 123, 128f., 138ff., 150, 166ff., 176ff., 193f., 201, 204, 252, 278, 306f., 312
– primitive 131
Mythos 14, 78ff., 117ff., 122, 138, 176ff., 184, 186, 188, 194, 203f., 211, 216, 239f., 252, 311
– als psychische Manifestation 79

Nacht 95, 191
Nachtmahr 149
Narrheit 104
Nation 189
Nationalsozialismus 247f.
Natur 17, 154, 162, 195, 207, 209, 212, 248f., 297
– entseelte 175
– -erkenntnis 15
– -gesetz 27
– -mächte 182
– -ordnung 64
– -philosophie 9, 117, 129, 144, 171, 198, 201
– psychische 174
– -wissenschaft 9, 16, 30, 49, 58, 65, 74, 126f., 129, 173f., 177, 206
Nebukadnezar 267
Neger 87
Neophobie 187
Nervengeist 207
Nervensystem 92, 111
Neugeborenes, vorbewußte Psyche des 145
Neurose 51, 66, 102, 112, 118ff., 126f., 138ff., 170, 177, 182, 254, 261
– Ätiologie der 150, 181
– Behandlung der 275
– Heilung der 113
– infantile 150, 151
– Kierkegaardsche 81
– -psychologie 31
– Psychopathologie der 177
– als soziale Erscheinung 119
– -symptomatologie 25
– -theorie 139
– -therapie 183, 202
– Ursache der 118
Nicht-Ich 100
Nichts 88, 145
nigredo 247
Nirdvandva 108
Nixe 97f., 220, 300
Nominalismus 144
Normale, der 138, 163, 189, 254, 270
Nornen 149
nous 171, 211
Numen 75, 90, 220, 223, 226, 242
Numinositas (-ität) 32, 36, 39, 48, 51, 54, 100, 111, 113, 150, 182

oben und unten 45, 89, 94, 195, 232, 296
Oberbewußtsein 12
Oberwelt 233, 237
Objekt 7, 15f., 94, 106, 131, 140, 166, 195f., 298
– äußeres 63, 79, 212
– Bannung des 17
– empirisches 290
– Erfassung des 166
– Erkenntnis des 129
– inneres 212
Objektivität 62, 76, 94, 276, 298
Ödipussage 306
Offenbarung 80f., 106, 110, 124, 153
Offenbarungsgott 171
Omen böses 95
Optimismus 194, 257
Orakelmethode 285
Ordnung 45, 104
Osiris 224, 312

Paar, göttliches und königliches 246f.
Paarungsmotiv 128
Padma 149
Pan 90
Panazee 195
Paradies 100, 107f., 134, 148, 215, 234, 237

Paradoxie göttliche 168f.
Parapsychologie 76, 297
«participation mystique» 92
Partizipation 167
Parzen 149
Pathologische, das 66ff., 102, 112, 120, 128, 133, 161, 164, 200
Patient 44f., 59, 112f., 115, 118f., 122, 132f., 151, 170, 213, 253, 256, 258ff., 273, 275ff.
– Einfälle des 261f.
– Widerstand des 260f.
pattern of behaviour 13, 34, 42ff. 300
Paulus 266f.
peccatum originale 62
pèlerinage de l'âme 136
Pentaden 297
«perils of the soul» 95, 181
Persephone 156
Person
– Einheit der 181
– Psychologie der 115
Persona 93, 186
Persönliche, das 128
Persönlichkeit 21, 66, 146
– und Archetypus 110
– autonome 212
– Besessenheit der 188
– Betonung der 155
– bewußte 161, 188
– Dissoziation (Spaltung) der 20, 34, 42
– dunkle 242
– individuelle Eigenart der 271
– eigene 152, 154, 161, 163
– Einheit der 170, 199, 218
– -elemente, Synthese bewußter und unbewußter 188, 199
– empirische 34
– Erneuerung der 275
– erwachsene 218
– Fragmentierung der 189
– ganze, als Ganzes 20, 217, 258, 275
– Gesamt- 253, 273
– höhere 214, 227
– inferiorer Teil der 50, 241
– Integration der 51
– männliche 161
– Projektion der 155
– psychische Funktionen der 145
– Psychologie der 127
– Reifung der 183
– Schatten der 93
– Identifikation der – mit dem «slogan» 199
– Synthese der 189
– Überwältigung der 253
– unbewußte 66, 152, 154, 161, 188
– Assimilation der unbewußten Teile an die 66
– Veränderung der 66, 139, 188
– Wert der 203
– Zentrum 205
Perversion 142
Pferd (Traum, Märchen) 107f., 215, 223, 229ff., 239ff.
Pfingstwunder 118, 222
Phallus 201f., 312
Phänomen
– archetypisches 57
– geistiges 211
– psychisches 60, 67, 76, 211
Phänomenologie 126ff., 131, 141
– archetypische 185, 304
– religiöse 54
Phantasie 19, 25, 42, 44, 55, 70, 97, 110, 112, 116ff., 121f., 123, 134, 138, 140f., 166, 179, 196f., 198, 207, 253, 254, 259f., 268f.
– abnorme 150
– -bild 137, 180, 270
– erotische 98, 261
– freie 45, 268
– gestaltende 46, 48, 183, 200, 204
– infantile 117, 150, 260
– Kategorien der 147
– libidobesetzte 264
– mythologische 150f.
– persönliche 179f.
– phallische 262
– philosophische 81
– psychotische 178
– schöpferische 47, 147

Phantasie, Forts.
– sexuelle 133, 260, 262
– spontane 264
– unbewußte 121, 179
– unpersönliche 179 f.
– visuelle 35
Phantasma 196, 198
Phantasmagorie 19, 253
Phantastische, das 135
Pharao 117, 241
Philosophie 8 f., 16, 25, 30, 36, 48, 59, 70, 77, 99, 105, 126, 144 f., 149, 168, 175, 177, 196, 251 f. 277, 294
– alchemistische 140, 231, 303
– antike 143
– chinesische 70, 131, 174
– deutsche 17 f.
– gnostische 198
– hinduistische 108
– indische 228, 251, 293
– östliche 70
– platonische 39
– und Psychologie 18
– taoistische 81, 109
Phlogiston 105
Phobien infantile 150
Physik 14, 27, 30, 56 ff., 59 ff., 70, 72 ff., 89, 105, 129, 173, 221 f., 249, 252, 287, 294, 298
Physiologie 11, 18, 22, 27, 58, 75 f., 103, 126, 185, 201, 210
Physis 200 f.
Physis und Psyche 211 ff.
Pleroma 95
Pluto 156
Pneuma 90, 118, 124, 174, 208
po 131
Poimandres 110
Politik 61
Potenz prospektive 23
Präformation 137
Präkognition 281
Prakrti 149
Prämisse persönliche und psychologische 145
Präsenz 209
Priester 214
Primitiver 15, 21 f., 35, 62, 79 f., 94 f., 98 ff., 109, 166, 178 ff., 187, 191 ff., 202, 209, 228, 254, 265
– Bewußtsein des 196
Psychologie des 114, 128, 181
– Seelenleben des 193
– Weltanschauung des 78
Primitivität 199
princeps huius mundi 62
Prinz (Märchen usw.) 219, 231, 243 ff.
Prinzessin (Märchen usw.) 220, 223, 228, 230 ff., 241 ff., 311
Projektion 49, 79, 93, 97 f., 102, 131 ff., 151, 152, 155 f., 165, 166, 191, 196, 199 ff., 303, 305
– männliche 156
– mythologische 193
– phantastische 150
– religiöse 193
Prometheus, prometheisch 187, 233
Prophetie 17, 39, 89, 108, 133
Proserpina 172
Protestantismus 84, 86, 88 ff., 102, 109, 169
Psyche (siehe auch Seele) 19, 23 f., 27 ff., 40, 43 f., 49, 59 f., 63 f., 70, 73 ff., 92, 114 ff., 147, 151, 166 ff., 173, 176, 196, 199, 206, 211, 278, 282, 289 f.
– Anlage der 213
– apperzepierende 71
– Begriff der 14 f.
– rückständige Beschaffenheit der 63
– bewußte 236
– und Bewußtsein 30, 33, 42
– Dissoziabilität der 20 ff., 266
– Dissoziation der 20 f., 28
– dunkle 39, 90, 101, 177, 185, 243
– keine Einheit 169
– Einzigartigkeit der 197
– empirische 75
– Entwicklung der 43, 65 f.
– kein Epiphänomen 129
– Erklärung der 72
– Fehlentwicklung der 64

Psyche, Forts.
– Ganzheit der 22, 299
– eine bewußt-unbewußte Ganzheit 43
– Gleichgewicht der 63 f.
– Inhalte der 58
– kindliche 150
– kollektive 190
– Komplexität der 98
– Körper- 23
– latente 76
– Lebensprozeß der 65
– als bewegte Masse 76
– Massen- 63 f.
– und Materie 57 f., 76, 251
– und Mythen 80
– persönliche 77, 115 f.
– Phylo- 23 f.
– und Physis 211 ff.
– präformierte 146 f.
– tiefe Schichten der 197
– selbstregulierte 265
– Struktur der 145, 177, 185, 236, 246, 311
– organisches Substrat der 26 f.
– unbewußte 26, 79 f., 177, 179, 192, 196, 236, 246, 292
– Veränderung durch die 74 f.
– Verhalten der 206
– Verlust der 179
– weibliche 200
– Welt, Angelpunkt der 60
– zielgerichtete 255
– Wesen der 76, 79, 206
Psychiatrie 10
Psychische, das 26 ff., 59, 166, 202, 209, 293
– bewußte 33, 115
– und das Bewußtsein 11
– Definition des 27, 43
– Erklärung des 65
– Grenzen des 29
– Nicht- 71
– Objektiv- 130
– und das Physikalische 72, 74
– und das Physiologische 27 f.
– und des Physische 59, 129
– Subjektiv- 130
– synthetische Auffassung des 251
– Theorie des 126
– unbekannte 31
– unbewußte 24, 33, 120
– undifferenzierte 293
– Vorstellung des 72
Psychoanalyse 138, 150
Psychoid, das Psychoide 23 f., 30 f., 55 ff., 293
Psychokinetisches Experiment 282 f.
Psychologie 7 ff., 81, 96, 103, 114 f., 126 f., 133, 140, 143, 173, 176 f., 180 f., 184 ff., 203 f., 206 ff., 222, 227 f., 235, 243, 249, 252, 277, 291 f., 298, 303
– akademische 13, 20
– alte 14, 291
– amerikanische 305
– analytische 254, 294
– beschreibende 126 f.
– Bewußtsein, Wissenschaft vom 13
– empirische 7 ff., 126, 145
– Energiebegriff der 75
– Entwicklung der 15 f.
– erfahrbare, Erfahrungs- 11, 14, 115, 126
– experimentelle 9 f., 127
– Familien- 133
– Geist der 68
– Grundlagen der 9
– infantile 306
– komplexe 59 f., 68, 112
– männliche 149, 153
– und Medizin 9
– medizinische 9 f., 75, 77, 104, 115, 127, 177, 196,
– moderne 52, 70, 102, 145, 179, 200, 206, 299
– als Naturwissenschaft 9, 15 f., 81
– Neurosen- 127 f.
– pathologische 177
– personale 119
– personalistische 150, 170
– Phänomenologie der 7, 126
– und Philosophie 8 f., 11, 16, 18, 126
– philosophische 8, 10
– und Physik 72, 74 ff.
– und Physiologie 74 f.

Psychologie, Forts.
– rationale 9
– Selbstbeschränkung der 206
– und Theologie 8
– Theorie der 126
– und das Unbewußte 14 ff.
– wissenschaftliche 131
Psychologismus 145
Psychopathologie 10, 20 f., 34, 66, 68, 153, 169, 177, 183, 196, 303
Psychophysik 126, 289, 291 f.
Psychopompos 101, 109
Psychose 111 f., 127, 140, 171, 177, 181, 253, 254, 267
Psychosomatik 74
Psychotechnik 126
Psychotherapeut 32, 35, 130, 136, 138, 196, 218
Psychotherapie 45 f., 112, 115, 204, 253, 258, 263
– analytische 256 f., 264
– Methoden der 258
puer aeternus 171, 183
Purusa, Purusha 41 f., 149

Quadrat (und Dreieck) 232
Qualität und Quantität 56, 74 ff.
Quaternität 45, 184, 188, 231, 310
Quecksilber 295
Quelle (Archetyp) 148, 219
Quest 222, 227
Quincunx 296
Quintessenz 295

Rabe (Märchen) 229 f., 233 ff., 243, 311
«Radiant Boy» 183
Radioaktivität 14
Radsymbolik 83
rajas 149
Rationale, das 160
Rationalismus 134, 173, 249, 284
Raum 76, 92
– Euklidischer 73
– relativer 299
– versuch 282
Raum und Zeit 70, 202, 221, 282, 289
– Kontinuum 71 ff.
– Relativität von 282 ff., 290
Reaktion
– ganzheitliche 276
– psychische 96
Rebis 198
rechts und links 45
Reduktion 119, 249, 260, 263 f.
Reflex 23 f.
Regina coeli 172
Regulierung 47, 265 ff., 272, 275
Reich geistiges 239
Reiz 19, 294
– subliminaler 19
Religion 48, 62 ff., 80, 95, 105, 117, 124, 140, 151, 179, 185, 194, 208, 210 ff., 251, 304
– archaische 119
– christliche (siehe auch Christentum) 169
– Urform der 185
Religionsgeschichte 100, 133, 143, 176
Religionspsychologie 48
Religionsstifter 133
Religionswissenschaft 59, 114, 128
«représentations collectives» 78, 95, 113, 114, 117, 120, 133 f.
Riese (Märchen) 221, 307
rishi 309
Ritual 85, 186, 193
Ritus 95, 200
– rites d'entrée et de sortie 178, 188
Runde, das 188
Rune 261

Sagen 193
saiwalô 308
Sâmkhya-Philosophie 149
sapientia (siehe auch: Weisheit) 117
Sarkophag (Archetyp) 149, 215
Satan (siehe auch Teufel) 213
sattvam 149
Schatten 50, 63, 93 ff., 102, 110, 113, 168, 241 f., 298
– infantiler 214

Schatz verborgener 38
Scheu weise 64
Schicksal 104, 111, 157
Schicksalsgöttin 149
Schizophrenie 32, 66, 122, 138, 189, 253, 274, 294
Schlaf 263
Schlange 41, 55, 100, 108, 122, 149, 184, 190, 194, 307
Schmetterling (als Seele) 99
Schöne, das 101, 300
Schöpfer 90, 225
Schreiben automatisches 270
Schuld 187, 215
Schwangerschaft, Abscheu vor 157
Schwein (Märchen) 224, 229
Schweinehirt (Märchen) 245, 247
Schwester 219, 226, 242 f., 245, 312
Schwelle 22 f., 254
Schwiegermutter (Archetyp) 148, 305
scintillae (siehe auch Funken) 35 ff., 40 f., 67, 295 f.
– als Archetypen 36
Seegötter 201
Seele 15 f., 27, 36, 81 ff., 98, 101 ff., 127 ff., 137, 179, 203, 207 ff., 216, 237, 308
– Begriff der 15, 130
– christlicher Begriff der 130
– bewußte 26
– und Bewußtsein 18 f.
– dunkle 16, 18, 177
– eigene 184
– Erfassung der 15
– Erforschung der 7, 60
– als Ganzes 127
– Geheimnis der 80
– geistige 29
– germanische 243
– unsichtbares Geschehen der 80
– Grundlagen der 204
– Hymnus der 91
– Spaltung der kindlichen – 151
– kollektive 180 f.
– und Körper 308
– kostbare 233
– materialistisches Präjudiz hinsichtlich der 130
– menschliche 107, 151, 180, 248
– dunkle Nacht der 68
– nichtbewußte 177
– Prinzessin – 236
– Schädigung der 212
– schlechte 99
– Spannung der 89
– Struktur der 167, 180
– unbekannte 14
– unbewußte 16, 79, 100
– unsterbliche 98
– Vermassung der 64
– und Welt 128
– Wesen der 79
– Wirklichkeit der 179
– Wirksamkeit der 75
Seelenatome 129
Seelenbräutigam 227
Seelenjäger 234
Seelenleben 98, 193
Seelensubstanz 52
Seelenteil abgespaltener 188
Seelische, das 130, 211
Seher 105
Sein 174, 228
– geistiges 97
– inneres und äußeres 207
– transzendentales 211
Selbst 42, 67 f., 94, 188, 189, 195 f., 199, 205, 214, 227, 298, 309
– empirisches 294
– Entstehung des 190
– funktioneller Sinn des 67
– kosmische Bedeutung des 195
– Symbol des 37, 42, 113, 196 f., 204
– Synthese des 188
– Verwirklichung des 67
Selbstanalyse 267
Selbständigkeit 192
Selbstaufopferung 154
Selbstbehauptung 115
Selbstbeobachtung 267
Selbstbeschädigung 265

Selbstbesinnung 218
Selbsteigenheit 190
Selbsterfüllung 190
Selbsterkenntnis 63, 249, 252, 257, 309
Selbstgeschaffene, der 255
Selbstkastration 112, 152, 308
Selbstkritik 267
Selbstregulierung 265
Selbstschau 185
Selbsttäuschung 10, 15, 98
Selbstüberhebung 212, 228
Selbstvertrauen 278
Selbstverwirklichung 192, 195, 199
Selbstwerdung 68, 107, 172
Semele 172
sensus naturae 39
sentiment du déjà-vu 281
Serubbabel 40
Seth 224
Sexualisierung 153
Sexualität 102, 157, 181
Siegfried 191
Sinn 104 f., 110
Sinne 302
Sinnerfüllung 48
Sinneserfahrung 79
Sinnesfunktionen 22, 177
Sinnesreize 137
Sinneswahrnehmung 100, 211
Sirenen 97
Skarabäus (Traum) 284
Skepsis entwertende 272
Sohn 91, 102, 104, 108, 225
– Geliebte des 171
– Mutterkomplex des 152 f.
– Verlorene 245
sol 37
Sonne 9, 36 f., 40, 42, 51 f., 79, 95, 123 f., 181, 222, 233, 295, 297
Sonnenapotheose 124
Sonnengott 123 f.
Sonnenpenis 123
Sonnensöhne 112
Sophia 117, 135, 148, 171
Sozietät 258, 273
Speichel 52
Spiegel 93
Spinnrocken (Märchen) 222 f.
sponsus und sponsa 246
Spontaneität 100, 235
Sprache 52, 116, 147, 177, 181, 228, 303
– archaische 204
– Hegelsche 17 f.
– poetische 50
Sprachgeschichte 100
Spuk 48, 183, 208 f.
Staat 51
– Totalität des 248
Staatsphilosophie 17
Stadt (Archetyp) 148
Stamm 189
Stammeslehre 78, 80, 178
Statistik 71, 286 f.
Steingeburt 182
Stiefmutter (Archetyp) 148, 304
Stieftochter (Märchen) 222
Stimme «andere» 270, 275
Stoff(lichkeit) 207, 209 ff.
Störung 119, 235
– affektive 268 f.
– psychische 127
– sexuelle 102
– Ursachen der 150, 151
Struktur archetypische 180, 240
Subjekt 7, 12, 16, 20, 24 f., 32, 48, 61, 66, 231, 263, 272, 303
– beobachtendes 72
– entscheidendes 21
– erlebendes 19
– Gleichartigkeit der 8
– handelndes 77
– und Objekt 7, 16, 65, 94, 106, 131, 166, 195 f., 298
– subliminales 21 f.
– unbewußtes 12, 73, 80
– urteilsfähiges 42
– wählendes 29
Subjektivität 7, 72 f., 80, 93, 298
Substanz Eine 207, 210
– geistige 213

– psychische 206 f.
subtle body 211
Suggestion 63, 182, 260, 262, 303
Suggestionstherapie 262
Sukkuben 96, 98
Sündenfall 228
Swastika 120
Symbol 22, 37, 42, 63, 79, 81 ff., 91, 95, 106 f., 110 f., 118, 125, 154, 170 ff., 192 f., 196 f., 202, 204, 214, 232, 271, 300, 307
– anschauliches 55
– archaisches 298
– asiatisches 87
– Auflösung des 240, 261
– christliches 81, 87 f.
– dogmatisches 41, 84
– -forschung 311
– der Ganzheit 189
– -geschichte 141, 232 f.
– historisches 88
– individuelles 122
– irrationales 307
– kollektives 197
– lebendiges 90
– -losigkeit 87
– mythologisches 122
– semiotisches 260
– Sinn des 261
– universales 197
– Verarmung an 87, 96
– (Gegensätze) vereinigendes 188, 192, 198, 297
– vorwärts weisendes 198
Symbolik 68, 88, 96, 101, 124, 240
– alchemistische 113
– theriomorphe 227 ff.
Sympathicus 92, 94
Symptom, Symptoma, Symptosis 59
– -handlung 264
– klinisches 74
– psychogenes 25
Synchronizität 41, 57, 73, 174, 279 ff., 297, 299
Synthese 47, 53, 112 f., 188 f., 190
Syzygie(n) 128, 131, 135 f., 139 f., 172, 302
Tabu 54, 100
Tabula smaragdina 171
Tag- und Nachtansicht 62
tamas 149
Tao 91
Taospueblo 95, 112
Tarot 111
Tatsache 7, 73, 206, 258
– beobachtbare 70
– innere 48
– objektive 74, 297
– psychologische 170
– seelische 11, 63, 68, 71, 79, 102
– unmittelbare 106
Taube 117, 124
Taufe, Täufling 117, 139, 148, 304
Teleologie 185
Telepathie 73, 281, 284 f., 299
Tetrade 240
Teufel 98, 168 f., 173, 208, 212, 223, 225, 227, 229, 231, 233, 235 f., 244 f., 298
Theismus 134
Theologie 8 f., 59, 109, 170
Theosophie 87
Thoth 110
Tier(e) 12 f., 38 f., 44, 62, 93, 115, 149 f., 151, 182, 187, 190, 192, 214, 219, 227, 228, 238, 241 ff., 267, 307
– symbolische 190
Tierisch-Untermenschliche, das 227
Timaios 231, 233, 240
Tochter (Archetyp usw.) 148, 152, 305
– Mutterkomplex der 152, 154 ff.
Tod 105, 149, 152, 202, 209
Todesschlaf 107
Totengeister 208 f.
Totenopfer 167
Tradition 46, 64, 136, 147, 177 f., 180, 187
– christliche 109
Tragik, Mutter aller 101
Trance 73, 122
Traum 25, 35, 47 f., 70, 79, 91 ff., 105 ff., 120 ff., 138, 165, 178 ff., 185, 202, 213 ff., 216, 220, 239 ff., 248, 261 ff., 267, 273, 280 f., 300

Traum, Forts.
– -analyse 121, 263
– -bilder 44, 260, 263
– Bronzeschwert im 261
– -deutung 257, 261 ff.
– Erstlings- 189
– -forschung 240
– Funktionsweise des 44
– «großer» 301
– Inhalt des 261, 273
– Intensität des 45
– kindlicher 138
– von den Magiern 106 f., 215
– moderner 42
– -psychologie 34, 177, 303
– vom dunklen See 90
– Sinn des 47, 263
– vom Skarabäus 284
– von der spanischen Stadt 281
– Sprache des 106
– -symbol 113
– Tag- 180
– Verständnis des 257
– Vorauswissen im 281
– und Wirklichkeit 178
Trauma 119, 150
Triaden 45, 81, 240
Trieb 20, 42 f., 51 ff., 260, 266, 293, 297
– Apokatastasis des 55
– Assimilation des 54
– und Bewußtsein 49
– -dynamik 53
– und Geist 29, 49 f.
– -hemmung 53
– -kräfte 115
– -leben 243
– -natur 173
– -physiologie 127
– psychologischer und physiologischer Aspekt des 26 f.
– -seele 58
– Sinn des 44, 64
– -verkümmerung 266
– -welt 277
– zwangsläufiger 42
Trinität 81 ff., 135, 231, 233, 241
Troll 225
Typen, Typus 44, 140 f., 178, 305
– apriorischer 43
– mythologischer 180
– urtümliche 78
– vorbewußter 52

Überbewußtsein 24, 236, 293
Übergeist 210
Über-Ich 299
Überlegung 19, 216, 219
Übermensch(liche) 17, 67, 169, 227 f., 244, 248
Übernatur (-natürliche) 190, 207, 244
Überpersönlichkeit (-liche) 77, 155
Überschätzung 272
Übersinnliche, das 254
Übertragung 132, 150, 259 f.
Überwelt 234, 247
Überwertung 62
Umgebung, Umwelt 8, 65, 190, 210
Unansehnlichkeit 190 f., 194 f.
Unbehagen 141
Unbewußte, das 7 ff., 16 ff., 20 ff., 25 ff., 30 ff., 35 ff., 43 ff., 63, 65, 81, 92 ff., 121, 130, 136, 139, 156, 159 ff., 166 f., 170 f., 175, 177 ff., 189 ff., 194, 198 ff., 203 ff., 209, 220 f., 228 ff., 241 ff., 248, 251, 254 ff., 292 ff.
– absolute 82
– Antinomie des 228
– Archetypen des 96, 203
– Assimilation des 51
– Assimilation durch das 67
– Ausdehnung des 202
– Bedeutung des 13, 14 ff.
– Begriff des 31, 77, 291
– Bilderwelt des 231
– Deutung des 26
– Einfluß des 267
– Erklärung des 69
– a fringe of consciousness 31
– Funktion des 19
– Gefahren des 95

Unbewußte, Forts.
– Gestalten des 85
– wölfische Gier des 233
– Grundprinzipien des 110
– Herrschaft des 231, 235
– horror vacui des 192, 232
– Hypothese des 14, 17, 19
– Idee des 13, 77
– Inhalte des 25, 31, 60, 66, 78, 193, 219, 253, 269 f., 272, 301, 311
– Integration des 66, 112
– Intrusionen des 257
– kollektives 39, 47, 60 ff., 77 ff., 93 f., 114 ff., 180, 190, 221, 241 ff.
  – Archetypen des 77 ff.
  – Begriff des 114 ff.
  – Inhalte des 78
– kompensatorische Funktion des 93, 254, 259
– Komplementarität des 294
– Kontrolle des 265
– latentes 171
– magische Welt des 233
– männliches 113, 200 f.
– matriarchalischer Zustand des 231
– obere 236
– Personifikation des 236
– persönliche 77 f., 93, 114 f.
– psychische 30, 43
– psychoide 294
– Psychologie des 14, 40, 103, 228, 252
– relativiert Gegensätze 109
– Schatten des 199
– Sinngehalt des 271
– störendes 257, 259
– Symbol des 91, 201
– und Synchronizität 41
– Unterdrückung des 266
– Unterschätzung des 253
– Verwurzelung im 235
– Vorgänge des 70
– weibliches 113, 199 ff.
– Wirkungen des 82
Unbewußtheit 52 ff., 62 f., 152, 155, 161 f., 165, 193, 243, 250, 272
Unbewußtsein 249, 292
Ungehorsam 234, 237
Universalgeist 210
Universität (Archetyp) 148
Universum 42, 196
Unordnung 104
Unsinn 101, 104
Unsterbliche, das 98
Unterbewußtsein 12, 24, 32 f., 91, 236, 293
Untermenschliche, das 227 f., 244
Unterwelt (Archetyp usw.) 148, 223, 236, 248
Unterwelttiere 184
Unterwerfungsbereitschaft 213
Unüberwindlichkeit 194 ff., 205
Urania 171
Urbilder 47, 129, 144, 146 f., 160, 171, 178, 200, 213, 303
– christliche 233
Ureltern 108
Urerfahrung 80, 84, 202, 215
Urgedanke 114, 147
Urhorden-Phantasie 134
Urmaterie 295
Urmensch 41 f., 303
Urnatur 192
Urnot 193
Uroboros 55
Ursache 119 f.
– und Wirkung 61, 102, 284
Urseele 292
Ursünde 162
Urteil 19, 71, 104 f., 208, 214, 255, 272
– intellektuelles 111
– kritisches 219
– rationales 255
Urvater-Phantasie 134
Urvorstellung 198
Urwärme 105
Urwesen 199
uterus ecclesiae 117

Vater 106, 123, 165, 167, 181, 261 f.
– Archetyp des 307
– -Imago 132, 213, 236

Vater, Forts.
– -komplex 213, 261, 305
– königlicher 135
– und Mutter 137, 140
– -prinzip des Logos 162
– Psychologie des 305
Venus 101, 172
Verdingknabe (Märchen) 224, 227
Verdrängung 22, 25, 26, 61, 114, 132, 134, 137, 179, 272
Vereinigung der Gegensätze 175
Vererbung 114 f., 137, 146, 148, 180
Vergangenheit 119 f., 153, 182, 184 ff., 248
Verhalten 34, 69, 77, 115, 206
Verhexung 242, 245
Verlassenheit 190, 191 ff., 203, 205
Vermassung 64
Vernunft, Vernünftigkeit 8, 16, 18, 38, 61, 85 f., 99, 120, 133, 145, 159 f., 164, 207, 210, 249, 284
– Grenzen der 17
Vernünftelei 93, 159
Versprechen (= Versprecher) 256
Verstand 8, 16, 30, 36, 44, 48, 104, 116, 144 f., 149, 154, 158, 160, 165 f., 208, 210, 240, 248, 273, 295
– naiver 90
– philosophischer 17
Verständnis 271 ff.
Verstimmung 268 f.
Verstorbener, Geist des (siehe auch Spuk) 214
Vertebraten höhere 35, 307
Vier(heit) 231 f., 234 f., 238, 240, 243, 246
Viereck 45 f.
Vielheit 189
Vilen 224
Vision 42, 79, 82 f., 105, 123 ff., 136, 180, 183, 214, 221, 285, 303, 306
Vogel(motiv) 39, 121, 219, 239, 300, 310
Völkerpsychologie 147, 149, 176
Vorbewußte, das 178, 183, 202
Vorgang 13
– bewußter 72
– psychischer 11, 13, 19 f., 20 ff., 26, 49 f., 74 f., 179, 201, 292
– psychoider 23, 30
– realer 71
– subliminaler 22
– unbewußter 11, 20 ff., 30, 56, 70, 178 f., 202, 247
– unfreier 34
– vorbewußter 183
Vorstellungen 13 f., 19, 20 f., 30, 34, 48, 57, 61, 69 f., 73, 124, 148, 203, 263, 269, 292, 297
– angeborene 12 f., 69
– archaische 198
– archetypische 55 ff., 62, 85, 94, 129, 300
– bewußte 135
– dunkle 151
– religiöse 132 f., 177
– symbolische 35
– theistische 134
– unbewußte 11 f., 147, 291, 297
– vererbte 138
Vorurteil 128, 257, 273
Vorwissen, Vorherwissen 46, 51, 280 f.
Vorzeit 193, 198, 304

Wachzustand 185, 264, 273
Wahl freie 74
– überlegte 20
Wahlfreiheit 29 f.
Wahn 118
Wahnbildung 96
Wahnidee 122, 124
Wahnsinn
– Caesaren- 267
Wahrheit 9, 37, 60, 62, 109 f., 145, 165, 172, 278
– absolute 181
Wahrnehmung 23 ff., 31 f., 71, 79, 92, 116, 202, 281, 285, 292
– innere 106
– subjektive 71
– subliminale 311
Wahrscheinlichkeit (-logik) 70 f., 279, 294
Waisenknabe (Märchen) 216, 224

Wald (Archetyp) 148, 220, 230
Waldfrauen 97
Waldkönig 220, 227
Wandlung 110, 113, 158, 204
Wandlungsarchetypen 111
Wandlungssubstanz 35, 195
Wasser (Symbol usw.) 89ff., 149, 181f., 220, 234
Wasserweibchen 220
Weiblichkeit, das Weibliche 131, 136, 139f., 149, 165, 199f., 232, 303
– Hypertrophie des 154
– Unfaßbarkeit des 164
Weise 171
– alte 109f., 113, 214, 216ff., 228
– Archetypus des 222
– mystische 124
Weisheit (siehe auch: sapientia) 52, 89, 103f., 109, 117, 149, 167, 172, 219, 222, 261f., 296
Welt 128, 196
– empirische 179
– magische 44ff.
– physische 212
Weltanschauung 85, 160
– primitive 78
– rationalistische 173
Weltbaum 175, 233f., 243, 244f., 247
Weltbild 18, 24f., 60, 71f., 129, 174, 283
Welteinsamkeit 193
Welterfahrung 177
Welterkenntnis 195
Weltgeschichte 228
Weltkrieg 249
Weltordnung 82
Weltschöpfer 65
Weltseele 39
Werwolf 219
Widder 222
Wiedergeburtsmotiv (-mysterium) 117f., 149, 304
Wiederherstellungsriten 112
Wille 19, 20, 28f., 42, 66f., 74, 120, 153, 156, 178, 187, 207, 217f., 228, 235, 262, 297
– bewußter 218
– bewußtloser 17
– und Instinkt 28
– zielbewußter 265
Willensakt 19, 20f., 30
Willensentscheidung 34
Willensfreiheit 8, 44
Willkür 27, 29f., 32, 34, 43, 74, 104, 179, 248, 266, 271, 308
Wind 123f., 209
Wirklichkeit 49, 56, 71, 122, 137f., 159, 165, 178f., 195, 298, 304
– Begriff der 71, 284
– Erkenntnis der 71
– objektive 56, 71f.
– psychische 64, 247
– psychologische 64
– symbolische 175
– unmittelbare 58
Wirkung 61, 102, 284
Wissenschaft 46, 65, 81, 105, 115, 250, 252, 255
– Entwicklung der 9
– Mythos der 204
Wodan, Wotan 97, 224, 243, 244f., 247, 312
Wolf 229f., 232f., 235, 237
Wörter, Glauben an 199
Wunscherfüllung 187, 222
Würfelversuch 282
Wüste 107

Yang 91, 131, 174
Yin 91, 131, 164, 174
Yoga 111, 309
Yoni 149

Zagreus 267
Zahlen 15, 254, 292
– männliche und weibliche 232
– -reihe 14
Zarathustra 109f., 169, 266
Zauberer 225ff., 228ff., 242
Zauberkreis (Archetypus) 149
Zaubermittel 218

Zeichen 110, 292
Zeit 40, 70f., 202, 282ff.
– -begriff 221
– -geist 208f.
– -symbolik 40, 237
– -versuch 282
Zen-Buddhismus 68, 251
Zentrierung 45, 51
Zentrum 56
Zeugung wunderbare 190
– erneute 202
Ziel 51
– -strebigkeit, -gerichtetheit 23, 255
Zivilisation 101f., 255f.
Zodiakalzeichen 40
Zorn göttlicher 84ff.
Zufall, Zufälligkeit 46, 74, 273, 279ff.
– unwahrscheinlicher 283
– -wahrscheinlichkeit 279
Zukunft 188, 217, 282, 298
Zusammenhänge unbewußte 240
Zusammenleben eheliches 157
Zustand
– affektiver 268
– archaischer 294
– bewußter 34, 294
– instinkthafter 34
– psychischer 11, 170, 286
– überpsychischer 9
– unbewußter 13, 22, 32ff., 56, 193
– «unnatürlicher» 27
Zwang 27, 32, 53, 104, 120
Zwangsläufigkeit 28, 34
Zweimüttermotiv (siehe auch Mutterschaft doppelte) 116ff.
Zwiegespräch inneres (siehe auch: Dialog) 113
Zwerg 182, 189, 214, 220, 223
Zwergprinzessin 221
Zwölfzahl 237